듣고 읽는 중국어

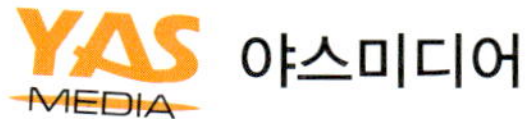

YAS MEDIA 야스미디어

듣고 읽는 중국어

펴낸날 | 2011년 10월 10일

원저자 | 진티앤량
번역자 | 김진숙
감수자 | 허선영, 한경아

편집 · 기획 | AT Communication
표지디자인 | AT Communication

펴낸곳 | 야스미디어
등록번호 | 제 10-2569호
주소 | 서울 마포구 동교동 153-3
전화 | 02-3143-6651, 070-8729-6651
팩스 | 02-3143-6651
이메일 | yasmedia@hanmail.net

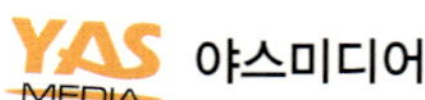 야스미디어

한국어판을 내면서

언어는 사람과 사람간의 교량입니다. 《듣고 읽는 중국어》 의 한국어판 출간은 저에게는 영광입니다.

한 과목의 외국어를 어떻게 효율적으로 학습하는가는, 학습자들 각자가 가장 관심을 갖는 문제입니다. 이 책은 그런 학습자들에게 학습효율을 향상시키는데 전력을 다 하였습니다. 또한 중요한 새 단어들을 전부 본문 중에 사용하여, 매 과의 과문을 읽음으로써, 학습자들로 하여금 자연스럽게 어휘능력을 향상시키게 하고, 반드시 숙지해야 하는 새 단어들을 기억함으로써, HSK시험의 요구에 다다를 수 있도록 꾀하였습니다.

이 책의 특징 중에 하나는 녹음부분에서 모든 과문에 대하여 원어민이 HSK듣기 속도에 맞춰 낭독하여, 학습자가 이런 빠른 속도의 낭독에 습관이 되었을 때, HSK듣기시험이 그렇게 어렵지 않다는 것을 발견할 수 있다는 것입니다.

저는 21세기 현대를 살아가야 하는 우리가 중국어를 잘 구사할 수 있다면, 우리들 각자의 이익에 많은 도움이 될 것이라고 믿습니다. 중국어를 잘 배워서, 중국인과 교류하는 한편, 중국과 중국인을 이해하는 동시에, 한중간 개인적 교류와 업무적 교류에 대해서도 편리함을 가져올 수 있습니다. 서로간의 이해가 한국과 중국 더 나아가 아시아지역의 평화를 도모할 수 있기에, 저는 여러분 모두가 이 책을 효율적으로 이용하여 효과적으로 중국어를 학습할 수 있기를 간절히 바랍니다.

이번 한국어판의 번역을 맡아주신 김진숙님, 감수를 도와주신 허선영교수님, 한경아선생님, 김승연님, 이상옥님께 깊은 감사를 드립니다.

감사합니다.

津田 量

머리말 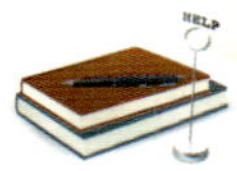

왜 지금 중국어인가?

1. 최다사용 언어이다

  국제연합 공용어의 하나인 중국어는, 세계 최대의 사용 인구를 가진 언어로, 「세계의 5명중 1명은 중국어를 구사한다」 라고 말할 수 있다. 중국 · 대만 · 싱가포르 등과 같은 나라와 지역에서도 공용어로 사용되고 있으며, 또한 세계 각지에도 많은 화교가 있어서, 그 사용 인구는 13억을 넘어서고 있다.

2. 21세기 필수 언어이다

  장기적으로 중국의 정치 · 경제적 지위향상과 대국화 · 지역패권국화는 불가피하며, 그래서 좋든 싫든 상관없이, 한국과 중국과의 관계는 그 중요성이 증가할 것이다. 현재 중국과의 무역 증대, 한국 방문 관광객의 증가 등 중국어의 수요가 증가하고 있으며, 이에 취업이나 비즈니스에서도 사용할 수 있는 언어로써, 중국어의 지위가 더욱 상승하고 있다.

3. 한자문화권의 언어로 용이하다

  한국은 예로부터 한자 문화권에 속해 있으며, 한국과 중국어의 문자와 단어는 대부분이 공통적으로 쓰고 있는 것들이 많아서, 문장을 독해하는데 있어서 비교적 수월하다. 특히 한자 능력이 있는 사람이라면 보다 쉽게 읽을 수 있게 된다.

  「중국어에는 기계적인 통째 암기는 없다, 영어와 같은 활용이나 시제나 3인칭 단수 현재 등과 같은 암기사항은 거의 없다. 이와 같은 점에서, 중국어는 입문하기 쉬운 언어이다. 그런데, 실생활에서는 고급중국어를 구사할 수 있는 사람을 찾아보기가 힘들다. 중국어 인구는 증가하고 있지만, 실은 「헤매는 초급 입문자」 집단만 증가하고 있다는 것이 실태가 아닐까 한다. 중국어가 되지 않는 첫 번째 이유는 바로 학습자의 공부 부족에 있다.

  공부가 부족하기도 하지만, 다양한 양질의 교재 부족에도 원인이 있다. 그래서 중국어를 학습할 때에 흔히 있을 법한 무엇을, 어느 만큼, 어떻게 학습하면, 어느 수준까지 도달할 수 있는지 잘 모르는 경우가 있다. 보다 빨리, 동시에 보다 높은 학습효율과 동기부여로, 중국어의 단어 · 어법 · 독해와 더불어 청취력을 익혀 초급에서 중급·고급으로 효율적으로 STEP-UP하길 바란다.

이와 같은 생각에 본인은 이런 중국어 학습서가 필요하다고 보고, 중국어 특징을 다룬 한국인에게 최적이며 학습효율이 높은 교재를 목표로 다음과 같은 14Concept으로 본서를 꾸몄다.

본서의 특징

① 문맥 속에서 익힐 수 있다

외국어 학습에 있어서 이상적인 단어집은 어떤 것일까? 본인의 경험은 물론 많은 성공자와 실패자의 경험으로부터 볼 때, 예문 없이 단지 단어와 단어의 의미가 배열되어 있는 것은 언뜻 보기엔 효율적이고 편해 보이지만, 정착되기 어렵고, 실제적으로 사용되지 않는다. 한편 성공자 대부분은 영어에서처럼 어휘를 문맥상에서 익히는 것이 효과적일 수 있다는 것을 통감하였다. 그래서 중국어도 영어와 같이 어휘를 문맥상에서 익힐 수 있도록 하였다.

② 독해 훈련이 된다

중국어 단어는 한자와 비슷하여, **단어를 익히는 것은 다른 언어에 비해 수월하지만, 문법은 한국어와 상이하다. 중국어 문장의 의미 파악을 위해서는, 중국어 문장을 충분히 읽어 자기 것으로 만들어 익숙해지는 것이 효과적이다.**

이와 관련하여 새롭게 시행되고 있는 HSK시험이 난이도면에서는 조금 쉬워졌다고는 하지만, 기존의 HSK초중등은 매분 120~150자, HSK고급에서는 매분 200~250자의 독해속도를, HSK초중등의 독해부분에서는 60분에 약 4000자의 50개의 문항, HSK고급에서는 40분에 10개의 장문 약 8000자의 40개의 문항을 풀어내야 한다는 면에서는 큰 차이가 없다. 이것은 400자 원고용지로 각각 10장과 20장에 상당하므로 장문 독해의 기술은 불가결하다.

③ 목표가 명확해진다

학습 시에 무엇을、어느 만큼、어떻게 공부해야 되는 것인지를 이해하지 못하면 의욕이 생겨나지 않으며, 계속해서 동기부여도 할 수 없다. 그래서 들인 시간과 노력이 실제 상황에 도움이 되고, 점수 상승으로도 직결되는 최고의 Cost Performance를 실현시켰으면 하는 바이다.

본서에서는 기존HSK 6급레벨[1] 어휘력 양성을 목표로 HSK 단어레벨 분류 중, **최다 빈출어(갑급 약 1000어)·빈출어(을급 약 2000어)의 약 3000어를 전부 망라**[2]하고 있으며, 병정급 등의 단어도 약 1600어 포함되어 있다.

또한 본서의 4600어 레벨에서는 일반적으로 사용되는 단어의 약 90%를 소화[3]하고 있으며, HSK시험과 한국 대학입시 레벨에 맞추고 있다. 중국에 유학하거나 주재하시는 분들과 대학에서 제2외국어로 공부하는 분들, 각종 중국어 시험을 보시는 분들에게는 최적의 책이다.

이와 관련하여 중국 한어수평고시대강에 따르면, 여행이나 일상생활은 갑급 약 1000어로 충분하며, 1년간 중국유학수준에 도달하는 기준이 갑·을급의 약 3000어, 2년간에 약 5000어 레벨로 되어 있다.

④ 문맥형식을 취하면서 빈출 단어를 망라한다

문장을 읽는다는 형식에 구애를 받으면 아무래도 빈출단어가 누락되어 버리게 된다. 문장 중에 나오지 않은 빈출단어와 중요단어는 동의어·반의어·관련어와 칼럼으로 보충하였지만, 그래도 나오지 않은 빈출단어와 중요단어는 군데군데 단문을 작성하였고, 결과적으로 **빈출 상위 약 3000어를 전부 망라**하였다.

빈출어와 중요어의 기준은 중국의 "国家汉语水平考试委员会办公室考试中心"이 제정한 『汉语水平词汇与汉字等级大纲(2001년도 수정판)』에 의거했지만, 최근 변화에 의해 사용되지 않게 된 단어를 약간 삭제하고 컴퓨터 용어 등 새로 빈출어가 된 것을 채용하였다.

⑤ 빈출문형과 구문을 파악할 수 있다

중국어 문법의 특징은, 인칭·시제·성·격 등에 따른 어형변화가 없으며, 우리말의 어미활용 같은 것도 없다. 중국어는 어순과 허사(부사·접속사·개사·조사·감탄사·의성어)가 문법기능에 있어서 매우 중요한 역할을 한다.

본서에는 HSK의 갑·을급에 포함되는 허사와 더불어 『HSK汉语水平考试辅导双书(教你关联

---

1) HSK는 중국정부가 유일하게 공인하고 있는 세계에서 가장 권위 있는 중국어 시험이다. 등급은 높은 쪽이 상급이며, 중국대학에서 이과계열 정규 과정에 유학하기 위해서는 3급 이상, 문과계열은 6급 이상, 대학원에는 7급 이상이 각기 요구된다.

2) 일상에 사용되는 모든 단어를 국가가 대규모로 컴퓨터 통계 분석하여 빈도순으로 갑을병정으로 분류한 것이다.

3) 『汉语水平词汇与汉字等级大纲(2001년도 수정판)』 중국국가 한어 수평고시 위원회에 따르면 3000어로 86%, 5000어로 약 91%, 8000어로 95%를 커버하고 있다.

词语100例)』, （李增吉, 南开大学出版社) 에서 외국인이 틀리기 쉬운 구문과 문형이 모두 포함
되어 있으므로, 100개 이상에 이르는 구문과 문형을 배울 수 있다.
　또한 이 문장들을 독해하고 청취하는 것으로, 중국어의 "어감"이 배양된다. 언뜻 보기에는 멀리
돌아가는 것 같지만, 실은 가장 효과적인 것이다.

⑥ 중국어와 한국어의 공통성을 최대한으로 이용할 수 있다

　한자문화권에 속하는 한국인에게는 보는 것만으로 의미를 알 수 있거나, 유추 가능한 단어가 절
반 정도 있다. 그러나 간체자를 쓰는 특성상 중국어 단어 의미 중 한자로부터 유추하기 어려운 것,
문장 독해에 있어서 중요한 부분은 빨간 필터로 가려서 체크할 수 있도록 하였다. 또한 뜻풀이된
한국어 의미는 쓱 확인만 해도 되는 부분과, 주력하여 익혀야 하는 부분의 강약을 주어 학습 부담
을 줄일 수 있다.
　또한 한국어와 중국어에서 한자는 동일한데 의미가 전혀 다른 주요 어구에는 밑줄을 그어 특히
의식하여 익힐 수 있도록 하였다.

⑦ 정확한 표준어 발음을 배울 수 있다

　외국인에게 있어서 중국어 학습은 듣기와 발음이 가장 어려운 부분이다. 또한, 중국에서는 지방
마다 사투리가 있다. 표준어 발음을 정확하게 배우기 위해서, 모든 과문과 단어에 대해 중국 국가
공인 표준어검정 1급 A등급 인정자중에서 오디션을 통해 선정한 일류 내레이터에 의한 정확한 표
준어(보통어)로 낭독 수록한 음성CD를 덧붙였다.
　낭독속도는 15과까지는 HSK기초 듣기부분의 속도인 매분 120~170자를, 16과부터는 중국인
의 자연스러운 속도로 HSK 초중등 듣기부분의 속도인 매분 170~220자를 기준으로 하였다. 중
국어 검정이나 그 외의 교재에 비해 약간 빠르다고 느낄지도 모르겠지만, 조금씩 빨라지도록 하
였으므로 자연스럽게 속도가 귀에 익숙해질 수 있으며, 동시에 각 단어의 정확한 발음을 마스터
할 수 있다.

⑧ 청력(듣기) 레벨을 더욱 높일 수 있다

　어학학습, 특히 중국어 학습에서는 듣기능력상승이 성공의 열쇠이다. CD에는 매분 300자 전
후의 속독 내레이션을 추가하고 있으므로, 속도에 익숙해지면 반복하여 청취하는 것이 좋다. 이 레
벨에 익숙해지면, HSK고급 듣기도 가볍게 소화할 수 있으며, 모든 중국어시험에 여유를 갖고 임
할 수 있는 것은 물론, TV · 라디오나 중국인과의 회화도 원활하게 할 수 있다.

⑨ 보기 쉽다

　과문의 첫 번째 구성은 펼쳤을 때 좌측 페이지에 중국어 본문, 우측 페이지에 한국어 번역을 게재하여, 중국어 문장 옆에 한국어해석이 있어, 한 눈에 들어오게 하였다. **그리고 단어의미를 확인하기 쉽도록 번역문은 일부러 중국어문에 대응하도록 가능한 직역에 가깝게 번역하였다.**

　다음 페이지에는 앞 페이지 본문의 신출 어휘와 그 한국어 의미와 파생어, 어법 등을 게재하여 가능한 보기 쉬운 지면이 되도록 배려하였다.

⑩ 장소를 정하지 않고 볼 수 있다

　장문이나 전 번역문을 게재하는 데에 필요한 최소한의 크기를 확보하면서, 어디에서나 학습할 수 있도록 휴대하기 편리하게 만들었다.

　또한 8시간 정도에 이르는 내레이션을 iPod 등 MP3 사양의 재생기에 넣어 본서와 함께 통학이나 통근 시 등 여가시간을 잘 이용해 들을 수 있다.

⑪ 초심자에게도 가능하다

　최초 1과에서 중국어 병음과 발음을 배우고, 문장과 단어의 난이도는 점차 간단한 것에서 어려운 것으로 구성되어 있다. 또한 내레이터 낭독속도도 천천히 빨라지고 있다. 그리고 모든 **처음 나오는 단어에는 해석이 되어 있으므로** 초심자도 사용할 수 있다.

⑫ 시험 준비가 용이하게 되어 있다

　2 ～ 15과는 주로 HSK 기초레벨 문장, 16~53과까지는 독해시험의 장문, 54 ～ 61과는 주로 HSK 초중등 레벨 문장으로 구성되어 있으므로, **HSK시험준비자에게 적합하다.** 본서를 읽는 것으로 시험에 빈출하는 문장에 충분히 익숙해질 수 있다.

　CD의 내레이터 낭독속도는 HSK 낭독속도에 맞추고 있어서, 그 밖의 중국어 시험에도 대비할 수 있다.

⑬ 매일 자신의 페이스에서 반복할 수 있다

　1과 4페이지, 전부 65과이므로 1일 1과를 목표로 자신의 페이스에 맞춰서 학습할 수 있다. 1일 1과라면 약 2개월, 1일 2과라면 약 1개월에 학습을 마칠 수 있다.

⑭ 차후 자신의 능력을 펼칠 수 있다

　본서를 다 익힌 후에는, 이미 기본적인 한자와 어구의 발음과 병음, 중국어의 어감과 단어 유추 능력과 듣기능력이 몸에 배어 있어서, 병음에 의한 사전찾기와 중국어 인터넷 검색, 신문·잡지나 TV·영화, 중국인과의 커뮤니케이션 등 즐겁게 고급으로 나아갈 수 있다.

본서의 이용방법 참고 예

　본서는 학습자가 각기 자신의 레벨과 목적에 맞춰서 자유롭게 이용하는 것이 이상적이지만, 참고로 본서의 이용방법의 한 예를 제시한다.

　중국어 습득의 어려운 점은 누가 뭐래도 발음에 있다. 그래서 다음과 같은 방법을 권장한다.

1. 우선 그 과의 본문을 CD로 들으면서 읽는다.

2. 이어서 그 과의 본문을 이해한다. 이 때 다음 페이지의 번역이나 사전을 참고로 하면서　중국어의 의미를 이해하고, 다음으로 한국어 번역으로 자신의 해석이 잘못되지 않았는지 확인한다. (번역은 일부러 중국어에 맞춰서 직역에 가깝게 하여 원문과 비교학습하는데 도움을 주고자 하였다.) 처음 나오는 모든 단어는 번역이 되어 있지만, 두 번째 부터는 번역되어 있지 않으므로 주의한다.

3. 본문의 의미를 이해했으면 내레이터 발음을 들으면서 소리를 내어 몇 번이고 읽는다. 읽으면서 그 이야기 흐름 속에서 단어의 의미를 확인한다. (최소 10회 이상 읽을 것을 권장한다)

4. 내레이터 발음을 들으면서 칼럼과 다음 페이지의 단어 의미를 확인하여 익힌다. 그 때 동의어와 반의어, 참고 등의 단어도 함께 익히도록 한다. 의문점에 부딪혔을 때에는 사전이나 참고서를 참조하여 이해를 돕는다.

5. 습득한 중국어 본문은 다음 과문으로 넘어가기 전에 듣고 읽어 복습한다.

6. 통학·통근 시 등 시간을 쪼개어 이미 학습한 부분을 반복해서 들어 귀를 길들여 준다. 내레이터가 읽는 문장을 듣고 의미를 알 수 있고, 단어를 듣고서 한자가 번뜩 떠오르며 그릴 수 있도록 되는 것을 목표로 한다.

그리고 확인을 위해 단기간에 본서를 익히고자 할 때는 과문을 건너뛰고 칼럼과 단어 부분만 사용할 수도 있다. 단어 앞에는 갑을병정 등급 등의 다섯 등급 표시가 기재되어 있으므로(등급 외는 표시 없음) 기준으로 삼는다.

또한 체크 시트를 잘 활용하여 효율 좋은 학습이 되도록 한다.

각 과문 마지막에 있는 문자수는 그 과문의 문자수이다(구독점도 1자로 카운트). 본서를 반복해서 읽어 최종적으로는 1분에 300문자 읽을 수 있는 레벨을 목표로 한다.

한국인에게 있어서 중국어 학습의 고비인 듣기능력이 가능해지도록 되기 위해서는 몇 번이고 반복해서 들어 귀를 길들일 필요가 있다. 어학은 반복하는 것으로 기억이 자리를 잡는다. 결과적으로 문장을 암기해 버릴 정도로 본서를 반복해서 듣고, 읽어야 한다. 특히 처음 1회째는 힘들 것으로 사료되지만, 초급에서 중급으로의 산을 넘으면 고급으로의 길은 훨씬 즐거워질 것이다. 여러분의 건투를 빕니다!

품사 약호 표시

동　사 : 동	간투사 · 감탄사 : 탄
조동사 : 조	접두사 : 두
명　사 : 명	접미사 : 미
대　사 : 대	동의어 · 유의어 : ≒
형용사 : 형	반의어 · 대조어 : ⇔
부　사 : 부	구문 · 문형 · 문법 등 : ※
양　사 : 양	참고 : (참)
수　사 : 수	이합사 : //
개　사 : 개	서면어 · 구어 : 〈서〉 · 〈구〉
접속사 : 접	숙어 · 성어 · 관용어 등 : (숙)
의성어 · 의태어 : 의	갑급 (빈도 약 1 ～ 1000정도)　: 갑
	을급 (빈도 약 1000 ～ 3000정도) : 을
	병급 (빈도 약 3000 ～ 5200정도) : 병
	정급 (빈도 약 5200 ～ 8800정도) : 정

(참) : 관련 중요어를 중심으로 게재하고 있습니다.

칼럼 : 중요어를 테마 별로 그룹으로 정리하고 있습니다.

단문 : 과문 · 칼럼 · (참)에서 누락되어버린 갑 · 을급 단어와, 과문에 나오지 않은 어법의
　　　상용 접속사를 군데군데 단문을 만들었습니다.

적색글자 : 중국어 단어에서 한국어 의미를 추측하기 어려운 것을 적색 글자와 그리고
　　　조심해야 부분을 적색 으로 진하게 표시하였습니다.

밑줄 : 한자를 기초로 추측하면 틀리기 쉬운 의미와 발음이 여러 개 있어서 발음에 따라
　　　의미가 바뀌는 단어 병음에 밑줄을 그었습니다.

※ 품사 표기는 기본적으로 ≪汉语水平词汇与汉字等级大纲≫에 준하고 있지만, 중국어의 품사 분
　　류의 어려움도 있으므로, 구애 받지 말고 기준으로 삼아 주십시오.

※ 경성에는 성조(사성)를 표시하고 있지 않습니다. 또한 경성이라도 경우에 따라서는 그 글자 앞에
　　"·"를 매겼습니다.

※ 중국어는 어미 변형이나 활용이 없으므로 하나의 단어가 몇 개의 품사로 되어 있는 것이 많습니다. 본
　　서에서는 모든 의미를 망라하고자 한 나머지 학습에 의욕을 꺾는 일이 없도록 기본적으로 HSK대강
　　에 따라 중요한 품사 · 의미를 기재하고 있습니다. 여력이 있는 사람은 사전도 찾아봐 주십시오.

※ 병음 표기는 주로 ≪现代汉语词典≫(商务印书馆)에 준거하였습니다.

작가소개

작가 : 津田量(Tsuda Ryo)
동경대학 대학원 동아문화연구 석사.
중국 인민대학 대학원 사회학과 박사.

녹음 : 李宜橋·徐紅 국가표준어 1급(갑등) 검정 보유자.

번역 : 김진숙
한국방송통신대학 중어중문학과 졸업. 중국인민대학 대외언어문화원 수료.

감수 : 허선영
국립대만대학교 중문연구소 문학박사. 현재 안산1대학 관광중국어과 교수.
주요 저서 : 《중국 한대 와당의 명문연구》 외 다수.

감수 : 한경아
이화여자대학교 교육대학원 중국어교육 석사.
현재 김포시 평생학습센터 중국어 강사.

목 차

【 】칼럼　　《 》단문

1. 발음입문	【1.숫자】 【2.문장부호】	14
2. 장수의 비밀	【3.사람·사물·장소】 【4.방향】	20
3. 아버지께 보낸 선물	【5.일·주일·월·년】 【6.시간】	24
4. 원숭이	【7.과일】 【8.동물】 【9.채소】 【10.양식】	28
5. 생활의 작은 지식	【11.가전제품】 【12.가족구성원】	32
6. 아이의 교육에 관하여	【13.컴퓨터용어】 【14.학용품】 【15.음료수】	36
7. 지나치게 응석받이로 자라다	【16.의학】 【17.복장】	40
8. 선생님께 보내는 편지	【18.외국어】	44
9. 편지 쓰는 사람	【19.색깔】 【20.간식】	48
10. 돈으로 살수 없는 물건	【21.학교교육제도】	52
11. 책상 위의 10원	【22.요일】 【23.고기와 해산물】	56
12. 즐거운 하루	【24.북경의 명승고적】 【25.조미료】	60
13. 신문 배달	【26.주식】	64
14. 찻잔과 항아리	【27.국가①】 【28.기념일】 【29.국가②】	68
15. 덕승문	【30.중국의 역대왕조】 【31.예절용어】 【32.성어】 【33.종교】	72
16. 어떤 일본 학생		76
17. 정확하지 않은 표현들		80
18. 중국어와 일본어		84
19. 오늘부터 겨울방학이 시작되다	【34.날씨】 【35.중국의 화폐단위】	88
20. 냉장고	【36.계절】	92
21. 문화와 문화(1)	【37.신체기관】 【38.정치】 【39.계량단위】	96
22. 문화와 문화(2)	【40.세계의 화폐】 【41.운동】 【42.직업】	100
23. 늙은 암탉		104
24. 유행어		108
25. 오해		112
26. 가져서는 안 되는 물건		116

27. 아이와 바람　【43.세계의 도시】　120
28. 유모의 가치　124
29. 두 장의 오래된 영화표　【44.문법언어】　128
30. 우정에 대하여　【45.금속】　132
31. 베이징의 아가씨　【46.자원】　136
32. 어려움과 쉬움에 관하여　【47.방위】　140
33. 레몬 우유차　《단문1》　144
34. 사생활을 지키다　《단문2》 《단문3》　148
35. 가전제품이 없는 생활　152
36. 어머니를 돌보다　《단문4》　156
37. 내가 어렸을 적에　《단문5》　160
38. 연하장에 대한 잡다한 감상　164
39. 처음으로 한 투고　《단문6》　168
40. 아이들에게서 얻은 교훈　172
41. 하교 후에 생긴 일　176
42. 고양이　180
43. 꼭 달아야 하는 귤　《단문7》　184
44. 체면 문화　188
45. 가여운 왼손　192
46. 할인에 대하여　196
47. 주운 물건, 돌려준 물건(1)　《단문8》 《단문9》　200
48. 주운 물건, 돌려준 물건(2)　《단문10》　204
49. 동물의 이타적 행동　208
50. 마음이 통하다　《단문11》　212
51. 책의 사용방법　216
52. 수집　220
53. 태양과 달　《단문12》　224
54. 경극에 관하여　【48.12간지】 【49.농작물】　《단문13》　228
55. 월병의 역사　【50.천간, 십간】 【51.중국의 도시와 지역】 《단문14》　232
56. 단점을 장점으로 쓰다　236

57. 이백(李白)		240
58. 나의 일생		244
59. 개의 언어	《단문15》	248
60. 나는 나, 그는 그(1)		252
61. 나는 나, 그는 그(2)	《단문16》	256
62. 《단문17》 《단문18》 《단문19》 《단문20》 《단문21》 《단문22》		260
63. 《단문23》 《단문24》 《단문25》 《단문26》 《단문27》 《단문28》		264
64. 《단문29》 《단문30》 《단문31》 《단문32》		268
65. 《단문33》 《단문34》 《단문35》		272
색인		276

중국어의 모든 음절은 「성조(사성)」의 높고 낮음의 변화가 있으며, 같은 음절이라도 성조가 다르면, 그 의미도 한자도 달라진다.

제1성	높고 길게 발음한다	[mā]	妈 (어머니)
제2성	중간 음에서 높은 음으로 올리며 발음한다	[má]	麻 (삼)
제3성	중저음에서 저음으로 내렸다가 다시 높이 올려 발음한다	[mǎ]	马 (말)
제4성	높은 음에서 낮은 음으로 세고 짧게 발음한다	[mà]	骂 (욕하다)
경 성	가볍고 짧게 발음한다	[ma]	吗 (의문 조사)

　※ 경성은 음절이 본래의 성조를 잃어버리고, 가볍고 짧게 발음되어진다.

중국어의 발음은 「**한어병음자모** (汉语拼音字母)」로 그 발음을 표시한다.
중국어의 음절은 성모와 운모로 이루어져 있다. 성모는 음절의 앞부분을 이루고 , 운모는 뒷부분을 이룬다. 운모는 자기 자신만으로 음절을 이룰 수 있지만, 성모는 운모가 없으면 음절을 이룰 수가 없다.

1. 운모(모음)   운모는 단운모와 결합운모가 있다.

1-1 단운모   (6개의 기본 모음) + 권설모음 : 儿(er)

[a]　…입을 크게 벌리고, 우리 말의 「아」를 발음한다

[o]　…입술을 동그랗게 하고, 우리 말의 「오」와「어」의 중간 발음을 한다

[e]　… 우리 말의 「어」와 비슷하나, 혀를 뒤로 잡아당기면서 발음한다

[i]　… 입을 옆으로 벌리고, 우리 말의 「이」와 같이 발음한다

[u]　… 입술을 동그랗게 내밀고, 우리 말의 「우」 발음을 한다

[ü]　… 입술을 오므리고 내밀면서, 우리 말의 「위」 발음을 한다

[er]　… 위의 「e」의 발음을 하면서, 동시에 혀를 살짝 말아준다

　※ [e] 는 단운모일 때는 "어" 로 발음하고, 다른 운모와 결합하면 "에" 로 발음 한다.
　※ [a] 는 '아' 라고 발음하지만, 'ian'、'j,x,q,y + uan'일 때는 '애' 라고 발음한다.
　※ [i] 는 '이' 라고 발음하지만, 's、c、z、r、sh、ch、zh'와 함께 올 때는, '으' 로 발음한다.

1-2 결합운모　단운모가 2개나 3개가 연이어 있는 것으로, 13개가 있고, 가볍게 붙여 발음한다. 단 결합운모는 강하고 길게 소리내야 하는 부분과 약하고 짧게 소리 내는 부분이 있는데, 이를 주의해서 발음한다.

[ai] ……… 「아이」 ……… 「아」에 강세를 둔다

[ei] ……… 「에이」 ……… 「에」에 강세를 둔다

[ao] ……… 「아오」 ……… 「아」에 강세를 둔다

[ou] ……… 「어우」 ……… 「어」에 강세를 둔다

[-ia(ya)] ……… 「이아, 야」 ……… 「아」에 강세를 두고, 길게 발음한다

[-iao(yao)] ……… 「이아오, 야오」 ……… 「아」에 강세를 두어, 「야오」와 같이 발음한다

[-ie(ye)] ……… 「이에, 예」 ……… 「에」에 강세를 두고, 길게하여 「예」처럼 발음한다

[-iao(you)] ……… 「이오우, 유」 ……… 「오」에 강세를 두고, 「요우」처럼 발음한다

[-ua(wa)] ……… 「우아, 와」 ……… 「아」를 강하고 길게 발음하여, 「와」처럼 발음한다

[-uo(wo)] ……… 「우오, 워」 ……… 「오」를 강하고 길게 발음하여, 「워」처럼 발음한다

[-uai(wai)] ……… 「우아이, 와이」 ……… 「아」를 강하게 하여, 「와이」처럼 발음한다

[-uei(wei)] ……… 「우에이, 웨이」 ……… 「에」에 강세를 두어, 「웨이」처럼 발음한다

[-üe(yue)] ……… 「위에, 웨」 ……… 「에」에 강세를 두고, 길게 발음한다

※ ( )안의 표기는 성모와 결합하지 않고 단독으로 쓰일 때의 표기이다.

※ 성조기호는 입모양의 크기 순서로(a→e→o→i、u) 위에 붙이고, 그 밖의 것들은 뒤에 오는 운모에 붙인다.

※ j,q,x,y 뒤에 u가 오면, u는 ü 로 발음하는데, 위에 점이 생략되어져도 반드시 ü로 발음한다.

1-3 비음　모음이 비음(-n, -ng)과 결합한 모음

[-n] ……… 혀의 가장자리 전체를 입천장에 붙인 후에 혀끝부터 떼면서, 우리말의 「은」 발음한다.

[-ng] ……… 혀뿌리를 여린입천장에 붙여서, 우리말의 「응」 발음을 한다.

[an] ……… 「안」

[ang] ……… 「앙」

[en] ……… 「언」

[eng] ……… 「엉」

[in] ……… 「인」

[ing] ……… 「잉」

[ian(yan)] ……… 「옌」

[iang(yang)] ……… 「양」

[uan(wan)] ……… 「완」

[uang(wang)] ……… 「왕」

[uen(wen)] ……… 「원」

[ueng(weng)] ……… 「웡」

[ong] ……… 「옹」

[iong(yong)] ……… 「융」

(적당한 모음을 ( )안에 넣어 발음하기로 한다)

2-1 순음(唇音) 두 입술을 맞붙였다가 입안의 공기를 내보내면서 내는 소리이다.
 [b(o)] ········ 뽀, 성대를 울리지 않고 소리 나고, 입김이 약하게 나간다
 [p(o)] ········포, 입김이 강하게 나간다
 [m(o)] ········ 모, 성대가 울려서 소리 나고, 공기가 콧구멍을 통하여 나온다

2-2 순치음(唇齒音) 윗니를 아래 입술에 얹었다가 공기를 내뱉으면서 내는 소리이다.
 [f(o)] ········ 포ᵒ, 영어의 f 발음과 비슷하다. 성대를 울리지 않는다

2-3 설첨음(舌尖音) 혀끝을 입천장에 붙였다가 떼면서 내는 소리이다.
 [d(e)] ········ 더, 성대를 울리지 않고 소리 나고, 입김이 약하게 나간다
 [t(e)] ········ 터, 입김이 강하게 나간다
 [n(e)] ········ 너, 성대가 울려서 소리 나고, 공기가 콧구멍으로 나온다
 [l(e)] ········ 러, 공기가 혀의 양측으로 갈라져 나온다

2-4 설근음(舌根音) 혀뿌리를 올려 목구멍을 막았다가 떼면서 내는 소리이다.
 [g(e)] ········ 거, 성대를 울리지 않고 소리 나며, 입김을 약하게 나온다
 [k(e)] ········ 커, 입김이 강하게 나온다
 [h(e)] ········ 허, 혀뿌리를 목구멍에 붙이지는 않는다

2-5 설면음(舌面音) 혓바닥을 올려 입천장에 붙였다가 떼면서 내는 소리이다.
 [j(i)] ········ 지, 성대를 울리지 않고 소리 내고, 입김이 약하게 나온다
 [q(i)] ········ 치, 입김이 강하게 나온다
 [x(i)] ········ 시, 혓바닥을 입천장에 붙이지는 않는다

 혀끝을 가볍게 말아 올려 입천장에 달듯 말듯하게 하고 그 사이로 공기를 내보내며 내는 소리이다.

   [zh(i)] ········· 즈^ㅇ, 성대를 울리지 않고 소리 내고, 입김이 약하게 나온다

   [ch(i)] ········· 츠^ㅇ, 입김이 강하게 나온다

   [sh(i)] ········· 스^ㅇ, 공기가 혀끝의 좁은 구멍으로 나온다

   [r(i)] ·········· 르^ㅇ, 성대를 울려서 소리 낸다

2-7 설치음(**舌齒音**) 입을 옆으로 벌리고, 혀끝을 위잇몸에 붙였다 떼면서 그 사이로 공기를 마찰시켜 내는 소리이다.

   [z(i)] ········ 쯔, 입김이 약하게 나오게 한다

   [c(i)] ········ 츠, 입김이 강하게 나오게 한다

   [s(i)] ········ 쓰, 혀끝이 위잇몸에 닿을듯 말듯하게 한다

※ ‘ㅇ’ 표시가 있는 것은 우리나라 발음에 없는 것으로 주의를 요한다.

3. 잘 틀리는 발음

3-1 [e]

   饿了 èle (배고프다)　鹅 é (거위)　恶心 èxīn (나쁜마음)

3-2 [ri] ⇔ [li]

   日本 Rìběn (일본) ⇔ 历本 lìběn (달력)

   日子 rìzi (날짜) ⇔ 例子 lìzi (예)

3-3 [sh] ⇔ [x]

   失望 shīwàng (실망하다) ⇔ 希望 xīwàng (희망하다)

   老师 lǎoshī (선생님) ⇔ 老西 Lǎoxī (서씨)

   上午 shàngwǔ (오전) ⇔ 下午 xiàwǔ (오후)

4-1   제3성의 성조변화

제3성이 연달아 나올 때는, 앞의 제 3성을 제2성으로 읽는다.

단, 성조는 그대로 표시한다.

你好 nǐ hǎo (안녕하세요)   水果 shuǐguǒ (과일)   口语 kǒuyǔ (회화)

4-2   一[yī]의 성조변화

① "一" 뒤에 제1·2·3성이 오면, "一"는 제4성(yì)으로 변한다.

一张 yìzhāng (한 장),   一群 yìqún (한 무리),   一本 yìběn (한 권)

② "一" 뒤에 제4성이 오면, "一"는 제2성(yí)으로 변한다.

一件 yíjiàn (한 가지),   一克 yíkè (일 그램),   一岁 yísuì (한 살)

③ 단, 단어 속에서 시간이나 서수 또는 숫자의 의미를 나타낼 때는 변화하지 않는다.

唯一 wéiyī (유일한),   一月 yīyuè (일 월),   1911 yījiǔyīyī (1911)

4-3   [不bù]의 성조변화

"不" (제4성bù)의 뒤에 제4성이 오면, "不"는 제2성(bú)으로 변한다.

不去 bú qù (가지 않다) 不用说 bú yòng shuō (말할 필요가 없다)

不要 bú yào (원하지 않다)

※ a, e, o로 시작되는 음절은, 앞에 사용하는 음절과 구분하기 위해서 격음부호(隔音符号)를 사용한다.

(예) Xī'ān (西安) xiān(鲜)

零 líng □ 一 yī □ 二 èr □ 三 sān □ 四 sì □ 五 wǔ □ 六 liù □ 七 qī □ 八 bā □ 九 jiǔ □ 十 shí □
百 bǎi □ 千 qiān □ 万 wàn □ 亿 yì □ 兆 zhào
(갑)(수) 영, 일, 이, 삼, 사, 오, 육, 칠, 팔, 구, 십, 백, 천, 만, 억, 조.

칼럼 2 标点符号 (문장부호)

□ 标点 biāodiǎn (을)(명) 문장부호(구두점과 괄호)

【。】 □ 句号 jùhào 마침표 · 고리점(문장의 끝남을 구별 짓는다)

【，】 □ 逗号 dòuhào 쉼표 · 반점(문장 안에서 짧은 휴지를 나타낸다)

【、】 □ 顿号 dùnhào 쉼표 · 모점(문장 안에서 병렬적 어휘 사이의 휴지를 나타낸다)

【；】 □ 分号 fēnhào 머무름표 · 쌍반점(병렬된 문장 가운데의 휴지를 나타낸다)

【：】 □ 冒号 màohào 쌍점(아래에 상세한 내용을 제시하는데 쓰인다)

【？】 □ 问号 wènhào 물음표(의문문 끝에 사용한다)

【！】 □ 感叹号 gǎntànhào 느낌표(강한 감정을 표시한다)

【" " ' ' 『 』「 」】 □ 引号 yǐnhào 따옴표(인용부분 · 특정한 명칭과 강조 · 풍자 또는 부정하는 분위기를 나타낸다)

【( ) [ ]】 □ 括号 kuòhào 괄호(문장 중에서 주석적 성격의 말을 표시한다)

【……】 □ 省略号 shěnglüèhào 줄임표(문장 중에 생략된 말을 나타낸다)

【─】 □ 破折号 pòzhéhào 줄표(설명 또는 해석의 어구를 표시한다. 화제의 갑작스런 변화, 소리의 연장, 열거와 나뉨을 나타낸다)

【-】 □ 连接号 liánjiēhào 붙임표(주로 시간 · 장소 · 숫자 등의 시작과 끝을 나타내는데 쓰인다)
 (예) "北京-广州" 直达快车／「북경-광주」 직통열차

【《 》〈 〉】 □ 书名号 shūmínghào 책이름표(책제목 또는 글제목, 신문이나 잡지의 명칭을 표시한다)

【·】 □ 间隔号 jiàngéhào 가운뎃점(달과 날짜 사이의 구분을 표시하며, 외국인 이름 내부의 구분을 표시한다)

【．】 □ 着重号 zhuózhònghào 드러냄표(독자의 특별한 주의를 요하는 글자 · 단어 · 구를 표시한다) (예)
这是我的书。(이것은 나의 책 입니다)

长寿的秘密

王老**先生过**百**岁**生日时，人们见他红光满面，身体十分健康，**便请**他**讲一讲**长寿的秘密。他笑**着**说："75年前我结婚的**时候，太太和**我约定，**如果**我们**吵架**，最后证明谁**错**了，谁**就**到**院子**里去散步。75年来，我**一直**是在院子里散步的。"（102字）

人 · 物 · 场所 (사람 · 사물 · 장소)

□ 我(们) wǒ(men)	갑 대	나, 우리(들)
□ 你(们) nǐ(men)	갑 대	너, 당신(들)
□ 您 nín	갑 대	당신, 선생님
□ 他(们) tā(men)	갑 대	그, 그(저)사람(들)
□ 她(们) tā(men)	갑 대	그 여자, 그(저)여자(들)
□ 它(们) tā(men)	갑 대	그, 그것(들), 저것(들) (사람 이외의 것을 나타냄)
□ 咱 zán	갑 대	나, 저
□ 咱们 zánmen	갑 대	우리들(화자와 듣는 사람 모두를 포함함)
□ 们 men	갑 미	~들 (인칭대사)
□ 谁 shuí+shéi	갑 대	누구
□ 这(个) zhè(ge)+zhèi(ge)	갑 대	이, 이것
□ 那(个) nà(ge)+nèi(ge)	갑 대	그, 그것
□ 哪(个) nǎ(ge)+něi(ge)	갑 대	어느(것), 어떤(것)
□ 此 cǐ	을 대	이, 이것 ⇔ □ 彼 bǐ 정 대 그(것), 저(것), 상대방
□ 这里 zhè · lǐ □ 这儿 zhèr	갑 대	이곳, 여기
□ 那里 nà · lǐ □ 那儿 nàr	갑 대	그곳, 저곳
□ 哪里 nǎ · lǐ □ 哪儿 nǎr	갑 대	어디, 어느곳

장수의 비밀

왕선생님의 100세 생일을 보낼 때, 사람들은 그의 얼굴 혈색이 좋고, 몸이 매우 건강한 것을 보고는, 바로 그에게 장수의 비밀을 이야기 해줄 것을 청했습니다. 그가 웃으면서 말했습니다. "75년 전 내가 결혼할 때, 아내와 난 약속을 했지, 만약 우리가 말다툼을 해서, 마지막에 누가 틀렸는지 증명이 되면, 그 사람이 바로 뜰로 나가 산책을 하기로 말일세. 75년 동안 난 줄곧 뜰에서 산책을 했다네."

칼럼 4 — 方向 (방향)

□ 方向 fāngxiàng	갑 명 방향
□ 前 qián ⇔ □ 后 hòu	갑 명 앞 ⇔ 뒤
□ 左 zuǒ ⇔ □ 右 yòu	갑 명 좌, 왼쪽 ⇔ 우, 오른쪽
□ 上 shàng ⇔ □ 下 xià	갑 명 위 ⇔ 아래
□ 内 nèi ⇔ □ 外 wài	갑 명 안 ⇔ 밖
□ 里 lǐ ⇔ □ 外 wài	갑 명 속, 내부, 가운데 ⇔ 겉, 바깥
□ 先 xiān ⇔ □ 后 hòu	갑 명 앞, 선두 ⇔ 뒤, 후
□ 东 dōng □ 西 xī □ 南 nán □ 北 běi	갑 명 동·서·남·북
□ 边 biān	갑 명 ~쪽, ~측 ; 가장자리 ; 주위
□ 前边 qián·biān ⇔ □ 后边 hòu·biān	갑 명 앞, 앞쪽 ⇔ 뒤, 뒤쪽
□ 左边 zuǒ·biān ⇔ □ 右边 yòu·biān	갑 명 왼편, 왼쪽 ⇔ 오른편, 오른쪽
□ 上边 shàngbiān ⇔ □ 下边 xiàbiān	갑 명 위쪽 ⇔ 아래쪽
□ 里边 lǐ·biān ⇔ □ 外边 wài·biān	갑 명 가운데, 안쪽 ⇔ 밖, 바깥쪽
□ 北边 běi·biān □ 东边 dōng·biān □ 南边 nán·biān □ 西边 xī·biān	갑 명 북쪽, 동쪽, 남쪽, 서쪽

□ 【王】　wáng　　　　　　　갑 명　왕，성(姓)씨

□ 【老】　lǎo　　　　　　　갑 형　늙다，나이 먹다　두 사람·동물을 나타내는 명사 앞
　　　　　　　　　　　　　　　　　에 와서，호칭·나이의 순서를 나타냄.

□ 【先生】　xiānsheng　　　을 명　Mr.；선생，남편，~씨(성인 남자에 대한 존칭)

　⇔□ 【女士】　nǚshi　　　갑 명　Ms.；~여사，~씨

□ 【过】　guò　　　　　　　갑 동　가다；옮기다；통하다；경과하다；넘다

　≒□ 【渡】　dù　　　　　　을 동　건너다，보내다，겪다

□ 【过】　guò　　　　　　　병 부　너무，지나치게

　□ 【过】　guo　　　　　　갑 조　동사의 뒤에 붙어 동작의 완료나 동작이 과거에 일어
　　　　　　　　　　　　　　　　　난 것임을 나타낸다.
　　　　　　　　　　　　　　　　　(예) 吃过饭再走。(밥 먹고 나서 다시 갑시다)

□ 【岁】　suì　　　　　　　갑 양　(나이를 세는 단위) ~세

□ 【生日】　shēngrì　　　　갑 명　생일

□ 【时】　shí　　　　정 명　때，시간，시기　(참)□ 【时期】　shíqī　을 명　시기

□ 【人们】　rénmen　　갑 명　사람들

□ 【见】　jiàn　　갑 동　보다，만나다　(참)□ 【见面】　jiàn//miàn　갑 동　만나다

□ 【红光满面】　hóngguāngmǎnmiàn　(숙) 얼굴의 혈색이 좋다

□ 【身体】　shēntǐ　　　　갑 명　신체，몸

□ 【十分】　shífēn　　　　갑 부　매우，아주　≒□ 【充分】　chōngfèn　을 형　충분하다

□ 【健康】　jiànkāng　　갑 명 형　건강(하다)

　(참)□ 【健】　jiàn　　　　형　건강하다；~에 능하다，~를 잘하다

□ 【便】　biàn　　　　　　을 부　곧，바로 (≒ 【就】　jiù)

　　　　　　　　　　　　　접　설령~라 해도 (≒ 【就是】　jiùshi)

　　　　　　　　　　　　　명　똥，대변；편리한 때 또는 기회

□ 【请】　qǐng　　　　　　갑 동　청하다，요청하다，초청하다，잘 ~해 주세요

□ 【讲】　jiǎng　　　　　　갑 동　말하다，중시하다

□ 【一】　yī　　　　　　　갑 수　하나，일(一)；좀，약간
　　　　　　　　　　　　　□ 을 부　'一…就…' 의 형식으로，~하면~하다

□ 【长寿】　chángshòu　　정 형　장수하다，오래 살다

□ 【的】　de　갑 조 ① 접 조 탄 이외의 어(語)와 구(句)의 뒤에 와서 명 을 수식한다.
　　② 「~ 的」는 중심어가 없는 '的' 자 구조를 이루어 명사화하는 데 쓰인다.
　　③ 술어 동사의 뒤 또는 문장 끝에 쓰여，그 동작을 하는 사람，또는 시간，장소，방법 따위를 강조한다.
　　④ 「~ 的」 서술문 끝에 쓰여 불변·확인·긍정의 어기를 나타낸다.

□ 【秘密】　mìmì　　　　　을 명　비밀 ⇔□ 【公开】　gōngkāi　을 형　공개하다

□ 【笑】　xiào　　　　　　갑 동　웃다

□ 【着】　zhe　　　　　　　갑 조　~하고 있다，~하고 있는 중이다

　□ 【着】　zháo　　　　　을 동　접촉하다，닿다(着+장소의 형식)；(불이)켜지다

　□ 【着】　zhuó　　　　　을 동　(옷을)입다，몸에 두르다

□ 【年】　nián　　　갑·명 년, 해 ; 연령

□ 【结婚】　jié//hūn　　을·동·명 결혼(하다)

　　⇔□ 【离婚】　lí//hūn　　을·동·명 이혼(하다)

□ 【时候】　shíhou　　갑·명 시간 ; 때, 시

□ 【太太】　tàitai　　을·명 마님 ; 부인, 처(⇔【先生】 xiānsheng)

□ 【和】　hé　　갑·개 ~와, ~과, ~에게　접 ~과, ~와

□ 【约定】　yuēdìng　　동 약정하다, 약속하다

　　≒□ 【约】　yuē　　을·동·명 약속(하다)　부 약, 대략, 대강

　　(참)□ 【定】　dìng　　을·동 결정하다, 정하다

□ 【如果】　rúguǒ　　을·접 만약

□ 【吵架】　chǎo//jià　　병·동 싸우다, 논쟁하다

□ 【最后】　zuìhòu　　갑·명 최후 ⇔□ 【最初】 zuìchū　갑·명 최초

□ 【证明】　zhèngmíng　　을·동·명 증명(하다)

□ 【错】　cuò　갑·형 틀리다, 맞지 않다　명 틀림, 착오, 잘못 (≒【错误】 cuòwù)

□ 【了】　le　　갑·조 동작의 완료, 상황의 변화, 새로운 상황의 출현을 나타낸다.

　　□ 【了】　liǎo　　갑·동 마치다, 끝나다 ; ~할 수 있다

□ 【就】　jiù　　갑·부 곧, 즉시, 바로　접 설사 ~ 라도

　　　　□ 을·개 ~ 에 의하면, ~ 에 대하여

　　　　□ 병·동 가까이 하다, 접근하다

□ 【到】　dào　　갑·동 도착하다, 이르다 ; ~에 도달하다

□ 【院子】　yuànzi　　을·명 뜰, 정원

□ 【去】　qù　　갑·동 가다 (⇔【来】 lái)

□ 【散步】　sàn//bù　　갑·동·명 산책(하다)

□ 【来】　lái　갑·동 오다, (어떤 동작·행동을)하다

　　　　□ 을·수 (수사·수량사의 뒤에 쓰여 대체적인 어림수를 나타냄) ~가량, 쯤, 정도

　　　　□ 을·조 어떤 일을 하려고 하는 적극성을 나타낸다 ; ~이래, ~동안

□ 【一直】　yìzhí　　갑·부 곧바로 ; 계속해서 ; 전부(범위를 강조)

□ 【是】　shì　　갑·동 ~이다 ; (응답의 말)예, 그렇습니다

□ 【在】　zài　　갑·개 ~에(서) ; ~있어서　동 (~가, ~에)있다

　　　　□ 갑·부 지금 막 ~ 하고 있다

第3課 送给爸爸的礼物

今年二月份，又到爸爸的生日了。我想家中**什么也**不缺，爸爸是个读书**迷**，**要是**我给他寄**几**本他**喜欢**的书去，**也许**他**会**高兴。**于是**我就**买**了一**套**《鲁迅全集》寄去。**果然跟**我想的一样，爸爸收到我寄去的书**后**，回信说对我的礼物十分满意。（105字）

日·周·月·年 (일·주일·월·년)

□大前天 ⇒ □前天 ⇒ □昨天 ⇒ □今天 ⇒ □明天 ⇒ □后天 ⇒ □大后天

dàqiántiān ⇒ qiántiān ⇒ zuótiān ⇒ jīntiān ⇒ míngtiān ⇒ hòutiān ⇒ dàhòutiān

그그저께 ⇒ 그저께 ⇒ 어제 ⇒ 오늘 ⇒ 내일 ⇒ 모레 ⇒ 글피

□上上(个)星期 ⇒ □上(个)星期 ⇒ □这(个)星期 ⇒ □下(个)星期 ⇒ □下下(个)星期

shàngshàng(ge)xīngqī ⇒ shàng(ge)xīngqī ⇒ zhè(ge)xīngqī ⇒ xià(ge)xīngqī ⇒ xiàxià(ge)xīngqī

지지난 주 ⇒ 지난 주 ⇒ 이번 주 ⇒ 다음 주 ⇒ 다다음 주

□上上(个)月 ⇒ □上(个)月 ⇒ □这(个)月 ⇒ □下(个)月 ⇒ □下下(个)月

shàngshàng(ge)yuè ⇒ shàng(ge)yuè ⇒ zhè(ge)yuè ⇒ xià(ge)yuè ⇒ xiàxià(ge)yuè

지지난 달 ⇒ 지난 달 ⇒ 이번 달 ⇒ 다음 달 ⇒ 다다음 달

□大前年 ⇒ □前年 ⇒ □去年 ⇒ □今年 ⇒ □明年 ⇒ □后年 ⇒ □大后年

dàqiánnián ⇒ qiánnián ⇒ qùnián ⇒ jīnnián ⇒ míngnián ⇒ hòunián ⇒ dàhòunián

재재작년 ⇒ 재작년 ⇒ 작년 ⇒ 올해 ⇒ 내년 ⇒ 후년 ⇒ 내후년

아버지께 보낸 선물

올해 2월, 또 아버지의 생일이 되었다. 나는 집에는 **어떤 것도 부족한** 물건이 없고, 아버지는 독서**광**이시라, **만약** 내가 아버지께 **좋아하는 몇** 권의 책을 부쳐드린다면, **아마도** 그는 **기뻐하실 것이라** 생각했다. **그래서** 나는 ≪루쉰전집≫ 한 **세트**를 사서 부쳤다. **과연** 내가 생각한 **것과** 같이, 아버지는 내가 부쳐드린 책을 받은 **후에**, 답장에서 나의 선물에 대해 아주 만족하신다고 말씀하셨다.

□ **秒** miǎo	을양 (단위)초
□ **分钟** fēnzhōng	갑양 (시간의 단위)분
□ **点钟** diǎnzhōng	갑명 (시간의 단위)시
□ **小时** xiǎoshí □ **钟头** zhōngtóu	갑명 (시간의 단위)시간
□ **时刻** shíkè (≒**时间** shíjiān)	을명 시각 ; 시간
□ **刻** kè 갑명 15분 □	을동 새기다 ; 조각하다
□ **时间** shíjiān	갑명 시간, 어떤 시각과 시각 사이, 동안
□ **日** rì	갑명 날, 일, 태양
□ **周** zhōu	갑명 주, 주일 (≒**礼拜** lǐbài、**星期** xīngqī)
□ **月** yuè	갑명 달, 월 ; (하늘의)달
□ **年** nián	갑명 년, 나이

□ 【月份】　yuèfen　　　　　　　　　　　　명 (달력의)달

(참)□ 【份】　fèn　　　　　　　을양 배합해서 한 벌이 되는 것, 세트(set)；신문·문건을 세는 단위

□ 【又】　yòu　　　　　　　　　갑부 또, 다시；그 위에, 또한, 더하여

□ 【想】　xiǎng　　　　　　　갑동 생각하다　조 ~하고 싶다

□ 【家】　jiā　　갑명 가정, 집　　양 가정·가게·기업 따위를 세는 단위

　　　　　　　　　미 (명사 뒤에 쓰여 동류(同類)의 사람을 나타냄) ~들, ~가(家)

□ 【中】　zhōng　　　　　갑명 가운데；중앙, 중국　형 적당하다, 적합하다

　　□ 【中】　zhòng　　　　병동 맞히다, 명중하다, 들어맞다

　　(참)□ 【中间】　zhōngjiān　　갑명 가운데, 중앙, 속

　　　　□ 【中心】　zhōngxīn　　을명 중심, 센터

　　　　□ 【中央】　zhōngyāng　　을명 중앙, 정부의 최고기관

□ 【什么】　shénme　　　　　갑명 무엇, 어떤, 무슨, 어느

□ 【也】　yě　　　　　　　갑부 ~도 (~이다)；~조차 (~하다)；비록 ~ 하더라도

□ 【不】　bù　　　　　　　갑부 아니다, ~이 없다；~하지 않다

□ 【缺】　quē　　　　　　을동 모자라다；부서지다；결석하다

□ 【个】　gè　　　　　　갑양 개, 명, 사람(가장 널리 쓰이는 양사)

□ 【读书】　dú//shū　　　　을동 책을 읽다；학교에서 공부하다

　≒□ 【念书】　niàn//shū　　병동 공부(면학)하다

□ 【迷】　mí　　　　　　병동 빠지다, 심취하다　명 애호가, 광(狂)

　(참)□ 【昏迷】　hūnmí　　　을동 혼미하다, 인사불성이다

※□ 【要是 ~】　yàoshi　　　갑접 만약, 만약~이라면(≒ 【如果】 rúguǒ)

□ 【给】　gěi　　　　　　갑개 ~에게, ~를 향하여　동 주다；바치다

□ 【寄】　ji　　　　　　갑동 (우편으로)부치다, 보내다

□ 【几】　jǐ　　　　　　갑대 몇 (주로 10 이하의 확실하지 않은 수를 물을 때 쓰이며,

　　　　　　　　　　　　그 이상의 수를 물을 때는 ‘多少’를 쓴다)

□ 【本】　běn　　　　　갑명 (사물의)근본, 기초, 근원　양 권(책을 세는 단위)

　　　　　　　　　□ 을부 본래의, 원래의

　　　　　　　　　□ 을대 이쪽, 여기；(상대방에 대하여) 자기 쪽의

□ 【喜欢】　xǐhuan　　　　갑동 좋아하다, 호감을 가지다, 애호하다

□ 【书】　shū　　　　　　갑명 책；서류, 문서

□ 【也许】　yěxǔ　　　　　갑부 아마도~일지도 모른다

※□ 【也许 ~ 也许…】　yěxǔ ~yěxǔ… 아마도~일지도 모르고…일지도 모른다

□ 【会】　hui　　　　　　갑조 ~할 가능성이 있다, ~할 것이다　동 능숙하다, 잘하다

　　　　　　　　　□ 갑명 회, 모임；대도시 혹은 행정의 중심지

□ 【高兴】　gāoxing　　　갑형 기쁘다, 유쾌하다　동 즐거워하다

※□ 【于是】　yúshì　　　　을접 그래서, 그리하여, 이리하여 (≒□ 【于是乎】 yúshihū)

□ 【买】　mǎi　　　　　　갑동 사다 (⇔ 【卖】 mài)

□ 【套】　tào　　　　　　을양 벌, 조, 일식(一式), 세트(조를 이루는 사물에 쓰임)

□ 　　　　　　　　　　　　　　　　　　동 (커버를)씌우다　명 커버, 덮개

□ 【鲁迅】 LǔXùn (人名) 루쉰 (1988~1936), 소설가

□ 【全集】 quánjí　　　　　　　　정·명 전집

※ □ 【果然 ~】 guǒrán　　　　　을·부 과연, 생각한대로　접 만약~한다면

　≒□ 【怪不得】 guàibude　　　병·부 과연, 그러기에, 어쩐지

　　□ 【难怪】 nánguài　　　　병·부 과연, 어쩐지, 그러길래

□ 【跟】 gēn　　　　　　　　　갑·개 ~와(과) ; ~에게, ~를 향하여 ; ~와 같이
　　　　　　　　　　　　　　접 ~와(연합관계를 나타냄)　동 따라가다, 좇아가다

□ 【一样】 yíyàng　　　　　　갑·형 같다, 동일하다

□ 【收】 shōu　　　　　　　　갑·동 받다 ; 거두다, 회수하다

　(참)□ 【收拾】 shōushi　　　갑·동 치우다, 정돈하다

　　□ 【收入】 shōurù　　　　을·동 받다, 받아들이다, 수납하다　명 수입, 소득

□ 【后】 hòu　　　　　　　　　갑·명 뒤, 후 ; 황후(皇后), 군주(君主)의 아내
　　　　　　　　　　　　　　형 (시간상으로)뒤, 후 ; 순서(順序)의 뒤

□ 【回信】 huí//xìn　　　　을·동·명 답장(하다)

□ 【说】 shuō　　　　　　　　갑·동 말하다, 이야기하다

□ 【对】 duì　　　　　　　　　갑·개 ~에게(향하여), ~에 대하여　동 ~대하다, 대응하다
　　　　　　　　　　　　　　□갑·형 맞다, 옳다 (⇔【错】 cuò)
　　　　　　　　　　　　　　□을·양 짝, 쌍(짝을 이루는 것을 셀 때)

□ 【礼物】 lǐwù　　　　　　　갑·명 예물, 선물

　(참)□ 【敬礼】 jìng//lǐ　　을·동 경례하다

□ 【满意】 mǎnyì　　　　　　갑·동 만족하다

猴子

在西山生活着100多**只**猴子，它们**经常**到附近的地里**偷吃**土豆和萝卜。今年这些猴子又有了新行动。它们带着**塑料**口袋去**果园**偷吃苹果。猴子们到了果园先大吃一**顿**，**吃饱**了**拣**好的装**进**袋里带着**跑**回山上。

果树的主人**赶走**猴子的方法是用力敲打竹子**或者播放**有**枪声**的**录音带**。（119字）

칼럼 7	水果 (과일)		
□ **水果** shuǐguǒ	갑 명	과일
□ **果树** guǒshù	병 명	과수, 과일나무
□ **橘子(桔子)** júzi	갑 명	귤
□ **苹果** píngguǒ	갑 명	사과
□ **柠檬** níngméng	정 명	레몬
□ **西瓜** xī·guā	을 명	수박
□ **香蕉** xiāngjiāo	갑 명	바나나
□ **梨** lí	을 명	배
□ **葡萄** pútao	병 명	포도
□ **芒果** mángguǒ	명	망고
□ **草莓** cǎoméi	명	딸기
□ **樱桃** yīngtáo	명	앵두
□ **菠萝** bōluó	명	파인애플

칼럼 8	动物 (동물)		
□ **动物** dòng·wù	갑 명	동물
□ **猪** zhū	갑 명	돼지
(참) □ **野猪** yězhū	명	멧돼지
□ **牛** niú	갑 명	소
□ **羊** yáng	갑 명	양
□ **马** mǎ	갑 명	말
□ **鸡** jī	갑 명	닭
□ **狗** gǒu	을 명	개
□ **猫** māo	을 명	고양이
□ **蛇** shé	을 명	뱀
□ **兔子** tùzi	을 명	토끼
□ **(大)象** (dà)xiàng	을 명	코끼리
□ **鹅** é	을 명	거위
□ **狼** láng	을 명	이리
□ **狮子** shīzi	을 명	사자
□ **老虎** lǎohǔ	을 명	호랑이
□ **熊猫** xióngmāo	을 명	판다곰
□ **猴子** hóuzi	을 명	원숭이
□ **鸟** niǎo	을 명	새
□ **老鹰** lǎoyīng	명	소리개, 솔개
(≒ □ **鸢** yuān)		
□ **鹰** yīng	명	매

원숭이

서산에 100여 마리의 원숭이가 살고 있는데, 그들은 항상 근처 밭에 가서 감자와 무우를 훔쳐먹는다. 올해 이 원숭이들에게 또 새로운 행동이 생겼다. 그들은 비닐주머니를 가지고 과수원에 가서 사과를 훔쳐먹는다. 원숭이들은 과수원에 도착해서는 먼저 한바탕 먹고, 배가 부르면 주운 것을 주머니에 담아가지고 산으로 뛰어 돌아간다.

과수원 주인이 원숭이를 쫓는 방법은 힘껏 대나무막대를 치거나 혹은 총소리가 나오는 녹음테이프를 틀어 놓는 것이다.

칼럼 9   蔬菜(野菜) 채소

- 蔬菜 shūcài （을）（명）채소
- 野菜 yěcài （명）식용으로 하는 들나물, 산나물
- 土豆 tǔdòu （을）감자
- 马铃薯 mǎlíngshǔ （명）감자, 포테이토
- 西红柿 xīhóngshì （을）토마토
- 番茄 fānqié （명）토마토
- 葱 cōng （정）（명）파 (참)（□ 洋葱 yángcōng （명）양파
- 萝卜 luóbo （을）（명）무우
- 白菜 báicài （을）（명）배추
- 黄瓜 huánggua （을）（명）오이
- 蘑菇 mógu （정）（명）버섯
- 茄子 qiézi （정）（명）가지
- 胡萝卜 húluóbo （명）당근, 홍당무
- 辣椒 làjiāo （병）（명）고추
- 韭菜 jiǔcài （명）부추

칼럼 10   粮食 (양식)

- 粮食 liángshi （을）（명）양식, 식량
- 谷子 gǔzi （병）（명）조, 좁쌀
- 大米 dàmǐ （을）（명）쌀 ⇔ □ 小米 xiǎomǐ （명）좁쌀
- 玉米 yùmǐ （을）（명）옥수수
- 大豆 dàdòu （명）대두, 콩
- 花生 huāshēng （병）□ 落花生 luòhuāshēng （명）낙화생, 땅콩

□ 【山】 shān　　　갑명 산

□ 【生活】 shēnghuó　　　갑명동 생활(을 하다)

□ 【多】 duō　　　갑형 많다 ; 여분이 있다 갑부 얼마나, 훨씬, 아무리
　　　갑미 ~여(남짓)

□ 【只】 zhī　　　갑양 쪽, 짝 ; 마리(쌍을 이루는 물건의 하나·동물을 세는 단위)

　□ 【只】 zhǐ　　　갑부 단지, 오직 ; ~뿐, 오직~하여야만

□ 【经常】 jīngcháng　　　갑부 늘, 항상, 언제나

≒□ 【常】 cháng　　　갑부 자주, 언제나, 늘

□ 【附近】 fùjìn　　　갑명 부근, 근처

□ 【地】 de　　　갑조 단어나 사조(词组)가 상황어(状语)로 쓰여 동사·형용사를 수식할 경우에 쓰이며, 특히 상황어인 형용사 앞에 정도를 나타내는 부사가 있을 때는 일반적으로 꼭 '地'를 씀. (天渐渐 ~冷了。; 날씨가 점점 추워진다)

　□ 【地】 dì　　　갑명 토지, 지점

□ 【里】 lǐ　　　갑명 (~의)안, 속, 내부(⇔【外】 wài), 인근, 고향
　□ 갑양 (길이의 단위)리 (【市里】 shìlǐ 의 총칭. 보통 500m를 1里로 함.)

□ 【偷】 tōu　　　을동 훔치다, 도둑질하다

□ 【吃】 chī　　　갑동 먹다 ; (~에 의지하여)생활하다 ; 마시다, 흡수하다

　(참)□ 【好吃】 hǎochī　　　갑형 맛있다

□ 【这些】 zhèxiē　　　갑대 이들, 이것들

□ 【有】 yǒu　　　갑동 있다(존재를 나타냄) ; 소유하다

□ 【新】 xīn　　　갑형 새롭다, 새로운 (⇔【旧】 jiù, 【老】 lǎo)

□ 【行动】 xíngdòng　　　을동명 행동(을 취하다), 동작(을 하다)

□ 【带】 dài　　　갑동 휴대하다, (몸에)지니다 명 벨트, 끈, 타이어(tire)

□ 【塑料】 sùliào　　　을명 플라스틱, 비닐 등

□ 【口袋】 kǒudài　　　을명 호주머니, 부대, 자루

□ 【果园】 guǒyuán　　　명 과수원

□ 【先】 xiān　　　갑부 먼저, 우선 명 앞, 선두

□ 【大】 dà　　　갑형 (체적·면적따위가)크다, (힘·강도 따위가)세다

□ 【顿】 dùn　　　갑양 번, 차례, 끼니(식사·질책·권고 따위의 횟수에 쓰임)

□ 【饱】 bǎo　　　갑형 배부르다

　⇔□ 【饿】 è　　　갑형 배고프다 동 굶다, 굶주리다.

□ 【拣】 jiǎn　　　을동 줍다, 습득하다

□ 【好】 hǎo　　　을동 좋다, 훌륭하다, 우호적이다, (몸이)건강하다
　□ 갑병부 아주, 정말로, 매우, 참말로

　□ 【好】 hào　　　을동 좋아하다, 잘~하다, ~하기 쉽다

□ 【装】 zhuāng　　　갑동 (물품을)담다, (화물을)싣다, 채워 넣다

□ 【进】 jìn　　　갑동 (밖에서 안으로)들다, 들어가다

　(참)□ 【进入】 jìnrù　　　을동 (어떤 범위 또는 시기에)들다, 진입하다

　□ 【促进】 cùjìn　　　을동 촉진하다

□ 【袋】 dài　　　을명 부대, 자루, 주머니 양 부대에 넣는 물건을 세는 단위

□ 【跑】 pǎo　　　　　　　　　　　갑동 달리다, 뛰다, 도망가다

□ 【回】 huí 갑동 방향을 바꾸다, 돌아오다.
　　　　□ 갑양 일·동작 따위의 횟수를 나타낸다.
　　　　일반적으로 "这么、那么、怎么"의 뒤에 쓰여 "事"을 수식한다(≒ 【件】 jiàn)

□ 【上】 shàng　　　　　　　　　　갑명 위　동 가다, 오르다, 타다

□ 【果树】 guǒshù　　　　　　　　병명 과일나무

(참)□ 【株】 zhū　　　　　　　　을양 (나무나 초목을 셀 때 씀)그루, 포기

□ 【主人】 zhǔrén　　　　　　　　을명 주인 ⇔【客人】 kèren) (注) 【主任】 zhǔrèn

□ 【赶】 gǎn　　　　　　　　　　　을동 뒤쫓다, 서두르다, 내쫓다, 내몰다

□ 【走】 zǒu　　　　　　　　　　　갑동 걷다, 떠나다

□ 【方法】 fāngfǎ　　　　　　　　갑명 방법, 수단, 방식 (≒【办法】 bànfǎ)

□ 【用力】 yòng//lì　　　　　　　을동 힘을 들이다

□ 【敲打】 qiāo·da　　　　　　　　동 (악기를)치다, 두드리다.

(참) □ 【敲】 qiāo　　　　　　　　을동 두드리다

□ 【打】 dǎ　　　　　　　　갑동 때리다, 치다, 두드리다 □ 병개 ~로 부터 ; ~에서
　　□ 【打】 dá　　　수 다스(dozen), 타 (물품 12개를 한 묶음으로 하여 셀 때의 단위)

□ 【竹子】 zhúzi　　　　　　　　을명 대나무

□ 【或者】 huòzhe　　　　　　　갑부 아마, 어쩌면, 혹시~인지 모른다
　　　　　　　□ 접 ~이거나~든지, ~아니면~이다, 혹은

≒□ 【或】 huò　　　　　　　　을접 혹은, 또는

□ 【播放】 bōfàng　　　　　　　정동 방송하다, 방영하다

□ 【枪】 qiāng　　　　　　　　　을명 창, 총

□ 【声】 shēng　　　　　　　　갑명 (목)소리　양 번, 마디(음악을 내보내는 횟수)

□ 【录音】 lù//yīn　　　　　　갑병동 녹음(하다)

(참)□ 【磁带】 cídài　　　　　　갑명 녹음 테이프

第5課　生活小知识

有些人吃药不用水，把药放进嘴里就干吃下去，这样做当然很简单，但对身体一点好处也没有。

现在差不多家家有冰箱。有些人为了方便，也有些人为了好看，把冰箱放进了睡觉的房间。

据研究，冰箱放在房间里会产生三种污染：一是声音污染；二是电子污染；三是化学污染。因此，如果可能，最好把冰箱请出睡觉的房间。（143字）

칼럼 11　家电 (가전제품)

□ 收音机 shōuyīnjī	을 명 라디오
□ 电风扇 diànfēngshàn　□ 电扇 diànshàn	을 명 선풍기
□ 冰箱 bīngxiāng	갑 명 냉장고
□ 空调 kōngtiáo	명 에어컨
□ 洗衣机 xǐyījī	을 명 세탁기
□ 电视 diànshì	갑 명 텔레비전
□ 吸尘器 xīchénqì	명 (전기)청소기
□ 电话 diànhuà	갑 명 전화
□ 手机 shǒujī	갑 명 휴대전화
□ 公用电话 gōngyòng diànhuà	을 명 공중전화
□ 传真 chuánzhēn	정 명 팩시밀리
□ DVD机 dvd jī	명 DVD플레이어
□ 微波炉 wēibōlú	명 전자레인지

생활의 작은 지식

어떤 사람들은 약을 먹을 때 물을 사용하지 않고, 약을 입에 넣고는 물 없이 삼키는데, 이렇게 하면 당연히 간단하지만, 몸에는 조금의 이로움도 없다.

현재 거의 집집마다 냉장고가 있다. 어떤 사람들은 편리함을 위해, 또 어떤 사람들은 보기 좋으라고, 냉장고를 잠자는 방에 놓아 둔다.

연구에 따르면, 냉장고를 방안에 두면 세 종류의 오염을 발생시킨다. 하나는 소음오염이고, 두 번째는 전자오염이고, 세 번째는 화학오염이다. 때문에, 만약 가능하다면, 냉장고를 잠자는 방에서 내보내는 것이 가장 좋다.

칼럼 12　　家族成员 (가족구성원)

□ 爷爷 yéye	을 □ 祖父 zǔfù	병 명 할아버지	
□ 奶奶 nǎinai	을 □ 祖母 zǔmǔ	병 명 할머니	
□ 姥爷 lǎoye	□ 外祖父 wàizǔfù	병 □ 外公 wàigōng	명 외할아버지
□ 姥姥 lǎolao	병 □ 外祖母 wàizǔmǔ	병 □ 外婆 wàipó	정 명 외할머니
□ 爸爸 bàba	갑 □ 父亲 fù·qīn	갑 명 아버지, 부친	
□ 妈妈 māma	갑 □ 母亲 mǔ·qīn	갑 명 어머니, 모친	
□ 哥哥 gēge	갑 명 형, 오빠		
□ 弟弟 dìdi	갑 명 남동생		
□ 姐姐 jiějie	갑 명 언니, 누나		
□ 妹妹 mèimei	갑 명 여동생		

□ 【知识】　zhīshi　　　　　　　　　갑명 지식

□ **【有些】**　yǒuxiē　　　갑대 **일부(분), 어떤**　부**조금, 약간**(≒【有点儿】　yǒudiǎnr)

□ 【人】　rén　　　　　　　　　　갑명 사람, 인간

□ 【药】　yào　　　　　갑명 **약**　(참)□ **【中药】**　zhōngyào　을명 한약

□ 【水】　shuǐ　　　　　　　　갑명 물, 하천

□ 【把】　bǎ　　　　　　　　갑양 자루가 있는 기구에 쓰임

　　□ 갑개 **~을(~하다)**　　□ 을동 **쥐다, 잡다**

□ 【放】　fàng　　　　갑동 놓다, (학교나 직장이)파하다, 놀다

　　(참)□ 【放大】　fàng//dà　　을동 크게 하다, 확대하다

□ **【嘴】**　zuǐ　　　　　　　갑명 입, 부리, 주둥이

□ **【干】**　gàn　　　　　갑동 **담당하다, 종사하다, 맡다**

　　□ 【干】　gān　　　　을형 건조하다, 마르다 (⇔【湿】　shī)

□ **【下去】**　xià//·qù　　　갑동 내려가다

　　(참)【上去】　shàng//·qù　【下来】　xià//·lái

□ **【这样】**　zhèyàng　　　갑대 이렇다, 이렇게

　　□ **【这样一来】**　zhèyang yìlái (숙) 이렇게 되어(하여)

□ 【做】　zuò　　　　　갑동 **만들다, ~하다, 일하다**, 종사하다

□ **【当然】**　dāngrán　　　갑부 당연히, 물론

□ 【很】　hěn　　　　　갑부 **매우**, 아주, 대단히, 퍽, 정말

□ 【简单】　jiǎndān　갑형 간단하다, 평범하다 ⇔ □ **【复杂】**　fùzá　갑형 **복잡하다**

□ **【但】**　dàn　　　　을접 **그러나, 그렇지만, ~지만**

□ **【一点(儿)】**　yìdiǎn(r)　　갑양 **조금, 약간**

□ 【好处】　hǎochu　　　갑명 장점, 좋은 점 ; 이익

　　⇔□ **【坏处】**　huàichu　　을명 **나쁜 점, 결점, 해로운 점**

□ **【没有】**　méiyǒu　　　갑부 **아직~않다, 완료, 완성, 실현에 대비되는 부정**을 나타낸다

※□ **【一点 ~ 也没有】**　yìdiǎn ~ yěméiyǒu　　　조금도~않다

□ 【现在】　xiànzài　　　갑명 지금, 이제, 현재

□ **【差不多】**　chà·buduō　을형 **일반적인, 보통의, 웬만한**

※□ **【为了】**　wèile　　　갑개 **~을 위하여**

□ **【方便】**　fāngbiàn　갑형 **편리하다**　동 **편의를 꾀하다(도모하다)**, (대소)변을 보다

□ **【好看】**　hǎokàn　　　갑형 **아름답다, 근사하다, 보기 좋다**

　　⇔□ **【难看】**　nánkàn　　을형 **보기 싫다, 꼴사납다**

□ **【睡觉】**　shuì//jiào　　　갑동 자다

　　(참)□ 【睡】　shuì　　　갑동 자다

　　□ 【觉】　jué　　　　병동 느끼다 ; 깨닫다

　　□ 【觉】　jiào　　　　명 **잠, 수면**

　　□ 【觉悟】　juéwù　　을동명 **자각(하다), 인식(하다)**

　　□ 【卧室】　wòshì　　정명 **침실**

□ 【房间】　fángjiān　갑명 방 ≒ □ 【室】　shì　을명 방

　　(참)□ 【浴室】　yùshì　　병명 욕실 □ 【走廊】　zǒuláng　병명 복도

□ 【据】 jù　　　병동 점거하다, 의지하다　　　개 ~에 따르면, ~에 의거하여
□ 【研究】 yánjiū　　　갑동명 연구(하다), 검사(하다)
　(참)□ 【研究所】 yánjiūsuǒ　　　을명 연구소
□ 【产生】 chǎnshēng　　　을동 발생하다, 출현하다
□ 【种】 zhǒng　　갑명 종, 품종, 씨앗, 종자　양 종류나 추상의 사물
　□ 【种】 zhòng　　　을동 심다, 가꾸다, 재배하다
　(참)□ 【品种】 pǐnzhǒng　　　을명 품종
　　□ 【种子】 zhǒngzǐ　　　을명 종자, 씨, 씨앗
□ 【污染】 wūrǎn　　을동 오염되다 ⇔ □ 【净化】 jìnghuà　　정동 정화하다
　(참)□ 【染】 rǎn　　　을동 감염되다, (나쁜 것에)물들다
□ 【声音】 shēngyīn　　　갑명 소리, 목소리
□ 【电子】 diànzǐ　　　병명 전자
□ 【化学】 huàxué　　　갑명 화학
※□ 【因此~】 yīncǐ　　　을접 그래서, 그러므로
□ 【可能】 kěnéng　　갑조 ~일지 모른다　명 가능성, 가망
□ 【最好】 zuìhǎo　　　을부 가장 바람직한 것은, 제일 좋기는
　(참)□ 【最】 zuì　　　갑부 가장, 제일, 아주, 매우
□ 【出】 chū　　　갑동 나가다, 생기다, 발생하다

关于孩子的教育

现在大部分家庭中，负责教育孩子的常常是妈妈。比如，到学校开家长会的大部分是母亲；平常和老师保持联系、检查孩子作业、关心孩子学习的也大都是母亲；更不用说照顾孩子生活了。有关教育专家严肃地指出：这是目前家庭教育中存在的一个严重问题。从心理学角度看，儿童健康地成长，既需要母亲也需要父亲。两者只能互相补充而不能互相代替，在这个问题上做父母的不该再有什么分工。（176字）

칼럼 13　电脑用语（컴퓨터용어）

- □ 电脑 diànnǎo　□ 计算机 jìsuànjī　　　〈병〉〈명〉컴퓨터
- □ 上传 shàngchuán　□ 上载 shàngzài　　〈동〉업로드하다(upload)
  - ⇔ □ 下载 xiàzài　〈동〉다운로드하다(download)
- □ 安装 ānzhuāng　　　　　　　　　　　〈동〉프로그램을 설치하다(install)
  - ⇔□ 卸载 xiè//zài　　　　　　　　　〈동〉프로그램을 삭제하다(uninstall)
- □ 软件 ruǎnjiàn　〈명〉소프트웨어(software) ⇔ □ 硬件 yìngjiàn　〈정〉〈명〉하드웨어
- □ 硬盘 yìngpán　〈명〉하드디스크　□ U盘 U-pán　〈명〉USB 메모리
- □ 系统 xìtǒng　〈을〉〈명〉시스템(system)
- □ 台式电脑 táishìdiànnǎo　□ 台机 táijī　〈명〉데스크 탑 컴퓨터
- □ 笔记本(电脑) bǐjìběn(diànnǎo)　　　　〈명〉노트북
- □ 键盘 jiànpán 〈정〉〈명〉키보드　□ 鼠标 shǔbiāo 〈명〉마우스(mouse)
- □ 病毒 bìngdú 〈정〉〈명〉바이러스(virus)
- □ 杀毒软件 shādúruǎnjiàn　　　　　　　〈명〉백신프로그램(vaccine program)
- □ 黑客 hēikè　〈명〉해커(hacker)　□ 防火墙 fánghuǒqiáng 〈명〉방화벽(firewall)
- □ 网(络) wǎng(luò)　　　　　　　　　 〈명〉네트웍(network)
- □ 网络游戏 wǎngluòyóuxì 〈명〉컴퓨터오락(게임)　□ 网吧 wǎngba 〈명〉PC방
- □ 网页 wǎngyè　□ 网站 wǎngzhàn　　　〈명〉웹페이지(webpage), 사이트(site)
- □ 电子邮件 diànzǐyóujiàn　　　　　　　〈명〉E-메일, 전자우편
- □ 博客 bókè　　　　　　　　　　　　　〈명〉블로그

아이의 교육에 관하여

현재 대부분의 가정에서, 아이의 교육을 책임지는 것은 항상 어머니이다. 예를 들어, 학교에 와서 학부모회의를 여는 대부분은 어머니이다. 평상시 선생님과 연락을 유지하고, 아이 숙제를 검사하고, 아이 공부에 관심을 갖는 것도 모두 어머니이다. 더욱이 아이의 생활을 돌보는 것은 더 말할 나위도 없다. 관련 있는 교육전문가는 엄격하게 지적한다. 이것은 현재 가정 교육 중에 존재하는 하나의 심각한 문제이다. 심리학의 관점에서 보면, 아동이 건강하게 성장하는 것은, 어머니를 필요로 할뿐만 아니라 아버지도 필요로 한다. 두 사람은 단지 서로 보완할 수는 있지만 서로 대신 할 수는 없으며, 이 문제에 있어서는 부모 된 사람으로 더 이상 어떠한 분담도 해서는 안된다.

칼럼 14 学习用具 (학습용구)

□ 钢笔 gāngbǐ	갑 명 펜, 만년필	□ 铅笔 qiānbǐ	갑 명 연필
□ 圆珠笔 yuánzhūbǐ	을 명 볼펜	□ 笔记 bǐjì	을 명 필기, 메모
□ 教材 jiàocái	을 명 교재	□ 课本 kèběn	갑 명 교과서
□ 课文 kèwén	갑 명 교과서의 본문		

칼럼 15 饮料 (음료수)

□ 饮料 yīnliào	병 명 음료
□ 茶 chá	갑 명 차
□ 酒 jiǔ	갑 명 술
□ 牛奶 niúnǎi	갑 명 우유
□ 咖啡 kāfēi	갑 명 커피
□ 红茶 hóngchá	을 명 홍차
□ 啤酒 píjiǔ	갑 명 맥주
□ 开水 kāishuǐ	병 명 끓인 물
□ 茅台酒 máotáijiǔ	병 명 마오타이주
□ 葡萄酒 pú·táojiǔ	명 포도주, 와인
□ 花茶 huāchá	명 쟈스민차

□ **【部分】** bùfen 갑명 부분 ⇔□ **【全体】** quántǐ 갑명 전체

□ 【家庭】 jiātíng 갑명 가정

□ 【负责】 fùzé 갑명 책임을 지다 형 책임감이 있다

□ 【教育】 jiào·yù 갑동형 교육(하다)

□ **【孩子】** háizi 갑명 아이

□ 【常常】 chángcháng 갑부 항상 늘, 언제나 (≒ 【常】 cháng)

□ 【比如】 bǐrú 을접 **예컨대, 가령, 비유한다면** ≒□ **【例如】** lìrú 갑접 예를 들면

□ 【学校】 xuéxiào 갑명 학교 (참)□ 【校长】 xiàozhǎng 을명 교장, 학장

□ 【开】 kāi 갑동 (닫힌 것을)열다, 운전하다, (전등 등을)켜다

　(참)□ 【开会】 kāi//huì 을동 개회하다, 회의를 하다(열다)

　　□ 【开展】 kāizhǎn 을동 넓히다, 확대하다, 전개하다

　　【展开】 zhǎn//kāi 을동 펴다, 벌리다

　　【开课】 kāi//kè 을동 수업을 시작하다

□ 【家长】 jiāzhǎng 정명 가장, 세대주, 학부형

□ 【平常】 píngcháng 을명 평소, 평상시, 보통 때 형 보통이다, 평범하다

□ **【老师】** lǎoshī 갑명 선생님

□ 【保持】 bǎochí 을동 보지하다, 지키다, 유지하다

□ **【联系】** liánxì 갑동명 연락(하다)

□ **【检查】** jiǎnchá 갑동명 검사(하다)

□ 【作业】 zuòyè 갑명 **숙제, 과제** ; 작업, 활동

□ 【关心】 guānxīn 갑동 관심을 갖다, 관심을 기울이다

□ 【学习】 xuéxí 갑동명 학습(하다), 공부(하다)

□ 【大都】 dàdū(dàdōu) 병부 **대부분, 대체로**

□ 【更】 gèng 갑부 더, 더욱, 훨씬

□ 【不用】 búyòng 갑부 **필요 없다**

　□ 【甭】 béng 병부 **~필요가 없다, ~할 것 없다** ('不用'의 합음(合音))

□ 【照顾】 zhàogù 갑동 고려하다 ; 돌보다, 보살펴 주다

　≒□ 【关照】 guānzhào 을동 관심을 가지고 보살피다, 돌보다 ('关心照顾'의 줄임말)

□ 【有关】 yǒuguān 을동 관계가 있다, ~에 연관되다 ⇔ 【无关】 wúguān)

□ 【专家】 zhuānjiā 을명 전문가 (참) □ 【专心】 zhuānxīn 을형 전념하다

□ 【严肃】 yánsù 을형 (표정·분위기가)엄숙하다 ('사람/사물+严肃' 형식으로 씀)

　　　　　　동 엄숙하게 하다 ≒□ 【严格】 yángé 을형 엄격하다, 엄하다

　(참)□ 【庄严】 zhuāngyán 을형 장엄하다, 장중하다

□ 【指出】 zhǐ//chū 을동 지적하다, 가리키다

□ 【目前】 mùqián 갑명 지금, 현재

　≒□ 【当前】 dāngqián 을명 눈앞, 지금

□ 【存在】 cúnzài 을동명 존재(하다)

□ 【严重】 yánzhòng 을형 심각하다, 중대하다('추상적 사물+严重' 형식으로 씀)

　≒□ 【重大】 zhòngdà 을형 중대하다, 크다

□ 【问题】 wèntí 갑명 (해답등을 요구하는)문제, 질문, (해결해야 할)문제, 사고

□ 【从】 cóng 갑개 ~부터 ; ~(를)을 동 좇다

□ 【心理】 xīnlǐ 병동 심리

□ 【学】 xué 갑동 배우다 ; 모방하다 □ 을명 학문, 학술 미 ~학

　(참) □ 【自学】 zìxué 을명 독학(하다)

□ 【角度】 jiǎodù 병명 각도(각의 크기) ; 견지, 관점

□ 【看】 kàn 갑동 (눈으로)보다 ; 방문하다 ; ~라고 생각하다

　□ 【看】 kān 병동 지키다, 돌보다, 보살피다

□ 【儿童】 értóng 을명 어린이, 아동

□ 【成长】 chéngzhǎng 을명동 성장(하다), 자라다

□ 【既】 jì 을부 이미, 벌써 접 (이왕)~한 바에는 (≒【既然】 jìrán)

※ □ 【既～也(又)…】 jì~yě(yòu)… 을 ~할 뿐만 아니라, ~뿐더러, ~하고도

□ 【需要】 xūyào 갑동 필요하다 조 ~해야 한다 명 수요, 필요, 요구

□ 【两】 liǎng 갑수 2 □ 을양 무게의 단위(1两＝50ｇ)

□ 【者】 zhě 병명 사람, 자(者) 미 ~자(者), ~가(家)

　　〔예〕【愛好者】 àihàozhě 애호가

□ 【能】 néng 갑조 ~할 수 있다. 병형 유능하다 □ 병명 재능, 재간, 능력

□ 【互相】 hùxiāng 갑부 서로, 상호

　≒ □ 【相互】 xiānghù 을형 상호(의), 서로(의)

□ 【补充】 bǔchōng 을동 보충하다 (참) □ 【补】 bǔ 을동 보충하다, 보태 채우다

□ 【而】 ér 을접 그리고, 그래서, 그러나

□ 【代替】 dàitì 을동 대신하다, 대체하다

□ 【该】 gāi 갑조 ~해야 한다 동 당연하다, 마땅하다

　　□ 을대 이, 그, 저 (앞의 글에 나온 사람·사물을 가리키며 주로 공문서에 많이 쓰임)

□ 【再】 zài 갑부 재차 ; 그 위에, 더

□ 【分工】 fēn//gōng 병동 분업하다, 분담하다

过分娇生惯养

窗外下着小雨，来接孩子的家长们很自然地抱起孩子往外走。

"妈妈，我不要您抱，我要自己走。"李诗小朋友对妈妈说。

妈妈摇摇头："不行！外边正下雨，衣服湿了要感冒的。"

"不会的，我有小雨伞。您要是不同意，我就不回家了！"李诗认真地坚持着。

妈妈没办法，只好同意了她。让李诗打着伞自己走。

现在，家长们送孩子上学多数是抱着来，抱着去。其实，这样做对孩子的成长很不好。孩子通过走路，可以很好地锻炼身体。所以希望家长能放下孩子，让他们自己走。(212字)

칼럼 16　医学 (의학)

- □ 感冒 gǎnmào　　갑동 감기에 걸리다　　명 감기
- □ 生病 shēng//bìng　　병동 병이 나다
- □ 病 bìng　　갑동명 병(나다), 앓다
- □ 住院 zhù//yuàn　　을동 입원하다 ⇔ □ 出院 chū//yuàn　을동 퇴원하다
- □ 骨折 gǔzhé　　동 골절되다
- □ 咳嗽 késou　　갑동명 기침(을 하다)
- □ 发烧 fā//shāo　　갑동 열이 나다
- □ 看病 kàn//bìng　　갑동 진찰하다
- □ 打针 dǎ//zhēn　　을동 주사 맞다
- □ 手术 shǒushù　　을명 수술
- □ 疼 téng　　갑동 아프다('신체+疼'의 형식으로 씀)
- □ 病房 bìngfáng　　을명 병실, 병동
- □ 病菌 bìngjūn　　을명 병원균
- □ 细菌 xìjūn　　을명 세균
- □ 病人 bìngrén　　을명 환자
- □ 艾滋病 àizībìng　　정명 에이즈(AIDS)
- □ 癌症 áizhèng　　병명 암(cancer)
- □ 过敏症 guòmǐnzhèng　　명 알레르기(allergy)
- □ 腹泻 fùxiè 〈서〉　□ 拉肚子 lādùzi 〈구〉 명 설사

지나치게 응석받이로 자라다

창 밖에 이슬비가 내리고 있고, 아이를 맞이하러 온 가장들은 자연스럽게 아이를 안고 밖으로 걸어 나간다.

"엄마, 난 엄마가 안아주는 것을 원하지 않아요, 스스로 걸어가길 원해요." 리시어린이가 엄마에게 말했다.

엄마는 머리를 저으며: "안돼! 밖에는 지금 비가 내리고 있는데, 옷이 젖으면 감기에 걸린단다."

"그럴리가 없어요. 난 작은 우산이 있어요. 엄마가 만약에 동의해주지 않으면, 나는 집에 돌아가지 않겠어요." 리시는 진지하게 고집을 부렸다.

엄마는 방법이 없어, 할 수 없이 그녀에게 동의했다. 리시로 하여금 우산을 들고 스스로 걸어가게 했다.

현재, 아이를 등교시키는 가장들 대다수가 안아서 오고, 안아서 간다. 사실, 이렇게 하는 것은 아이의 성장에는 매우 좋지 않다. 아이는 길을 걷는 것을 통해, 아주 좋게 신체를 단련 시킬 수 있다. 그러므로 가장들이 아이를 내려 놓고, 그들로 하여금 스스로 걸어가게 하기를 희망한다.

칼럼 17 服装 (복장)

□ 服装 fúzhuāng	정명 복장	□ 毛衣 máoyī	을명 털옷, 스웨터
□ 衣服 yīfu	갑명 옷, 의복	□ 棉衣 miányī	을명 솜옷, 무명옷
□ 帽子 màozi	갑명 모자	□ 毛巾 máojīn	을명 면 수건, 타월
□ 裤子 kùzi	을명 바지	□ 手绢 shǒujuàn	을명 손수건
□ 裙子 qúnzi	을명 치마	□ 手套 shǒutào	을명 장갑
□ 袜子 wàzi	갑명 양말	□ 领带 lǐngdài	명 넥타이
□ 鞋 xié	갑명 신발	□ 皮带 pídài	정명 벨트, 허리띠
□ 衬衫 chènshān	을명 와이셔츠	□ 丝 sī	을명 생사, 견사
□ 衬衣 chènyī	을명 속옷, 셔츠	□ 布 bù 갑명 (무명실·삼실 등으로 짠) 포, 천, 베	
□ 上衣 shàngyī	을명 상의, 윗도리	□ 棉花 miánhua 을명 목화의 통칭, 면, 면사	
□ 大衣 dàyī	을명 외투, 오버코트	□ 纺织 fǎngzhī 을명 방직(하다)	
□ 雨衣 yǔyī	을명 비옷, 레인코트		

□ 【过分】 guò//fèn　　　　　　　　동 (말이나 행동이)지나치다, 분에 넘치다

□ 【娇生惯养】 jiāoshēngguànyǎng (숙) 응석받이로 자라다

□ 【窗】 chuāng　　　갑 □ 【窗户】 chuānghu　갑명 창문

□ 【外】 wài　　　　　　　갑명 밖 (⇔【内】 nèi【里】 lǐ)

□ 【下】 xià　　　　　　　갑동 내려 가다 ; 낮다 ; 내리다　　명 밑, 아래
　　　　　　　　　　　　　　　　　　양 번, 회 (동작의 횟수를 나타냄)

□ 【小】 xiǎo　　　　　　　갑형 작다 (⇔【大】 dà), 맨 끝의, 막내의

□ 【雨】 yǔ　　　　　　　　갑명 비

□ 【接】 jiē　　　　　　　갑동 가까이 가다, 받다, 접수하다, 맞이하다

　≒□ 【迎接】 yíngjiē　　　을동 영접하다, 맞이하다

□ 【自然】 zìrán　　　　　을명 자연, 천연　부 자연히　형 자연스럽다

□ 【抱】 bào　　　　　　　갑동 안다, 포옹하다

□ 【起】 qǐ　　　　　　　갑동 일어서다 ; 이동하다 ; ~부터 ; 생기다

□ 【往】 wǎng(wàng)　　갑개 ~쪽으로, ~ (을)향해 (≒【朝】 cháo 갑)

□ 【要】 yào 갑조 ~할 것이다, ~하려고 하다, ~하고야 말 것이다
　　　　　　　　동 요구하다, 구하다, 필요로 하다　　　　병접 만약, 만일~하면

□ 【自己】 zìjǐ 갑대 자기, 자신

　【李诗】 LǐShī (人名) 리시

　(참)□ 【诗】 shī　　　　을명 시(詩)

□ 【小朋友】 xiǎopéngyou　을명 어린아이, 꼬마친구

□ 【摇】 yáo　　　　　　　을동 (좌우로)흔들다, 흔들어 움직이다

□ 【头】 tóu 갑명 머리　　　양 두, 마리(가축을 세는 단위)　□ 을형 제일의, 순서가 앞선

□ 【不行】 bùxíng　　　　을형 안 된다, 허가하지 않다

　(참)□ 【行】 xíng 갑동 걷다, 가다　형 좋다, 괜찮다　□ 을명 여행, 행위, 행동

　　□ 【行】 háng　　　　을양 줄, 열 (행·열을 이룬 사물을 세는 단위)

　　　　　　　　　　　□ 병명 줄, 열 ; 직업, 장사, 업무

　(참)□ 【银行】 yínháng　갑명 은행

□ 【正】 zhèng 갑부 마침, 막(동작의 진행 또는 상태의 지속을 나타냄)　□ 을형 곧다, 바르다

　⇔□ 【歪】 wāi　　　　　을형 비스듬하다, 기울다

　(참)□ 【正好】 zhènghǎo　을형 (시간·위치·체적·수량)꼭 알맞다, 딱 좋다

□ 【湿】 shī　　　　　　　을형 축축하다, 습하다(⇔【干】 gān)

□ 【伞】 sǎn　　　　　　　을명 우산

□ 【同意】 tóngyì　　　　갑동명 동의(하다)

□ 【认真】 rèn//zhēn　갑형 진지(진실)하다, 성실(착실)하다　갑동 곧이 듣다

　(참)□ 【认】 rèn　　　　을동 (물건·사람·길·글자 따위를)분간하다, 식별하다

□ 【坚持】 jiānchí　　　　갑동 (주장 따위를)견지하다, 고수하다

□ 【没】 méi　갑부 ~않다 ; 아직~하지 않다 동 (“没有 méi·yǒu ” 의 생략, 소유·존재의 부정
　　　　　　　을 나타냄)없다

□ 【办法】 bànfǎ　　　　갑명 방법, 수단, 방식

□ 【只好】 zhǐhǎo　　　　갑부 ~부득이, 할 수 없이

   (참)□　【只要】 zhǐyào　　　　　을접 (필요의 조건을 나타냄) ~하기만 하면, 만약~라면

□　【让】 ràng　　　　　　　　갑동 양보하다, 사양하다 ; ~시키다

□　【送】 sòng　　　　　　　　갑동 보내다, 배달하다, 전달하다

□　【上学】 shàng//xué　　　　갑동 등교하다, (초등학교에)입학하다

□　【多数】 duōshù　　　　　　을명 다수

   (참)□　【大多数】 dàduōshù　을명 대다수

※□　【其实~】 qíshí　　　　　병부 사실은, 실제는

□　【通过】 tōngguò　　갑개 ~을 통해서, ~을 거쳐서　동 ~을(를) 통하다, ~에 의하다

   (참)□　【渡过】 dùguò　　　　을동 지내다, 보내다, 겪다

□　【走路】 zǒu//lù　　　　　　동 길을 걷다

  ≒□　【走道(儿)】 zǒu//dào(r) 을동 (도로를)걷다　명 보도, 인도

□　【可以】 kěyǐ　　　　　　　　갑조 ~할 수 있다 ; ~해도 좋다

□　【锻炼】 duànliàn　　　　　갑동명 (몸과 마음을)단련(하다)

※□　【所以~】 suǒyǐ　　　　　갑접 그래서, 그런 까닭에

□　【希望】 xīwàng　　　　갑동명 희망(하다) ⇔ 【失望】 shīwàng

8課　给老师的信

何老师：

您好！

在三年级期中考试中，我**得**了全班的第一名。这**使**我想起了**刚**来法国时的情景。那时候，我一句法语也不会，**后来**在老师和同学的**帮助**下，我进步很快，**逐渐学会**了法语。

何老师，您是我的数学老师，一定关心我的数学成绩。在这里，从一开始我的数学成绩就是最好的，**而且**一直是这样。我感谢您在一年级就给我打好了数学基础，使我一直对数学有**浓厚**的**兴趣**。这里不**像**国内**那样**要做很多练习题，**不过**题目**都**出得很**有意思**。

我在法国日日夜夜想念着祖国，**盼望**早日回国。

请您代我**向**全班同学**问好**。

祝您身体健康，**万事如意**。

您的学生：徐扬

一九九一年十一月二十四日

（259字）

칼럼 18　外国語 (외국어)

□ **外语** wàiyǔ	□ **外文** wàiwén	갑 명 외국어
□ **汉语** Hànyǔ	□ **中文** Zhōngwén　　□ **中国话** Zhōngguóhuà	갑 명 중국어
□ **日语** Rìyǔ	□ **日文** Rìwén	갑 명 일본어
□ **英语** Yīngyǔ	□ **英文** Yīngwén	갑 명 영어
□ **法语** Fǎyǔ	□ **法文** Fǎwén	갑 명 프랑스어, 불어
□ **德语** Déyǔ	□ **德文** Déwén	을 명 독일어
□ **阿拉伯语** Ālābóyǔ	□ **阿拉伯文** Ālābówén	을 명 아랍어

8課 선생님께 보내는 편지

허선생님 :

안녕하세요!

3학년 중간고사에서, 저는 전체반에서 일등을 **했어요**. 이것은 나로하여금 내가 **막** 프랑스에 왔을 때의 장면을 생각나게 합니다. 그 때, 나는 프랑스어 한마디도 못했는데, **후에** 선생님과 학우의 **도움** 하에, 나의 발전은 아주 빨라서, **점차** 프랑스어를 **할 수 있게** 되었지요.

허선생님, 당신은 나의 수학선생님이셔서, 분명 저의 수학성적에 관심이 있을 겁니다. 여기서, 시작할 때부터 저의 수학성적은 가장 좋았고, **또한** 줄곧 이렇답니다. 당신은 (제가) 1학년일 때 저에게 수학의 기초를 잘 닦아주셔서, 저로 하여금 줄곧 수학에 **깊은 흥미**를 갖게 해주신 것에 저는 감사드립니다. 여기는 국내**처럼** 그렇게 많은 연습문제를 풀 필요는 없지만, **그러나** 문제들은 **모두 재미있게** 출제되어요.

나는 프랑스에서 매일매일 고국을 그리워하고 있고, 빠른 시일 내에 귀국하기를 **바랍니다**.

당신이 저를 대신해서 모든 반 친구들**에게** 안부를 전해주세요.

건강하시고, **하시는 일 모두 잘 되시기를** 바랍니다.

당신의 학생 : 쉬양

1991년11월24일

□ 【何】 hé　　　　정몡 무엇, 어떤　　　몡 성(姓)씨

□ 【年级】 niánjí　　　　갑몡 학년　(참)□ 【级】 jí　을몡 등급, 학년
　　　　　　　　　　양 계단·층·등급 따위를 헤아릴 때 쓰임

□ 【考试】 kǎoshì　　　　갑몡동 시험(을 보다)
　(참)□ 【期中考试】 qīzhōngkǎoshì　　몡 중간고사
　　□ 【期末考试】 qīmòkǎoshì 몡 기말고사　□ 【试卷】 shìjuàn 을몡 시험답안
　　□ 【及格】 jí//gé　　　　을동 합격하다

□ 【得】 dé　　　갑동 얻다, 획득하다 (⇔ 【失】 shī 정동 잃다)
　□ 【得】 de　　갑조 (동사나 형용사의 뒤에 쓰여)결과나 정도를 표시하는 보어의 역할함
　□ 【得】 děi　　갑조 (마땅히) ～해야 한다

□ 【全】 quán　　　갑형 전체의, 모든　　부 전부, 완전히, 다

□ 【班】 bān　　　갑몡 반, 조(組), 그룹(group) ; 근무시간, 노동(작업)시간의 구분
　　양 ①조(組), 반으로 된 단체, 무리 ②교통기관의 운행표 또는 노선

□ 【第一】 dìyī　　　갑수 제1, 첫(번)째
　(참)□ 【第】 dì　　갑두 제(수사(數詞)앞에 쓰여 차례의 몇 째를 가리킴)

□ 【名】 míng　　　을몡 이름, 명성　　양 명 (사람을 세는 단위), 석차를 나타냄

□ 【使】 shǐ　　　을동 (～에게) ～하게 하다, ～시키다

□ 【刚】 gāng　　　갑부 지금, 바로～하고 있다(≒ □ 【刚才】 gāngcái　갑몡 지금, 방금)

□ 【刚刚】 gānggāng　　　을부 바로, 지금, 막

※(注) : ‘刚(刚刚)’과 ‘刚才’의 비교:
① ‘刚(刚刚)’은 부사이어서 동사 앞에 만 올 수 있다. 반면, ‘刚才’는 동사나 형용사나 주어 앞에 올 수 있다.
② ‘刚(刚刚)’이 있는 문장에서, 동사 뒤에 시간을 나타내는 단어를 쓸 수 있으나 ‘刚才’는 안 된다. (예) 他刚走了两天你就回来了。
③ ‘刚才’ 뒤에는 부정사가 올 수 있으나, ‘刚(刚刚)’은 안 된다.
(예) 你为什么刚才不说，现在才说？

□ 【情景】 qíngjǐng　　　을몡 광경, 장면, 정경

□ 【那】 nà　　　갑대 저거, 그것, 저것들　　접 그러면, 그렇다면

□ 【句】 jù　　　갑양 마디, 편·(말·글의 수를 세는 단위)

□ 【后来】 hòulái 을몡 나중, 훗날 ⇔□ 【起初】 qǐchū　병몡 최초, 처음

□ 【同学】 tóngxué　　　갑몡 동창, 학우, 동급생

□ 【帮助】 bāngzhù　　갑동몡 돕다, 지원(하다), 원조(하다)

□ 【进步】 jìnbù　　　을형 진보적이다　동몡 진보(하다)
　(참)□ 【进化】 jìnhuà　　을동 진화하다 ⇔ □ 【退化】 tuìhuà 동 퇴화하다.

□ 【快】 kuài　　　갑형 빠르다 (⇔ 【慢】 màn), 급하다　부 곧(머지않아)

□ 【逐渐】 zhújiàn　　　을부 〈서〉 점차, 차츰차츰
　≒□ 【渐渐】 jiànjiàn　　을부 〈구〉 점점, 점차

□ 【学会】 xué//huì　　　병동 습득하다, 배워서 알다　몡 학회

□ 【数学】 shùxué　　　갑몡 수학

□ 【一定】 yídìng　　　갑형 규정된, 일정한, 확실한　부 반드시, 필히, 꼭

□ 【成绩】 chéngjì 　갑명 성적, 성과, 기록
□ 【开始】 kāishǐ 　갑동 시작하다, 개시하다 명시작, 처음
□ 【而且】 érqiě 　갑접 게다가, ~뿐만 아니라, 또한
□ 【感谢】 gǎnxiè 　갑동명 감사(하다)
□ 【基础】 jīchǔ 　갑명 기초, 기반
□ 【浓厚】 nónghòu 　정형 농후하다, 강하다 : 크다, 깊다
□ 【兴趣】 xìng·qù 　을명 흥취, 흥미, 취미
□ 【像】 xiàng 　갑동 닮다, 비슷하다, ~와 공통점이 있다 명 본떠 그린 모양, 초상
□ 【国内】 guónèi 　명 국내 (참)□ 【国】 guó 갑명 국가 □ 【内】 nèi 갑명 안, 가운데, 안쪽
□ 【那样】 nàyàng 　갑대 그렇게, 저렇게
□ 【练习】 liànxí 　갑동명 연습(하다) (참)□ 【练】 liàn 을동 연습하다, 훈련하다
　　□ 【训练】 xùnliàn 　을동명 훈련(하다)
□ 【题】 tí 　을명 제목 : 문제, 연습문제, 시험문제
※□ 【不过】 búguò 　을접 그런데, 그러나, ~에 지나지 않다
□ 【题目】 tímù 　을명 제목, 표제, 테마 : (연습·시험 따위의)문제
□ 【都】 dōu 　갑부 모두, 다
□ 【有意思】 yǒuyìsi 　갑 재미 있다, 흥미 있다
　(참)□ 【没意思】 méiyìsi 　갑 재미 없다, 지루하다
□ 【日夜】 rìyè 　병명 밤낮, 주야
□ 【想念】 xiǎngniàn 　을동 그리워하다, 간절히 생각하다
□ 【祖国】 zǔguó 　갑명 조국
□ 【盼望】 pànwàng 　을동 간절히 바라다, 희망하다
□ 【早日】 zǎorì 　정부 조기, 조속한 시일(시간) (참)□ 【日期】 rìqī 을명 날짜, 기간
□ 【代】 dài 　을명 ~대, 세대(世代) □ 병동 대신하다 개 대신에
□ 【向】 xiàng 　갑개 ~를 향하여, ~에게 동 향하다
□ 【问好】 wèn//hǎo 　갑동 안부를 묻다, 문안 드리다
□ 【祝】 zhù 　갑동 빌다, 축원하다
□ 【万事如意】 wànshìrúyì 　(숙) 만사가 뜻한 대로 다되다, 만사형통하다
□ 【学生】 xué·shēng 　갑명 학생
　【徐扬】 xúyáng (인명) 쉬양(徐揚)

写信的人

现在电话**已经**很普及，**传真机**使用得也**越来越**广泛，因此，人们写信也就越来越少。现在**哪些**人写信比较多呢？据调查，写信多的是三种人：一是**正在**恋爱的人。**因为**恋人**有时**心里想要说的话，嘴上**却不好意思**讲，多是借助书信表达出来。二是军人。军人**由于**受条件的限制，打电话、**发**传真都不是**太**方便，同时他们也想通过写信**提高**自己的文化水平。三是大学生，**特别是**刚入学的大学生也多是用写信的方式向亲友报告自己的生活情况，**以及**向家人要钱要物。（203字）

颜色 (색깔)

□ 颜色 yánsè		갑 명 색채, 색
□ 色 sè		을 명 색, 여색(女色)
□ 紫 zǐ		을 형 자색(의), 자줏빛(의)
□ 青 qīng		을 형 푸르다, 검다
□ 灰 huī		을 형 회색의 ; 낙심하다, 맥이 탁 풀리다
□ 红 hóng		갑 형 빨갛다 ; 공산주의적
□ 白 bái	갑 형 희다	을 부 헛되이, 쓸데없이, 보람없이
□ 黄 huáng		갑 형 황색의, 황제(黄帝), 퇴폐적이다
□ 绿 lǜ		갑 형 녹색의, 환경보호에 부합되는 무공해·무오염
□ 蓝 lán		갑 형 남색, 청색(의)
□ 黑 hēi		갑 형 검다 ; 은밀한 ; 나쁘다, 악독하다

9課 편지 쓰는 사람

현재 전화는 이미 매우 일반적이고, 팩시밀리 사용도 갈수록 광범위해지고 있어, 그래서, 사람들이 편지 쓰는 것도 갈수록 줄어들고 있다. 현재 어떤 사람들이 편지쓰기를 비교적 많이 할까? 조사에 따르면, 편지 쓰는 대부분이 세 종류의 사람들이다. 하나는 지금 연애하고 있는 사람이다. 왜냐하면 연인이 어떤 때는 마음속에 하고 싶은 말이 있는데, 입으로는 오히려 부끄러워 말하지 못하고, 많이들 편지를 빌어서 표현한다. 두 번째는 군인이다. 군인은 조건의 제한을 받기 때문에, 전화를 하거나 팩스를 보내는 것이 모두 매우 편리하지 않고, 동시에 그들도 편지쓰기를 통해 자기의 문화수준을 높이고 싶어한다. 셋째는 대학생인데, 특히 막 대학에 입학한 대학생들도 많이들 편지를 쓰는 방식을 써서 친구에게 자기의 생활상황을 알리고, 아울러 가족에게 돈을 요구하고 물건을 요구한다.

칼럼 20 　点心 (간식)

□ **点心** diǎnxin	갑 명	간식, 가벼운 식사, 과자류식품
□ **糖葫芦** tánghúlu	명	탕후루, 산사나무 열매 꼬치
□ **冰棍儿** bīnggùnr	병 명	아이스 바
□ **冰淇淋** bīngqílín　□ **冰激凌** bīng·jiling	정 명	아이스크림
□ **口香糖** kǒuxiāngtáng	명	추잉검, 껌.
□ **蛋糕** dàngāo	을 명	카스텔라, 케이크
□ **月饼** yuè·bing	명	월병
□ **糖** táng	갑 명	사탕, 엿, 사탕과자, 설탕(류)
□ **饼干** bǐnggān	을 명	비스킷, 과자
□ **巧克力** qiǎokèlì	명	초콜릿

□ 【已经】 yǐjīng　　　　갑 부 이미, 벌써(보통 문미(文尾)에 '了'를 동반함)

□ 【普及】 pǔjí　　　　병 동 보급되다, 확대되다, 퍼지다　형 일반적인

□ 【机】 jī　　　　병 명 기회 ; 기계 ≒ □ 【机器】 jī·qì　갑 명 기계

□ 【使用】 shǐyòng　　　　갑 동 사용하다

□ 【越来越】 yuèláiyuè　　　　을 부 점점, 더욱더(정도의 증가를 나타냄)

□ 【广泛】 guǎngfàn　　　　갑 형 광범위하다, 폭넓다

　(≒ □ 【广大】 guǎngdà　갑 형 넓다, 크다, 광범하다 □ 【广阔】 guǎngkuò 갑 형 넓다, 광활하다

□ 【写】 xiě　　　　갑 동 글씨를 쓰다, 글을 짓다

□ 【信】 xìn 갑 명 편지 □　　　을 동 믿다, 신임하다
　(참) □ 【信封】 xìnfēng　　　갑 명 편지 봉투 □ 【手纸】 shǒuzhǐ　명 (화장실용) 휴지

□ 【哪些】 nǎxiē　　　　을 명 어느, 어떤(복수를 나타냄)(≒ □ 【哪一些】 nǎyīxiē)

□ 【比较】 bǐjiào　　　　갑 부 비교적　동 비교하다
　(참) □ 【较】 jiào　　　　을 개 ~보다　부 비교적

□ 【呢】 ne(【哪】 na, 【呐】 ne)　갑 조 ①의문(疑問)을 나타내는 문장의 끝에 쓰여 의문(疑問)의
어기(語氣)를 나타냄. (일반적으로 선택의문문과 특수의문문 뒤에 붙여 씀) ②서술문의 끝에 써서 사
실을 확인하는 어기를 나타냄(상대방으로 하여금 믿도록 하거나, 사태나 상황의 단정을 나타냄)

□ 【调查】 diàochá　을 동 명 조사(하다) (참) □ 【调】 diào　을 동 이동하다, 파견하다

□ 【正在】 zhèngzài　　　　갑 부 마침~하고 있는 중이다

□ 【恋爱】 liànài　　　　을 동 명 연애(하다)
　※ □ 【因为 ~】 yīn·wèi　갑 접 ~때문에, ~에 의하여, 왜냐하면

□ 【恋人】 liànrén 명 연인(≒ □ 【女(男)朋友】 nǚ(nán)péngyou 명 여자(남자)애인 【对象】 duìxiàng)

□ 【有时】 yǒushí　　　　을 부 경우에 따라서는, 때로는, 어떤 때(≒ 【有时候】 yǒushíhòu)

□ 【心】 xīn　　　　갑 명 마음 ; 감정, 기분

□ 【~ 的话】 de huà　　　　을 ~한다면, ~이면　(참) □ 【话】 huà 갑 명 말, 이야기

※ □ 【却 ~】 què　　　　을 부 도리어, 반대로, 그러나(≒ □ 【却是】 quèshì)

□ 【不好意思】 bùhǎoyìsi　　　　을 부끄럽다, 쑥스럽다 ; 난처하다, 곤란하다
　(≒ □ 【不便】 búbiàn)

□ 【借助】 jièzhù　　　　정 동 (다른 사람 또는 사물의) 도움을 빌다, ~의 힘을 빌리다
　(참) □ 【借】 jiè　　　　갑 동 빌다, 꾸다

□ 【书信】 shūxìn　　　　정 명 서신, 편지

□ 【表达】 biǎodá　　　　을 동 (생각 · 감정을) 표현하다, 나타내다

□ 【出来】 chū//·lái　　　　갑 동 나오다, 출현하다

□ 【军人】 jūnrén　병 명 군인　(참) □ 【军事】 jūnshì　을 명 군사, 군대

□ 【由于】 yóuyú　　　　을 개 ~때문에, ~로 인하여

□ 【受】 shòu　　　　을 동 받다 ; (고통 · 손해 · 재난 · 불운 따위를) 받다, 입다 ; 참다, 견디다

□ 【条件】 tiáojiàn　　　　갑 명 조건, (요구하는) 기준, (상태로서의) 조건, 환경

□ 【限制】 xiànzhì　　　　을 동 명 제한(하다), 한정(하다)

□ 【发】 fā　　　　갑 동 보내다, 부치다, 발송하다(⇔ 【收】 shōu)

□ 【发】 fà 명 두발, 머리카락　(참) □ 【发明】 fāmíng　을 동 명 발명(하다)

□ 【发言】 fā//yán　을 동 명 발언(하다) □ 【头发】 tóufa　을 명 머리카락, 두발

□ 【理发】 lǐ//fà　　　　　　　　　(을)(동)(명) 이발(하다)

□ 【太】 tài　　　　　　　　　(갑)(부) 아주, 매우, 대단히, 극히

□ 【同时】 tóngshí　　　　　　　(갑)(명) 동시(에)

□ 【提高】 tí//gāo　　　　　　　(갑)(동) 제고하다, 향상시키다, 높이다, 끌어올리다

□ 【文化】 wénhuà　　　　　　　(갑)(명) 문화 : 일반교양(지식)

□ 【水平】 shuǐpíng　　　　　　(갑)(명) 수준

□ 【大学生】 dàxuéshēng　　　　(명) 대학생

□ 【特别】 tèbié　(갑)(형) 특별하다, 특이하다(⇔【普通】 pǔtōng)　(부) 특히, 유달리

　≒□ 【尤其】 yóuqí　　　　　　(갑)(부) 특히, 더욱

　(참)□ 【特】 tè　　　　　　　(병)(형) 특별하다, 독특하다(≒【特殊】 tèshū)

□ 【入学】 rù//xué　(정)(동) 입학하다　(참)□ 【入】 rù　(을)(동) 들다, 들어가다

□ 【用】 yòng　　(갑)(동) 쓰다, 사용하다 ; 마시다　(개) ~으로(써)~하다

　(참)【作用】 zuòyòng　　　　　(을)(동)(명) 작용(하다)

□ 【方式】 fāngshì　　　　　　　(을)(명) 방식, 방법, 일정한 형식

　≒□ 【形式】 xíngshì　　　　　(을)(명) 형식, 형태 (⇔【内容】 nèiróng)

□ 【亲友】 qīnyǒu　　　　　　　(정)(명) 친척과 친구 ; 친한 벗

□ 【报告】 bàogào　　　　　　　(을)(동)(명) 보고(하다)

　(참)□ 【报名】 bào//míng　(을)(동) 신청하다, 지원하다　□ 【告】 gào　(을)(동) 말하다, 알리다

□ 【情况】 qíngkuàng　　　　　(갑)(명) 상황, 정황, 형편

　≒□ 【状况】 zhuàngkuàng　　　(을)(명) 상황, 형편, 상태

□ 【以及】 yǐjí　　　　　　　　(을)(접) 및, 그리고, 아울러

□ 【家人】 jiārén　　　　　　　(명) 한 집안 식구, 집안 사람

□ 【物】 wù　　　　　　　　　(정)(명) 물건, 물체, 물질

钱买不到的东西

一天，我到邮局去取某杂志寄给我的稿费。由于去得太早，他们还没上班，于是我去了附近一家复印公司。

我对管复印的姑娘说：“我先在这儿坐一会儿，等我从邮局取了钱再来你这儿复印点东西。”她笑了，说：“我先给您复印吧，钱，下次一起付不一样吗？”她一口流利的北京话听来十分好听，使你难以拒绝。我从邮局取了钱，又去了复印公司。“您不用再跑一趟的，不是说好了下次一起付吗？”姑娘笑着说。我说：“还是付了吧，要不忘了。”她说：“到底是老师，这么认真。”我吃了一惊－－－她怎么知道我是干什么的呢？对了，想起来了，我让她复印了我的论文，那上面清楚地印着我所在的学校的名字。

我深深感到“信任”是钱买不到的一种情感。(294字)

 学制 (학교 교육 제도)

□ 幼儿园 yòu'éryuán	병명	유치원
□ 小学 xiǎoxué	을명	초등학교
□ 中学 zhōngxué	갑명	중·고등학교
□ 初中 chūzhōng	병명	중학교
□ 高中 gāozhōng	병명	고등학교
□ 专科 zhuānkē	정명	전문대학
□ 本科 běnkē	명	(대학의)본과
□ 学院 xuéyuàn	갑명	(단과)대학, college
□ 大学 dàxué	갑명	(종합)대학, university
□ 硕士 shuòshì □ 研究生 yánjiūshēng	병명	석사, 대학원생
□ 博士 bóshì	병명	박사

돈으로 살 수 없는 물건

하루는, 나는 모 잡지에서 나에게 부쳐준 원고료를 찾으러 우체국으로 갔다. 너무 일찍 갔기 때문에, 그들은 아직 출근하지 않았다. 그래서 나는 근처 복사가게로 갔다.

나는 복사를 담당하는 아가씨에게 말했다. "제가 먼저 여기에 좀 앉았다가, 우체국에서 돈을 찾고 나서 다시 여기로 와서 복사 좀 할께요." 그녀는 웃었고, 말했다. "제가 먼저 복사해 드릴께요. 돈은요, 다음 번에 함께 지불해도 되지 않겠어요?" 그녀의 유창한 북경말이 매우 듣기 좋아서인지, 나로 하여금 거절 할 수 없게 하였다.

나는 우체국에서 돈을 찾았고, 다시 복사가게에 갔다. "다시 걸음 할 필요 없다고 했잖아요, 다음 번에 함께 지불해도 된다고 말하지 않았나요?" 아가씨는 웃으며 말했다. 나는 말했다. "그래도 지불할께요. 그렇지 않으면 잊어버려요." 그녀가 말했다. "과연 선생님이란, 이렇게 진지하다니까." 나는 깜짝 놀랐다 – 그녀는 내가 무슨 일을 하는 사람인지 어떻게 알았을까? 맞다, 생각났다, 나는 그녀에게 나의 논문을 복사하게 했는데, 그 위에 내가 있는 학교의 이름이 분명하게 새겨져 있었다.

나는 "믿음"은 돈으로도 살 수 없는 감정이라는 것을 깊이 느꼈다.

□ 【一天】 yìtiān　　　名 하루, 1일, (과거의)어느 날　(참)□ 【天】 tiān　　갑名 하늘 ; 하루

□ 【半天】 bàntiān　　　　　　갑名 한나절 ; 한참 동안

□ 【邮局】 yóujú　　갑名 우체국　(참)□ 【局长】 júzhǎng　　을名 국장, 서장

□ 【取】 qǔ　　　　　　　　을動 가지다, 찾다, 찾아 가지다, 받다

□ 【某】 mǒu　　　을代 어느, 아무 모(특정한 사람이나 사물의 이름을 감출 경우에 쓰임)

□ 【杂志】 zázhì　　　　　　　병名 잡지

　(참)□ 【杂】 zá 을形 잡다하다, 가지각색이다, 복잡하다　　動 섞(이)다, 뒤섞(이)다

□ 【稿费】 gāofèi　　　名 원고료　(참)□ 【稿】 gǎo　　병名 원고, 초고 (□ 【稿子】 gǎozi　정)

　□ 【费】 fèi　　갑名 비용　動 쓰다, 소비하다 (⇔ 【省】 shěng)

□ 【早】 zǎo　　갑名 아침　形 (때가)이르다, 빠르다

□ 【上班】 shàng//bān　　　　　을動 출근하다 ; 당번 근무를 하다
　　⇔ 【下班】 xià//bān

□ 【复印】 fùyìn　　　　　　을動 복사하다
　(참)□ 【打印】 dǎyìn　　　　　動 타자(쳐서)인쇄하다

□ 【公司】 gōngsī　　　　　　을名 회사

□ 【管】 guǎn　　을名 (원통의)관　　動 관리하다, 간섭하다, 통제하다
≒□ 【管理】 guǎnlǐ　　을動名 관리(하다), 관할(하다)

□ 【姑娘】 gūniang　　　　　　갑名 Miss., 처녀, 아가씨
　(참)□ 【老大娘】 lǎodàniáng　　을□ 【大娘】 dàniáng　　을名 〈구〉 큰어머니, 백모 ; 아주머니 (나이지긋한 부인에 대한 존칭)

※ □ 【先〜再…】 xiān~zài…　　　　　먼저~하고, 다시…하다

□ 【坐】 zuò　　　　　　갑動 앉다 ; 올려놓다
　(참)□ 【坐班】 zuò//bān　　을動 제시간에 출근·퇴근 하다

□ 【等】 děng　　갑動 기다리다　□ 갑助 등, 따위　□ 을名 등급, 종류

□ 【钱】 qián　　　　　　갑名 돈, 금전

□ 【吧】 ba 갑助 구말(句末)에 쓰임 ①상의(相議)·제의(提議)·청구(請求)·명령(命令)의 어기를 나타냄 ②동의나 승낙의 어기를 나타냄 ③의문과 추측의 어기를 나타냄

□ 【次】 cì　　　　　　갑量 번, 횟수　□ 병形 제2의, 다음의

□ 【付】 fù　　　　　　을動 넘겨주다, 지불하다

□ 【口】 kǒu　　　　　갑名 입 ; 출입구　□ 量 식구(사람을 셀 때 쓰임)
　(참)□ 【口语】 kǒuyǔ　　갑名 구어 ⇔□ 【书面语】 shūmiànyǔ　　名 서면어
　　□ 【人口】 rénkǒu　　을名 인구
　　□ 【一口】 yìkǒu 副 한마디로, 딱 잘라서, 두말없이　形 (말의 억양·발음 따위가)순수하다

□ 【流利】 liúlì　　　　　　을形 (문장이나 말 따위가)유창하다, 막힘이 없다

□ 【北京话】 Běijīnghuà　　　　　名 북경어

□ 【听】 tīng　　　갑動 듣다 ; (남의 의견이나 권고 따위를)듣다, 따르다, 복종하다

□ 【好听】 hǎotīng　　　　　을形 (말 또는 소리가)듣기 좋다

□ 【难以】 nányǐ　병副 ~하기 어렵다(곤란하다) ※ (注) 뒤에 흔히 두 음절로 된 동사를 수반 함

□ 【拒绝】 jùjué　　　　　을動名 거절(하다)

□ 【趟】 tàng　　　　　　을量 차례, 번(사람이나 차의 왕래하는 횟수를 나타냄)

□ 【说好】 shuō//hǎo　　　　　　　　　　　동 약속하다, 이야기의 마무리를 짓다

□ 【还是】 hái·shi　갑 부 아직도, 여전히　접 또는, 아니면(의문문에 쓰여 선택을 나타냄)

□ 【忘】 wàng　　갑 동 잊다 (참) □ 【忘记】 wàngji　　을 동 잊어버리다, 소홀히 하다

□ 【到底】 dào//dǐ　을 부 도대체, 마침내, 결국　동 끝까지~하다, 최후까지~하다

　　≒ □ 【究竟】 jiūjìng　　　　　　　을 부 도대체, 대관절, 필경, 요컨대

□ 【这么】 zhème　　　　　　　　갑 대 이러한, 이와 같이, 이렇게

□ 【吃惊】 chī//jīng　　　　　　　을 동 놀라다

□ 【知道】 zhīdào　　　　　　　　갑 동 ~을 알다, 이해하다, 깨닫다

□ 【想起】 xiǎng//qǐ　　　　　　　동 상기하다, 생각해내다

　　(참) V + 【起来】 qǐ//lái　(복합방향보어)①동사 뒤에 붙어, 동작이 위로 향함을 나타냄 ②동사
　　또는 형용사 뒤에 붙어, 동작이나 상황이 시작되고 또한 계속됨을 나타냄 ③동사 뒤에 붙어, 동작
　　이 완성 되거나 목표가 달성됨을 나타냄 ④동사 뒤에 붙어, 인상(印象)이나 견해를 나타냄

□ 【起来】 qǐ//ˑlái　　　　　　　갑 동 일어나다, 흥기(興起)하다

□ 【论文】 lùnwén　　　　　　　을 명 논문

□ 【上面】 shàng·miàn　　　　　을 명 위 ; 앞 ; 겉면 ; 방면, 분야 ; 상사

　　⇔ □ 【下面】 xià·miàn　　　　을 명 아래, 밑 ; 다음 ; 하급, 하부(조직)

□ 【清楚】 qīngchu　　　　　　　갑 형 분명하다, 명백하다, 명확하다 (⇔ 【糊涂】 hútu)

□ 【印】 yìn　　을 명 도장　동 인쇄하다 ≒ □ 【印刷】 yìnshuā　을 동 인쇄하다

□ 【所在】 suǒzài　　　　　　　　병 명 장소, 곳 ; 소재, 존재하는 곳

□ 【名字】 míngzi　　　　　　　　갑 명 이름, 성명(姓名)

□ 【深】 shēn　갑 형 깊숙하다, 심오하다, 어렵다 (⇔ □ 【浅】 qiǎn　갑 형 얕다)

□ 【感到】 gǎndào　　　　　　　갑 동 느끼다, 생각하다, 여기다

□ 【信任】 xìnrèn　　　　　　　병 동 명 신임(하다)

□ 【情感】 qínggǎn　　　　　　　정 명 감정, 정감, 느낌

桌上的10元

张红梅从小失去了父母，是**由当**工人的**姑姑**养大的。上高中的时候，徐英老师看她生活困难，就**主动**每个星期六把红梅接到家里，让孩子**洗洗澡**，换换衣服，再吃上两顿好一点儿的饭菜。

一个星期六，红梅又来到徐老师的家里。吃过午饭以后，徐老师让红梅带着上小学的女儿贝贝上街寄信，**并且**给了每人10元**零用钱**。

路上，贝贝**一会儿**要买吃的，**一会儿**要买**玩**的。因为她每次上街都要花10多元的零用钱。

在一家商店，贝贝买了一串糖葫芦。她**一边**高兴地吃着，**一边**奇怪地问："红梅**姐姐**，你**怎么**什么都不买呀？我妈妈不是也给了你10块钱吗？"红梅笑着说："我什么都不需要啊。"

寄完信后，两个小女孩回到了家里。晚上，红梅走了以后，徐老师**才**在自己的**书桌**上发现了10元钱。（299字）

星期 (요일)

□ 星期 xīngqī		□ 礼拜 lǐbài	갑 명 일요일
□ 星期(礼拜)一	xīngqī(lǐbài)yī	□ 周一 zhōuyī	명 월요일
□ 星期(礼拜)二	xīngqī(lǐbài)èr	□ 周二 zhōuèr	명 화요일
□ 星期(礼拜)三	xīngqī(lǐbài)sān □ 周三 zhōusān		명 수요일
□ 星期(礼拜)四	xīngqī(lǐbài)sì	□ 周四 zhōusì	명 목요일
□ 星期(礼拜)五	xīngqī(lǐbài)wǔ	□ 周五 zhōuwǔ	명 금요일
□ 星期(礼拜)六	xīngqī(lǐbài)liù □ 周六 zhōuliù		명 토요일
□ 星期(礼拜)日(天)	xīngqī(lǐbài)ri(tiān)	□ 周日 zhōuri	갑 명 일요일

책상 위의 10원

장훙메이(張紅梅)는 어려서 부모님을 여의고, 노동자 **일을 하는** 고모에게 키워졌다. 고등학교에 다닐 때, 쉬잉(徐英)선생님은 그녀의 생활이 어려운 것을 보고는, **자발적으로** 매주 토요일 훙메이를 집으로 오라고 해서, 아이에게 **목욕을 하게** 하고, 옷을 갈아 입게 하고, 게다가 두끼의 맛있는 밥을 먹게 했다.

어느 토요일, 훙메이는 또 쉬선생님 집에 왔다. 점심을 먹은 후에, 쉬선생님은 훙메이에게 초등학교에 다니는 딸 베이베이를 데리고 거리로가서 편지를 부쳐달라고 하고, **또** 각 사람에게 10원의 용돈을 주었다.

길에서, 베이베이는 먹을 것을 사고 싶어**하기도 하고**, 놀 것을 사고 싶어**하기도 했다**. 왜냐하면 그녀는 매 번 거리로 나가면 10여원의 용돈을 모두 써야했기 때문이다.

한 가게에서, 베이베이는 탕후루를 하나 샀다. 그녀는 **한편으로는** 즐겁게 먹으면서, **한편으로는** 이상하다는 듯이 물었다. "훙메이**언니**, 언니는 **어째서** 아무것도 사지 않아? 우리 엄마가 언니에게도 10원을 준게 아니었어?" 훙메이는 웃으면서 말했다. "난 아무것도 필요 없어."

편지를 부친 후에, 두명의 어린 여자아이들은 집으로 돌아왔다. 저녁에, 훙메이가 돌아간 후에, 쉬선생님은 **비로소** 자기 **책상 위에서** 10원의 돈을 발견했다.

칼럼 23 肉和海鲜 (고기와 해산물)

□ 虾 xiā	병 명	새우
□ 鱼 yú	갑 명	물고기
□ 蛋 dàn	을 명	(동물의)알
□ 鸡蛋 jīdàn	갑 명	달걀, 계란
□ 香肠 xiāngcháng	을 명	소시지
□ 肉 ròu	갑 명	고기

□ 【张红梅】 zhānghóngméi (人名) 장홍메이(張紅梅)

□ 【失去】 shīqù ⓐ동 잃다, 잃어버리다 ≒ □ 【失掉】 shīdiào ⓑ동 잃다

□ 【由】 yóu ⓐ개 ~으로, ~에 의해 명 원인, 이유, 유래

□ 【当】 dāng ⓖ개 ~에 ; ~때(바로 그 시간이나 그 장소를 가리킬 때 쓰임)

　　　　　　　ⓖ동 상당하다, 필적하다, ~을 마주 대하다 ; ~을 일을 맡다

　　　　　　　ⓑ조 당연히(반드시) ~해야한다

□ 【当】 dàng ⓐ동 ~에 상당하다, ~에 해당하다

　(참) □ 【当做】 dàngzuò ⓐ동 ~로 여기다, ~로 삼다

□ 【工人】 gōng·rén ⓖ명 (공장)노동자

　(참) □ 【人工】 réngōng ⓐ형 인공의, 인위적인

　　　　□ 【人造】 rénzào ⓐ형 인조의, 인공의

□ 【干部】 gànbù ⓖ명 간부

□ 【姑姑】 gūgu ⓐ명 고모

□ 【养】 yǎng ⓐ동 기르다, 양육하다

□ 【困难】 kùnnan ⓖ명형 곤란(하다)

□ 【主动】 zhǔdòng ⓐ형 자발적이다, 적극적이다

　⇔□ 【被动】 bèidòng ⓑ형 피동적이다, 소극적이다

□ 【每】 měi ⓖ대 매, 각, ~마다 □ ⓐ부 늘, 항상(반복되는 동작 중에서 정기적인 한 차례를 나타냄)

□ 【接到】 jiē//dào ⓐ동 받다, 입수하다

□ 【洗澡】 xǐ//zǎo ⓖ동 목욕하다

　(참)□ 【香皂】 xiāngzào ⓐ명 세수비누, 향비누

□ 【换】 huàn ⓖ동 교환하다, 바꾸다

□ 【饭菜】 fàncài 명 밥과 찬, 식사

□ 【午饭】 wǔfàn ⓖ명 점심 (참) □ 【饭】 fàn ⓖ명 밥, 식사

□ 【晚饭】 wǎnfàn ⓖ명 저녁밥, 석식

□ 【以后】 yǐhòu ⓖ명 이후, 뒤, 나중 ⇔ 【以前】 yǐqián

□ 【女儿】 nǚér ⓖ명 딸 (참)□ 【娘】 niáng ⓑ명 어머니

　【贝贝】 bèibèi (人名) 베이베이(貝貝)

□ 【上街】 shàng//jiē 동 거리로 나가다, 물건을 사러 가다

□ 【并且】 bìngqiě ⓐ접 또한, 그리고, 더욱이, 그 위에

□ 【元】 yuán ⓖ명 처음, 시작 양 원(중국의 화폐단위, 口語에서는 '块'를 쓴다)

　≒□ 【圆】 yuán ⓖ형명 원 양 중국의 화폐단위 : 元

□ 【零用】 língyòng 명동 소소한 비용(으로 쓰다), 용돈(으로 쓰다)

□ 【路上】 lùshang ⓐ명 노상, 길 위 ; 도중

□ 【一会儿】 yíhuir ⓖ부 곧, 잠깐 사이에 명 잠시, 짧은 시간

※ □ 【一会儿 ~ 一会儿…】 (두개의 반의어 앞에 거듭 쓰여 두 가지의 상황이 바뀌어 나타나는

　　　　　것을 나타냄)이랬다가 저랬다가 하다

□ 【玩(儿)】 wán(r) ⓖ동 놀다

　(참)□ 【开玩笑】 kāi//wánxiào ⓖ동 농담을 하다, 웃기다, 놀리다

□ 【花】 huā ⓖ명 꽃, 무늬 형 꽃모양으로 장식한 □ ⓖ동 소비하다, 쓰다, 소모하다

□ 【商店】 shāngdiàn ⓐ몡 상점

□ 【串】 chuàn 倂동 끈으로(실로)꿰다 량 꿰미, (한 줄로 쭉 꿴 듯한)줄

□ 【一边】 yìbiān 을몡 한쪽, 한편, 한면 ; 옆, 곁, 다른 곳

※ □ 【一边~一边…(边~边…)】 yìbiān~yìbiān… ⓐ 한편으로 ~하면서…하다

□ 【奇怪】 qíguài 을형 괴상하다, 이상하다

□ 【问】 wèn ⓐ동 묻다, 질문하다

　(참) □ 【请问】 qǐngwèn ⓐ 〈구〉 잠깐 여쭙겠습니다, 말 좀 물어 봅시다

□ 【姐姐】 jiějie ⓐ몡 언니, 누나

　(참) □ 【嫂子】 sǎozi 을몡 형수, 아주머니(연상의 젊은 부인에 대한 호칭)

□ 【怎么】 zěnme ⓐ대 어째서, 어떻게, 왜

□ 【呀】 ya(yā) ⓐ탄 놀람이나 경이로움 또는 의문 등을 나타냄

　(≒ 【啊】 a) 조 감탄·의문·명령·금지등을 나타냄

□ 【块】 kuài ⓐ몡 덩어리, 조각 량 덩어리, 조각 (덩어리 또는 조각 모양의 물건을 헤아리는 데 씀) ;
　　　　　　　　　　　　　 원(중국의 화폐단위)(≒元)

　(참) □ 【一块儿】 yíkuàir ⓐ부 함께, 같이

□ 【吗】 ma ⓐ조 질문이나 의문을 나타냄

□ 【啊】 a 을탄 놀람이나 감탄, 찬양 등의 뜻을 표시함 조 문장 끝에 쓰여 어기를 나타냄

□ 【完】 wán ⓐ동 완성하다, 끝마치다 형 완전하다, 완벽하다

□ 【女孩(儿)】 nǚhái(r) 몡 여자 아이(≒ 【女孩子】 nǚháizi)

□ 【晚上】 wǎnshang ⓐ몡 저녁, 밤

　(참) □ 【晚会】 wǎnhuì ⓐ몡 이브닝 파티, 야회(夜會)

□ 【才】 cái ⓐ부 ~에야, ~에야 비로소 □ 倂몡 재능, 지식과 능력

□ 【书桌】 shūzhuō 몡 책상

　(참) □ 【椅子】 yǐzi ⓐ몡 의자 □ 【沙发】 shāfā 을몡 소파

□ 【发现】 fāxiàn ⓐ동 발견하다, 나타나다 몡 발견

开心的一天

那一天去学校上课，休息的时候我提出找个时间大家一起出去玩玩。都是二十来岁的青年人，说起话来真够热烈的。不一会儿，十几个人都想去。我们还选了老师当队长。

10月3日这天，我们按约定时间来到了天安门广场。只三五分钟之内，十几个人一个不少全到了。

天安门广场人很多，我们玩了差不多两个小时，照了很多相。上午九点半，我们离开了天安门广场，去了另一个地点———颐和园。

颐和园这天来玩儿的人也不少，大家都很兴奋。

近中午，我们来到了湖边的茶楼。服务员一看到我们，立刻热情地把我们请到楼上一间大厅里。我们拿出了自己做的东西：虾、牛肉、鱼、茶叶蛋、盐水花生……摆了满满一桌。大家吃着、谈着、笑着，高兴得把时间都忘了。

玩儿了一天，大家一点儿不觉得疲劳。(315字)

칼럼 24　北京名胜古迹 (북경의 명승고적)

□ 名胜 míngshèng	을명	명승지, 명소
□ 天安门广场 Tiān'ānmén Guǎngchǎng	명	천안문광장
□ 颐和园 Yíhéyuán	명	이화원
□ 长城 Chángchéng	명	만리장성
□ 故宫 Gùgōng	명	고궁, 자금성
□ 天坛 Tiāntán	명	천단공원

즐거운 하루

그날 수업을 하러 학교에 가서, 쉬는 시간에 나는 시간을 내서 모두 함께 놀러가 자고 제안을 했다. 모두 이십여세의 젊은이들이라, 말을 꺼내자 실로 매우 적극 적이었다. 얼마 지나지 않아, 십여명의 사람이 모두 가고 싶어 했다. 우리는 또 선생님을 대장으로 뽑았다.

10월 3일 이 날, 우리는 약속된 시간에 따라 천안문광장에 도착했다. 겨우 3~5 분 내에, 십 여 명의 사람이 한명도 빠짐없이 모두 도착했다.

천안문 광장에는 사람이 많았고, 우리는 거의 두시간을 놀았으며, 많은 사진을 찍었다. 오전 9시 반, 우리는 천안문광장을 떠나, 다른 장소인 이화원으로 갔 다.

이날 이화원에 놀러 온 사람도 역시 적지 않았으며, 모두들 즐거워했다.

정오가 다 되어, 우리는 호수가의 찻집에 도착했다. 종업원이 우리를 보고는, 바 로 친절하게 우리를 위층의 큰 홀로 안내했다. 우리는 자기가 만든 음식을 내놓 았다. 새우, 쇠고기, 생선, 찻물에 찐 달걀, 소금물에 삶은 땅콩……탁자에 가 득 늘어 놓았다. 모두들 먹고 이야기하고 웃으며, 시간 가는 줄도 잊고 즐거워 했다.

하루 종일 놀았는데도, 모두들 조금도 피곤함을 느끼지 않았다.

<table>
<tr><td colspan="2">칼럼 25</td><td>调料 (조미료)</td></tr>
</table>

□ 调料 tiáoliào		명 조미료
□ 盐 yán		을명 소금
□ 油 yóu		을명 기름
□ 蜜 mì		병명 벌꿀, 꿀
□ 奶油 nǎiyóu		명 (식용)크림
□ 黄油 huángyóu		을명 버터(butter)
□ 醋 cù		을명 식초
□ 酱油 jiàngyóu		을명 간장
□ 糖 táng	갑 □ 砂糖 shātáng	명 설탕
□ 胡椒 hújiāo		명 후추

□ 【开心】 kāi//xīn 〈정〉〈형〉 유쾌하다, 즐겁다

□ 【上课】 shàng//kè 〈갑〉〈동〉 수업하다, 수업을 시작하다

　　⇔□ 【下课】 xià//kè 〈갑〉〈동〉 수업이 끝나다, 수업을 마치다

□ 【休息】 xiūxi 〈갑〉〈동〉〈명〉 휴식(하다)

□ 【提出】 tí//chū 〈동〉〈명〉 제출(하다), 제기(하다)

□ 【找】 zhǎo 〈갑〉〈동〉 찾다 ; 방문하다 ; 거슬러주다

□ 【时间】 shíjiān 〈갑〉〈명〉 시간, 시각, 틈

□ 【大家】 dàjiā 〈갑〉〈대〉 모두(일정한 범위 내의 모든 사람을 가리킴) 〈명〉 대가, 명문

□ 【一起】 yìqǐ 〈갑〉〈부〉 같이, 더불어, 함께

□ 【出去】 chū//·qù 〈갑〉〈동〉 나가다, 외출하다 (참) 【出来】 chū//lái

□ 【青年】 qīngnián 〈갑〉〈명〉 청년, 젊은이

□ 【说话】 shuō//huà 〈명〉 말하다, 의논하다

□ 【真】 zhēn 〈갑〉〈부〉 정말로, 진실로

□ 【够】 gòu 〈갑〉〈형〉 충분하다, 넉넉하다 〈동〉 (일정한 정도·기준·수준에)이르다

□ 【热烈】 rèliè 〈을〉〈형〉 열렬하다, 적극적이다

□ 【还】 hái 〈갑〉〈부〉 아직, 아직도, 여전히(동작이나 상태가 지속됨을 나타냄)

　　□ 【还】 huán 〈갑〉〈동〉 돌아가다, 돌아오다, (원상태로)되돌아가다

□ 【选】 xuǎn 〈을〉〈동〉 뽑다, 선거하다

　　≒□ 【选举】 xuǎnjǔ 〈을〉〈동〉〈명〉 선거(하다)

　　(참)□ 【选择】 xuǎnzé 〈을〉〈동〉〈명〉 선택(하다)

□ 【队长】 duìzhǎng 〈을〉〈명〉 주장, 대장

□ 【按】 àn 〈을〉〈동〉 누르다 〈개〉 ~에 따라서, ~에 의해서

□ 【来到】 lái//dào 〈동〉 오다, 도착하다, 닥치다

□ 【广场】 guǎngchǎng 〈을〉〈명〉 광장

□ 【分钟】 fēnzhōng 〈갑〉〈양〉 (시간의 단위)분

□ 【之内】 zhīnèi 〈병〉〈명〉 ~의 안, ~의 내 ⇔□ 【之外】 zhīwài 〈병〉〈명〉 ~의 밖, ~외

　　(참)□ 【以内】 yǐnèi 〈을〉 ~이내 ⇔□ 【以外】 yǐwài 〈을〉 ~이외, 이상

□ 【少】 shǎo 〈갑〉〈형〉 적다(⇔【多】 duō) 〈동〉 부족하다

□ 【小时】 xiǎoshí 〈갑〉〈명〉 시간, 시(≒【钟头】 zhōngtóu)

□ 【照相(照像)】 zhào//xiàng 〈갑〉〈동〉〈명〉 사진(을 찍다)

　　(참)□ 【照】 zhào 〈을〉〈동〉 비치다, 비추다 ; 찍다, 촬영하다 〈개〉 ~대로, ~에 따라

　　　□ 【相】 xiāng 〈을〉〈부〉 서로, 함께 □ 【相】 xiàng 〈을〉〈명〉 외모, 생김새, 용모

□ 【上午】 shàngwǔ 〈갑〉〈명〉 오전

　　(참)□ 【午】 wǔ 〈명〉 정오, (12간지의)소 □ 【下午】 xiàwǔ 〈갑〉〈명〉 오후

□ 【中午】 zhōngwǔ 〈갑〉〈명〉 정오, 낮 12시 전후

□ 【点】 diǎn 〈갑〉〈명〉 (액체의)방울, 점 □ 〈갑〉〈양〉 약간, 조금(소량을 나타냄)

　　　□ 〈갑〉〈동〉 점을 찍다 ; 하나하나 대조하여 조사하다 ; 불을 붙이다(켜다)

□ 【半】 bàn 〈갑〉〈수〉 반, ½

　　≒□ 【一半】 yíbàn 〈을〉〈명〉 □ 【半拉】 bànlǎ 〈을〉〈명〉 반조각, 절반

□ 【离开】 lí//kāi 〈갑〉〈동〉 떠나다, 벗어나다, 헤어지다

□ 【另】 lìng　　　　　　　　　　　을형 다른, 그 밖(이외)의

□ 【地点】 dìdiǎn　　　을명 지점, 장소, 위치 (참) □ 【地带】 dìdài　　　을명 지대, 지역

□ 【兴奋】 xīngfèn　　　　　　　을명형 흥분(하다)

□ 【近】 jìn　　　　　갑형 가깝다, 근접하다 ⇔□ 【远】 yuǎn　　　갑형 (거리나 시간상)멀다
　　(참) □ 【接近】 jiējìn　　　　　을동 접근하다

□ 【湖】 hú　　　　　　　갑명 호수

□ 【茶楼】 chálóu　　　　　　　명 찻집, 다방
　　(참)【茶叶】 cháyè　　병명 차의 잎 □ 【楼】 lóu　　갑명 2층 이상 건축된 건물
　　　　□ 【楼上】 lóushàng　　　　　명 2층, 위층

□ 【服务员】 fúwùyuán　　　　　갑명 종업원, 점원

□ 【立刻】 lìkè　　　　　　갑부 즉시, 곧, 당장(≒ 【立即】 lìjí, 【马上】 mǎshàng)

□ 【热情】 rèqíng　　갑형 열정적이다, 친절하다, 마음이 따뜻하다　명 열정, 열의

□ 【间】 jiān　　　　　갑양 칸(방을 세는 양사)

□ 【厅】 tīng　　　　　병명 큰 방, 홀(hall)

□ 【拿】 ná　　　　　갑동 쥐다 ; 붙잡다 ; 받다 ; 부담하다, 내다

□ 【东西】 dōngxi　　　갑명 물품, 물건, 음식(도리 · 지식 · 예술 따위의)추상적인 것

□ 【叶子】 yèzi　　　　　을명 잎

□ 【摆】 bǎi　　　　　갑동 놓다, 배열하다, 진열하다

□ 【满】 mǎn　　　　　갑형 그득하다, 가득하다

□ 【谈】 tán　　　　　갑동 말하다, 이야기하다, 토론하다

□ 【觉得】 juéde　　　　　갑동 ~라고 느끼다, ~라고 생각하다

□ 【疲劳】 píláo　　을동명 피로(해지다) ≒□ 【疲乏】 pífá　　정형 피로하다

送报

我以前住在东城。**清晨**就**可**看到北京日报；中午可以看到外地的报纸；**下午**四点**左右**能看上晚报。东城邮局的老孔同志工作得很**不错**。

自搬到南城，报纸中午才能送来，晚报要在下午五点以后。送报的是一位女青年，开始对工作**不大**熟悉，但一个月下来，效率**大为**提高，送报的时间**明显**地**提前**了，**大约**午前就可以看上报纸。

两个月前，送报的换了人，换了一位男青年。报纸要中午以后才送来。我每天上午看报是生活中的一种享受。**拿到**报纸，**倒**上一小杯酒，边喝边看，报纸成了喝酒**小菜**。现在这享受没有了。

打电话问邮局，**为什么**送报的时间这么晚？回答是：新来的人需要一个熟悉的过程，希望你能理解。

是的，**应当**理解。**可是**已经**过去**了两个月了。我**担心**以后所有的报纸都要**变成**"晚报"了。（310字）

칼럼 26 　主食 (주식)

□ **面包** miànbāo	갑 명	빵
□ **饺子** jiǎozi	갑 명	만두
□ **米饭** mǐfàn	갑 명	쌀밥
□ **面条(儿)** miàntiáo(r)	갑 명	국수
□ **馒头** mántou	을 명	(속이 없는)찐빵
□ **包子** bāozi	을 명	(속이 있는)찐빵
□ **豆腐** dòufu	을 명	두부
□ **汤** tāng	갑 명	탕, 국, 스프

신문배달

나는 예전에 동성에 살았다. 이른 아침에는 베이징일보를 볼 수 있었고, 점심 때는 타 지역의 신문을 볼 수 있었고, 오후 4시쯤에는 석간신문을 볼 수 있었다. 동성우체국의 나이든 쿵동지는 일을 아주 잘 했다.

남성으로 이사오고 부터, 신문은 정오에 비로소 배달되어 올 수 있었고, 석간신문은 오후5시 이후나 되야했다. 신문을 배달 하는 사람은 젊은 여자였는데, 시작할 때는 일에 대해 그다지 숙련되지 않았지만, 한 달이 지난 후에는, 효율이 크게 향상되어, 신문을 배달하는 시간이 확실히 앞당겨졌다. 대체로 오전에 신문을 볼 수 있었다.

두 달 전에, 신문배달하는 사람이 바뀌었고, 한 젊은 남자로 바뀌었다. 신문은 정오 이후에나 비로소 배달되어 왔다. 나는 매일 오전 신문을 보는 것이 생활의 즐거움이다. 신문을 들고, 작은 잔에 술을 따라서, 술을 마시면서 신문을 보니, 신문은 술마시는 안주가 되었다. 지금은 이런 즐거움이 없어졌다.

전화를 걸어 우체국에 물었다. 왜 신문이 배달되는 시간이 이렇게 늦지요? 답은, 새로 온 사람이 숙달되는 과정이 필요하니, 당신이 이해해 주기를 희망한다는 것이다.

맞다. 당연히 이해한다. 그러나 이미 두 달이나 지나갔다. 나는 이후에 모든 신문이 "석간신문" 으로 변하게 될까봐 걱정이다.

□ 【送报】 sòngbào　　　　　　　　　　　됨 신문을 배달하다

□ 【以前】 yǐqián　　　　　　　　　　　갑멩 이전

□ 【住】 zhù　　　　　　　　　　　　　갑됨 살다, 거주하다 ; 멎다, 그치다

□ 【东】 dōng　　　　　　　　　　　　갑멩 동쪽 ; 주인

□ 【城】 chéng　　　　　　　　　　　갑멩 성(벽), 성 안, 도시

　⇔□ 【乡】 xiāng　　　　　　　　　　을멩 시골, 촌, 농촌, 향(县 아래의 행정단위)

　(참)□ 【县】 xiàn　　　　　　　　　　을멩 현, 지방행정구획의 단위로, 성(省)밑에 속함

□ 【清晨】 qīngchén　　　　　　　　　병멩 새벽녘, 동틀 무렵, 이른 아침

□ 【可】 kě 을부 ①역접을 나타냄 ②강조를 나타냄 ③반문의 어기를 강하게 함 ④의문의 어기를 강
하게 함 젭 그러나, 그렇지만　조 ~할수 있다(가능이나 능력을 표시함), ~해도 좋다(허가를 표시)
　(≒【可以】 kěyǐ)

□ 【日报】 rìbào　　병멩 일간신문(조간신문) ⇔□ 【晚报】 wǎnbào　병멩 석간신문

□ 【外地】 wàidì　　을멩 외지, 타지, 타향 ⇔□ 【本地】 běndì 멩 본지, 당지

□ 【报纸】 bàozhǐ　을멩 신문 (참)□ 【新闻】 xīnwén　갑멩 (신문이나 방송 따위의)뉴스

□ 【左右】 zuǒyòu 을조 가량, 안팎, 만큼, 내외　동 좌우하다, 좌지우지하다
　　　　　　　　　　멩 좌우

□ 【孔】 kǒng　　　　　　　　　　　을멩 성(姓)

□ 【同志】 tóngzhì　　　　　　　　　갑멩 동지

□ 【工作】 gōngzuò　갑됨 일하다, 노동하다　멩 일, 노동, 작업

□ 【不错】 búcuò　　　　　　　　　갑형 〈구〉 알맞다, 괜찮다, 좋다

□ 【自】 zì　　을개 ~에서(부터)　부 친히 ; 별도로 ; 자연히, 저절로

　(참)□ 【亲自】 qīnzì　　　　　　　　을부 몸소, 친히, 직접

　　　□ 【自觉】 zìjué 을됨 자각하다　형 자각적이다

　　　□ 【来自】 láizì　　　　　　　　을됨 ~에서 오다

□ 【搬】 bān　　　　　　　　　　　갑됨 운반하다 ; 이사하다

□ 【才能】 cáinéng　　　　　　　　　병멩 재능

□ 【报】 bào　　갑멩 신문　□ 병됨 알리다

　(참)□ 【画报】 huàbào　　　　　　　을멩 화보

□ 【位】 wèi　　갑양 분, 명(사람을 경어적으로 셀 때)　멩 지위, 직위

≒□ 【位置】 wèizhi　　　　　　　　을멩 직위, 지위

□ 【女】 nǚ　　갑형 여자의, 여성의 ⇔□ 【男】 nán　　갑형 남자의

□ 【不大】 búdà　　　　　　　　　을부 그다지 ~하지 않다 (≒【不太】 bú tài)

□ 【熟悉】 shúxī　　　　　　　　　을됨 숙지하다, 익히알다, 충분히 알다

　(참) □ 【熟练】 shúliàn　　　　　　　을형 숙련되다, 능숙하다

□ 【下来】 xià//·lái 갑됨 내려 오다 ; (제품·과일·분비물 따위가)나오다, 생기다 ; (일정한 기간이)
　　　　　　　　　　지나다, 끝나다

□ 【效率】 xiàolù　　　　　　　　　을멩 효율, 능률

□ 【大为】 dàwéi　　　　　　　　　부 크게, 대단하게(정도가 심하고 범위가 큰 것을 표시)

□ 【明显】 míngxiǎn　　　　　　　　을형 뚜렷하다, 분명하다

□ 【提前】 tíqián　　　　　　　　　을됨 (예정된 시간이나 기한을)앞당기다

□ 【大约】 dàyuē　　　　　　　　　　　　　을 부 대략, 대강, 얼추
□ 【享受】 xiǎngshòu 을 동 향수하다, 즐기다　명 향수, 즐김
□ 【拿到】 ná//dào　　　　　　　　　　　　　동 입수하다, 손에 넣다
□ 【倒】 dǎo　　　　　　　　　갑 동 넘어지다 ; (사업이)실패하다 ; 변경하다
　　□ 【倒】 dào　　을 동 거꾸로 되다 ; 따르다 ; 후퇴시키다　부 거꾸로 ; 오히려
□ 【杯】 bēi　갑 □ 【杯子】 bēizi 갑 명 컵, 잔　양 잔
　　(참) □ 【干杯】 gān//bēi　　　　을 동 명 건배(하다), 잔을 비우다
□ 【喝】 hē　　　　　　　　　　　갑 동 마시다, 술을 마시다
□ 【成】 chéng　　갑 동 이루다, 완성하다 (⇔ □ 【败】 bài　을 동 실패하다),
　　　　　(동 ＋ 【成】) ～으로 되다, ～으로 변하다　□ 병 양 1할, 1/10
□ 【小菜】 xiǎocài　　　　　　　　　　명 간단한 반찬, 간단한 요리 ; 쉬운 일
□ 【为什么】 wèi·shénme　　　갑 대 왜, 어째서
□ 【晚】 wǎn　　　갑 명 저녁(≒ 【晚上】 wǎnshang)　형 늦다(⇔ 【早】 zǎo)
□ 【回答】 huídá　　　　　　　　　갑 동 명 대답(하다), 답(하다)
□ 【过程】 guòchéng　　을 명 과정　(참) □ 【日程】 rìchéng 을 명 일정
□ 【理解】 lǐjiě　　　　　　　　　을 동 이해하다
□ 【应当】 yīngdāng　　　　　을 조 응당(당연히) ～해야한다, ～하는 것이 마땅하다
※ □ 【可是～】 kěshì　　　　갑 접 그러나(≒ 【但是】 dànshì)
□ 【过去】 guòqù　　　　　　갑 명 과거
　　□ 【过去】 guòqu　　　　　갑 동 지나가다
□ 【担心】 dān//xīn　　　　　　을 동 걱정하다, 근심하다
□ 【所有】 suǒyǒu　　　　갑 동 명 소유(하다)　형 모든, 일체의
□ 【变成】 biàn//chéng　　　　갑 동 변하여 ～이 되다, ～으로 변하다

第14課　茶杯和水缸

一位老者对高僧说："我**徒**活百年，现在**虽**已是耄耋老人，却还是一事无成。"

高僧问**道**："你的家庭**和睦**吗？"

老者回答："很和睦。"

高僧又问："孩子**孝顺**吗？"

老者回答说："很孝顺。"

"那你还有什么不满意的？"高僧从桌上拿起一个茶杯，"这个茶杯**虽然**小，**却**可以用它盛水解除我的干渴；门外的那口**水缸**很大，却不能**滋润**天下的**干旱**。"

老者听后，**抚须**微笑离去。

（摘自《楚天都市报》）（165語）

□ 国家 guójiā	갑 명 국가	□ 德国 Déguó	명 독일
□ 美洲 Měizhōu	명 아메리카	□ 意大利 Yìdàlì	명 이탈리아
□ 美国 Měiguó	명 미국	□ 西班牙 Xībānyá	명 스페인
□ 加拿大 Jiānádà	명 캐나다	□ 葡萄牙 Pútáoyá	명 포르투갈
□ 古巴 Gǔbā	명 쿠바	□ 荷兰 Hélán	명 네덜란드
□ 墨西哥 Mòxīgē	명 멕시코	□ 非洲 Fēizhōu	명 아프리카
□ 巴西 Bāxī	명 브라질	□ 埃及 Āijí	명 이집트
□ 欧洲 Ōuzhōu	명 유럽	□ 南非 Nánfēi	명 남아프리카공화국
□ 俄罗斯 Éluósī（□ 俄国 Éguó）	명 러시아	□ 大洋洲 Dàyángzhōu	명 오세아니아
□ 英国 Yīngguó	명 영국	□ 澳大利亚 Àodàlìyà	명 오스트레일리아
□ 法国 Fǎguó	명 프랑스	□ 新西兰 Xīnxīlán	명 뉴질랜드

찻잔과 물항아리

한 노인이 고승에게 말했다. "나는 **헛되이** 백년을 살아왔네, 지금은 **비록** 이미 고령의 노인이지만, 아직 하나도 이루어 놓은 것이 없다네."
고승이 **물었다**. "당신의 가정이 **화목**하십니까?"
노인이 대답했다. "매우 화목하지요."
고승이 또 물었다. "아이들이 **효성**스럽습니까?"
노인이 대답했다. "매우 효성스럽지요."
"그럼 당신은 또 불만족스러운 것이 무엇이 있습니까?" 고승은 탁자 위에서 한 개의 찻잔을 들고는, "이 찻잔은 **비록** 작지만, 그것으로 물을 담으면 나의 갈증을 해소할 수 있지요. 문 밖의 저 **물항아리**는 아주 크지만, 온 세상의 **가뭄**을 **적셔줄** 수는 없답니다."
노인은 듣고나서, **수염**을 **어루만지고** 미소지으며 떠나갔다.

 节日 (기념일)

节日 jiérì		갑 명 경축일, 기념일
新年 xīnnián	갑 元旦 Yuándàn	병 명 원단, 설날(양력), 새해
春节 Chūn Jié		을 명 설날(음력설)
元宵 Yuánxiāo		병 명 정월대보름(음력1월15일)
情人节 Qíngrén Jié		명 발렌타인데이(2월14일)
愚人节 Yúrén Jié		명 만우절(4월1일)
(五一)劳动节 (Wǔ-Yī) Láodòng Jié		명 노동절(5월1일)
中秋 Zhōngqiū		정 명 추석(음력8월15일)
国庆节 Guóqìng Jié		병 명 중국 건국 기념일(10월1일)
圣诞节 Shèngdàn Jié		병 명 크리스마스(12월25일)
除夕 Chúxī		정 명 섣달 그믐날(밤) (음력12월30일)
复活节 Fùhuó Jié		병 명 부활절

□ 【茶杯】　chábēi　　　　　　　　　　　　　　　圐 찻잔
□ 【水缸】　shuǐgāng　　　　　　　　　　　　　　圐 물독, 물항아리
　(참)□ 【瓶】　píng　 갑　□ 【瓶子】　píngzi　 을圐 병　 양 병
□ 【老者】　lǎozhě　　　　　　　　　　　　　　　圐 노인
□ 【高僧】　gāosēng　　　　　　　　　　　　　　圐 고승
□ 【徒】　tú　　　　　　 부 다만, 겨우 ; 쓸데없이　　　圐 학생, 신도
□ 【活】　huó　　　　 갑동 살다 (⇔□ 【死】　sǐ　 갑동 죽다) ; 목숨을 살리다
※ 부정은 ‘没’ 를 쓴다 □　　　 병형 활기차다, 생기있다
　(참)□ 【活儿】　huór　　　　　　　　　　갑圐 일 ; 상품
　　　　□ 【干活(儿)】　gàn//huó(r)　　　　 을동 (육체적인)일을 하다
　　　　□ 【活泼】　huópo　　　　　　　　　 을형 활발하다, 생동적이다
　　　　□ 【活跃】　huóyuè　　　　　　　　 을형 활동적이다　 동 활기를 띠게 하다
□ 【虽~】　suī　　　 갑접 비록 ~이지만, 설사 ~라도 (≒ 【虽然】　suīrán)
□ 【已】　yǐ　　　　 을부 이미(⇔ 【未】　wèi)　 부 이미, 벌써 ; 나중에, 다음에
□ 【耄耋】　màodié　　 형 노령, 고령　 (참) 예기(禮記)에서 “耋” 는70-80세,　 “耄” 는80-90세라
　고 하였고, 모두 대단한 고령자를 일컬음
□ 【老人】　lǎorén　　　　　　　　　　　　　　 을圐 노인
　≒□ 【老头儿】　lǎotóur　　　　　　　　　 을圐 노인, 늙은이
□ 【一事无成】　yíshìwúchéng　 (숙) 한 가지 일도 이루지 못하다
　(참)□ 【事】　shì　　　　　　　　　　　　 갑圐 일, 직업, 업무
□ 【道】　dào　　　　 갑양 ①강·하천 같은 긴것을 셀 때 씀 ②명령·제목 따위에 쓰임
　　　　　　　 □ 을동 말하다　　 □　 을圐 길, 도로
　(참)□ 【道路】　dàolù　 을圐 도로　□ 【公路】　gōnglù　 을圐 (자동차가 다니는)도로
　　　□ 【马路】　mǎlù　 을圐 대로, 큰길　□ 【一道】　yídào　 을부 같이
□ 【和睦】　hémù　　　　　　　　　　　　　　 정형 화목하다
□ 【孝顺】　xiàoshùn　　　　　　　　　　　　 정형 효성스럽다
□ 【桌】　zhuō　 갑　□ 【桌子】　zhuōzi　 갑圐 탁자, 테이블
※□ 【虽然】　suīrán　　　　　　　　　　　　 갑접 비록~하지만
※□ 【虽然(虽说·虽然说)~但是(可是·不过·还是·可·却)…】
　suīrán~dànshì…　　 비록~하지만, 그러나…하다
□ 【盛】　chéng　 병동 물건을 용기에 담다 ; 수용하다　□ 【盛】　shèng　 정형 번성하다, 흥성하다
□ 【解除】　jiě//chú　　　　　　　　　　　 정동 없애다, 제거하다
　(참)□ 【解】　jiě　　　　　　　　　　　　 을동 나누다, 가르다, 분리하다
□ 【干渴】　gānkě　　　　　　　　　　　　　 형 매우 목이 마르다
　(참)□ 【干】　gān　 을형 건조하다　□ 【渴】　kě　 갑형 목 타다
□ 【门】　mén　 갑圐 문, 출입문　 양 가지, 과목(학문이나 기술 따위의 항목을 세는데 씀)
□ 【滋润】　zīrùn　　 형 젖어 있다, 촉촉하다　 동 적시다
□ 【天下】　tiānxià　　　　　　　　　　　　 병圐 천하, 온 세상, 세계
□ 【干旱】　gānhàn　　　　　　　　　　　　 병형 가물다
　≒□ 【干燥】　gānzào　　　　　　　　　 을형 건조하다 ; 무미건조하다, 재미없다

□ 【抚】 fǔ 　　　　　　　　동 위로하다, 위문하다 ; 보호하다 ; 쓰다듬다, 어루만지다
□ 【须】 xū 　　　　　　병조 반드시~하여야 한다 명 수염 ≒ □ 【胡子】 húzi 을명 수염
□ 【微笑】 wēixiào 　 을동 미소하다 명 미소
□ 【离去】 líqù 　　　　　　　　　　　　동 떠나가다
　　(참) □ 【离】 lí 　　　　　　　　갑동 분리하다, 떠나다 　개 ~에서, ~로부터, ~까지

<table><tr><td>칼럼 29</td><td>国家② (국가②)</td></tr></table>

□ 亚洲 Yàzhōu 　　　　　　　　　　명 아시아
□ 东亚 dōngyà 　　　　　　　　　　명 동아시아
□ 日本 Rìběn 　　　　　　　　　　　명 일본
□ 中国 Zhōngguó 　　　　　　　　　명 중국
□ 韩国 Hánguó 　　　　　　　　　　명 한국
□ 朝鲜 Cháoxiǎn 　　　　　　　　　명 북한
□ 蒙古 Měnggǔ 　　　　　　　　　　명 몽골
□ 东南亚 dōngnányà 　　　　　　　　명 동남아시아
□ 印度尼西亚 Yìndùníxīyà 　　　　　명 인도네시아
□ 泰国 Tàiguó 　　　　　　　　　　　명 태국
□ 菲律宾 Fēilǜbīn 　　　　　　　　　명 필리핀
□ 越南 Yuènán 　　　　　　　　　　　명 베트남
□ 缅甸 Miǎndiàn 　　　　　　　　　　명 미얀마
□ 新加坡 Xīnjiāpō 　　　　　　　　　명 싱가포르
□ 马来西亚 Mǎláixīyà 　　　　　　　　명 말레이시아
□ 南亚 nányà 　　　　　　　　　　　명 남아시아
□ 印度 Yìndù 　　　　　　　　　　　명 인도
□ 巴基斯坦 Bājīsītǎn 　　　　　　　　명 파키스탄
□ 孟加拉国 Mèngjiālāguó 　　　　　　명 방글라데시
□ 西亚 xīyà 　　　　　　　　　　　　명 서아시아
□ 沙特阿拉伯 Shātè Ālābó 　　　　　명 사우디아라비아
□ 伊朗 Yīlǎng 　　　　　　　　　　　명 이란
□ 伊拉克 Yīlākè 　　　　　　　　　　명 이라크
□ 以色列 Yǐsèliè 　　　　　　　　　　명 이스라엘

德胜门

北京有句老话：先有德胜门，后有北京城。此话不知**是否**属实，却道出了德胜门的**来龙去脉**。元朝末年，大将军徐达**率领**军队攻破了元朝的大都城（北京），元朝的皇帝**急忙**从大都城的北门健德门逃走了，元朝**从此**灭亡。徐达就把健德门改成德胜门，也**叫**得胜门，可能是纪念明军取得胜利之意。到了永乐十八年（1420年）修北京城时，就把大都城的城墙南移两**公里**，**另外**修了城门，还叫德胜门。（169字）

칼럼 30　中国歷代王朝（중국의 역대왕조）

- 殷 Yīn, 殷商 Yīn-Shāng　　은(BC17세기−BC11세기)
- 周 Zhōu　　주(BC11세기−BC256년)
- 春秋 Chūnqiū　　춘추(BC722−BC481년)
- 战国 Zhànguó　　전국(BC403−BC221년)
- 秦 Qín　　진(BC221−BC206년)
- 汉 Hàn　　한(BC206−AD220년)
- 三国 Sānguó (□ 魏 Wèi □ 蜀 Shǔ □ 吴 Wú)　삼국(위·촉·오)(AD220−AD280년)
- 晋 Jìn　　진(265−419년)
- 南北朝 Nánběicháo　　남북조
- 隋 Suí　　수(581−618년)
- 唐 Táng　　당(618−907년)
- 五代 Wǔdài　　오대(907−960년)
- 宋 Sòng　　송(960−1279년)
- 元 Yuán　　원(1279−1368년)
- 明 Míng　　명(1368−1644년)
- 清 Qīng　　청(1644−1911년)
- 中华民国 Zhōnghuá Mínguó　　중화민국(1911−1949년)
- 中华人民共和国 Zhōnghuá Rénmín Gònghéguó 중화인민공화국(1949−현재)

15課 덕승문

북경에 옛말이 있다. 먼저 덕승문이 있고, 다음에 북경성이 있다. 이 말이 사실 **인지 아닌지는** 알 수 없으나, 덕승문의 내력은 말해준다. 원나라 말년에, 대장군 쉬다는 군대를 이끌고 원나라의 대도성(지금의 북경)을 공격했다. 원나라 황제는 급히 대도성의 북문인 건덕문을 통해 도망갔다. 원나라는 **이 때부터 멸망했다**. 쉬다는 건덕문을 덕승문이라 바꾸었고, 또한 득승문이라고 **불렀다**. 아마 명나라 군대가 승리를 얻은 뜻을 기념한 것일 것이다. 영락18년(1420년)이 되어서 북경성을 수리할 때, 대도성의 성벽을 남쪽으로 2km옮기고, **따로** 성문을 세웠는데, 여전히 덕승문이라고 부른다.

칼럼31　　礼貌用语 (예절용어)

□ **请原谅** qǐngyuánliàng	〈구〉	양해해주세요
□ **劳驾** láo//jià	갑〈구〉	실례합니다
□ **再见** zàijiàn	갑〈구〉	안녕히가세요, 안녕히 계세요.
□ **你好** nǐhǎo	〈구〉	안녕하세요
□ **谢谢** xièxie	갑〈구〉	감사합니다　동 감사드리다
□ **不敢当** bùgǎndāng	을〈구〉	별말씀을 다 하십니다, 천만의 말씀입니다

칼럼32　　成語 (성어)

□ **实事求是** shí shì qiú shì	을 (숙)	실사구시, 있는 그대로의 사실을 토대하여 진리를 탐구하다
□ **画蛇添足** huà shé tiān zú	병 (숙)	뱀을 그리는데 다리를 그려 넣다, 쓸데없는 짓을 하다
□ **聚精会神** jù jīng huì shén	병 (숙)	정신을 집중하다
□ **千方百计** qiān fāng bǎi jì	병 (숙)	온갖 방법을 다하다
□ **一路平安** yi lù píng ān　□ **一路顺风** yi lù shùn fēng	병 (숙)	가시는 길에 평안하시기를 빕니다

□ 【德胜门】 Déshèngmén　　　　　　图 덕승문(북경 내성(內城) 북서쪽에 있는 성문 이름)

□ 【老话】 lǎohuà　　　　　　图 옛말, 속담

　(참)□ 【笑话】 xiàohua　　　을图 우스운 이야기, 웃음거리　图 비웃다, 조롱하다

□ 【古老】 gǔlǎo　　　　　　을형 오래되다, 진부하다, 낡다

□ 【胜】 shèng　　　을图 승리　图 이기다, 승리하다

　≒□ 【赢】 yíng　　　　갑동 이기다 (⇔□ 【输】 shū 갑동 지다, 패하다

　　□ 【负】 fù　　　　병동 지다, 메다 ; 등지다 ; 패배하다 【败】 bài)

□ 【此】 cǐ　　　　　　을대 이, 이것

　(참)□ 【特此】 tècǐ　　　　부 이상(이에) ~을 알립니다(통지합니다)

□ 【知】 zhī　　　　　병동 알다, 이해하다

□ 【是否】 shìfǒu　　　　병부 ~인지 아닌지(주로 서면어에 사용함)

□ 【属实】 shǔshí　　　　图 사실과 일치하다, 사실이다

□ 【来龙去脉】 láilóngqùmài　　　　(숙) 사물의 경과 상태, 경위, 내력

　(참)□ 【龙】 lóng　　　을图 용　□ 【山脉】 shānmài 을图 산맥

□ 【元朝】 Yuáncháo　　　　图 원나라(元朝)

□ 【末年】 mònián　　　　图 말년, 말기

□ 【将军】 jiāngjūn　　　　병图 장군

【徐达】 Xúdá (人名) 徐達(쉬다, 서달)

□ 【率领】 shuàilǐng　　　을동 거느리다, 인솔하다

□ 【军队】 jūnduì　을图 군대 ≒□ 【队伍】 duiwu 을图 군대, 대오

　(참)□ 【部队】 bùduì　　　을图 부대

□ 【攻破】 gōng//pò　　동 쳐부수다, 돌파하다 (참)□ 【进攻】 jingōng　을동 공격하다

□ 【破坏】 pòhuài　　　을동 파괴하다, 훼손하다

【大都】 Dàdū　　　　图 대도(大都)(원나라의 수도, 지금의 북경)

□ 【皇帝】 huángdì 을图 황제　(참)□ 【国王】 guówáng　을图 국왕

□ 【急忙】 jímáng　　　을형 급하다, 바쁘다

　(참)□ 【着急】 zháo//jí　　갑형 조급해하다, 안달하다

□ 【连忙】 liánmáng　　　을부 얼른, 급히, 바삐

【健德门】 Jiàndémén　　　　图 건덕문(健德門)

□ 【逃走】 táozǒu 정동 도주하다 ≒□ 【逃跑】 táopǎo 정동 도망가다, 달아나다

　(참)□ 【逃】 táo　　　을동 달아나다, 도망치다

□ 【从此】 cóngcǐ　　　을접 이제부터, 지금부터, 그로부터

　(참)□ 【自从】 zìcóng　　　을개 ~에서, ~이래, ~부터

□ 【灭亡】 mièwáng　　　병동 멸망하다

　(참)□ 【灭】 miè　　　을동 불이 꺼지다 ; 소멸하다, 멸망하다

□ 【改】 gǎi　　　　갑동 변하다, 바뀌다, 달라지다

　(참)□ 【改变】 gǎibiàn　　갑동 변하다, 바꾸다　图 변화, 개변

□ 【改正】 gǎizhèng　　　을동 개정하다, 정정하다

□ 【叫】 jiào　　갑동 ~라고하다, 부르다　　□ 갑개 ~에 의하여, ~에게 ~하게 하다

□ 【纪念】 jìniàn　　　을동图 기념(하다)

(참)□ 【留念】 liú//niàn　　갑동 기념으로 남겨두다(삼다)
　　　□ 【念】 niàn　　　　갑동 생각하다 ; 낭독하다 ; 공부하다
□ 【明】 míng　　　　명 명나라(明朝)　　명 밝다, 환하다
　⇔□ 【暗】 àn　　　　을형 어둡다
□ 【军】 jūn　　　　을명 군, 군대
□ 【取得】 qǔdé　　갑동 취득하다, 얻다 (참)□ 【获得】 huòdé 을동 획득하다
□ 【胜利】 shènglì　　　갑동명 승리(하다) ⇔ 【失败】 shībài
　≒□ 【战胜】 zhànshèng　　을동 싸워 이기다, 승리를 거두다
□ 【之】 zhī　　　　병조 ~의　　대 이, 그, 저
□ 【意】 yì　　　　명 생각, 마음, 의사, 뜻 (참)□ 【意义】 yìyi 갑명 뜻, 의미
□ 【永乐】 Yǒnglè　　　　명 영락(永樂, 연호)
□ 【修】 xiū　　　　을동 장식하다, 꾸미다 ; 수리하다
　(참)□ 【进修】 jìnxiū　　을동 연수하다
□ 【城墙】 chéngqiáng　　　　명 성벽
□ 【移】 yí　　　　을동 이동하다, 움직이다　(참)□ 【移动】 yídòng 을동 이동하다
□ 【另外】 lìngwài　　　　을부 달리, 그 밖에, 따로　접 그 밖에

칼럼33　宗教 (종교)

□ 宗教 zōngjiào　　　　병명 종교
□ 基督教 Jīdūjiào　　　　정명 기독교
□ 天主教 Tiānzhǔjiào　　　병명 천주교
□ 新教 Xīnjiào　　　　　　명 (기독교의)신교, 프로테스탄트
□ 佛教 Fójiào　　　　병명 불교
□ 伊斯兰教 Yīsīlánjiào　　　병명 이슬람교
□ 印度教 Yìndùjiào　　　　　명 힌두교, 인도교

有的日本学生

前几天，我和丈夫在十三路汽车站看到了两名背着大旅行袋的日本青年。他们一边看地图，一边望着站牌对照，脸上露出为难的样子。

我丈夫会说日语，便主动走过去跟他们打招呼。通过谈话，才知道他们是想在附近找一家饭店住。

我们向他们介绍了北京饭店。他们回答："已经问过了，价钱太贵。"于是又向他们介绍了民族饭店，告诉他们"那里的房间还可以，价钱也比较便宜，只是稍微远些。"

他们俩非常高兴地接受了这个建议，并急忙打听坐车路线及下车地点。我说："坐出租汽车只要十块钱就能到，而且你们都背着这么大的旅行袋，上下车很不方便。"

两名日本青年听后马上说："如果坐公共汽车不方便的话，我们就走着去。因为在旅行计划中没有这笔费用。旅行袋虽然很重，但算不了什么，这对我们也是一种锻炼。"语气中充满了乐观和信心。

我们只好为他们画了一张详细的路线图。他们俩用汉语说着谢谢和我们告别了。

望着那两名日本青年渐渐离去的背影，我想了很多很多……。他们不怕吃苦的精神给我留下了难忘的印象。（419語）

어떤 일본 학생

며칠 전, 나와 신랑은 13번 버스정류장에서 큰 여행가방을 둘러 멘 두 명의 일본 청년을 보았다. 그들은 한편으로 지도를 보면서, 한편으로 버스노선표를 보며 대조하고 있었는데, 얼굴에는 난감한 모습이 베어 나왔다.

내 신랑은 일본어를 할 줄 알기에, 자발적으로 걸어가서 그들에게 인사를 건넸다. 대화를 통해, 비로소 그들이 근처에 호텔을 찾아 묵고싶어 하는 것을 알았다.

우리는 그들에게 북경호텔을 소개해 주었다. 그들은 대답했다. "이미 물어 봤어요, 가격이 너무 비싸요." 그래서 또 그들에게 민족호텔을 소개했다. 그들에게 알려 주기를; "그곳의 방은 괜찮고, 가격도 비교적 싸지요, 단지 좀 멀어요." 그들 둘은 매우 기쁘게 이 제안을 받아 들였다. 그리고 급히 버스노선과 내리는 곳을 물어 보았다. 나는 말했다. "택시타고 10원 정도면 도착할 수 있어요, 게다가 당신들은 모두 이렇게 큰 여행가방을 메고 있는데, 차를 타고 내리기가 불편해요!"

두 일본 청년은 이 말을 듣고 바로 말했다. "만약에 버스 타기가 불편하다면, 우리는 걸어서 갈께요. 왜냐하면 여행 계획에 이런 비용은 없거든요. 여행가방이 비록 무겁지만, 뭐 대순가요. 이것도 우리에게는 일종의 단련인걸요." 말투에 낙관적이고 신념이 가득했다.

우리는 할 수 없이 그들을 위해 한 장의 자세한 노선도를 그렸다. 그들 둘은 중국어로 고맙습니다라고 말하고는 우리와 헤어졌다.

그 두 명의 일본 청년이 점차 멀어져 가는 뒷모습을 바라보면서, 나는 많은 것을 생각했다……. 그들이 고생을 두려워하지 않는 정신은 나에게 잊지 못할 인상을 남겼다.

□ **【丈夫】** zhàngfu 을명 **남편** (참) □ **【结实】** jiēshi 을형 단단하다, 견실하다

□ 【路】 lù 갑명 길 ; 방법 ; 노정 (참) □ 【铁路】 tiělù 을명 철도

□ 【汽车站】 qìchēzhàn 명 버스정류장 (참) □ **【汽车】** qìchē 갑명 **자동차**

　□ **【车站】** chēzhàn 갑명 정거장, 정류소, 역

□ 【站】 zhàn 갑동 서다, 일어서다 명 역, 정거장

□ 【背】 bēi 을동 업다 ; 책임을 지다 □ 【背】 bèi 을명 등, 등 부분 동 등지다 ; 외우다

□ 【旅行】 lǚxíng 갑동 여행하다

□ **【地图】** dìtú 을명 지도 (참) □ **【图】** tú 을명 그림, 도표

□ 【望】 wàng 을동 바라다, 희망하다

□ 【牌】 pái 을명 간판, 상표, (트럼프 등의)카드

□ 【对照】 duìzhào 정동 대조하다, 참조하다

□ 【露】 lòu 을 (□ 【露】 lù 병) 동 나타나다, 표현하다

□ 【为难】 wéinán 병동 난처하다, 딱하다

□ 【样子】 yàngzi 갑명 모양, 형태 ; 견본, 표본 ; 형세, 추세

□ **【打招呼】** dǎzhāohu 병동 **(가볍게)인사하다**

□ 【谈话】 tán//huà 을동 이야기하다, 담화하다 명 이야기, 대화

□ **【饭店】** fàndiàn 갑명 여관, 호텔

　(≒ □ 【宾馆】 bīnguǎn 을 ; □ 【旅馆】 lǚguǎn 을)

□ **【介绍】** jièshào 갑동 **소개하다**

□ **【价钱】** jiàqian 병명 **가격**, 값 (≒ □ **【价】** jià 병명 **【钱】** qián)

□ 【贵】 guì 갑형 비싸다 ; 가치가 높다 ; 지위가 높다

　⇔ □ 【贱】 jiàn 갑형 값이 싸다 ; 천하다

　　□ 【便宜】 piányi 갑형 값이 싸다 명 공짜, 이익

□ **【民族】** mínzú 갑명 민족

□ **【告诉】** gàosu 갑동 알리다, 말하다

□ **【只是】** zhǐshì 을부 **단지, 오직, 오로지**

□ **【稍微】** shāowēi 을부 **조금, 약간, 다소, 좀**

□ 【些】 xiē 갑양 **조금, 약간, 몇**

□ 【俩】 liǎ 갑수 **두 사람, 둘**

□ 【非常】 fēicháng 갑부 대단히, 심히

□ 【接受】 jiēshòu 을동 받다, 받아들이다.

□ 【建议】 jiànyì 을동 건의하다, 제의하다 명 건의, 제의

□ 【并】 bìng 을부 **결코, 조금도, 전혀, 그다지** 접 **그리고, 또** □ 을동 **합치다**

□ **【打听】** dǎting 을동 물어보다, 알아보다

□ 【路线】 lùxiàn 을명 (철도 따위의)노선

□ 【及】 jí 을접 및, 와, 과(단어와 단어군을 병렬하여 접속시킬 때 사용됨)
　　　　　　　　　　동 도달하다 ; 따라가다

□ **【出租汽车】** chūzū qìchē 갑명 **택시** (참) □ **【出租】** chūzū 병동 빌리다

□ **【公共汽车】** gōnggòng qìchē 갑명 **버스**

□ **【马上】** mǎshàng 갑부 **즉시, 곧**

□ 【计划】 jìhuà　　　　　　　　　　갑명 계획　동 계획하다

□ 【笔】 bǐ　　　　　　　　　　　　갑명 붓, 펜 등 필기구의 총칭
　　　　　　　　　　　　　　　　　　양 금액, 금전이나 그것과 관계있는 데에 쓰임

□ 【费用】 fèiyòng　　　　　　　　　을명 비용

□ 【重】 zhòng　　　　　　　　　　갑형 무겁다 ; 중요하다
　　□ 【重】 chóng　을부 재차, 다시, 거듭　□ 정양 층, 겹(겹쳐진 것을 세는 단위)

□ 【算不了什么】 suànbùliǎo shénme(≒□ 【不算什么】)별 것 아니다, 아무것도 아니다

□ 【语气】 yǔqì　　　　　　　　　　을명 어세, 말투, 어투

□ 【充满】 chōngmǎn　　　　　　　　을동 가득차다, 충만하다

□ 【乐观】 lèguān　을형 낙관적이다 ⇔ □ 【悲观】 bēiguān　병형 비관적이다

□ 【信心】 xìnxīn　　　　　　　　　을명 자신, 확신, 신념

□ 【为】 wèi　　　　　갑개 ~을 위하여 □ 【为】 wéi 갑동 하다, 행하다　개 ~당하다

□ 【画】 huà　　　　　　　　　　　갑동 그리다　명 그림

□ 【张】 zhāng　　　　갑양 ①종이·모피·책상·의자·침대 따위의 넓은 표면을 가진 것을 세는 단위
　　　　　　　　②활·입·부리를 세는 단위　　□ 병동 열다, 펴다 ; 늘어 놓다 ; 과장하다

□ 【详细】 xiángxì　　　　　　　　　을형 상세하다, 자세하다

□ 【告别】 gàobié　　　　　　　　　을동 헤어지다, 작별인사를 하다

□ 【背影】 bèiyǐng　　　　　　　　　명 뒷모습

□ 【怕】 pà　　　　　갑동 무서워하다, 두려워하다　　□ 을부 아마~일지도 모른다

□ 【吃苦】 chī//kǔ　　　　　　　　　병동 고통을 맛보다, 고생하다

□ 【精神】 jīng·shén　　갑명 정신　□ 【精神】 jīngshén　병형 활기차다, 생기발랄하다

□ 【留】 liú　　　　　　　　　　　　갑동 머무르다, 묵다 ; 남기다, 물려주다

□ 【难】 nán　　　갑형 어렵다, 곤란하다 □ 【难】 nàn　정명 재난, 불행

□ 【印象】 yìnxiàng　　　을명 인상 (참)□ 【形象】 xíngxiàng　을명 형상

不正确的表现

我们的报纸天天改进，**但是**语言方面还是有些问题。比如，有一个标题："积极建设无水草原"。草原是需要水的，怎么"建设无水草原"呢？这很怪。看底下的文章，我才明白。**原来**是有些草原缺水，现在进行建设，要使它有水。再想一想，"建设无水草原"，可能吗？

还有一个标题，叫"鼓舞我们为明天而战斗"。语法完全正确，用词也不能说它有什么毛病。但是细想一想，意思不大合适。我们说"为什么而战斗"，**总是**有个东西要争取。但是这个明天呢，你只要今天晚上睡一觉，明天自然就来了。你为什么为明天而战斗呢？这些毛病**属于**语法的问题，还是属于用词的问题呢？说不出来。我看，以上两个例子不是语法用词的问题，这是没有用脑子好好想造成的。

生活中我们也常常看到一些不正确的语言表达现象。在一个游泳池的衣柜上写着："衣服放在箱内，锁上自己带钥匙"。这句话也很奇怪。衣服放在箱内，怎么还要把自己锁上？当然，仔细想，能懂得它的意思，是"衣服放在箱内，锁上以后自己带着钥匙"。这种毛病也是只要好好想一想就可以解决的。

我提到的都是最简单、最初级的问题。我们**应该尽量**不要犯这一类的错误。（464字）

정확하지 않은 표현들

우리의 신문은 날마다 개선되지만, 언어측면에서는 여전히 약간의 문제가 있다. 예를 들어, 하나의 표제가 있다. "물없는 초원을 적극 건설하자". 초원은 물을 필요로 하는 것인데, 어떻게 "물 없는 초원을 건설하자"고 하는가? 정말 이상하다. 아래의 문장을 보고, 나는 비로소 이해했다. 원래 어떤 초원은 물이 부족한데, 현재 건설을 진행하여, 그 곳에 물이 있겠금 하자는 것이다. 다시 생각을 좀 하면, "물없는 초원을 건설하자", 가능한가요?

또 이런 표제가 있는데, "우리를 격려하여 내일을 위해서 투쟁합시다"라는 것이다. 어법은 완전히 정확하고, 단어를 사용하는 것도 어떠한 결함이 있다고 말할 수는 없다. 그러나 자세히 생각을 좀 해보면, 의미가 그다지 적합하지는 않다. 우리가 말하는 "무엇을 위해 투쟁하다"라는 것은, 언제나 어떤 무엇이 있어서 쟁취하여야 한다는 것이다. 그러나 이 내일이라는 것은, 당신이 단지 오늘 저녁에 잠을 자면, 내일은 자연히 오는 것이다. 당신이 왜 내일을 위해 투쟁을 해야 하지요? 이러한 결점들은 어법 문제에 속하는가, 아니면 단어사용의 문제에 속하는가? 말할 수 없다. 내가 보기에, 이상의 두가지 예는 어법과 단어사용의 문제가 아니고, 이것은 머리를 써서 잘 생각하지 않아서 생긴 것이다.

생활 속에서 우리도 자주 약간의 부정확한 언어표현현상들을 볼 수 있다. 한 수영장의 옷장 위에 쓰여져 있다. "옷을 옷장 속에 넣고, 자기를 잠그고, 열쇠를 지니세요." 이 말도 참 이상하다. 옷을 옷장 속에 넣고, 어떻게 또 자기를 잠글 수 있단 말인가? 당연히, 자세히 생각해 보면, 그 의미를 이해할 수 있는데, "옷을 옷장 속에 넣고, 잠근 이후에 자기가 열쇠를 지니세요."라는 것이다. 이런 결점도 단지 잘 생각을 하면 바로 해결할 수 있다.

내가 제시한 것은 모두 가장 간단하고 가장 초보적인 문제들이다. 우리는 마땅히 되도록이면 이런 종류의 잘못을 저지르지 말아야 한다.

□ **【改进】** gǎijìn　　　　　　(을)(동) 개선하다　(명) 개선, 개진
　(참)□ 【改革】 gǎigé　(을)(동)(명) 개혁(하다)
　　　□ 【改善】 gǎishàn　(을)(동)(명) 개선(하다)
　　　□ 【改造】 gǎizào　(을)(동)(명) 개조(하다)
□ **【但是】** dànshì　　　　　　(갑)(접) 그러나, 그렇지만
□ **【语言】** yǔyán　　　　　(갑)(명) 언어　(참)□ 【言】 yán (정)(명) 말, 언어　(동) 말하다
□ **【方面】** fāngmiàn　　　　　(갑)(명) 방면, 방향, 측, 쪽
□ **【标题】** biāotí　　　　　　(정)(명) 표제
□ **【积极】** jījí　　　　　　(을)(형) 적극적이다(주로 추상적인 사물에 쓰임)
　⇔□ 【消极】 xiāojí　(병)(형) 소극적이다　(참)□ 【积极性】 jījíxìng (명) 적극성
□ **【建设】** jiànshè　　　　　(갑)(동)(명) 건설(하다)
□ **【无】** wú　　　(을)(동) 없다(⇔【有】 yǒu) (부) ~를 막론하고, ~하든 간에
　((≒【无论】 wúlùn), ~를 막론하고(≒【勿】 wù (정) (〈서〉)
□ **【草原】** cǎoyuán (을)(명) 초원 ≒□ 【草地】 cǎodì (을)(명) 초지, 초원
　(참)□ 【平原】 píngyuán　(을)(명) 평원
□ **【怪】** guài　　　　(을)(형) 이상하다, 괴상하다　□ (병)(동) 의심쩍다　(부) 매우, 정말
□ **【底下】** dǐxia　　　　　(을)(명) 밑, 아래 ; 이후, 다음
□ 【文章】 wénzhāng　(갑)(명) 문장　(참)□ 【章】 zhāng (을)(양) (가곡·시문·문장 따위의)단락
　□ 【著作】 zhùzuò　　　(을)(동)(명) 저작(하다)
□ **【明白】** míngbai　(병)(형) 분명하다, 명확하다　(동) 이해하다, 알다
□ **【原来】** yuánlái　(갑)(형) 원래의 (부) 원래, 본래, 알고보니(≒【本来】 běnlái)
□ **【进行】** jìnxíng　　　　　(갑)(동) 진행하다, (어떠한 활동을)하다
□ **【鼓舞】** gǔwǔ　　　(을)(동) 고무하다, 격려하다　(명) 고무, 격려
□ **【战斗】** zhàndòu　　　　　(을)(동) 전투하다　(명) 전투
　(참)□ 【战争】 zhànzhēng　(을)(명) 전쟁
□ **【语法】** yǔfǎ　　　　　(갑)(명) 문법
□ **【完全】** wánquán　　　　(갑)(형) 완전하다, 충분하다 ; 완전히, 전부
□ **【正确】** zhèngquè　　　　(갑)(형) 정확하다, 바르다
□ **【词】** cí　　　　　　(갑)(명) 말, 말의구절, 문구, 단어.
□ **【毛病】** máobìng　　　　(을)(명) 약점 ; 고장, 실수 ; 결점, 결함
□ **【细】** xì　　　　　　(갑)(형) 가늘다 ; 소리가 약하다 ; 세밀하다
　⇔□ 【粗】 cū　　　　　(을)(형) 굵다 ; 목소리가 굵고 낮다 ; 거칠다 ; 허술하다
□ **【意思】** yìsi　　　　　(갑)(명) 의미, 의사, 생각, 뜻 ; (선물에 담겨있는)친밀한 정
□ **【合适】** héshì　　　　　(갑)(형) 적합하다, 알맞다
□ **【总(是)】** zǒngshì　　　　(갑)(부) 반드시, 꼭, 절대로
　≒□ 【老(是)】 lǎo(shì)　(을)(부) 언제나, 늘, 항상
□ **【争取】** zhēngqǔ　(을)(동) 쟁취하다 ⇔ □ 【放弃】 fàngqì (을)(동) 방치하다
□ **【属于】** shǔyú　　　　　(을)(동) ~(의 범위에)속하다, ~에 소속되다
□ **【以上】** yǐshàng (을)(명) ~이상 ⇔ □ 【以下】 yǐxià (을)(명) 이하
□ **【例子】** lìzi　　　　(을)□ 【例】 lì (을)(명) 예, 보기

□ 【有用】 yǒu//yòng　　　(을)(형) 쓸모가 있다, 유용하다
　⇔□ 【没用】 méiyòng　　　(을)(형) 쓸모가 없다 : 쓰지 않았다
□ 【好好(儿)】 hǎohāo(r)　　(을)(형) 좋다, 훌륭하다, 성하다, 괜찮다
□ 【造】 zào　　　　　　(을)(동) 만들다, 제작하다 : ～에 도달하다
□ 【一些】 yìxiē　　　　(갑)(양) 약간, 조금, 얼마간의　(참) 【有些】 yǒuxiē
□ 【现象】 xiànxiàng　　(을)(명) 현상
□ 【游泳池】 yóuyǒngchí　(을)(명) 수영장, 풀(pool)
□ 【衣柜】 yīguì　　　(명) 장롱, 옷장　(참)□ 【柜(子)】 guì(zi) (병)(명) 장롱, 찬장, 궤(짝)
□ 【箱】 xiāng　　　　(병)(양) 상자 같이 생긴 것을 셀 때 쓴다
　　　　　　　　□　(을)(명) 상자, 트렁크, 궤 (≒□ 【箱子】 xiāngzi (을)(명))
□ 【锁】 suǒ　　　　(을)(명) 자물쇠 (동) 자물쇠를 채우다(잠그다)
□ 【钥匙】 yàoshi　　(병)(명) 열쇠, 키
□ 【仔细】 zǐxì　　　(을)(형) 꼼꼼하다, 자세하다(≒ 【细心】 xìxīn) (동) 주의하다, 조심하다
□ 【懂得】 dǒngde　　(을)(동) (뜻·방법 따위를)알다, 이해하다
□ 【解决】 jiějué　　(갑)(동) 해결하다
□ 【提】 tí　　　　　(갑)(동) (손에)들다(쥐다) : 말을 꺼내다, 언급하다
□ 【初级】 chūjí　　(을)(형) 초급의　(참)□ 【高级】 gāojí (병)(형) 고급의
□ 【应该】 yīnggāi　　(갑)(조) 마땅히～해야한다, ～하는 것이 마땅하다
□ 【尽量】 jǐnliàng　　(을)(부) 되도록, 힘닿는 데까지, 가능한 한
□ 【犯】 fàn　　　　(을)(동) 저촉하다, 위반하다 : 침범하다 : 발생하다
□ 【类】 lèi　　　(을)(명) 종류, 같은부류 (양) 같은 종류나 상동하는 것을 셀 때 쓴다
□ 【错误】 cuò·wù　　(갑)(명) 틀린행위, 실수, 잘못(≒ 【错】 cuò)

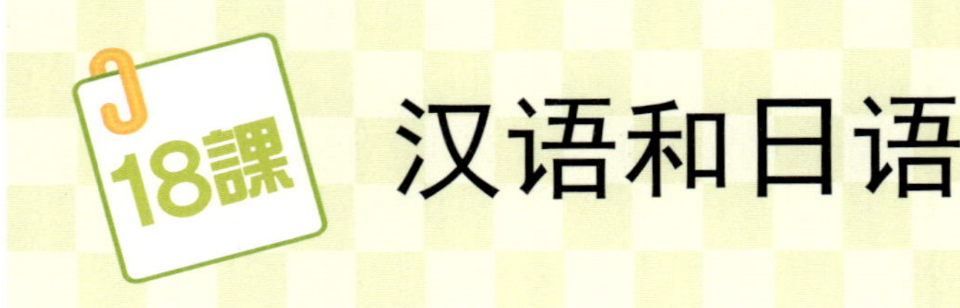

汉语和日语

中日两国文化交流的历史十分悠久，特别是在语言方面，日语不但使用着许多汉字，而且还从古代汉语中吸收了不少词语。当我们一打开日文报纸，就会发现日语里有许多用汉字的词语，在词形和意思上，都跟汉语里的词语基本相同。

根据日本学者的统计，在3,805个常用词中，日语和汉语同形的竟有1,013个。这些同形词的意思大都相同。这点有利于中日两国人民互相学习日语和汉语。此外，还有不少词语虽然词形不完全相同，但是由于用的是汉字，所以双方都很容易理解它们的意思。在上述3,805个常用词当中，属于这类词形不同，不过可能猜出词义的也有741个。把1,013和741这两个数字加起来，一共是1,754个，已经占3,805个常用词的百分之四十六了。有时我们在一份普通的日文报纸上，能够看见许多"面熟"的词语，即使不懂日语，也能猜出它们大概的意思。所以有人说如果掌握一点儿日语的语法，那么要看懂日文报纸，就不是太难的事了。

然而，日语到底是日语，在上述常用词中还有一半以上是不能从词形上猜出意思的。这一部分词语，对于中日两国人民互相学习对方的语言，却是极大的难点。（431字）

중국어와 일본어

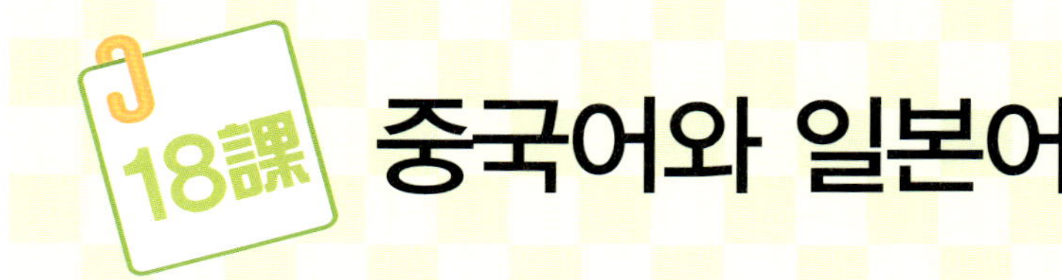

중일 양국 문화교류의 역사는 매우 오래되었고, 특히 언어측면에서는, 일본어는 많은 한자를 사용하고 있을 뿐만아니라, 또한 고대 중국어로부터 많은 단어를 흡수했다. 우리가 일본어신문을 펼쳤을 때, 일본어안에 많은 한자를 사용한 단어가 있고, 단어형태와 의미상에서, 모두 중국어안의 단어와 기본상 일치한다는 것을 발견할 수 있다.

일본학자의 통계에 따르면, 3,805개의 상용어중에서, 일본어와 중국어가 같은 형태의 것이 뜻밖에 1,013개나 있다. 이러한 같은 형태의 단어의 뜻은 대부분 같다. 이점은 중일 양국의 국민들이 서로 일본어와 중국어를 배우는데 유리함이 있다. 이 밖에, 또한 많은 단어가 비록 단어형태는 완전히 같지 않아도, 그러나 사용하는 것이 한자이기 때문에, 그래서 쌍방이 모두 매우 쉽게 그것의 의미를 이해한다. 위에서 말한 3,805개의 상용어 중에서, 이런 단어의 형태가 다른 것에 속하지만, 단어의 뜻을 유추해 낼 수 있는 것도 741개가 있다. 1,013개와 741개의 이 두 숫자를 더하면, 모두 1,754개이고, 이미 3,805개의 상용어에 46%를 차지하고 있다. 어떤 때 우리는 한 부의 보통 일본어신문에서, 많은 "낯익은" 단어들을 볼 수 있다. 설령 일본어를 모른다고 하더라도, 그것들의 대강의 뜻을 유추해 낼 수 있다는 것이다. 그래서 어떤 이가 말하기를 만약 약간의 일본어 문법을 익힌다면, 그러면 일본어신문을 보고 이해하고자 하는 것은, 그다지 어려운 일이 아니다.

그러나, 일본어는 결국 일본어이다. 위에서 말한 상용어중에는 여전히 절반이상이 단어형태로부터 뜻을 유추해 낼 수 없는 것들이다. 이 일부분의 단어는, 중일 양국 국민들이 서로 상대방의 언어를 배우는데 대하여, 오히려 크나큰 어려움이다.

□ 【流】 jiāoliú　　　　　을 동 명 교류(하다)
□ 【历史】 lìshǐ　　갑 명 역사, 개인의 경력 (참) □ 【公元】 gōngyuán 을 명 서기(西紀)
□ 【世纪】 shìjì　　　　을 명 세기
□ 【悠久】 yōujiǔ　　　을 형 유구하다, 장구하다
□ 【不但】 búdàn　　　갑 접 ~뿐만 아니라
※ □ 【不但~而且】(并且 bìngqiě、还 hái、也、又、连 lián)…】　búdàn~érqiě…
　　　~뿐만 아니라, 또…하다
□ 【许多】 xǔduō　　　갑 형 대단히 많은, 허다한
□ 【汉字】 Hànzì　　　갑 명 한자
□ 【古代】 gūdài　　　을 명 고대
□ 【吸收】 xīshōu　　　을 동 흡수하다, 받아들이다
□ 【词语】 cíyǔ　　　　　명 단어와 어구, 글자
□ 【打开】 dǎkāi　　　　동 열다, 펼치다
□ 【形】 xíng　　　　　정 명 형, 형상, 모양
□ 【基本】 jīběn　　　　갑 형 기본의, 근본적인 ; 주요한, 주된
□ 【相同】 xiāngtóng 을 형 서로같다, 똑같다 ⇔ □ 【不同】 bùtóng 갑 형 다르다
□ 【根据】 gēnjù　　　을 명 근거 동 ~을 근거하다
□ 【学者】 xuézhě　　　병 명 학자
□ 【统计】 tǒngjì　　　병 동 명 통계(를 내다)
□ 【常用】 chángyòng　정 형 상용하다
□ 【同】 tóng　　　　을 형 같다, ~을 같이 하다 □ 을 개 ~과, ~와(함께)
　　　　　　　　　　(≒ 【跟】 gēn、【和】 hé) 접 ~과(와)(≒ 【和】)
　(참) □ 【共同】 gòngtóng 을 형 공동의, 공통의
□ 【竟】 jìng 병 부 뜻밖에, 의외에 ≒ □ 【居然】 jūrán 병 부 뜻밖에, 생각 밖에
□ 【有利(于)】 yǒulì(yú)　을 형 유리(유익)하다
□ 【于】 yú　　　　　을 개 ~에게, ~에
□ 【人民】 rénmín　　갑 명 인민
□ 【此外】 cǐwài　　을 접 이 밖에, 이 외에 (참) □ 【此后】 cǐhòu 정 접 이후, 이 다음
※ □ 【由于~所以】(因而、因此)…】 yóuyú~suǒyǐ…　　~때문에…
□ 【双方】 shuāngfāng　을 명 쌍방
□ 【容易】 róngyì　　　갑 형 쉽다, 용이하다, ~하기 쉽다
□ 【上述】 shàngshù　　병 명 위에서 말하는, 상술의
□ 【当中】 dāngzhōng　병 명 중간, 한복판, 그 가운데
□ 【猜】 cāi　　　　　을 동 추측해서 풀다, 알아 맞히다
□ 【词义】 cíyì　　　　　명 어의(語義), 단어의 뜻
□ 【数字】 shùzì　　　을 명 숫자
□ 【加】 jiā　　　　　갑 동 더하다, 증가하다
□ 【一共】 yígòng　　갑 부 합계, 전부, 모두
　≒ □ 【共】 gòng　　　을 부 함께, 같이, 공동으로
　　□ 【总共】 zǒnggòng　병 부 모두, 전부, 합쳐서

□ 【占】 zhàn　　　　　　　(갑)(동) 차지하다, 점거하다 ; (어떤 지위나 어떤 상황에)처하다

□ 【百分之~】 bǎifēnzhī　　　　퍼센트, ~%
　(참)□ 【~分之…】 ~ fēnzhī (갑) ~분의…

□ 【普通】 pǔtōng　　　　　(을)(형) 보통이다, 일반적이다

□ 【能够】 nénggòu　　　　(갑)(조) ~할 수 있다(능력의 구비, 조건상, 도의상 허가할 때)

□ 【看见】 kàn//·jiàn　　　(갑)(동) 보다, 보이다, 눈에 띄다

□ 【面】 miàn　　(을)(명) 얼굴, 낯 ; 표면 ; 가루 ; 국수　□　(을)(양) 편평한 물건을 세는데 쓰임

□ 【熟】 shú　　　　　　　(갑)(형) 잘 알다, 익숙하다(⇔【生】 shēng)
　(참)□ 【面熟】 miànshú　　　(동) 낯익다
　　　□ 【成熟】 chéngshú　(을)(동) (과일이)익다 ; 성숙하다

□ 【即使】 jíshǐ　　　　　(병)(접) 설령(설사)~라 하더라도(일지라도, 하더라도)

※□ 【即使~也…】 jíshǐ~yě…　　설령~라 할지라도…

□ 【懂】 dǒng　　　　　　(갑)(동) 알다, 이해하다

□ 【大概】 dàgài　　　　　(갑)(형) 대강의, 대충의

□ 【掌握】 zhǎngwò　　　(갑)(동) 파악하다, 정복하다, 숙달하다, 장악하다

□ 【那么】 nàme　　　　　(갑)(대) 그렇게, 저렇게, 그런, 저런　□ (접) 그러면, 그렇다면

※□ 【然而~】 ránér　　　(을)(접) 그렇지만, 그런데, 그러나(≒【但是】 dànshì)

□ 【一半】 yíbàn　　　　　(을)(수) 절반

□ 【对于】 duìyú　　　　　(을)(개) ~에 대하여, ~에 관하여

□ 【对方】 duìfāng　　　　(을)(명) 상대방, 상대편

□ 【极】 ji　　　　　　　　(을)(명) 정점, 절정, 극도 (부) 아주, 극히
　≒□ 【极其】 jíqí　　　　(을)(부) 지극히, 매우

19課 从今天开始寒假

早晨醒来，我觉得屋子里有点儿冷。抬头往窗外一看，原来下雪了。我真不想起床，可一看表，不马上起床非误了汽车不可，上课会迟到的。我只好穿上衣服，吃了点儿早饭，拿着雨伞就出门了。刚走几步，我发现忘了带书包，赶紧又回去，拿了书包，然后匆匆忙忙向汽车站走去。

我家离汽车站不远，走五分钟就可以到。我有一个同班同学姓铃木，也住在这附近，我们俩每天一起上学。可是今天汽车来了，铃木却没来。我只好一个人上了车。平时十分拥挤的汽车，今天人倒不多，我心里想：铃木为什么没来呢？他是感冒了还是发生了什么事？我决定放学后顺便去他家看看。汽车开得比较慢，九点多才到学校。我下了车就向校门跑去。奇怪，校门锁着。这时候有一个同学走了过来，我正想告诉他校门锁着进不去，他倒先问我："你来学校干什么，你不知道从今天起学校放寒假了吗？"（349字）

칼럼 34　天气 (날씨)

□ **天气** tiānqì			갑 명 날씨, 기후.
□ **晴** qíng	갑 형 맑다	□ **晴天** qíngtiān	병 명 맑은날
□ **阴** yīn	갑 형 흐리다 ⇔	□ **阳** yáng	정 형 해뜨다
□ **雪** xuě			갑 명 눈
□ **风** fēng			갑 명 바람
□ **雷** léi			을 명 번개
□ **气候** qìhòu			을 명 기후
□ **气温** qìwēn			을 명 기온
□ **气象** qìxiàng			을 명 기상, 일기
□ **雾** wù			을 명 안개
□ **温度** wēndù			을 명 온도

오늘부터 겨울 방학이 시작되다

이른 아침에 깨었는데, 나는 방안이 좀 춥다고 느꼈다. 고개를 들어 창 밖을 보았는데, 알고 보니 눈이 내려 있었다. 나는 정말 일어나고 싶지 않았다. 그러나 시계를 보니, 즉시 일어나지 않으면 버스를 분명히 놓쳐서, 수업에 지각을 할 것이다. 나는 할 수 없이 옷을 입고, 아침밥을 먹고, 우산을 들고 문을 나섰다. 막 몇 발자국을 가서는, 나는 책가방 가져가는 것을 잊은 걸 발견하고는, 급히 다시 되돌아 가서, 책가방을 들고, 그리고는 바쁘게 버스정류장으로 걸어갔다.

우리집은 정류장으로부터 멀지 않아서, 5분 정도 걸으면 바로 도착할 수 있다. 나에게는 성씨가 스즈키인 같은 반 학우가 있는데, 역시 이 근처에 살고 있다. 우리 둘은 매일 함께 학교에 간다. 그러나 오늘은 버스가 왔는데도, 스즈키는 오지 않았다. 나는 할 수 없이 혼자 차에 탔다. 평소에 매우 붐비던 버스가, 오늘은 사람도 많지 않았다. 나는 속으로 생각했다. '스즈키는 왜 오지 않았지? 그가 감기에 걸렸나 아니면 무슨 일이 생겼나?' 나는 학교가 끝난 후 가는 길에 그의 집에 가보기로 결심했다. 버스가 좀 느리게 가서, 9시가 넘어서야 학교에 도착했다. 나는 버스에서 내려 교문으로 뛰어 갔다. 이상하다. 교문이 잠겨있다. 이 때 한 친구가 걸어왔다. 내가 막 그에게 교문이 잠겨 있어서 들어 갈 수 없다고 말하려고 하는데, 그가 오히려 먼저 나에게 물었다. "너 학교에 뭐하러 왔어? 너 오늘부터 학교가 겨울방학이라는 것을 모르는 거야?"

칼럼 35　中国货币单位 (중국의 화폐단위)

1圆(元) yuán (≒ **块** kuài) = **10角** jiāo (≒ **毛** máo) = **100分** fēn

☐ 【早晨】 zǎochén　　　갑명 이른 아침, 새벽, 오전(≒【早上】 zǎoshang)

☐ 【醒】 xǐng　　　을동 잠에서 깨다

☐ 【屋子】 wūzi　　　갑명 방 ≒☐【房子】 fángzi 을명 집

　(참)☐【同屋】 tóng//wū　　　을명 룸메이트

☐ 【有点儿】 yǒudiǎnr　　　을부 조금, 약간(대개 여의치 않은 일에 쓰임)

　(참)【一点儿】 yìdiǎnr

☐ 【冷】 lěng　　　갑형 춥다, 차다, 시리다

　≒☐【寒冷】 hánlěng　　　을형 한랭하다, 몹시 춥다 (⇔【热】 rè)

☐ 【抬头】 tái//tóu　　　갑동 머리를 들다 (참)☐【抬】 tái 갑동 들다, 들어올리다

　☐ 【仰】 yǎng　　　을동 머리를 쳐들다 (⇔☐【俯】 fǔ 병동 숙이다, 구부리다)

☐ 【起床】 qǐ//chuáng　　　갑동 일어나다, 기상하다

☐ 【表】 biǎo　　　갑명 겉, 표면 ; 계기, 계량기 ; 시계(손목시계, 회중시계)

　(참)☐【钟】 zhōng　　　갑명 종 ; 시계(탁상시계, 괘종시계)

☐ 【非】 fēi　　　병부 반드시, 꼭 명 과실, 질못, 악행 (⇔【是】 shì)

　(참)☐【非要】 fēiyào ☐【非得】 fēiděi 부 ~하지 않으면 안된다, 반드시~해야한다

　※☐ 【非~不可(不行、不成)】 을 반드시 ~하지 않으면 안된다, 꼭~해야 한다

　※☐ 【非~不~】　　　무슨일이 있더라도 반드시 ~하지 않으면 안된다

☐ 【误】 wù　　　병동 늦어지다 ; 지장을 주다 부 잘못하여, 실수로

☐ 【迟到】 chídào　　　갑동 늦다, 지각하다

　(참)☐【出席】 chū//xí　　　을동 참석하다, 출석하다 ⇔☐【缺席】 quē//xí 정동 결석하다

☐ 【穿】 chuān　　　갑동 (옷을)입다,(양말·신발을)신다 ; (구멍을)뚫다 ; (공간 따위를)통과하다

☐ 【～儿】 ~r 〈구〉 명사의 접미어, 북방방언

☐ 【早饭】 zǎofàn　　　갑명 아침밥 ≒☐【早点】 zǎodiǎn 정명 (간단한)아침식사

☐ 【出门】 chū//mén　　　병동 외출하다 ; 집을 떠나 멀리가다

☐ 【步】 bù　　　을명 걸음, 보폭 동 걷다

　(참)☐【逐步】 zhúbù　　　을부 한 걸음 한 걸음, 차츰차츰

☐ 【书包】 shūbāo　　　을명 책가방

☐ 【赶紧】 gǎnjǐn　　　을부 서둘러, 급히, 재빨리

　(참)☐【紧张】 jǐnzhāng　　　갑형 긴장해 있다, 불안하다 ; 바쁘다, 긴박하다

　☐ 【抓紧】 zhuā//jǐn　　　을동 꽉 쥐다 ; (방법·훈련 따위를)다잡다, 꽉 틀어쥐다

☐ 【回去】 huí//·qù　　　갑동 돌아가다 ⇔☐【回来】 huí//·lái 갑동 돌아오다

※☐ 【然后~】 ránhòu　　　갑부 그리고, 그 후에

☐ 【匆忙】 cōngmáng　　　병형 총망하다, 매우 바쁘다

☐ 【姓】 xìng　　　갑동 성이~이다 명 성(씨)

　(참)☐【贵姓】 guìxìng　　　갑명 성씨

【铃木】 língmù〈人名〉鈴木, 스즈키(suzuki)

☐ 【车】 chē　　　갑명 차, 수레

　(참)☐【火车】 huǒchē　　　갑명 기차

　☐ 【卡车】 kǎchē　　　갑명 트럭(truck)

　☐ 【电车】 diànchē　　　갑명 전차, 트롤리버스(trolley bus)

□ 【辆】 liàng ㉮양 대(차량을 셀 때 쓰는 양사)

□ 【平时】 píngshí ㉡부 보통 때, 평상시 ⇔□ 【战时】 zhànshí 전쟁시

(참)□ 【临时】 línshí ㉡형 임시의, 잠시의

□ 【拥挤】 yōngjǐ ㉫동 붐비다, 혼잡하다

(참)□ 【拥抱】 yōngbào ㉡동 포옹하다

□ 【拥护】 yōnghù ㉡동 옹호하다, 지지하다

□ 【发生】 fāshēng ㉮동 발생하다

□ 【决定】 juédìng ㉮동명 결정(하다)

(참)□ 【决】 jué ㉡부 결코, 절대로 동정하다, 결정하다

□ 【放学】 fàng//xué ㉫동 학교가 파하다

(참)□ 【放假】 fàng//jià ㉮동 휴가로 쉬다, 방학하다

□ 【开放】 kāifàng ㉡동 개방하다, 공개하다

□ 【解放】 jiěfàng ㉡동명 해방(하다)

□ 【开学】 kāi//xué ㉮동명 개학(하다)

□ 【顺便】 shùnbiàn ㉡부 ~하는 김에

(참)□ 【顺】 shùn ㉡개 겸해서, 하는 김에

□ 【顺利】 shùnlì ㉡형 순조롭다 □ 【便条】 biàntiáo ㉡명 쪽지, 쪽지편지

□ 【慢】 màn ㉮형 느리다

□ 【校门】 xiàomén 명 교문

□ 【过来】 guò//·lái ㉮동 (다른 한 지점에서 말하는 사람 쪽으로)오다

□ 【从 ~ 起】 cóng~qǐ ㉮ ~부터(시간과 장소의 출발점을 나타냄)

□ 【寒假】 hánjià ㉮명 겨울방학 ⇔□ 【暑假】 shǔjià 명 여름방학

大冰箱

在我们小镇上，冰箱、彩电、洗衣机是结婚时不可缺少的三大件。可是由于我们工作时间短，两个人都没存多少钱，双方的老人又没钱帮助我们。所以，结婚时，我们家里除了彩电，别的电器都没有。丈夫说："没有洗衣机没关系，我就是咱们家的全自动洗衣机，还省电呢！"我一笑，心想：那么，没有冰箱呢？

春天，丈夫在院子里开出一小片地，种上黄瓜、西红柿，栽上茄子和辣椒。经过我们精心地施肥浇水，不长时间，我家的小菜园子就开始出"产品"了。想吃凉菜时，就随手摘几根黄瓜，想吃炒菜也特别方便，把油倒进锅里再去摘一把辣椒、茄子都来得及。天热的时候，下班回到家里，摘个西红柿用水一冲就可以吃。小小的菜园就成了夏季我家省钱省事又保鲜的大"冰箱"了！穷家有穷家的欢乐，没钱有没钱的办法。（323字）

季節 (계절)

□ 季节 jìjié		(을)(명) 계절, 철
□ 季 jì		(병)(명) 계, 1년의 4분의 1, 3개월
□ 夏季 xiàjì		(병)(명) 여름철
□ 春 chūn	□ 春天 chūn·tiān	(갑)(명) 봄, 봄철
□ 夏 xià	□ 夏天 xiàtiān	(갑)(명) 여름, 여름철
□ 秋 qiū	□ 秋天 qiū·tiān	(갑)(명) 가을, 가을철
□ 冬 dōng	□ 冬天 dōng·tiān	(갑)(명) 겨울, 겨울철

냉장고

우리 마을에서, 냉장고、컬러TV、세탁기는 결혼할 때 빠져서는 안되는 삼대물건이다. 그러나 우리는 일을 한 시간이 짧기 때문에, 두 사람 모두 얼마의 돈을 저축하지 못하였고, 두 집의 어른들도 우리를 도와줄 돈이 없었다. 그래서, 결혼할 때, 우리 집에는 컬러TV를 빼고는, 다른 전자제품은 없었다. 신랑이 말했다. "세탁기가 없어도 상관없어. 내가 바로 우리집의 전자동세탁기야, 전기도 절약되거든!" 나는 웃고 생각했다. 그럼, 냉장고가 없는 것은?

봄에, 남편은 앞마당에 작은 밭을 일구고는, 오이、토마토를 심고, 가지와 고추를 재배했다. 우리가 정성스럽게 비료를 주고 물을 주는 과정을 거쳐, 오래지 않아, 우리집의 작은 채소밭에서 "상품"이 나오기 시작했다. 냉채를 먹고 싶을 때는, 손 가는 대로 오이 몇 개를 따면 되고, 볶은 채소를 먹고 싶을 때도 아주 쉬워서, 솥안에 기름을 붓고 다시 나가 한 움큼의 고추와 가지를 꺾어와도 늦지 않는다. 날씨가 더울 때, 퇴근해 집에 돌아와, 토마토를 따서는 물에 한번 씻으면 바로 먹을 수 있다. 작디 작은 채소밭은 여름철 우리집에 전기도 아끼고 돈도 절약하고 수고도 덜어주며 또 신선함을 유지하는 큰 "냉장고"가 되었다. 가난한 집에는 가난한 집의 즐거움이 있고, 돈이 없으면 돈이 없는대로 방법이 있다.

□ 【镇】 zhèn　　(병)(명) 진, 중국 지방 행정구역의 하나　　□　(정)(동) 누르다, 억누르다

□ 【彩电】 cǎidiàn　　(명) 컬러텔레비전(【彩色电视机】 의 약자)
　　(≒【电视(机)】 diànshì(jī)) (참)□ 【彩色】 cǎisè (을)(명) 채색, 천연색

□ 【不可】 bùkě　　(병) ~해서는 안된다

□ 【缺少】 quēshǎo　　(을)(동) 모자라다, 결핍하다(사람이나 사물의 수량)
　　≒□ 【缺乏】 quēfá　　(을)(동) 결핍되다, 모자라다(추상적인 것) (형) 부족한

□ 【件】 jiàn　　(갑)(양) ①의류 ②일·사건·문서·서류 등을 셀 때 쓴다

□ 【短】 duǎn　　(갑)(형) 짧다 (⇔【长】 cháng) ; 결핍하다, 부족하다

□ 【存】 cún　　(을)(동) 존재하다 ; 생존하다 ; 보관하다

□ 【多少】 duōshao　　(갑)(대) 얼마, 몇

□ 【除了】 chúle　(갑)(개) ~을 제외하고 ≒ □ 【除】 chú (을)(동) 없애다, 제거하다

□ 【别的】 biéde　　(갑)(대) 다른 것, 다른 사람
　　(참)□ 【别】 bié (병)(동) 이별하다 (형) 별개의, 다른　□ (갑)(부) ~하지 마라
　　　≒□ 【不要】 búyào　　(갑)(부) ~하지마라 ; 필요없다
　　　　□ 【别人】 biérén　　(갑)(대) 다른사람

□ 【电器】 diànqì　　(병)(명) 전기제품

□ 【没关系】 méiguānxi　　(갑)〈구〉 괜찮다, 문제 없다
　　≒□ 【没什么】 méi shénme (을)〈구〉 아무것도 아니다, 별 것 아니다
　　　□ 【没事儿】 méi shìr (을)〈구〉 대수롭지 않다, 괜찮다, 상관없다

□ 【就是】 jiùshì　　(을) ①바로~이다 ②확고한 어기를 나타냄 ③범위를 확정한다

□ 【自动】 zìdòng　　(을)(형) 자연적인, 자동적인, 자발적인

□ 【省】 shěng　(갑)(명) (행정단위)성　□ (을)(동) 절약하다, 아끼다

□ 【电】 diàn　　(갑)(명) 전기 ; 전보·전기의 준말
　　(참)□ 【电报】 diànbào　(을)(명) 전보

□ 【片】 piàn (갑)(양) 얇고 작은 사물·작게 잘라진 사물을 세는 단위 ; 차지한 면적·범위를 세는 단위
　　　　　　　(명) 조각, 판, 편

□ 【栽】 zāi　　(병)(동) 심다, 재배하다 ; 죄를 뒤집어 씌우다

□ 【经过】 jīngguò　　(갑)(동) 통과하다 (개) ~을 통하여

□ 【精心】 jīngxīn　　(정)(형) 공들이다, 정성들이다
　　(참)□ 【精彩】 jīngcǎi　(갑)(형) 뛰어나다, 훌륭하다, 근사하다

□ 【施肥】 shī//féi　　(정)(동) (식물에)비료를 주다
　　(참)□ 【施工】 shī//gōng　(을)(동) 시공하다, 공사를 하다

□ 【浇】 jiāo　　(병)(동) (물을)뿌리다, 끼얹다, 물을 대다

□ 【长】 cháng　　(갑)(형) (공간적·시간적 길이가)길다 (⇔【短】 duǎn)
　　□ 【长】 zhǎng (갑)(동) 성장하다, 자라다　□　(병)(미) 손 위의, 우두머리, 어른

□ 【菜】 cài　　(갑)(명) 채소 ; 반찬 ; 요리

□ 【园子】 yuánzi　　(정)(명) 정원, 뜰

□ 【产品】 chǎnpǐn　　(을)(명) 생산품, 제품

□ 【凉菜】 liángcài　　(명) 전채(前菜) ; 냉채 ; 찬요리
　　(참)□ 【凉】 liáng　　(을)(형) 서늘하다, 선선하다, 차갑다

□ 【凉快】 liángkuai 　갑형 서늘하다, 시원하다

□ 【随手】 suíshǒu 　병부 손 가는대로, ~하는 김에

　≒□ 【顺手】 shùnshǒu 　병형 겸사겸사, 겸해서

□ 【摘】 zhāi 　을동 따다, 꺾다, 뜯다, 떼다, 벗기다

□ 【根】 gēn 　갑양 가늘고 긴 것을 세는데 쓰임 명 (식물의)뿌리

□ 【炒】 chǎo 　병동 (기름 따위로)볶다 ; (주식을)전매하다, 투기하다

　(참)□ 【煮】 zhǔ 　을동 삶다

　　□ 【烤】 kǎo 　을동 (불에)굽다

□ 【来得及】 láidejí 　을동 늦지 않다, 아직 ~할 시간이 있다

　⇔□ 【来不及】 lái·bùjí 　을동 늦다, 시간 안에 댈 수 없다

□ 【热】 rè 　갑형 덥다, 뜨겁다 동 가열하다 명 열

□ 【下班】 xià//bān 　을동 퇴근하다 (⇔ 【上班】 shàng//bān)

□ 【冲】 chōng 　을동 물을 부어서 씻다(가시다) ; 돌진하다 ; 솟구치다

　□ 【冲】 chòng 　병동 향하다, 대하다 개 향하여, 대해서

□ 【保】 bǎo 　을동 보호하다, 보증하다 ; 유지하다

□ 【鲜】 xiān 　을형 신선하다

　(참)□ 【鲜花】 xiānhuā 　을명 생화

□ 【穷】 qióng 　을형 가난하다 ⇔□ 【富】 fù 　을형 부유하다

□ 【欢乐】 huānlè 　병명 즐거움, 유쾌함 형 즐겁다, 유쾌하다

文化与文化（1）

中国人最普遍的问候语是"您吃饭了吗？"这句话不知道说了多少年了，我们只知道 说这句话之前，中国人见面问的是"先生无恙乎。"人是保守的，一句问候语，说了那么久也不觉得烦。人有时候也是固执的。当我们明白了地球绕着太阳转之后，我们还说："太阳出山了"，"太阳落山了"，而不必担心别人笑我们没有天文学的常识。同样，到了现在"您吃饭了吗？"还是最普遍的问候语。

有些西方人对"您吃饭了吗？"有些反感。他们认为，吃饭是我的私事，你管不着，你管，就是干涉我的自由。有些中国人因此有点儿惭愧、脸红，似乎中国人太庸俗，还是英国人见面谈天气高雅、文明。（264字）

칼럼 37　身体器官（신체기관）

□ 脸 liǎn	갑 명 얼굴, 체면, 면목	□ 肚子 dùzi	을 명 배, 복부
□ 脑子 nǎozi	을 명 머리, 두뇌	□ 胃 wèi	을 명 위
□ 脑袋 nǎodai	을 명 머리, 지능	□ 心脏 xīnzàng	을 명 심장
□ 眼 yǎn	을 명 눈	□ 肝 gān	을 명 간, 간장
□ 耳朵 ěrduo	을 명 귀	□ 肺 fèi	을 명 폐
□ 鼻子 bízi	을 명 코	□ 皮 pí	을 명 피부, 살갗, 표면
□ 舌头 shétou	을 명 혀	□ 皮肤 pífū	을 명 피부
□ 脖子 bózi	을 명 목	□ 血液 xuèyè	을 명 혈액
□ 肩 jiān	을 명 어깨	□ 血 xiě	을 명 피
□ 胳膊 gēbo	을 명 팔	□ 骨头 gǔtou	을 명 뼈
□ 胸 xiōng	을 명 가슴		

문화와 문화(1)

중국사람의 가장 보편적인 안부인사말은 "식사하셨어요?" 이다. 몇 년동안 이 말을 말했는지는 모른다. 우리는 단지 이 말을 사용하기 전에, 중국사람이 만나면 묻는 말이 "선생님 무탈하시죠." 였다는 것만 안다. 사람은 보수적이어서, 한마디의 안부인사말을, 그렇게 오래 말해도 지겹다고 여기지 않는다. 사람은 어떤 때는 또 고지식하다. 우리는 지구가 태양의 둘레를 돌고 있는 것을 안 이후에도, 우리는 여전히 말한다. "태양이 산 위로 나왔다.", "태양이 산 뒤로 넘어 갔다." 그러나 우리가 천문학 상식이 없다고 다른 사람이 웃는 것을 걱정할 필요는 없다. 마찬가지로, 현재에 이르러서 "식사하셨어요?" 는 여전히 가장 보편적인 안부인사말이다.

어떤 서양사람들은 "식사하셨어요?" 에 대해 약간의 반감을 가진다. 그들은 밥 먹는 것은 나의 개인적인 일이고, 당신이 관여할 수 없고, 당신이 관여하면, 그것은 나의 자유를 간섭하는 것이라고 여긴다. 어떤 중국사람들은 이 때문에 약간 부끄러워하고, 얼굴을 붉힌다. 마치 중국사람은 매우 저속한 것 같고, 또한 영국사람이 서로 만나 날씨를 논하는 것은 고상하고 우아하며 교양이 있는 것처럼 말이다.

政治 (정치)

□ 共产党 gòngchǎndǎng	을명	공산당
□ 国民党 guómíndǎng	을명	국민당
□ 党 dǎng	을명	당, 정당(중국공산당을 지칭함)
□ 党员 dǎngyuán	을명	당원(중국공산당의 당원을 지칭함)
□ 书记 shūji	을명	서기(공산당 각 조직의 책임자)
□ 总理 zǒnglǐ	을명	총리(중국 국무원의 장)
□ 总统 zǒngtǒng	을명	총통, 대통령

□ 【普遍】 pǔbiàn (을)(형) 보편적이다, 널리 퍼져 있다

□ 【问候语】 wènhòuyǔ (명) 안부를 묻는 말
 (참)□ 【客套话】 kètàohuà (명) 사양하는 말, 인사말

□ 【之前】 zhīqián (을) 앞, ~의 전 ⇔ □ 【之后】 zhīhòu (을) ~의 후, 뒤, 다음

□ 【无恙】 wúyàng (형) 〈서〉 병(탈)이없다, 건강하다

□ 【乎】 hū (조) 〈서〉 의문을 나타냄(≒ 【吗】 ma, 【呢】 (탄)ne) 감탄을 나타냄(≒ 【啊】 a)

□ 【保守】 bǎoshǒu (병)(동) 지키다, 고수하다 (형) 보수적이다

□ 【久】 jiǔ (갑)(형) 오래다, (시간이)길다 ⇔ □ 【暂】 zàn (정)(부) 잠시, 잠깐

□ 【烦】 fán (병)(동) 걱정하다, 번거롭다, 성가시다 (형) 답답하다, 괴롭다

□ 【有时候】 yǒushíhòu (갑)(대) 경우에 따라서, 이따금, 간혹(≒ 【有时】 yǒushí)

□ 【固执】 gùzhí (정)(형) 완고하다, 고집스럽다 (을)(부) 고집(하다)

□ 【地球】 dìqiú (을)(명) 지구 (참)□ 【球】 qiú (갑)(명) 구, 공, 볼(ball), 지구

□ 【绕】 rào (을)(동) 둘둘 감(기)다, 휘감(기)다; 우회하다; (일이나 문제등이)뒤얽히다
 (참) □ 【卷】 juǎn (을)(동) (원통형으로)말다, 감다, 걷다

□ 【太阳】 tài·yáng (갑)(명) 태양, 해 ; 햇빛, 일광
 (참)□ 【阳光】 yángguāng (을)(명) 햇빛

□ 【转】 zhuǎn (을)(동) (방향·위치·형세 따위가)달라지다; (우편물·전갈·상품 등을)송달하다,
 전하다 □ 【转】 zhuàn (을)(동) 돌다, 회전하다
 (참)□ 【转告】 zhuǎngào (을)(동) 전언하다, 전달하다

□ 【落】 luò (을)(동) (물체가)떨어지다, (해가)지다

□ 【不必】 búbì (을)(부) ~하지마라, ~할 필요 없다, ~할 것 까지는 없다

□ 【天文】 tiānwén (병)(명) 천문(학)

□ 【常识】 chángshí (병)(명) 상식

□ 【同样】 tóngyàng (을)(형) 같다, 다름없다, 마찬가지다 (접) 마찬가지로.

□ 【西】 xī (갑)(명) 서쪽, 서양

□ 【方】 fāng (을)(형) 네모지다 ; 바르다, 정직하다 □ (병)(명) 쪽, 방 ; 방법, 방식
 (참)□ 【方针】 fāngzhēn (을)(명) 방침

□ 【反感】 fǎngǎn (정)(형) 반감이 있다

□ 【认为】 rènwéi (갑)(동) 여기다, 생각하다, ~라고 보다, 인정하다

□ 【私事】 sīshì (명) 개인의 일 ⇔□ 【公事】 gōngshì (명) 공무

□ 【干涉】 gānshè (병)(동)(명) 간섭(하다), 관계(하다)

□ 【自由】 zìyóu (을)(명) 자유 (형) 자유스럽다

□ 【惭愧】 cánkuì (병)(형) 부끄럽다, 송구스럽다, 면구스럽다

□ 【似乎】 sìhū (을)(부) 마치~인 것 같다(듯하다)

□ 【庸俗】 yōngsú (정)(형) 범속하다, 저속하다, 졸렬하고 속되다

□ 【面谈】 miàntán (동)(명) 면담(하다)

□ 【高雅】 gāoyǎ (형) 고아하다, 고상하고 우아하다.

□ 【文明】 wénmíng (을)(명) 문명, 문화 (형) 현대적인, 신식의, 교양이 있다

□ **国际公制(公制)** guójì gōngzhì □ **米制** mǐzhì 양 미터법(metric system)

□ **千米** qiānmǐ □ **公里** gōnglǐ 갑양 km

□ **米** mǐ 갑 □ **公尺** gōngchǐ 정양 m

□ **厘米** límǐ 을 □ **公分** gōngfēn 갑양 cm

□ **毫米** háomǐ 병양 mm

□ **公顷** gōngqǐng 병양 ha

□ **公亩** gōngmǔ 양 a

□ **亩** mǔ 을 □ **市亩** shìmǔ 양 무(1亩=6.667a=1/15ha)

□ **平方公里** píngfānggōnglǐ 양 km²

□ **平方米** píngfāngmǐ 양 m²

□ **平方厘米** píngfānglímǐ 양 cm²

□ **立方米** lìfāngmǐ 정양 m³

□ **升** shēng 을 □ **立升** lìshēng 양 ℓ

□ **毫升** háoshēng 양 mℓ

□ **吨** dūn 을양 t

□ **千克** qiānkè 병 □ **公斤** gōngjīn 갑양 kg

□ **克** kè 갑양 g

□ **毫克** háokè 양 mg

□ **斤** jīn 갑양 근(1斤=500g)

□ **丈** zhàng 을양 장(1丈≒3.3m)

□ **尺** chǐ 을양 척(1尺≒33cm)   양 (길이를 재는)자

□ **寸** cùn 을양 촌(1寸≒3.3cm)

第22課 文化与文化（2）

这都是误解。中国人问"您吃饭了吗？"，跟英国人见面谈天气一样，都是一种习俗，一种文化现象。如果中国人说，我又不出门航海，又不洗被子，大谈天气，浪费时间，这当然是可笑的。那么英国人反感中国人问"您吃饭了吗？"，同样是可笑的。作为一种文化现象，"您吃饭了吗？""您到哪儿去？"都只是一种礼貌用语。中国人认为，人和人应当互相关心和爱护，吃饭是你的事，到哪儿去，也是你的事，我问，表示我关心、爱护、尊重你，如果我瞧不起你，恨你，那我就不问了。

所以，我们学习一种语言时，也要尊重这一种文化，而不是用自己的文化来代替或改造这一文化，这样，就会更加深彼此的了解和友情。（277字）

칼럼 40 世界通貨 (세계의 화폐)

□ **通货** tōnghuò	명 통화, 통용 화폐
□ **货币** huòbì	병 명 화폐
□ **人民币** rénmínbì	을 명 인민폐
□ **港币** gǎngbì	병 명 홍콩 달러
□ **日元** rìyuán	을 명 일본 엔화
□ **美元** měiyuán	을 명 달러
□ **欧元** ōuyuán	명 유로화
□ **英镑** yīngbàng	병 명 영국의 파운드

22課 문화와 문화(2)

이것은 모두 오해이다. 중국사람이 "식사하셨어요?" 라고 묻는 것은, 영국사람이 만나서 날씨를 이야기 하는 것과 같이, 모두 하나의 풍속이고, 일종의 문화 현상이다. 만약에 중국사람이, 항해를 나가지도 않고, 또 이불도 빨지 않으면서, 날씨만 이야기한다면, 시간을 낭비하는 것이고, 이것은 당연히 웃음거리가 된다. 그럼 영국사람이 중국사람의 "식사하셨어요?" 라고 묻는 것에 반감을 가진다면, 똑같이 우스운 일인 것이다. 일종의 문화현상이 된 "식사하셨어요?", "어디가세요?" 는 모두 단지 하나의 예의상의 용어일 뿐이다. 중국사람은, 사람과 사람은 당연히 서로 관심과 애호를 가져야 하는데, 밥먹는 것은 너의 일, 어디 가는 것도 너의 일이지만, 내가 묻는건, 당신에게 관심과 애호와 존중을 표현하는 것이라고 여긴다. 만약에 내가 당신을 무시하고 미워한다면, 그럼 나는 묻지 않을 것이다.

그러므로, 우리가 한 종류의 언어를 배울 때는, 이런 일종의 문화도 존중하여야 하며, 자기의 문화를 가지고 이 문화를 대신하거나 개조하는 것은 아니다. 이렇게 하면, 서로의 이해와 우정이 더욱 깊어질 것이다.

□ 【误解】 wùjiě　　　　　　　정 동 명 오해(하다)

□ **【习俗】** xísú　　　　　　　정 명 습관과 풍속, 습속

　≒□ 【风俗】 fēngsú　　　　　을 명 풍속

　(참)□ 【习惯】 xíguàn　　　　갑 동 명 습관(이되다)

□ 【航海】 hánghǎi　　　　　정 동 명 항해(하다)

　(참)□ 【航空】 hángkōng　　을 명 항공

□ 【洗】 xǐ　　　　　　　　　갑 동 씻다 ; (사진을)현상하다

□ **【被子】** bèizi　　　　　　을 명 이불

□ 【浪费】 làngfèi　　　　　　을 동 낭비하다

□ 【可笑】 kěxiào　　　　　　병 형 우습다, 우스꽝스럽다, 가소롭다

□ **【作为】** zuòwéi　　　　　을 동 ~로 하다 개 ~의 신분(자격)으로서

□ **【礼貌】** lǐmào　　　　　　을 동 명 예의(바르다)

□ 【用语】 yòngyǔ　　　　　　명 용어

□ **【爱护】** àihù　　　　　　을 동 애호하다

□ 【表示】 biǎoshì　　　　갑 동 나타내다(표시하다), 가리키다, 의미하다　명 언동, 표정

□ 【尊重】 zūnzhòng　　　　　병 동 존중하다

□ 【瞧不起】 qiáobuqǐ　　　　　〈구〉 경멸하다, 깔보다, 업신여기다

　≒□ **【看不起】** kànbuqǐ　　　을 경멸하다, 깔보다

　⇔□ 【瞧得起】 qiáodeqǐ　　　을 동 중시하다, 존중하다

　(참)□ 【瞧】 qiáo　　　　　　을 동 보다, 구경하다

□ 【恨】 hèn　　　　　　　　　을 동 원망하다, 증오하다, 적대시하다

□ 【改造】 gǎizào　　　　　　을 동 개조하다　명 개조

□ **【更加】** gèngjiā　　　　　을 부 더욱 더, 한층

□ 【彼此】 bǐcǐ　　　　　　　병 명 피차, 상호, 서로

□ 【了解】 liǎojiě　　　　　갑 동 명 이해(하다), 알다 ; 조사하다, 알아 보다

□ 【友情】 yǒuqíng　　　　　정 명 우정

□ 运动 yùndòng	(갑)(동)(명) 운동(을하다)
□ 运动会 yùndònghuì	(을)(명) 운동회
□ 比赛 bǐsài	(갑)(동)(명) 시합(하다)
□ 操场 cāochǎng	(갑)(명) 운동장
□ 球场 qiúchǎng	(을)(명) (구기 경기를 하는)구장
□ 体育 tǐyù	(갑)(명) 체육, 스포츠
□ 体育场 tǐyùchǎng	(을)(명) 운동장, 그라운드(ground)
□ 体育馆 tǐyùguǎn	(을)(명) 체육관
□ 足球 zúqiú	(갑)(명) 축구
□ 篮球 lánqiú	(갑)(명) 농구
□ 排球 páiqiú	(갑)(명) 배구
□ 滑冰 huá//bīng	(을)(명) 스케이팅
□ 网球 wǎngqiú	(을)(명) 테니스
□ 羽毛球 yǔmáoqiú	(을)(명) 베드민턴
□ 乒乓球 pīngpāngqiú	(을)(명) 탁구
□ 滑雪 huá//xuě	(병)(명) 스키
□ 田径 tiánjìng	(정)(명) 육상
□ 游泳 yóu//yǒng	(갑)(동)(명) 수영(하다)
□ 棒球 bàngqiú	(정)(명) 야구

□ 职业 zhíyè	(을)(명) 직업
□ 工人 gōngrén	(갑)(명) 노동자
□ 文学家 wénxuéjiā	(갑)(명) 문학가, 작가
□ 医生 yīshēng (갑)　□ 大夫 dàifu	(갑)(명) 의사
□ 护士 hùshi	(을)(명) 간호사
□ 工程师 gōngchéngshī	(을)(명) 기사, 엔지니어
□ 运动员 yùndòngyuán	(을)(명) 스포츠선수
□ 技术员 jìshùyuán	(을)(명) 기술자
□ 司机 sījī	(을)(명) 운전사
□ 记者 jìzhě	(을)(명) 기자
□ 诗人 shīrén	(병)(명) 시인
□ 画家 huàjiā	(병)(명) 화가
□ 律师 lǜshī	(정)(명) 변호사
□ 厨师 chúshī	(정)(명) 요리사
□ 官员 guānyuán (정)　□ 官僚 guānliáo	(정)(명) 관리, 관원

老母鸡

过年前，爸爸单位办的养鸡场把一批不爱下蛋的老母鸡分给了每个职员。爸爸带回家一只，准备过几天杀掉。

小敏特别喜爱小动物，见到那只老母鸡，高兴得很，玩儿了很久也不肯去睡觉。爸爸只好答应她养两天再杀。

过了两天，爸爸要杀那只老母鸡，小敏眼里含着泪水请求，爸爸妈妈知道小敏对老母鸡已经有点儿"感情"了，就勉强再推迟一天。真巧，第二天老母鸡意外地下了一个蛋，但蛋壳是软的。"这只鸡确实还能下蛋，喂得好是不会下软壳蛋的。"看得出来爸爸也有点儿动心了。

可能是老母鸡确实还能下蛋，也可能是爸爸喂得好，每隔两三天，小敏就能拣回一个蛋。一天晚上，当妈妈打开冰箱取鸡蛋时，觉得鸡蛋吃得比上个月要快。她问爸爸："我不在家时，你们吃鸡蛋了吗？""没吃啊。"爸爸说。"那鸡蛋怎么少了？"难道是……。为了证明猜测，爸爸把冰箱里的鸡蛋都作了不明显的记号。

第二天，爸爸下班回家，小敏拿着一个鸡蛋交给爸爸，说："爸爸，老母鸡又下蛋了！"爸爸仔细看了看那个鸡蛋，又看了看妈妈。妈妈接过来一看，全明白了，那个鸡蛋还有一点儿凉气呢。"小敏，你为什么骗我们？"妈妈严肃地问。小敏哭了，说："我怕爸爸把鸡杀了，就想了个办法……。"妈妈笑了。爸爸把小敏紧紧地抱在怀里……。(522字)

23課 늙은 암탉

설을 쇠기 전, 아버지 부서에서 운영하는 양계장에서는 한 무리의 알을 잘 낳지 않는 늙은 암탉들을 각각의 직원에게 나누어 주었다. 아버지는 한마리를 가지고 집으로 돌아와서는, 며칠 뒤에 죽이려고 준비하셨다.

샤오민은 특별히 작은 동물을 좋아해서, 그 늙은 암탉을 보고는, 매우 기뻐하여, 한참을 놀았음에도 잠을 자려 하지 않았다. 아버지는 하는 수없이 그녀가 이틀동안 키우도록 허락하고 다시 죽이기로 하였다.

이틀이 지났고, 아버지가 그 늙은 암탉을 죽이려고하자, 샤오민은 눈에 눈물을 머금고 간청했다. 아버지와 어머니는 이미 샤오민이 이 늙은 암탉에 대하여 "감정"이 생긴 것을 알았고, 마지못해 다시 하루를 늦추었다. 공교롭게도, 다음 날 늙은 암탉은 뜻밖에 하나의 알을 낳았는데, 알의 껍데기가 부드러웠다. "이 닭은 분명히 아직도 알을 낳을 수 있는데, 잘 먹인다면 껍질이 부드러운 알을 낳지 않을 거예요." 아버지도 약간 마음이 움직이는 것을 알아볼 수 있었다.

아마도 늙은 암탉이 확실히 아직도 알을 낳을 수 있어서 인지, 아니면 아버지가 잘 먹여서 인지, 매 번 이삼일 건너서, 샤오민은 알 하나를 주워 돌아올 수 있었다. 하루는 저녁에, 어머니가 냉장고를 열어 달걀을 꺼내려고 할 때, 달걀을 먹는 것이 지난 달에 비해 빠른 것 같다고 느꼈다. 그녀는 아버지에게 물었다. "내가 집에 없을 때, 당신들 달걀 먹었어요?" "안 먹었어." 아버지는 말했다. "그럼 달걀이 어째서 적지요?" 설마……. 추측을 증명하기 위해서, 아버지는 냉장고 속의 달걀에 모두 불명확한 표시를 해두었다.

다음날, 아버지가 퇴근해서 돌아오자, 샤오민이 달걀 하나를 들고 아버지에게 건네주면서 말했다. "아버지, 늙은 암탉이 또 알을 낳았어요!" 아버지는 자세히 그 달걀을 살펴보았고, 또 어머니를 쳐다 보았다. 어머니가 다가와 보고는, 모든 것을 알게 되었다. 그 달걀에는 아직도 약간의 찬 기운이 있었다. "샤오민, 너 왜 우리를 속였니?" 어머니가 진지하게 물었다. 샤오민은 울면서 대답했다. "난 아버지가 닭을 죽일까봐 두려웠어요. 그래서 방법을 생각한건데……." 어머니는 웃었다. 아버지는 샤오민을 꽉 품에 안아주시고…….

□ 【过年】 guò//nián　　　　　을동 **설을 쇠다**, 새해를 맞다

□ 【单位】 dānwèi　　　　　을명 근무처, (단체나 기관등의)단위(부문)

(참)□ 【学分】 xuéfēn　　　명 학점

□ 【办】 bàn　　　　　갑동 (일 따위를)하다, **처리하다**

□ 【场】 chǎng　　　갑양 문예·오락·체육 활동의 횟수를 세는 단위　명 장소, 무대

(참)□ 【会场】 huìchǎng　　　을명 회의장, 집회 장소

□ 【批】 pī 을양 (사람의)일군, 일단, (물건의)한 무더기　□ 병동 비판하다, 비평하다

(참)□ 【大批】 dàpī　　　을형 대량의, 많은

□ 【爱】 ài　　　　　갑동 사랑하다, 소중히 여기다

(참)□ 【爱情】 àiqíng　　　을명 애정

□ 【母】 mǔ　　　　　을형 (동물의)암컷(의)　명 어머니, 모친

□ 【分】 fēn　　　　　갑양 (화폐나 시간의 단위)분

　　　　　　　　　□ 갑동 나누다 ⇔ □ 【合】 hé　을동 합치다, 모으다

(참)□ 【成分】 chéng·fèn □ 【成份】 chéngfèn 을명 성분

□ 【职员】 zhíyuán　　　　　병명 직원

□ 【准备】 zhǔnbèi　　　갑동명 준비(하다)

(참)□ 【准】 zhǔn　을형 정확하다, 정밀하다 동 허락하다, 허가하다 부 꼭, 반드시

□ 【准时】 zhǔnshí　　　　　을형 정확한 시간의, 정각의

□ 【杀】 shā　　　　　을동 죽이다, 살해하다

□ 【掉】 diào　　　갑동 떨어지다, 잃다, ~해 버리다(동사의 뒤에 와서 동작의 완료를 나타냄)

【小敏】 xiǎomǐn　　　　　(人名) 샤오민

□ 【喜爱】 xǐ'ài　　　　　병동 좋아하다, 애호하다, 사랑하다

(참)□ 【爱好】 àihào　을동명 취미(를 하다)

□ 【动物】 dòngwù　　　갑명 동물 ⇔ □ 【植物】 zhíwù 을명 식물

※ □ 【~得很】 dehěn　　　형용사나 동사 뒤에 와서 정도가 심한 것을 나타냄

□ 【不肯】 bùkěn　　　　　갑 (기꺼이)~하려고 하지 않다

□ 【答应】 dāying　　　을동 대답하다, 동의하다, 승락하다

□ 【含】 hán　　　　　을동 포함하다, 함유하다

□ 【泪】 lèi　　　　　명 눈물

□ 【请求】 qǐngqiú　　　을명 청구, 요구, 부탁　갑동 요구하다, 부탁하다, 청구하다

(참)□ 【请假】 qǐng//jià　갑동 휴가를 받다

　　　□ 【求】 qiú　을동 청하다, 부탁하다, 구하다

□ 【感情】 gǎnqíng　　　을명 감정, 애정

□ 【勉强】 miǎnqiǎng　　　병동 강요하다

□ 【推迟】 tuīchí　　　　　병동 미루다, 연기하다

□ 【巧】 qiǎo　　　을형 공교롭다, 영민하다 (⇔【笨】 bèn、□ 【拙】 zhuō 형 우둔하다)

□ 【意外】 yìwài　　　　　을형 의외이다, 뜻밖이다　명 뜻밖의 사고

□ 【地下】 dìxià　　　　　을명 지면, 땅바닥

□ 【壳】 ké　　　　　병명 단단한 껍질(껍데기)

□ 【软】 ruǎn　　　　　을형 부드럽다 (⇔【硬】 yìng)

□ 【确实】 quèshí　　　갑형 확실하다　부 확실히, 정말로
　≒ □ 【的确】 díquè　　　을부 확실히, 분명히, 정말, 참으로
　(참)□ 【明确】 míngquè　　　을형 명확하다
　　□ 【准确】 zhǔnquè　　　을형 확실하다, 틀림 없다
□ 【喂】 wèi　　　갑탄 야, 어이, 여보세요(부르는 소리)　□ 을동 먹이를 주다
□ 【动心】 dòng//xīn　　　동 마음을 움직이다
□ 【隔】 gé　　　을동 막다, 차단하다 (참) □ 【隔壁】 gébì 을명 이웃, 이웃집
□ 【比】 bǐ　　　갑동 비교하다　개 ~에 비하여
　(참)□ 【比例】 bǐlì　　　을명 비례, 비율, 비중
□ 【难道】 nándào　　　을부 설마~하겠는가?, 그래~란 말인가?
□ 【猜测】 cāicè　　　정동 추측하다
□ 【作】 zuò　　　갑동 ~을 하다, 글을 쓰다
□ 【记号】 jìhao　　　정명 기호, 표시, 마크
□ 【交】 jiāo　　　갑동 넘기다, 건네다 ; 사귀다, 교제하다
□ 【凉气】 liángqì　　　명 서늘한 공기, 찬 기운
□ 【骗】 piàn　　　을동 속이다, 속여 빼앗다
　≒ □ 【欺骗】 qīpiàn　　　을동 기만하다, 속이다
□ 【哭】 kū　　　갑동 울다
□ 【紧】 jǐn　　　갑형 팽팽하다, 단단하다, (옷이나 신발 따위가)꼭 끼다
　⇔ □ 【松】 sōng　　　을형 느슨하다, 헐겁다 동 늦추다, 풀다
□ 【怀】 huái　　　병동 품다, 간직하다 명 가슴, 품

流行词

近来，在语言交际中出现了不少流行词。有些流行词原来是专门用语，也就是术语。术语一般在专门领域里使用，而这些流行的术语的词义发生了这样那样的变化，使用范围大幅度地扩大了。如"休闲"，原来是农业生产的术语，指"可耕地闲着，一季或一年不种作物"。近来，"休闲"不断出现在人们的日常生活中，像"休闲服装"、"休闲文化"等等。

一两年前，"休闲"一词还不很常见。95年5月1日，我国开始实行每周双休日的制度，休息时间增多了，加上人民生活水平普遍提高，人们对休息的方式和质量有了更高的要求。休息不再仅仅是"暂时停止工作消除疲劳"，而是包含了更丰富的内容，如旅游、购物、娱乐、健身、社交等。更高品位的休息成为人们生活的一种享受和追求，"休息"一词不能完全表达这种变化了的观念，人们就借用农业生产的术语"休闲"。于是"休闲"就"忙"起来。休闲跟一般的休息不同，它需要更多的条件，既要有"闲"空，又要有"闲"钱和"闲"情。试想，如果人们的生活水平还像以前那样低，休息时间还像以前那样少，每天要为吃穿去奔走，怎么会大谈特谈"休闲"呢？可以说，流行词是社会需要的产物，是有时代特征的。(476字)

24課 유행어

요즘, 언어교제 중 많은 유행어가 생겨났다. 어떤 유행어들은 원래 전문용어이며, 또한 학술용어(술어)이었다. 술어는 일반적으로 전문영역 안에서 사용한다. 그러나 이런 유행하는 학술용어(술어)의 의미들에 이런 저런 변화가 생겨났으며, 사용 범위가 대폭적으로 확대되었다. 예를 들어, "휴식하다"는 원래 농업생산의 학술용어(술어)로 "경작가능한 땅을 쉬게 하여, 즉 한 계절 또는 일 년을 작물을 심지 않음"을 가리킨다. 근래에 와서, "휴식하다"는 끊임없이 사람들의 일상생활중에 나타나고 있는데, "캐쥬얼복장", "휴식문화" 등이 있다.

1~2년 전에, "휴식하다"라는 이 단어는 아직 자주 보지는 못했다. 95년 5월 1일, 우리 나라(일본)가 주5일근무제도를 실시하기 시작하면서, 쉬는 시간이 늘어났고, 게다가 사람들의 생활수준이 보편적으로 높아지면서, 사람들이 쉬는 방법과 질에 대해 더욱 높은 요구가 생겼다. 쉰다는 것은 단지 더 이상 "잠시 일을 멈추고 피로를 없애는 것" 만이 아니고, 그리고 더욱 풍부한 내용을 포함하는데, 예를 들어、쇼핑、오락、트레이닝、사교 등이다. 더 높은 품위의 휴식은 인간 생활의 일종의 즐거움과 추구하는 바가 되었다. "쉬다"란 이 말이 이런 변화된 관념을 완전히 표현할 수 없게 되자, 사람들이 농업생산의 술어인 "휴식하다"라는 말을 빌어서 쓰고 있는 것이다. 그래서 "휴식하다"란 말이 "바쁘기" 시작해졌다. 휴식한다는 것은 일반적인 쉬는 것과 달라서, 그것은 더 많은 조건을 필요로 한다. 즉 "휴식"의 여유가 있어야 할 뿐만 아니라, 또한 "휴식"의 돈과 "휴식"의 감정도 있어야 한다. 생각해 보라. 만약 사람들의 생활수준이 여전히 예전처럼 그렇게 낮고, 쉬는 시간이 여전히 이전처럼 그렇게 적다면, 매일 먹고 입는 것을 위해 뛰어다녀야 하는데, 어떻게 "휴식하다"란 말을 크게 말할 수 있겠는가? 유행어는 사회가 필요로 하는 산물이고, 시대적 특징이 있다고 말할 수 있다.

☐ 【近来】 jìnlái　　　　　　　　　을명 근래, 요즘
☐ 【交际】 jiāojì　　　　　　　　　을동명 교제(하다)
☐ 【出现】 chūxiàn　　　　　　　　갑동 출현하다, 발견하다
☐ 【流行】 liúxíng　　　　　　　　병동 유행하다　형 유행하고 있다
☐ 【专门】 zhuānmén　　　　　　　을형 전문적인
☐ 【术语】 shùyǔ　　　　　　　　　명 전문(학술)용어
☐ 【一般】 yìbān　　　　　　　　　갑형 보통이다, 일반적이다 (⇔【特殊】 tèshū)
☐ 【领域】 lǐngyù　　　　　　　　　병명 영역
☐ 【那样】 nàyàng　　갑대 그렇게, 저렇게(성질·상태·방식·정도 따위를 표시함)
☐ 【变化】 biànhuà　　　　　　　　갑동명 변화(하다)
☐ 【范围】 fànwéi　　　　　　　　　을명 범위
☐ 【幅度】 fúdù　　　　　　　　　　정명 정도, 폭
☐ 【扩大】 kuòdà　　　　　　　　　을동 확대하다, 넓히다
☐ 【如】 rú　　을동 ~에 따르다, ~와 같다, 이르다, 미치다　☐ 을접 만약, 만일
☐ 【休闲】 xiūxián　　　　　　　　동 (경작지를)묵히다, 휴경하다
☐ 【农业】 nóngyè　　갑명 농업 (참)　☐ 【工业】 gōngyè 갑명 공업
☐ 【生产】 shēngchǎn　　　　　　　갑동명 생산(하다) ; 출산하다
☐ 【指】 zhǐ　　　　　　　　　　　갑동 가리키다, 지시하다
　　(참)　☐ 【指挥】 zhǐhuī　　　　을동명 지휘(하다)
　　　　　☐ 【指示】 zhǐshì　　　　을동명 지시(하다)
☐ 【耕地】 gēng//dì　　　　　　　병명 경지　동 경작하다
☐ 【闲】 xián　　　　　　　　　　　을형 한가하다, 할일이 없다 ; 관계가 없다
　　⇔☐ 【忙】 máng　　　　　　　　갑형 바쁘다
☐ 【不断】 bùduàn　　　　　　　　을부 끊임없이, 부단히, 늘
☐ 【日常】 rìcháng　　　　　　　　을형 일상의
☐ 【常见】 chángjiàn　　　　　　　정형 자주 보다, 흔히 보다
☐ 【实行】 shíxíng 을동 실행하다 (참)　☐ 【实践】 shíjiàn 갑동명 실천(하다), 실행(하다)
☐ 【双】 shuāng　　　　　　　　　갑양 쌍, 매, 켤레(둘이 쌍을 이룬 것)
　　　　　　　　　　　☐　병형 두쌍의, 양쪽의, 쌍방의
☐ 【制度】 zhìdù　　　　　　　　　을명 제도, 규정
☐ 【增】 zēng　　　　　　　　　　정동 늘다, 증가하다
☐ 【质量】 zhìliàng　　　　　　　을명 질, 품질, 질적인 내용
☐ 【高】 gāo　　　　　　　　　　　갑형 높이　형 높다
　　⇔☐ 【低】 dī 갑형 낮다 동 숙이다, 수그리다　☐ 【矮】 ǎi 갑형 (키가)작다, (높이가)낮다
☐ 【要求】 yāoqiú　　　　　　　　갑동 요구하다, 요망하다　명 요구, 요망
☐ 【仅仅】 jǐnjǐn　　을부 다만, 단지, 겨우, 간신히~만 ≒ ☐ 【仅】 jǐn 을부 다만, 단지
☐ 【暂时】 zànshí　　　　　　　　을형 잠시, 잠깐, 일시
☐ 【停止】 tíngzhǐ　　　　　　　　을동 정지하다, 중지하다
☐ 【消除】 xiāo//chú　　　　　　　병동 제거하다, 없애 버리다
☐ 【而是】 érshì　　　　　　　　　접 그리고 (≒【而】 ér)

□ 【包含】 bāohán ⑲⑧ 포함하다 ≒ □ 【包括】 bāokuò ⑧⑧ 포괄하다, 포함하다

□ **【丰富】** fēngfù ㉮⑱ 풍부하다, 많다 ⑧ 풍부하게 하다

□ 【内容】 nèiróng ㉮⑲ 내용

□ 【旅游】 lǚyóu ⑲⑧ 여행하다, 관광하다

□ **【购】** gòu ⑲⑧ 사다, 구입하다

□ 【娱乐】 yúlè ⑲⑧ 즐기다 ⑲ 오락

□ 【健身】 jiànshēn ⑲ 트레이닝, 운동(의)

□ 【社交】 shèjiāo ⑲ 사교

□ 【品】 pǐn ⑲⑧ 품평하다 ⑲ 물품 ⑩ ~품

□ **【成为】** chéngwéi ⑧⑧ ~으로 되다

□ 【追求】 zhuīqiú ⑲⑧ 추구하다 : 구애하다

□ 【观念】 guānniàn ⑲⑲ 관념, 생각 ≒ □ 【概念】 gàiniàn ⑧⑲ 개념

□ 【借用】 jièyòng ⑧ 차용하다, 빌려쓰다

□ 【空】 kōng ⑧㉯ (속이)텅비다, 내용이 없다

　□ 【空】 kòng ⑲⑧ 비우다 ㉯ 비어 있다 ⑲ 틈(새), 여백, 간격

　(참)□ **【空儿】** kòngr ⑧⑲ 틈, 짬, 겨를

□ 【情】 qíng ⑲⑲ 감정, 애정, 상황

□ 【试】 shì ㉮⑧ 시험하다 (≒ 【考试】 kǎoshì、 □ 【考】 kǎo ⑧⑧ 시험을 보다)

□ **【奔走】** bēnzǒu ⑧ 급히 달리다, 빨리 뛰어가다 (참)□ 【奔】 bēn ⑲⑧ 달리다

□ 【社会】 shèhuì ㉮⑲ 사회

□ 【产物】 chǎnwù ⑲⑲ 산물, 제품

□ 【时代】 shídài ⑧⑲ 시대

□ **【特征】** tèzhēng ⑲⑲ 특징

每天上下班，我都坐3109号公共汽车。车上的女售票员热情、认真、服务周到。但美中不足的是"您"字用得太多，而且总要放在一句话的最后，比如"上车的乘客往里走啦您"，"请买票了您"……。

乘客们的目光是惊奇、尊重的，但是他们仍然忍不住想要笑。大概又怕伤害了她的热情，有的人假装不笑，有的人偷偷地笑。

我新婚的妻子也是售票员，所以我对这一点很敏感。我有点儿为这位售票员难受，也觉得有点儿遗憾。怎么就没人告诉她呢？

终于我忍不住了，花了一个晚上，写了厚厚的一封信，表示感谢她的劳动，还讲了一点儿我的遗憾和建议。

第二天，我又上了3109号车。她还是那样。到站了，我把信放在她面前，信封正面向上，正对着她："3109号车售票员同志收。"

下车后，我回头向她看了一眼，出了一口气。

"哎，您的信！"她脸红红的，手里拿着那封信，探出身子递给我。那目光里，好像还含着愤怒。

我的脸突然红了，我明白我被误会了。

"拿着呀。"——这回她第一次没有说："拿着吧您。"

"这……"我说什么好呢？

车开了。信却留在了我的脚下。（426字）

오해

매일 출퇴근할 때, 나는 모두 3109번 버스를 탄다. 버스의 여자매표원은 열정적이고 진실하며 서비스가 꼼꼼하다. 그러나 옥에도 티가 있다고 "~님" 자를 너무 많이 사용하고, 또 언제나 한문장의 말 맨끝에는 쓰려고 하였다. 예를 들어 "승차하신 승객은 안으로 들어가세요 님", "표를 사세요 님" ……. 승객들의 눈초리는 놀라고 이상해하고, 존중적이지만, 그들은 여전히 웃고 싶은 것을 참을 수 없었다. 대개는 또 그녀의 열정을 상하게 할까 두려워, 어떤 이는 웃지 않는 척하고, 어떤 이는 몰래 웃는다.

내 신혼의 아내도 매표원이였고, 그래서 나는 이런 점에 대해 매우 민감하다. 나는 이 매표원 때문에 조금 괴로웠고, 또한 약간의 유감스러움도 느꼈다. 어째서 그녀에게 알려주는 사람이 없을까?

마침내 나는 참을 수 없게 되었고, 하루 저녁을 소비하여, 두터운 한 통의 편지를 썼다. 그녀의 노고에 감사를 표하고, 또 약간의 나의 유감스러움과 건의를 이야기하였다.

다음 날, 나는 또 3109번 버스를 탔다. 그녀는 여전히 그렇게 하였다. 정류장에 도착하였고, 나는 편지를 그녀의 면전에 놓았는데, 편지봉투 정면이 위로 가게 하고, 그녀의 정면에 향하게 하였다. "3109번 매표원 동지 받아주세요." 버스에서 내린 후, 나는 고개를 돌려 그녀를 향해 한 번 보고는, 한 숨을 내쉬었다.

"아이 참, 당신 편지!" 그녀의 얼굴은 붉어졌고, 손에 그 편지를 들고는, 몸을 내밀어 나에게 건네주었다. 그 눈빛에는 마치 분노가 서려져 있는 듯 하였다. 내 얼굴이 갑자기 빨개졌다. 나는 내가 오해를 당한 것을 알았다.

"가져가요." 이번에 그녀는 처음으로 "가져가세요 님" 이라고 말하지 않았다.

"이건……" 내가 뭐라 말해야 좋을까?

버스가 출발했다. 편지는 그러나 내 발밑에 남겨져 있었다.

□ 【号】 hào　　갑명(번호·사이즈·등급·순서를 나타냄)호 양명(사람수)

□ 【售票员】 shòupiàoyuán　　명 매표원

(참)□ 【售】 shòu　　병동 팔다 (≒【卖】 mài)

□ 【票】 piào　　갑명 표, 증서

□ 【员】 yuán　　을미 ~원

□ 【服务】 fúwù　　갑동명 봉사(하다), 서비스(하다)

□ 【周到】 zhōu·dào　　을형 주도하다, 꼼꼼하다, 세심하다, 세밀하다

□ 【美中不足】 měi zhōng bù zú　　정(숙) 옥에도 티가 있다

□ 【字】 zì　　갑명 글자, 문자

□ 【总】 zǒng　　병형 전부의, 전면적인, 전체의 동 총괄하다, 합치다

≒□ 【总结】 zǒngjié　　을동명 총괄(하다)

□ 【上车】 shàngchē　　동 승차하다

⇔□ 【下车】 xiàchē　　동 하차하다

□ 【乘客】 chéngkè　　병명 승객

□ 【啦】 la　　갑조 어기조사(【了】 와 【啊】 의 합음)

□ 【目光】 mùguāng　　병명 식견, 시야 ; 눈빛, 눈초리

□ 【惊奇】 jīngqí　　병동 놀랍고도 이상하다, 이상히 여기다

□ 【仍然】 réngrán　　을부 변함없이, 여전히, 아직도 (≒【还是】 háishì)

□ 【忍不住】 rěn·bú zhù　　병동 참을 수 없다, ~ 하지 않을 수 없다

⇔□ 【忍得住】 rěn de zhù　　동 참을 수 있다

□ 【伤害】 shānghài　　병동 상해하다, 손상시키다

(참)□ 【危害】 wēihài　　을동명 위해, 해(를 끼치다), 해치다

□ 【有的】 yǒude　　갑대 어떤 것, 어떤 사람

□ 【假装】 jiǎzhuāng　　정동 가장하다, 짐짓~체하다

□ 【偷偷】 tōutōu　　을부 남몰래, 살짝, 슬그머니

□ 【新婚】 xīnhūn　　명 신혼

(참)□ 【婚姻】 hūnyīn　　을명 결혼

□ 【妻子】 qīzi　　을명 아내, 처

≒□ 【夫人】 fūrén 갑명 부인(아내의 높임말) □ 【老婆】 lǎopo 병형 마누라, 처

□ 【敏感】 mǐngǎn　　정형 민감하다

□ 【难受】 nánshòu　　을형 괴롭다, 참을 수 없다, 견딜 수 없다

□ 【遗憾】 yíhàn　　병형명 유감(스럽다)

□ 【终于】 zhōngyú　　을부 마침내, 결국, 끝내 (≒【到底】 dào//dǐ)

□ 【厚】 hòu　　을형 두껍다

⇔□ 【薄】 báo　　을형 얇다 ; 야박하다 ; 메마르다 ; 보잘 것 없다

□ 【封】 fēng　　갑양 통, 꾸러미

□　　병동 막다, 봉인하다

≒□ 【闭】 bì　　을동 닫다, 다물다

(참)□ 【封建】 fēngjiàn　　을형 봉건적이다

□ 【劳动】 láodòng　　갑동명 노동(하다)

□ 【面前】 miànqián　　　　　　　　　　　　을명 면전, (눈)앞
□ 【信封】 xìnfēng　　　　　　　　　　　　　갑명 편지 봉투
□ 【正面】 zhèngmiàn · 병형직접적인　명정면 (⇔□ 【侧面】 cèmiàn 정명측면) :
　긍정적인 면 (⇔□ 【反面】 fǎnmiàn　정명이면, 부정적인 면)
□ 【向上】 xiàngshàng　　　　　　　　　　　동 위로 향하다
□ 【回头】 huí//tóu　　　　　을부 조금 있다가, 잠시 후에, 이따가 동 뒤돌아보다
□ 【一口气】 yì kǒu qì　　　　　　　　　　병부한 숨에
　(참)□ 【口气】 kǒu·qi　　　　　　　　　　병명 입심, 말투, 어조, 말씨
□ 【哎】 āi　을탄①의외 · 의아 · 불만 따위의 기분을 나타냄 ②듣는 사람에게 주의를 환기함
□ 【探】 tàn　　　　　　　　　　　　　　　을동 찾다, 알아보다, 방문하다
□ 【身子】 shēnzi　　　　　　　　　　　　　병명 신체, 몸
　(참)□ 【身】 shēn　을양 벌, 착(의복을 세는 단위) 명몸, 신체
□ 【递】 dì　　　　　　　　　　　　　　　을동 넘겨주다 부 차례대로
□ 【好像】 hǎoxiàng　　　　　　　　　　　갑동 마치~과 같다(비슷하다)
□ 【愤怒】 fènnù　　　　　　　　　　　　　을동명 분노(하다)
□ 【突然】 tūrán　　　　　　　　　　　　　갑형 갑작스럽다, 돌연하다
□ 【被】 bèi　　　　　　　　　　　　　　　갑개 ~당하다, ~에게~당하다
□ 【误会】 wùhuì　　　　　을동명 오해(하다) (≒ 【误解】 wùjiě)
□ 【脚】 jiǎo　　　　　　　　　　　　　　갑명 발

不该要的东西

我上小学四年级的时候，一天放学回家，在路上，我的视线突然被地上的一件东西吸引住了。啊，一个钱包！打开一看，里边有二十块钱。二十块钱，这在一块钱就能买一只鸡的年代，对一个每月只有几毛零用钱的小学生，是怎样一笔巨款呀！我看四周没有人，赶紧把钱包装进了书包里。回到家里，我装着没事的样子，和妈妈说了几句话，就缩到屋角拿起一本书，可是怎么都读不进去。钱包像个小怪物似的爬在身上，很不舒服。终于，我混乱的头脑慢慢清楚了，拉开门就往外跑。

在派出所里，警察叔叔微笑着问了我的姓名，登记了钱包里的东西，还说谢谢我。回家的路上，我一下子轻松了很多，几乎是一路唱着歌走回了家。为这件事我高兴了好几天，心里暗暗地等待着学校表扬我。

有一天，我又把这件事告诉了一位大哥哥，他读过很多书，已经上高中了。我没想到他会说出这样的话来：“那是你应该做的。我已经从别人那里听到这件事了。我不想表扬你什么，只是想告诉你，有些做过的好事，如果自己不去说，会更好些。”

这件事已经过去了许多年，我一直在心里感谢那位大哥哥。他使我明白了：在送回别人钱包的同时，千万不要又捡回一个不该要的“钱包”——虚荣。（477字）

가져서는 안되는 물건

내가 초등학교 4학년을 다닐 때, 하루는 학교가 끝나 집으로 돌아오는 길에서, 나의 시선이 갑자기 땅 위의 한 물건에 의해 쏠렸다. 아! 돈지갑이다! 열어보니, 안에는 20원의 돈이 있었다. 20원, 이것은 1원의 돈으로 닭 한 마리를 살 수 있었던 시절, 매달 겨우 몇 십전의 용돈만 있던 초등학생에게는, 얼마나 거액이던가! 나는 주위에 사람이 없는 것을 보고, 얼른 돈지갑을 책가방 속에 집어 넣었다. 집에 돌아와서는, 나는 아무일도 없는 척하고, 엄마와 몇 마디 말을 나누고, 방 한 구석에 웅쿠려 책을 한 권 들었다. 그러나 어떻게 해도 읽혀지지가 않았다. 돈지갑은 마치 작은 괴물처럼 몸 위에 기어올라와, 편하지가 않았다. 마침내, 나의 복잡했던 머리가 천천히 분명해졌고, 문을 당겨 열고 밖으로 뛰어 나갔다.

파출소에서, 경찰 아저씨는 미소를 지으며 나의 이름을 물었고, 지갑 속의 물건을 기록하였고, 또 나에게 고맙다고 말하였다. 집으로 돌아오는 길에, 나는 순간 마음이 많이 홀가분해져서, 거의 노래를 부르며 걸어서 집으로 돌아왔다. 이 일로 나는 여러날 기분이 좋았고, 마음 속으로는 은근히 학교에서 나를 표창할 것을 기대했다.

어느 날, 나는 또 이 일을 큰형에게 말했다. 그는 많은 책을 읽었고, 이미 고등학교에 다닌다. 나는 그가 이런 말을 할 것이라고는 생각하지 못했다. "그건 너가 당연히 해야 하는 것이야. 나는 이미 다른 사람으로부터 이 일을 들었어. 나는 너를 무슨 칭찬을 하고 싶지 않고, 단지 너에게 알려주고 싶어, 행하였던 어떤 좋은 일들을, 만약 스스로 말하지 않는다면, 더 좋을 수 있단다."

이 일은 이미 여러 해가 지났고, 나는 줄곧 마음 속으로 그 큰형에게 감사한다. 그는 나로 하여금 알게 했다. 다른 사람의 돈지갑을 돌려주는 동시에, 절대로 가져서는 안되는 "돈지갑"을 주워오지 말라고 – 그것은 허영이다!

□ 【视线】　shìxiàn　　　　　정명 시선, 눈길

□ 【吸引】　xīyǐn　　　　　을동 흡인하다, 빨아 당기다, 끌어 당기다, 끌다

□ 【钱包】　qiánbāo　　　　　명 지갑

□ 【里边】　lǐbian　　　　갑명 안, 내부, 속 ≒□ 【内部】　nèibù　을명 내부

□ 【年代】　niándài　　　　　을명 연대, 시기, 시대

□ 【只有】　zhǐyǒu　　　　을접 오직~해야만~하다, ~해야만~이다

　　(참)【只要】　zhǐyào

※ □ 【只有~才…】　zhǐyǒu~cái…　오직 ~ 해야만 … 이다

□ 【毛】　máo　　　　갑양 1원(元)의 1/10 (≒【角】 jiǎo) □ 을명 털

□ 【零用钱】　língyòngqián　　　명 잡비, 용돈 (참)□ 【零】 líng 갑수 영, 공(숫자)

□ 【零钱】　língqián　　　　을명 작은 돈, 잔돈

□ 【小学生】　xiǎoxuéshēng　　　정명 초등학생

□ 【怎样】　zěnyàng　　　　갑대 어떠하냐, 어떻게, 어떠하다(성질·상황·방식 등을 묻거나 가리킴)

　　(≒【怎么样】　zěnmeyàng)

□ 【巨款】　jùkuǎn　　　　　명 거금, 거액의 돈

　　(참)□ 【巨】 jù　　　　형 크다　□ 【款】 kuǎn 을명 돈, 금액 ; 조항, 조목

□ 【巨大】　jùdà　　　　　을형 거대하다

□ 【四周】　sìzhōu　　　　　병명 사방, 주위, 둘레

□ 【缩】　suō　　　　　을동 줄어들다, 수축하다 ; 움추리다

□ 【屋角】　wūjiǎo　　　　　명 집의 한 구석

　　(참)□ 【屋】 wū　　　　을명 가옥, 집

　　　　□ 【角】 jiǎo　　　　갑양 (화폐단위)元 yuán의 1/10 (≒【毛】　máo)

　　　　□ 　　　　을명 뿔 ; 나팔 ; 모서리, 구석, 모퉁이

□ 【读】　dú　　　　갑동 읽다, 공부하다 (참) □ 【读者】 dúzhě 을명 독자

□ 【进去】　jìn//·qù　　　　갑동 들어가다, 동사의 뒤에 쓰여 안으로 들어감을 나타냄

　　(참)□ 【进来】　jìn//·lái　　갑동 들어오다, 동사의 뒤에 쓰여 안으로 들어옴을 나타냄

□ 【怪物】　guàiwù　　　　　명 괴물, 아주 괴팍한 사람

※ □ 【像~似的】　xiàng~shide　　병조 마치~인 것 같다 (≒【似乎】 sìhū)

□ 【爬】　pá　　　　갑동 기다, 기어오르다

□ 【身上】　shēnshang　　　　명 몸

□ 【舒服】　shūfu　　　　갑형 편안하다, 상쾌하다, 안락하다, 쾌적하다

　　≒□ 【舒适】　shūshì　　을형 기분이 좋다, 쾌적하다, 편하다

　　　□ 【舒畅】　shūchàng　　형 상쾌하다, 시원하다, 후련하다.

□ 【混乱】　hùnluàn　　　병형명 혼란(하다)

□ 【头脑】　tóunǎo　　　　병명 두뇌, 사고능력

□ 【拉】　lā　　　　갑동 끌다, 당기다

□ 【派出所】　pàichūsuǒ　　　정명 파출소 (참)□ 【派】 pài 갑명 파, 파벌 동 파견하다

□ 【警察】　jǐngchá　　　　을명 경찰

□ 【叔叔】　shūshu　　　　　을명 아저씨, 숙부(아버지의 남동생)

　　(참)□ 【伯父】 bófù 【伯伯】 bóbo 을명 백부(아버지의 형)

□ 【舅舅】 jiùjiu 　　　　병명 외삼촌(어머니의 남자형제)
□ 【姨父】 yífu 　　　　명 이모부(어머니 자매의 남편)
□ 【姑父】 gūfu 　　　　명 고모부(아버지 자매의 남편)
□ 【姓名】 xìngmíng 　　　　을명 성명, 이름
□ 【登记】 dēngjì 　　　　을동명 등기(하다). 등록(하다)
□ 【一下子】 yíxiàzi 　　　　을부 단번에, 일시에
□ 【轻松】 qīngsōng 　　　　을형 (일이)수월하다, 가볍다 ; (기분이)홀가분하다, 가뿐하다
□ 【几乎】 jīhū 　을부 ①거의 (≒ 【差不多】 chàbuduō)
　　　　② 하마터면 ≒ □ 【差点儿】 chà//diǎnr 을부 하마터면, 자칫하면
□ 【唱】 chàng 　　　　갑동 노래하다
□ 【歌】 gē 　　　　갑명 노래
□ 【暗暗】 ànàn 　　　　병부 슬며시, 은근히, 남몰래
□ 【等待】 děngdài 　　　　을동 기다리다
□ 【表扬】 biǎoyáng 　　　　갑동 표창하다, 표양하다
□ 【千万】 qiānwàn 　　　　을부 부디, 제발, 절대로, 아무쪼록, 꼭
□ 【捡】 jiǎn 　을동 줍다 ≒ □ 【拾】 shí 을동 줍다, 집다
□ 【虚荣】 xūróng 　　　　명 허영, 헛된 영화
　(참)□ 【虚心】 xūxīn 　　　　을명 허심하다, 겸허하다
□ 【光荣】 guāngróng 　　　　을형 영광스럽다

孩子与风

很久很久以前，有一个孩子，他很小就没有了父母。他一个人住在荒野里的一个小草屋里，没有人同他玩儿，也没有人同他谈话，只有一个朋友和他要好，那就是风。

春天，孩子病了，躺在床上十几天不能起来。有一天，风又来了，知道他生病了，就坐在床边陪着他，把路上看到的许多新鲜的事情讲给他听，随后还告诉他春天来了。

孩子说："是吗？我记得春天的野外是很好玩儿的。我真想出去玩儿玩儿。这屋子太黑，一点儿也不好玩儿。"

风说："你想出去玩儿玩儿是很好的，不过，你在害病，走不动啊！"

孩子点了点头说："对，我两条腿太没有力气了，不然我早就跑出去玩儿了。"

他问风："野外的花儿开了没有？"

风回答："开了，开了很多。我还听见了各种各样的小鸟的歌唱。"

孩子小声说："我也想听听小鸟的歌唱。但是，不能出去……"

风就安慰他说："好孩子，不要难受！我可以替你想办法，让你在屋里也一样可以享受春天的快乐。"

于是，风转身就出去了。过了一会儿，风又转回屋里来，带来了各种各样的花儿的香味，青草的气味，以及各种各样的小鸟歌唱的声音。（441字）

아이와 바람

옛날 옛적에, 한 아이가 있었는데, 그는 아주 어려서부터 부모가 없었다. 그는 혼자 거친 들판의 초가집에서 살고 있었는데, 그와 함께 놀아줄 사람도 없었고, 그와 함께 이야기를 나눠줄 사람도 없었다. 단지 한 친구만이 있어 그와 가깝게 지냈는데, 그것은 바로 바람이었다.

봄 날, 아이가 병이났고, 침대에 누워 십여 일을 일어 날 수 없었다. 하루는, 바람이 또 왔고, 그가 병이 난 것을 알았고, 침대 곁에 앉아 그와 함께 있어 주면서, 길에서 본 수많은 신선한 일들을 그가 듣도록 이야기 해 주었고, 뒤이어 또 그에게 봄이 온 것도 알려주었다.

아이가 말했다. "그래? 내가 기억하기론 봄에 밖은 놀기 좋은데. 나는 정말 나가서 놀고 싶다. 이 방은 너무 어둡고, 조금도 재미있지가 않아."

바람이 말했다. "너가 나가서 놀고 싶어 하는 것은 참 좋은 거야. 그러나 너는 병에 걸려서 움직일 수가 없잖아!"

아이가 머리를 끄덕이며 말했다. "맞아, 내 두다리가 너무 힘이 없어, 그렇지 않으면 난 벌써 뛰어나가 놀았을거야."

그가 바람에게 물었다. "밖에 꽃은 피었니?"

바람이 대답했다. "피었어. 아주 많이 피었어. 나는 또 각양각색의 작은 새들의 노랫소리도 들었는걸."

아이가 작은 목소리로 말했다. "나도 작은 새들의 노랫소리를 듣고 싶다. 그러나 나갈 수가 없어서……."

바람이 그를 위로하며 말했다. "착한 아이야, 괴로워하지마! 내가 너를 대신해서 방법을 생각할 수 있어, 너로 하여금 방 안에서도 똑같이 봄 날의 즐거움을 누릴 수 있게 할 수 있어."

그리고는 바람이 몸을 돌려 밖으로 나갔다. 얼마가 지나자, 바람이 다시 방으로 돌아왔는데, 각양각색의 꽃의 향기와 푸른 풀의 냄새 및 각양각색의 작은 새들이 노래하는 소리를 가져왔다.

□ 【荒野】 huāngyě　　　　　 명 황야, 거친(황량한)들판 (참) □ 【高原】 gāoyuán 을명 고원

□ 【草】 cǎo　　　　　　　　 갑명 풀

□ 【朋友】 péngyou　　　　　 갑명 친구

□ 【要好】 yàohǎo　　　　　 병형 사이가 좋다, 가깝게 지내다, 친밀하다

□ 【风】 fēng　　　　 갑명 바람 (참) □ 【风力】 fēnglì 을명 풍력

　　□ 【风景】 fēngjǐng　　　　 을명 풍경, 경치

□ 【躺】 tǎng　　　　　　　 갑동 옆으로 드러눕다, 가로눕다

□ 【床】 chuáng　 갑명 침대 (참) □ 【毯子】 tǎnzi 을명 담요, 모포

□ 【陪】 péi　　　　　　　　 을동 모시다, 동반하다, 수행하다

　≒□ 【陪同】 péitóng　　　 병동명 수행(하다), 동반(하다)

　　□ 【陪伴】 péibàn　　　　　 동 동반하다, 수행하다, 동행하다

□ 【新鲜】 xīn·xiān　　　　 을형 신선하다, 싱싱하다 ; 새롭다, 신기하다

□ 【事情】 shìqing　　　　　 갑명 일, 사건

□ 【随后】 suíhòu　　　　　 병부 뒤이어, 바로 뒤에, 그 다음에

□ 【记得】 jìde　　 을동 기억하고 있다 (참) □ 【记录】 jìlù 을동명 기록(하다)

　　□ 【记忆】 jìyì　　　　　 을동 기억　동 기억하다

□ 【野外】 yěwài　　　　　 정명 야외

□ 【好玩儿】 hǎowánr　　　 을형 재미있다, 귀엽다

□ 【黑】 hēi　　　　　　　　 갑형 검다 ; 어둡다 ; 나쁘다 ; 은밀한

(참) □ 【黑暗】 hēi'àn　　　　 을형 어둡다, 깜깜하다

□ 【一~也~】 yī~yě ~을 조금도~(하지 않다), 하나도~(않다)

□ 【害】 hài　　 을동 손해를 입히다 ; 해치다 ; 병에 걸리다 명 손해, 재해

　⇔□ 【利】 lì　　　　　　　 병명 이익, 이윤

□ 【动】 dòng　　　　　　　 갑동 움직이다, 행동하다, 옮기다, 사용하다

　⇔□ 【静】 jìng　　　　　　 을형 움직이지 않다, 조용하다

□ 【点头】 diǎn//tóu　　　　 동 머리를 끄덕이다

□ 【条】 tiáo　　 갑양 ①가늘고 긴 것 ②여러 개가 모여 고정된 수량을 가지는 가늘고 긴 물건
　　　　　　　　　　③항목, 조목

(참) □ 【匹】 pǐ 을양 필(말 등 가축을 세는 단위) ; 필(옷감의 길이를 세는 단위)

□ 【腿】 tuǐ　　　　　　　　 갑명 다리

□ 【力气】 lìqi　　　　　　 을명 힘, 체력

　≒□ 【力量】 lìliang 명힘, 역량 □ 【力】 lì 을동 힘을 다하다

※□ 【不然】 bùrán　　　　　 을접 그렇지 않으면 (≒ 【否则】 fǒuzé)

※□ 【要不然】 yào·bùrán　　 병접 그러지 않으면, ~하든지

　□ 【要不】 yào·bù　　　　 병접 그렇지 않으면, ~하거나

□ 【早就】 zǎojiù　　　　　 부 훨씬 전에, 이미, 일찍이, 벌써

□ 【听见】 tīng//·jiàn　　　 갑동 들리다, 듣다

□ 【各种各样】 gèzhǒng gèyàng　　　 각양각색의

　(참) □ 【各】 gè　　　　　 갑대 각자, 각각　부 여러 가지

　　□ 【各种】 gèzhǒng　　　 갑형 각종의, 여러 가지

□ 【鸟】 niǎo　　　　　　　　　　　(을)(명) 새

□ 【歌唱】 gēchàng　　　　　　　　　(병)(동) 노래 부르다(하다)

□ 【安慰】 ānwèi　　　　　　　　　　(을)(동)(명) 위안(하다), 위로(하다)

□ 【替】 tì　　　　　　　　　　　　　(을)(동) 대신하다, 대신해주다　(개) ~을 위하여, ~때문에

□ 【快乐】 kuàilè　　　　　　　　　　(을)(형) 즐겁다, 유쾌하다

□ 【香味】 xiāngwèi　　　　　　　　　(정)(명) 향기

□ 【青草】 qīngcǎo　　(명) 푸른 풀, 싱싱한 풀 ⇔□ 【干草】 gāncǎo　(명) 건초, 마른 풀

□ 【气味】 qìwèi　　　　　　　　　　(병)(명) 냄새, 성격, 성향, 향기

　(참)□ 【味道】 wèidao　　　　　　　(을)(명) 맛, 느낌, 기분, 흥미

□ 【味】 wèi　　　　　　　　　　　　(병)(명) 맛, 냄새

칼럼 43　世界城市 (세계도시)

东京 Dōngjīng　　　　　　　　　　　(명) 동경

首尔 Shǒu'ěr　　　　　　　　　　　(명) 서울

曼谷 Màngǔ　　　　　　　　　　　　(명) 방콕

伦敦 Lúndūn　　　　　　　　　　　(명) 런던

巴黎 Bālí　　　　　　　　　　　　　(명) 파리

纽约 Niǔyuē　　　　　　　　　　　(명) 뉴욕

华盛顿 Huáshèngdùn　　　　　　　　(명) 워싱턴

莫斯科 Mòsīkē　　　　　　　　　　(명) 모스크바

第28课　幽默的效用

笑声是人类最动听的声音，人人都需要，人人都喜爱。一个家庭如果没有笑声，即使物质生活条件再好，也没有什么幸福可言。美满的家庭必然是和谐的、幸福的、充满欢声笑语的。笑能消除沉闷的情绪，减少人与人之间的各种摩擦和矛盾，这是一种很好的感情润滑剂和生活的调味剂。

中国有句古话："和为贵"。商人常说："和气生财"。这和气的主要外在表现之一就是笑。在经济活动中，人与人之间的交往需要笑容。一些企业甚至规定对顾客"开口即笑"，"不笑不说话"。企业有了这样的态度，顾客就会产生好感，相信这家企业关心顾客，重视顾客，货真价实。他们就会多买东西。这当然就增加了营业额和利润。

从顾客方面说，把自己的意见和要求用幽默的态度提出来也是需要的，这样可以减少许多麻烦。据说有一次有个人买一杯牛奶，售货员只给了他半杯。他说："请给我一把锯子！"

"干什么？"

"我要把这杯子上面空的地方锯掉，这才是一杯啊！"

售货员笑了，给他又加了半杯，成为真正的一杯了。以笑和幽默来代替不满和埋怨，会使人易于接受，乐于改进，在态度上由否定转为肯定，由消极变为积极。（455字）

28課 유모의 가치

웃음소리는 인류의 가장 감동적인 소리이며, 사람들 모두가 필요로 하고, 사람들 모두가 좋아한다. 한 가정에 만약 웃음소리가 없다면, 설령 물질생활조건이 아무리 좋다고 하더라도, 무슨 행복이 있다고 말 할 수 없다. 아름답고 원만한 가정은 반드시 화목하고、 행복하고、 즐거운 웃음소리가 가득한 것이다. 웃음은 침울한 기분을 없애 줄 수 있고, 사람과 사람 사이의 각종 마찰과 모순을 감소시켜 주고, 이것은 일종의 매우 좋은 감정의 윤활제이고 생활의 조미료이다. 중국에는 "화목을 귀중하게 여기라."는 옛말이 있다. 상인들은 항상 말한다. "상냥한 것이 부를 만든다." 이 상냥함의 중요한 외적인 표현중에 하나가 바로 웃음이다. 경제 활동중에서, 사람과 사람사이의 왕래에는 웃음띤 얼굴이 필요하다. 기업들은 심지어 고객에게 "입을 열면 바로 웃어라", "웃지 않으면 말하지 마라" 라고 규정한다. 기업이 이런 태도가 있으면, 고객은 곧 좋은 감정이 생겨서, 이 기업이 고객에게 관심을 가지고 있고, 고객을 중시하고, 물건이 좋고 가격이 현실적이다라고 믿는다. 그들은 곧 더 많은 물건을 살 것이다. 이것은 당연히 영업액과 이윤을 증가시킨다.

고객입장에서 말하면, 자신의 의견과 요구를 유머적 태도를 사용하여 제시하는 것도 필요한데, 이렇게 하면 많은 번거로움을 감소시킬 수 있다. 듣건대 한 번은 어떤 사람이 우유 한 잔을 샀는데, 종업원이 단지 그에게 반 잔을 주었다. 그는 말했다. "나에게 톱 한자루만 주세요."

" 뭐하시게요?"

" 내가 이 컵 윗부분의 빈 공간을 톱질해서 때어내야겠어요. 그래야 비로소 한 잔이지요!"

종업원은 웃으면서, 그에게 다시 반 잔을 더해 주어, 진정한 한 잔이 되었다. 웃음과 유머로써 불만과 원망을 대신하면, 사람들로 하여금 쉽게 받아 들이게 하고, 즐겁게 고칠 수 있게하고, 태도에서도 부정을 긍정으로 바꾸고, 소극적인 것을 적극적인 것으로 변하게 한다.

□ 【人类】 rénlèi　　　　　　　　　　　을명 인류

□ 【动听】 dòngtīng　　　　　　　　형 들음직하다, 감동적이다, 듣기 좋다

□ 【物质】 wùzhì　　　　　　　　　　을명 물질

※ 【再 ~ 也…】 zài~yě…　　　　　　이 이상~대도…(뒤에 부정의 뜻이 옴)

□ 【幸福】 xìngfú　　　　　　　　갑형명 행복(하다)

□ 【美满】 měimǎn　　　　　　　　정형 아름답고 원만하다

□ 【必然】 bìrán　　　　　　　을부 반드시, 꼭, 필연적으로　명 필연

□ 【和谐】 héxié　　　　　　　　정형 의좋다, 정답다, 화목하다

□ 【笑语】 xiàoyǔ　　　　　　　　명동 우스갯소리(하다)

□ 【沉闷】 chénmèn　　　정형 (날씨나 분위기가)음울하다 ; (기분이)울적하다, 침울하다

□ 【情绪】 qíngxù　　　　　　　　을명 정서, 기분

□ 【减少】 jiǎnshǎo　　을동 감소하다 ⇔□ 【增加】 zēngjiā 갑동 증가하다

□ 【与】 yǔ(yú、yù)을개 ~과(와) (≒ 【跟】 gēn) 접 ~와(과)~ (≒ 【和】 hé)

□ 【之间】 zhījiān　　　　　　　갑명 ~의 사이 ; ~지간

□ 【摩擦】 mócā　　　　　정동 마찰하다 (참)□ 【擦】 cā 갑동 마찰하다, 닦다

□ 【矛盾】 máodùn　　　　　　을형명 모순(되다), 대립(하다)

□ 【润滑剂】 rùnhuájì　　　　　　명 윤활제

□ 【古话】 gǔhuà　　　　　　　　명 옛말, 고어(古語)

□ 【商人】 shāngrén　　　　　　　병명 상인

□ 【和气】 héqi　　　　　　　　정형 온화하다, 부드럽다, 상냥하다

□ 【生】 shēng　　을동 낳다, 태어나다 ; 자라나다 ; 살다 (【死】 sǐ)
　　　　　　　　□ 을형 가공하지않은 ; 생소하다 ; 서투르다 (⇔ 【熟】 shú)
　　　　　　　　□ 병명 배우는 사람 □ 【财】 cái 정명 재산

□ 【主要】 zhǔyào　　　　　　　갑형 주요하다

□ 【外在】 wàizài　　형 외재하는 ⇔□ 【内在】 nèizài　　정형 내재하는

□ 【表现】 biǎoxiàn　　　　　갑동 표현하다 명 태도, 품행, 언동, 행동, 표현

□ 【之一】 zhīyī　　　　　　　을명 ~의 하나

□ 【经济】 jīngjì　　　　　　　갑명 경제　형 경제적이다

□ 【活动】 huódòng　　　　　갑동 (몸을)움직이다, 활동하다　명 활동

□ 【交往】 jiāowǎng　　　　　정동 왕래하다, 내왕하다, 교제하다

□ 【笑容】 xiàoróng　　병명 웃는 얼굴 (참)□ 【形容】 xíngróng　　을동 형용하다

□ 【企业】 qǐyè　　을명 기업 (참)□ 【企图】 qǐtú 을동명 의도(하다)

※ □ 【甚至 ~】 shènzhì 병부 심지어, ~까지도, ~조차도　접 더욱이, 더 나아가서는

□ 【规定】 guīdìng　　　　　을동명 규정(하다), 정하다, 규칙

□ 【顾客】 gùkè　　　　　　　을명 고객

□ 【开口】 kāi//kǒu　　　　　병동 입을 열다, 말을 하다

□ 【即】 jí　　을동 접근하다 ; 종사하다 부 곧, 즉각, 바로 (≒ 【就】 jiù)
　　　　　　　□ 접 설령~할지라도 (≒ 【就是】 jiùshi)

□ 【态度】 tài•du　　　　　　갑명 태도, 몸짓, 거동, 기색

□ 【好感】 hǎogǎn　　　　　　정명 호감

□ 【相信】 xiāngxin　　　　　　　　　갑 동 믿다, 신임하다

□ 【重视】 zhòngshì　　　　　　　　　을 동 중시하다, 중요시하다

□ 【货】 huò　　　　　　　　　　　　을 명 돈, 화폐 ; 물품, 상품, 화물

□ 【实】 shi　　　　정 형 충실하다, 충만하다, 가득하다 ⇔□ 【虚】 xū　　정 형 비어 있다

□ 【营业】 yíngyè　　　　　　　　　을 동 영업하다 □ 【额】 é　　정 명 이마

□ 【利润】 lìrùn　　　　　　　　　　병 명 이윤, 이자

□ 【意见】 yìjian　　　　　　　　　갑 명 의견 ; 불만, 다른 주장이나 의론, 이의(異義).

□ 【幽默】 yōumò　　　　　　　　　정 형 익살맞다, 익살스럽다, 유머가 있다

□ 【麻烦】 máfan　　　　　　　　　갑 동 귀찮게 하다, 폐를 끼치다　　형 귀찮다, 성가시다

□ 【据说】 jù//shuō　　　　　　　　을 접 말하는 바에 의하면, 듣건대

□ 【售货】 shòuhuò　　　　　　　　병 동 상품을 팔다

□ 【锯】 jù　　　　　　　　　　　　정 동 명 톱, 톱질하다

□ 【地方】 dìfang　　　　　　　　　갑 명 장소, 곳, 공간의 일부분, 부위

　　□ 【地方】 dì·fāng　　　　　　　을 명 지방 (⇔ 【中央】 zhōngyāng)

□ 【真正】 zhēnzhèng　　　　갑 형 진정한, 참된, 진짜의　부 진실로, 참으로

□ 【以】 yǐ　　　　을 개 ~으로써, ~을 가지고, ~을 근거로　접 ~하여, ~하기 위하여

□ 【不满】 bùmǎn　　　　　　　　　병 형 불만족하다

□ 【埋怨】 mányuàn　　　　　　　　정 동 불평하다, 원망하다

　　(참)□ 【埋】 mái　　　　　　　　을 동 묻다, 파묻다 ; 숨기다, 감추다

□ 【易于】 yìyú　　　　동 ~하기 쉽다, 쉽게~할 수 있다 □ 【乐于】 lèyú　　동 ~을 즐겨하다

□ 【否定】 fǒudìng　　　　　　　　을 동 명 부정(하다)

　　⇔□ 【肯定】 kěndìng　　　　　　을 동 명 긍정(하다)　형 긍정적이다, 틀림없다

□ 【变】 biàn　　　갑 동 달라지다, 변화하다 ; (성질이나 상태 따위가)바뀌다

两张旧电影票

我保存着两张旧电影票，一张是1985年7月7日的，另一张是7月9日的。那时我上初中二年级。一天班主任拿着一些电影票，笑着说："同学们，明天上午学校组织看电影，现在发票。"我一听，高兴得就像过年一样。我是一个农村孩子，当时，农村看电影的机会很少，一年也很难看上一两次。

可是我一回家，父亲就对我说："这几天庄稼地里闹虫灾，明天我和你妈妈要去打农药，你在家替妈妈照顾一天生病的奶奶吧。"我呆呆地站在那里"嗯"了一声，好久没回过神来。晚上，我饭也吃不下，早早地就钻进了被窝……。

星期一，我一进教室，就听同学们在议论着那场电影。一个同学问我："哎！你怎么没去呀？是不是不想看？"我难过地垂下头，把没能去的理由告诉了他。

没想到，第二天班主任把我叫到办公室，又给了我一张当天晚上的电影票。她说："你的情况我都知道了，这是我的票，你去看吧。"我不知道怎么感谢她才好，眼泪不由得流了出来。

十几年过去了。如今，那场电影的内容我已经记不清了。可是这两张旧电影票却一直保存在我的日记本里。（424字）

두 장의 오래된 영화표

나는 두 장의 오래된 영화표를 보관하고 있는데, 한 장은 1985년 7월 7일 것이고, 다른 한 장은 7월 9일 것이다.

그 때 나는 중학교 2학년에 다녔다. 하루는 담임 선생님께서 영화표를 들고 오셔서는, 웃으시며 말했다. "학우여러분, 내일 오전에 학교에서 영화를 보기로 정했어요. 지금부터 표를 나눠 줄께요." 나는 듣고는, 마치 설날을 보내는 것과 같이 기뻤다. 나는 농촌 아이이고, 당시, 농촌에서 영화를 볼 기회는 극히 적어서, 일 년에 한두 번 보기도 어려웠다.

그러나 내가 집에 돌아오자, 아버지께서 나에게 이렇게 말씀하셨다. "요며칠 농작물 밭에 병충해가 극성이니, 내일 나와 네 엄마는 농약을 치러 가야 한다. 네가 집에서 엄마를 대신해서 하루동안 병이나신 할머니를 돌봐드리거라." 나는 멍하니 그 자리에 서서 "응!" 이라고 한마디 말했고, 오랫동안 정신을 차릴 수 없었다. 저녁에, 나는 밥도 먹을 수가 없었고, 일찍 이불속으로 파고들어갔고…….

월요일, 내가 교실에 들어서자 마자, 친구들이 그 영화 얘기를 논의하고 있는 것을 들었다. 한 친구가 나에게 물었다. "야! 너 왜 안갔어? 보고 싶지 않았던 거야?" 나는 괴롭게 고개를 떨구고, 갈 수 없었던 이유를 그에게 알려주었다.

생각지도 않게, 다음 날 담임 선생님이 나를 교무실로 불러서, 또 나에게 한장의 당일 저녁의 영화표를 주셨다. 그녀가 말했다. "너의 상황을 나는 모두 알았단다. 이것은 내 표인데, 네가 가서 보거라." 나는 그녀에게 어떻게 감사해야 좋을지 몰라서, 눈물이 저절로 흘러 내렸다.

십 몇년이 지나갔다. 지금, 그 영화의 내용을 나는 이미 분명하게 기억하지는 못한다. 그러나 이 두 장의 오래된 영화표는 오히려 줄곧 내 일기장 속에 보관되고 있다.

□ 【保存】 bǎocún　　을동 보존하다

□ 【旧】 jiù　　갑형 헐다, 낡다, 오래다 ; 옛날의, 과거의

□ 【那时】 nàshí　　정대 그 때, 그 당시

□ 【初中】 chūzhōng　　병명 중학교 (≒【初级中学】 chūjízhōngxué)

□ 【班主任】 bānzhǔrèn　　형 담임 선생님

　(참)□ 【主任】 zhǔrèn　　을명 주임 □ 【班长】 bānzhǎng 을명 반장

□ 【组织】 zǔzhī　　을동 조직하다 명 조직, 구성, 결성

　(참)□ 【组】 zǔ　　을동 조직하다 명 조, 그룹

　　□ 【织】 zhī　　을동 방직하다, (직물을)짜다 ; 결성하다

□ 【电影】 diànyǐng　　갑명 영화 (참)□ 【电影院】 diànyǐngyuàn 을명 영화관

□ 【影子】 yǐngzi　　을명 그림자, (거울이나 수면에 비치는)모습

□ 【农村】 nóngcūn　　갑명 농촌 (참)□ 【农民】 nóngmín 갑명 농민

□ 【当时】 dāngshí　　을명 당시, 그 때

　(참)□ 【当年】 dāngnián　　을명 그 때, 그 당시, 그 해

□ 【机会】 jī·huì　　갑명 기회

□ 【庄稼】 zhuāngjia　　을명 농작물

□ 【闹】 nào　　을동 떠들다 ; (의견이)틀리다 ; (재해가)생기다, 일어나다

□ 【虫（子）】 chóng(zi)　　을명 곤충, 벌레

□ 【灾】 zāi　　을명 재해, 재앙, 재난 ≒□ 【灾害】 zāihài 을명 재해

□ 【农药】 nóngyào　　병명 농약

□ 【奶奶】 nǎinai　　을명 할머니

　(참)□ 【姥姥】 lǎolao　　병명 외할머니 □ 【老大妈】 lǎodàmā

　　□ 【大妈】 dàmā　　을명 (나이가 지긋한 부인을 높이어 정답게 부르는 말)아주머님

□ 【呆】 dāi　　을형 무표정하다, 어리둥절하다 □　　을동 머무르다, 체재하다 ; 빈둥거리다

□ 【嗯】 ng　　갑탄 ①응?(의문을 나타냄) ②엉!흥!(의외나 불만을 나태냄)

　　　　③응!(대답이나 승락을 나타냄)

□ 【好久】 hǎojiǔ　　을명 오랫동안

□ 【神】 shén　　을명 정신, 정력, 마음, 신경, 주의력

　(참)□ 【神经】 shénjīng　　을명 신경

□ 【~不下】 búxià　　을동 (동사 뒤에 붙어서)~할 수 없다

□ 【钻】 zuān　　을동 뚫다, (뚫고)들어가다(지나가다), 파고들다

　(참)□ 【钻研】 zuānyán　　을동 깊이 연구하다, 탐구하다

□ 【被窝】 bèiwō　　명 이불

※□ 【一~就…】 yī~jiù…　　갑 ~하자 곧…하다, ~하게 되자…하다

□ 【教室】 jiàoshì　　갑명 교실 (참)□ 【黑板】 hēibǎn 갑명 칠판

　□ 【粉笔】 fěnbǐ　　을명 백묵, 분필

□ 【议论】 yìlùn 을동명 의론(하다), 논의(하다) (참)□ 【会议】 huìyì 을명 회의

□ 【难过】 nánguò　　을형 고생스럽다, 지내기 어렵다

□ 【垂】 chuí　　병동 늘어뜨리다, 드리우다

□ 【理由】 lǐyóu　　을명 이유

□ **【办公室】** bàngōngshì　　갑 명 사무실
　(참) □ **【办公】** bàn//gōng　　을 동 집무하다, 근무하다, 사무하다
　　　□ **【办事】** bàn//shì　　을 동 일을 보다, 일을 처리하다, 사무를 보다
□ 【当天】 dàngtiān　　정 명 그 날, 그 때, 그 당시
□ 【眼泪】 yǎnlèi　　을 명 눈물 (≒【泪液】 lèiyè、【泪】 lèi、【泪水】 lèishuǐ)
□ **【不由得】** bùyóude　　병 부 **저절로, 자연히, 저도 모르게**
□ 【流】 liú　　갑 동 흐르다, 유동하다 명 흐름, 물결, 등급
□ 【如今】 rújīn　　을 명 지금, 이제, 오늘
□ 【记】 jì　　갑 동 기억하다 ; 기록하다 □ 【日记】 rìjì 을 명 일기
□ 【清】 qīng　　을 형 깨끗하다 ; 분명하다 동 청산하다, 결산하다

칼럼 44　语言语法 (문법언어)

□ 词典 cídiǎn　　갑 명 사전
□ 声调 shēngdiào　　갑 명 성조(四声)
□ 生词 shēngcí　　갑 명 새단어
□ 造句 zào//jù　　을 동 글을 짓다
□ 句子 jùzi　　갑 명 문(文), 문장
□ 语调 yǔdiào　　을 명 억양, 어조, 악센트, 강세
□ 单词 dāncí　　을 명 단어
□ 听写 tīngxiě　　갑 동 명 받아쓰기(하다)
□ 阅读 yuèdú　　을 동 명 열독(하다), 열람(하다), 독해
□ 语音 yǔyīn　　을 명 말소리, 언어의 음성
□ 复述 fùshù　　을 동 다시 말하다, 복창하다, 자기 말로 바꿔 말하다

关于友情

最近跟一个好朋友谈心，她问我分别后会不会天天想她。我老老实实地回答说不会，即使想她，也不会是天天。朋友有些失望，说友谊真是太脆弱，经不起时间和空间的考验。我没再说什么，不想给她什么善意的谎言，因为我们是最真诚的朋友。我想我会真诚地对待她的友谊的。

我曾经有一位知心朋友，刚分别时我们常常通信。后来她结了婚，有了孩子，便不再来信。我觉得很失望，就特意找了一个时间去看她。她笑着对我说：忙啊，为孩子忙，为丈夫忙，忙得没时间写信，不过还是常常想起你的呀。那天晚上，她陪我说了很多很多。

人生本来就是这样的：告别老朋友，认识新朋友。只要付出了真情，你总会感觉到友谊的温暖。远方的，身边的，都会让你感动。但是，你怎么也不可能每星期给每一个朋友写信，给每一个朋友打电话，也不可能每天都去思念你的每位朋友。毕竟长到这么大，认识了那么多的人，你只能在特定的日子、特定的环境里，想起朋友中的一个或几个。

但我想这已经够了。友谊不应该是一种负担。一位朋友曾说过这样一句话：关心别人，有时是问，有时是不问。（439字）

우정에 대하여

최근 한 친한 친구와 마음을 터놓고 대화를 했는데, 그녀는 나에게 이별후에 매일 그녀를 그리워할 것인지 아닌지를 물었다. 나는 솔직히 말해 그렇지 않다고 대답했다. 사실 그녀를 그리워하지만, 매일매일은 아닐 것이다. 친구는 조금 실망해서, 우정은 매우 나약해 시간과 공간의 시련을 견딜 수 없다라고 말했다. 나는 더 이상 뭐라고 말하지 않았고, 그녀에게 무슨 선의의 거짓말을 하고 싶지 않았다. 왜냐하면 우리는 가장 진실된 친구이기 때문이다. 나는 내가 그녀의 우정에 진실되게 대할 수 있다고 생각한다.

나는 일찌기 절친한 친구가 있었는데, 막 헤어졌을 때는 우리는 자주 편지를 주고 받았다. 후에 그녀는 결혼을 했고, 아이가 생겼고, 더 이상 편지가 오지 않았다. 나는 매우 실망스럽게 느껴서, 일부러 시간을 내어 그녀를 보러갔다. 그녀는 웃으면서 나에게 말했다. "바빠. 아이를 위해서 바쁘고, 남편을 위해서 바쁘고, 바빠서 편지 쓸 시간이 없어. 그러나 여전히 항상 널 생각하고는 있지." 그날 저녁, 그녀는 나와 함께 많은 얘기를 나누었다.

인생은 원래 이런 것이다. 오랜 친구와 헤어지고, 새친구를 알게된다. 단지 진심을 드려야만이, 당신은 마침내 우정의 따스함을 느낄 수 있을 것이다. 먼 곳의(친구도), 가까이 있는(친구도), 모두 당신으로 하여금 감동하게 할 것이다. 그러나, 당신은 어떻게 하든 매주 매 친구에게 편지를 쓸 수는 없을 것이고, 매 친구에게 전화를 할 수 없을 것이고, 매일 당신의 각각의 친구를 그리워할 수는 없을 것이다. 결국 이만큼 자라서, 그렇게 많은 친구를 알았지만, 당신은 단지 특정한 날과 특정한 환경속에서만, 친구중에 한 명 혹은 몇 명이 생각날 수 있다.

그러나 나는 이것으로 이미 충분하다고 생각한다. 우정이 일종의 부담일 수는 없다. 한 친구가 일찌기 이런 말을 했었다. 다른 사람에게 관심을 가지는 것은, 때로는 묻는 것이고, 때로는 묻지 않는 것이다.

□ 【最近】 zuìjìn　　　　　갑명 최근, 요즘, 일간
□ **【谈心】** tán//xīn　　　　　동 마음을 터놓고 이야기하다
　(참)□ 【谈判】 tánpàn　　을동명 담판(하다), 회담(하다), 협상(하다)
□ **【分别】** fēnbié　　　　을동명 헤어지다 ; 구별(하다), 식별(하다) 부 각각, 따로따로
□ **【老实】** lǎoshi　　　　을형 솔직하다, 성실하다 ; 온순하다, 얌전하다
□ 【失望】 shīwàng　　　　을동 실망하다
□ 【友谊】 yóuyì　　　　　갑명 우의, 우정
□ 【脆弱】 cuì·ruò　　　　정형 취약하다, 연약하다
　(참)□ 【弱】 ruò　　　　을형 허약하다, 약하다 (⇔【强】 qiáng), ～보다 못하다.
□ 【经】 jīng　을동 경영하다 ; 경과하다 (≒【经过】 jīngguò) ; 경험하다 (≒【经历】 jīnglì)
　　　　□ 개 (사람의 손·처리·가공 따위를)거치다, 통하다
□ **【～不起】** buqǐ　　　　　(돈이나 능력 혹은 정신적 부담으로)할 수 없다, 견딜 수 없다
□ 【空间】 kōngjiān　　　　을명 공간, 우주 공간
□ 【考验】 kǎoyàn　　　　병동명 시험(하다), 시련(을 주다), 검증(하다)
※□ **【再说】** zàishuō　　　병동 ～한 뒤에 하기로 하다 ; 다시 한번 말하다 접 게다가
□ 【善意】 shànyì　　　　　명 선의, 호의
□ 【谎言】 huǎngyán　　　　명 거짓말
　≒□ 【谎】 huǎng　　　　명 거짓말, 거짓
□ **【真诚】** zhēnchéng　　　정형 진실하다, 성실하다
　≒□ **【诚恳】** chéngkěn　　을형 성실하다, 간절하다
□ **【对待】** duìdài　　　　을동 상대적인 상황에 처하다 ; 대우하다 ; 다루다, 대응하다
　(참)□ **【对付】** duìfu　　　을동 대응하다 ; 그런대로 하다 ; 마음이 맞다
□ **【曾经】** céngjīng　　　을부 일찍이, 이전에, 이미, 벌써 (≒【已经】 yǐjīng)
□ **【知心】** zhīxīn　　　　형 절친하다, 마음을 이해하다
　≒□ 【知己】 zhījǐ　　　　명 지기, 절친한 친구
□ 【通信】 tōng//xìn　　　병동 통신하다, 편지를 내다
□ 【来信】 lái//xìn　　　　을동명 내신, 보내온 편지, 편지가 오다.
□ **【特意】** tèyì　　　　　정부 특별히, 일부러
　≒□ **【特地】** tèdì　　　정부 특별히 ; 일부러
□ 【人生】 rénshēng　　　　정명 인생
□ **【本来】** běnlái　　　　을형 본래의 부 본래, 원래 ; 당연히
□ **【认识】** rènshi　　　　갑동 알다, 인식하다 명 인식
□ **【付出】** fù//chū　　　　정동 지출하다, 지불하다
□ 【真情】 zhēnqíng　　　　명 실정, 실태 ; 진심, 진정
□ 【感觉】 gǎnjué　　　　을명 감각, 느낌 동 느끼다, 여기다
□ 【温暖】 wēnnuǎn　　　을형 따뜻하다, 따스하다 동 따뜻하게 하다
　≒□ 【暖和】 nuǎnhuo　　갑형 따뜻하다 동 따뜻하게 하다, 불을 쬐다
　　□ 【暖】 nuǎn　　　　을형 따뜻하다, 온화하다. 동 따뜻하게 하다, 데우다
　(참)□ 【暖气】 nuǎnqì　　　을명 스팀, (난방용)증기
□ **【远方】** yuǎnfāng　　　정명 원방, 먼 곳

□ 【身边】 shēnbiān　　　　　을명 신변, 몸 (≒ 【身上】 shēnshang)

□ 【感动】 gǎndòng　　　　　을동 감동하다(되다)

□ 【思念】 sīniàn　　　　　　병동 그리워하다

□ 【毕竟】 bijing　　　　　　병부 드디어, 필경, 결국

□ 【特定】 tèdìng　　　　　　정형 특정한, 특별히 지정한 ; 일정한, 주어진

□ 【日子】 rìzi　　　　　　　갑명 날짜, 시일, 기간, 시간, 세월

□ 【环境】 huánjìng　　　　　을명 환경, 주위 상황(조건)

　　(참)□ 【环】 huán　　　　을명 고리, 고리 모양으로 둥글게 된 것, 일환(一環)

□ 【负担】 fùdān　　　　　　병동명 부담(하다)

□ 【曾】 céng　　　　　　　　을부 일찍이, 이전에, 이미

※□ 【有时 ~ 有时…】 yǒushí~yǒushi… 때로는~때로는…

칼럼 45　　金属 (금속)

□ 金属 jīnshǔ　　　　　　을명 금속

□ 金 jīn　　　　　　　　을명 금(金)

□ 银 yín　　　　　　　　을명 은(銀)

□ 铜 tóng　　　　　　　을명 동(銅)

□ 铁 tiě　　　　　　　　을명 철(鐵)

□ 钢 gāng　　　　　　　을명 강철

□ 矿 kuàng　　　　　　을명 광물, 광석

□ 铝 lǚ　　　　　　　　병명 알루미늄(aluminium. Al)

北京的姑娘

我是日本留学生。今年九月来北京后，遇到了一位北京姑娘。她刚上大学，正在学习日语。她的日语水平跟我的汉语水平差不多，我们在学习上常常互相帮助。她性格开朗，喜欢聊天。她跟我用日语谈话的时候，就是说错了，也不觉得不好意思。我想她的日语一定会进步得很快。

她上大学以前工作过一段时间，听说那家公司的工资和条件都不错，就是年龄上有限制，不能超过三十岁。她对这一点很不满，就辞掉了工作。听说在北京有不少人跟她一样，高中毕业后先工作几年，等挣够学费再上大学，毕业后再找更好的工作。

我来中国的时间不长，对中国人还不太了解，但她使我对中国姑娘有了一定的认识。她们热情、开朗，而且上进心很强，希望靠自己的努力追求美好的未来。但是，对她们这种独立、要强的性格，也许有些人很难接受，觉得她们太爱表现自己，不那么讨人喜欢。特别是在日本，现在仍然有不少人认为少说话、对别人的事情不发表意见是一种传统的美德。很多人更喜欢温柔的、传统式的女孩子。

不过，我倒愿意跟这位北京姑娘交朋友，从她身上我学到了很多东西。（437語）

베이징의 아가씨

나는 일본 유학생이다. 올해 9월 베이징에 온 이후에, 한 베이징 아가씨를 우연히 만났다. 그녀는 막 대학에 들어왔고, 지금 일본어를 배우고 있다. 그녀의 일본어실력은 내 중국어실력과 비슷해서, 우리는 공부하는데 있어서 항상 서로 도와준다. 그녀의 성격은 명랑하고, 이야기하기를 좋아한다. 그녀는 나와 일본어로 이야기를 할 때, 설령 말이 틀리더라도, 부끄럽다고 느끼지 않는다. 나는 그녀의 일본어가 분명 빠르게 발전해 갈 것이라고 생각한다.

그녀는 대학에 다니기 전에 얼마 동안 일을 했었는데, 듣자하니 그 회사의 임금과 조건이 모두 좋았지만, 연령상에 제한이 있어서, 30세를 넘길 수 없었다. 그녀는 이 점에 대해 매우 불만스러워서, 회사를 그만두었다. 듣자하니 베이징에 적지않은 사람들이 그녀와 같이, 고등학교를 졸업한 후에 먼저 몇 년간 일을 하고, 학비가 충분히 모이기를 기다려 다시 대학을 들어가, 졸업 후에 또 더 좋은 일을 찾는다고 한다.

내가 중국에 온 시간이 길지 않아서, 중국 사람에 대해 아직 그다지 이해하지는 못하지만, 그녀는 나에게 중국아가씨에 대해 특정한 인식을 갖게 했다. 그녀들은 열정적이고、명랑하고, 또한 진취력이 강해서, 자기의 노력에 의지하여 아름다운 미래를 추구하기를 희망한다. 그러나, 그녀들의 이런 독립적이고 강한 성격에 대하여, 아마도 어떤 이들은 받아들이기 어렵고, 그녀들이 너무나도 자신을 표현하는 것을 좋아해서, 그다지 남에게 귀여움을 받지 못한다고 여긴다. 특히 일본에서, 현재 아직도 많은 사람이 적게 말하고, 다른 사람의 일에 대해 의견을 표현하지 않는 것이 일종의 전통적 미덕이라고 여긴다. 많은 사람들은 온화하고 전통식의 여자아이를 더 좋아한다.

그러나, 나는 오히려 이 베이징의 아가씨와 친구가 되기를 원하고, 그녀에게서 나는 많은 것을 배웠다.

□ 【留学生】 liúxuéshēng　　　　　갑명 유학생

□ **【遇到】** yù//dào　　　　　갑동 **만나다**, 마주치다

　(참)□ **【遇见】** yù//·jiàn　　　　을동 **만나다**

□ 【性格】 xìnggé　　　　　을명 성격

　(참)□ 【性质】 xìngzhì　　　　을명 천성, 성질, 성격.

　　　□ **【脾气】** píqi　　　　을명 성격, 기질, 몸에 밴 버릇, 화를 잘 내는 성질

□ 【开朗】 kāilǎng　　　　정형 (생각·마음·성격 등이)낙관적이다, 명랑하다, 유쾌하다

　(참)□ 【开明】 kāimíng　　　　을형 (생각이)깨어 있다, 진보적이다

□ **【聊天儿】** liáo//tiānr　　　　을동 **한담 하다, 잡담을 하다**

　※ **【就是～也…】** jiùshì~yě… (≒ **【即使】** jíshǐ) **설령～이라도…**

□ 【段】 duàn　　　　갑양 사물이나 시간 따위의 한 구분을 나타냄 ①토막, 도막 ②일정한 시간과 공간의 거리나 구간

□ 【听说】 tīng//shuō　　　　갑명 **듣는 바로는(듣자니, 듣건대)～이라 한다**

□ 【工资】 gōngzī　　　　을명 임금, 노임

□ 【年龄】 niánlíng　　　　을명 연령

　≒□ **【年纪】** niánjì　　　　갑명 연령, 나이,

　　□ **【岁数】** suìshu　　　　병명 나이, 연령, 연세

□ 【超过】 chāo//guò　　　　을동 앞서다, 추월하다 ; 초과하다, 상회하다

　(참)□ 【超】 chāo　　　　을동 넘다, 초과하다, 넘어서다　두 초～

□ 【辞】 cí　　　　정동 고별하다, 이별하다 ; 사직하다, 그만두다　명 말

□ **【不少】** bù shǎo　　　　을형 **적지 않다, 많다**

□ **【毕业】** bì//yè　　　　을동명 졸업(하다)

　(참)□ 【专业】 zhuānyè　　　　(대학 등의)전공 (形)전문의

　⇔□ **【业余】** yèyú　　　　을형 **아마추어의, 초심자의**

□ **【挣】** zhèng　　　　병동 **일하여 벌다(얻다), 쟁취하다**

□ 【学费】 xuéfèi　　　　을명 학비, 수업료

　(참)□ 【公费】 gōngfèi　을명국비 ⇔□ 【自费】 zìfèi 명 자비 □ **【私费】** sīfèi 을명 사비

□ 【上进】 shàngjìn　　　　동 향상하다, 진보하다

　(참)□ **【先进】** xiānjìn　　　　을형 **진보적이다, 선진적이다**

　⇔□ **【落后】** luò//hòu　　　　을형 낙후한, 뒤떨어진

□ 【强】 qiáng　　　　을형 강하다 (⇔ 【弱】 ruò), 우월하다

※ 「강한 힘」을 의미할 때 qiáng、「무리하게」할 때는 qiǎng、「성격이 강해서」고집 셀 때는 jiàng 라고 읽는다.

　(참)□ **【加强】** jiāqiáng 을동 강화하다, 보강하다　□ **【坚强】** jiānqiáng 을형 굳세다, 꿋꿋하다

　　　□ 【强大】 qiángdà 을형 강대하다　□ 【强盗】 qiángdào 을명 강도

　　　□ 【强调】 qiángdiào 을동 강조하다　□ 【强度】 qiángdù　을명 강도, 물체의 저항력

　　　□ 【强烈】 qiángliè 을형 강렬하다, 선명하다, 뚜렷하다

□ **【靠】** kào 을동 **기대다, 의지하다 ; 접근하다 ; 믿다** 개 **～에 의지하여**

　(참)□ **【可靠】** kěkào　　　　을형 믿음직하다

□ 【努力】 nǔlì　　　　갑형 노력하다, 힘쓰다

(참)□ 【用功】 yòng//gōng　　　　　　　을동 힘써 배우다, 열심히 공부하다

□ 【拼命】 pīn//mìng　　　　　　　을동 목숨을 내던지다, 필사적이다

□ 【美好】 měihǎo　　　　　　　을형 좋다, 훌륭하다, 아름답다, 행복하다(주로 추상적)

　≒□ 【良好】 liánghǎo　　　　　을형명 양호(하다), 좋다

　(참)□ 【美丽】 měilì　　　　　　을형 아름답다

　　□ 【优美】 yōuměi　　　　　을형 우아하고 아름답다

□ 【未来】 wèilái　　　　　　　을명 미래, 조만간

□ 【独立】 dúlì　을동명 독립(하다) (참)□ 【立】 lì　을동 서다, 세우다

□ 【要强】 yàoqiáng　　　　　　　형 분발하다, 노력하다

□ 【讨】 tāo　　　정동 정벌하다 ; 요구하다 ; 초래하다 ; 토론하다 ; 비난하다

　(참)□ 【讨厌】 tǎoyàn　　　을형 싫다 ; 성가시다, 귀찮다　동 싫어하다, 미워하다

□ 【发表】 fābiǎo　　　　　　　을동 발표하다

□ 【传统】 chuántǒng　　　　　을명 전통

□ 【美德】 měidé　　　정명 미덕 (참)□ 【道德】 dàodé　을명 도덕

□ 【温柔】 wēnróu　　　　　정형 온유하다, 부드럽고 순하다

□ 【式】 shì　　　정명 ~식, 양식 (참)□ 【正式】 zhèngshì　을형 정식의, 공식의

□ 【愿意】 yuànyi　　　　　　갑조 ~하기를 바라다　동 ~을 희망하다

　(참)□ 【意志】 yìzhì　　　　　을명 의지

□ **资源** zīyuán　　　　　　　을명 자원

□ **汽油** qìyóu　　　　　　　을명 휘발유, 가솔린

□ **石油** shíyóu　　　　　　　을명 석유

□ **煤** méi　　　　　　　을명 석탄

□ **煤气** méiqì　　　　　　　을명 석탄 가스, 가스

□ **水泥** shuǐní　　　　　　　을명 시멘트

关于难与易

我们常常听人说：这件事很难，那件事很容易。有时也会有两个人对着同一件事情，一个说难，一个说容易。不但是做事情，就是学习也是一样的。

人们一般把自己不会做**或者**做不好的事情**叫做**难事，把会做**或者**做得好的，叫做容易事。没有人对自己知道该怎么做的事情说难，也没有人对自己不会做的事情说容易。**由此**，我们可以知道：难和易，只是懂不懂，会不会的区别，并不是天生的两件东西。

比如走路，我们现在觉得很容易。但是，人并不是生下来就会走路的。一两岁的幼儿学走路时，**摇摇晃晃**的，很不容易，可是他**摔**倒了又爬起来，**毫不泄气**，渐渐地**越走越稳**，而且还学会了跑和跳。**假如**因为开始觉得难**就**一步也不肯走，那么他就只好躺**一辈子**，不要说走，**恐怕连爬都**不会了。

所以，要想把难事变成容易事，并没有什么秘诀，只有一个方法：就是不断地去学习，去做。只要**肯**学肯做，"天下**无**难事"；不肯学不肯做，对着饭碗都不会拿**筷子**，更不用说做其他事了。(390字)

어려움과 쉬움에 관하여

우리는 자주 사람들이 이 일은 어렵고, 저 일은 쉽다고 말하는 것을 듣는다. 어떤 때는 또 두 사람이 같은 한 가지 일에 대하여, 한 사람은 어렵다고 말하고, 한 사람은 쉽다고 말할 수 있다. 일을 하는 것뿐만 아니라, 공부를 하는 것도 마찬가지다.

사람들은 일반적으로 자기가 할 수 없거나 혹은 잘 할 수 없는 일을 어려운 일이라고 하고, 자기가 할 수 있거나 또는 잘 할 수 있는 일을, 쉬운 일이라고 말한다. 자기가 어떻게 해야 하는지 아는 일에 대해서 어렵다고 말하는 사람도 없고, 또한 자기가 할 수 없는 일에 대하여 쉽다고 말하는 사람도 없다. 이 때문에, 우리는 어려움과 쉬움은, 단지 이해하고 이해못하고, 할 수 있고 할 수 없고의 차이일 뿐이지, 결코 천성적으로 두 가지의 것이 아님을 알 수 있다.

예를 들어 길을 걷는 것은, 우리는 지금 아주 쉽다고 느낀다. 그러나, 사람은 태어나면서 걸을 수 있었던 것은 아니다. 한 두 살의 어린아이가 길을 걷는 것을 배울 때는, 뒤뚱뒤뚱거리며, 쉽지가 않다. 그러나 그가 넘어졌다가도 다시 일어나서는, 조금도 낙담하지 않고, 차츰차츰 걸으면 걸을수록 안정적이 되고, 게다가 달리기와 뜀뛰기도 할 수 있게 된다. 만약 시작하면서 어렵다고 느끼기 때문에 한 발자국도 걸으려 하지 않으면, 그러면 그는 할 수 없이 일생을 누워있을 것이고, 걷는 것은 말할 것도 없고, 아마도 기는 것조차 할 수 없게 될 것이다.

그러므로, 어려운 일을 쉬운 일로 만들고 싶다면, 무슨 비결이 있는 것이 아니라, 단지 한가지 방법이 있을 뿐이다. 즉 계속해서 배워나가서, 하는 것이다. 기꺼이 배우고 기꺼이 하고자만 하면, "하늘아래 어려운 일은 없다", 배우려 하지 않고 하려 하지 않으면, 밥그릇을 대하고도 젓가락을 들 수 없을 것이며, 다른 일을 하는 것은 더 말할 필요도 없다.

□ 【同一】 tóngyī　정형 같다, 일치하다, 동일하다
(참)□ 【一同】 yìtóng　을부 같이, 함께
　　　□ 【一齐】 yìqí　을부 일제히, 동시에, 다 같이
※□ 【或者 ~ 或者…】 huòzhě~ huòzhě…　~이 아니면…이다
□ 【叫做】 jiàozuò　을동 ~라고 부르다, ~이다
□ 【难事】 nánshì　명 곤란한 일, 어려운 일
□ 【由此】 yóucǐ　〈서〉 여기로부터, 이로부터
□ 【易】 yì　병형 쉽다 (⇔【难】 nán)
□ 【区别】 qūbié　을동명 구별(하다), 식별(하다)
(참)□ 【个别】 gèbié　을형 개개의, 개별적인
□ 【天生】 tiānshēng　정형 천성적이다, 선천적이다, 자연적이다
□ 【幼儿】 yòu'ér　명 유아
□ 【摇晃】 yáohuàng　병동 흔들리다, 흔들흔들하다
□ 【摔】 shuāi　을동 (몸의 균형을 잃어)넘어지다, (빠른 속도로)떨어지다
□ 【毫不】 háobù　을부 조금도~않다, 전혀~하지 않다
□ 【泄气】 xiè//qì　정동 기가 죽다, 낙담하다, 맥이 빠지다
□ 【越】 yuè　병동 넘다, 정도를 넘다
※□ 【越 ~ 越…】 yuè~yuè…　을 ~하면 할수록…하다
□ 【稳】 wěn　을형 확고하다, 안정되다, 튼튼하다
(참)□ 【稳定】 wěndìng　을형 안정하다, 가라앉다, 변동이 없다
□ 【跳】 tiào　갑동 뛰어오르다, 도약하다
(참)□ 【跳舞】 tiào//wǔ　갑명 춤(을 추다)
□ 【假如】 jiǎrú　병접 만약, 만일, 가령 (≒【如果】 rúguǒ)
※【假如 ~ 就(那)…】 jiǎrú~jiù(nà)…　만약 ~ 곧 …
□ 【一辈子】 yíbèizi　정명 〈구〉 일생, 한평생　(참)□ 【一生】 yìshēng　을명 일생, 평생
□ 【恐怕】 kǒngpà　을부 아마도~일 것이다, 대체로, 대략
□ 【连】 lián　을동 잇다, 연결하다　부 계속해서, 이어서
※【连 ~ 都(还、也)】 lián~dōu(hái~yě)　갑 ~조차도, ~마저도
□ 【秘诀】 mìjué　명 비결
□ 【肯】 kěn　을조 기꺼이~하다
□ 【饭碗】 fànwǎn　정명 밥공기 ; 밥벌이, 생계
(참)□ 【碗】 wǎn　갑명 주발, 공기, 그릇
□ 【筷子】 kuàizi　을명 젓가락
(참)□ 【勺子】 sháozi　을명 국자
　　　□ 【叉子】 chāzi　을명 포크
　　　□ 【热水瓶】 rèshuǐpíng　을명 보온병
　　　□ 【暖水瓶】 nuǎnshuǐpíng　을명 보온병
　　　□ 【壶】 hú　을명 술병, 단지, 주전자
　　　□ 【锅】 guō　을명 냄비, 솥, 가마
　　　□ 【罐头】 guàn·tou　을명 깡통, 통조림

□ 【副食】 fùshí	을명 부식 ⇔□ 【主食】 zhǔshí 정명 주식
□ 【中餐】 zhōngcān	을명 중국 음식 ⇔□ 【西餐】 xīcān 을명 서양 요리
□ 【其他】 qítā	을대 기타, 그 외
(참)□ 【其它】 qítā	을대 기타, 그 외

칼럼 47　方位 (방위)

东方 dōng·fāng	을명 동방, 동양
西方 xīfāng	을명 서방, 서양(특히 서측의 자본주의나라)
南方 nánfāng	을명 남방, 중국의 화남지방(양쯔강유역과 그 이남 지역)
北方 běifāng	을명 북방, 중국의 화북지방(황허유역과 그 이북 지역)
东部 dōngbù	을명 동부
西部 xībù	을명 서부
南部 nánbù	을명 남부
北部 běibù	을명 북부
东面 dōngmiàn	을명 동쪽
西面 xīmiàn	을명 서쪽
南面 nánmiàn	을명 남쪽, 남면 (옛날 군주는 조정에서 북쪽에 앉아 얼굴을 남쪽으로 향했음) 〈서〉
北面 běimiàn	을명 북쪽, 신하가 군주를 찾아 뵐 때는 북면하므로 신하를 일컬음 〈서〉
东北 dōngběi	을명 동북, 동북지역 (辽宁·吉林·黑龙江·内蒙古동부)
东南 dōngnán	을명 동남, 동남연해지역(上海·江苏·浙江·福建)
西北 xīběi	을명 서북, 서북지역(陕西·甘肃·青海·宁夏·新疆)
西南 xīnán	을명 서남, 서남지역(四川·雲南·貴州·티벳)

柠檬牛奶茶

“喂！你过来！你过来！”在一家咖啡馆里，有一个顾客高声喊。他指着面前的杯子，满脸怒气地说：“看看！你们的牛奶是坏的，一放进去就变成了这样，我这杯红茶还怎么喝？”“真对不起！”服务小姐微笑着道歉，“我立刻给您换一杯。”

新红茶很快就准备好了，跟前一杯一样，茶碟边放着新鲜的柠檬和牛奶。小姐轻轻地放在顾客面前，又轻声地说：“我可不可以建议您，如果放柠檬，就不要加牛奶，因为有时候柠檬酸会使牛奶结成小块儿。”顾客的脸一下子红了，匆匆地喝完茶，走了出去。

有人笑着问那位服务小姐：“明明是他不懂，你为什么不直说呢？　他对你那么不礼貌，你为什么对他还那么客气？”

“正因为他不懂礼貌，所以不能跟他正面冲突；正因为道理一说就明白，所以用不着大声！”小姐说，“没道理的人，才喜欢用气势来压人。有理的人，和和气气地交个朋友有什么不好？”

咖啡馆里的人点头笑了，对这家咖啡馆增加了许多好感。从那以后，他们每次见到这位服务小姐，都会想起她曾经说过的话。有时他们也会看到，那位曾经大叫大喊的客人，在轻声细气地和人交谈。（431字）

레몬우유차

"여보세요! 당신 와봐요! 이리와 봐요!" 한 커피숍에서, 한 손님이 큰소리로 소리쳤다. 그는 눈 앞의 잔을 가리키며, 온 얼굴에 노기를 띠고 말했다. " 보세요! 당신들 우유가 상했어요. 넣자 마자 이렇게 변해 버렸으니, 내가 이 홍차를 어떻게 마시겠어요?" " 정말 죄송합니다! " 종업원아가씨는 미소를 지으며 사과를 했다. "제가 즉시 당신께 잔을 바꿔드릴께요."

새 홍차는 바로 준비가 되었는데, 앞의 잔과 같이, 찻잔 옆에는 신선한 레몬과 우유가 놓여졌다. 아가씨는 가만히 손님 앞에 내려 놓고는, 다시 조그만 목소리로 말했다. " 제가 당신에게 건의를 들여도 될까요? 만약에 레몬을 넣으시겠다면, 우유는 넣지 마세요. 어떤 때는 레몬의 산성분이 우유를 작은 덩어리로 응결시킬 수 있기 때문이예요."

손님의 얼굴은 순간 붉어졌고, 바삐 차를 마시고는, 걸어나갔다.

어떤 이가 웃으면서 그 종업원아가씨에게 물었다. " 분명히 그 사람이 모르는 건데, 당신은 왜 직접 말해주지 않았어요? 그는 당신에게 그렇게 예의가 없었는데, 당신은 어째서 그 사람에게 여전히 그렇게 친절한거죠? "

" 그 사람이 예의를 모르기 때문에, 그래서 그 사람과 정면으로 부딪칠 수 없었고요, 도리로써 말하면 바로 이해하기 때문에, 큰소리를 낼 필요는 없잖아요! " 아가씨가 말했다. " 경우가 없는 사람은, 힘으로 사람을 억누르는 것을 좋아하거든요. 경우가 있는 사람은, 상냥하게 친구를 대하는데 뭐가 나쁠 것이 있겠어요?"

커피숍안의 사람들은 고개를 끄덕이며 웃었고, 이 커피숍에 대하여 많은 호감이 늘어났다. 그 이후로, 그들은 매번 이 종업원아가씨를 볼 때마다, 모두 그녀가 일찌기 했던 말을 생각해 낼 수 있었다. 어떤 때는 그들도 전에 큰소리치던 손님이 조그만 소리로 조근조근하게 사람과 이야기하고 있는 것을 볼 수 있었다.

□ 【馆】 guǎn　　　　　　갑 명 여관, 식당, 호텔
　(참) □ 【大使馆】 dàshǐguǎn　　을 명 대사관
□ 【喊】 hǎn　　　　　　갑 동 외치다, 큰 소리로 부르다, (사람을)부르다
□ 【怒气】 nùqì　　　　　　명 노기, 성, 화
　(참) □ 【生气】 shēng//qì　　을 동 화내다, 성내다
□ 【坏】 huài　　갑 형 나쁘다 (⇔【好】 hǎo)　동 상하다, 탈나다, 나쁘게 하다
□ 【对不起】 duìbùqī　　　　갑 동 미안합니다
□ 【小姐】 xiǎo·jiě　　　　갑 명 아가씨, 미스(Miss.~)
□ 【道歉】 dào//qiàn　　　　을 동 사과하다, 사죄하다
　(참) □ 【抱歉】 bào//qiàn　　을 형 미안함을 느끼다, 미안하다고 생각하다
□ 【跟前】 gēnqián　　　　을 명 옆, 곁, 근처, 근방 ; (어떤 시기에)가까운 때
□ 【碟】 dié □ 【碟子】 diézi　　정 명 접시
□ 【轻】 qīng　　　　갑 형 가볍다 (⇔【重】 zhòng) ; 중요치 않다
　(참) □ 【减轻】 jiǎnqīng　　을 동 경감하다, 덜다, 가볍게 하다
※ □ 【如果~那么(那、则、就、便)…】 rúguǒ~nàme… 만약(만일)~라면…하다
□ 【酸】 suān　　　　갑 형 (맛이나 냄새가)시다, 시큼하다　명 산
□ 【匆匆】 cōngcōng　　정 형 총망하다, 매우 바쁘다 (≒【匆忙】 cōngmáng)
□ 【直】 zhí 을 부 곧장 ; 완전히, 실로 ; 줄곧, 내내 ; 다만, 단지 □ 을 동 곧게 하다
　　　　　　　형 곧다, 똑바르다 (⇔【曲】 qū) ; 수직이다
　⇔□ 【横】 héng 병 형 가로의 동 가로로 하다 □ 정 형 난폭하다, 흉악하다
□ 【客气】 kèqi　　　　갑 형 예의가 바르다, 겸손하다 동 사양하다
□ 【冲突】 chōng·tū　　병 동 명 충돌(하다)
　(참) □ 【突出】 tū//chū　　을 동 돌출하다 형 뚜렷하다, 두드러지다
　　　□ 【突击】 tūjī　　　을 동 돌격하다
□ 【道理】 dàoli　　　　갑 명 법칙, 도리, 일리, 경우
□ 【用不着】 yòng·bu zháo　　을 소용되지않다, 필요치 않다, 쓸모 없다
　⇔□ 【用得着】 yòng·de zháo　　사용하다, 필요하다
□ 【大声】 dàshēng　　　　갑 명 큰 소리, 높은 소리
　⇔□ 【小声】 xiǎoshēng　　　명 작은 소리
□ 【气势】 qìshì　　　　정 명 기세, 기우, 기개
□ 【压】 yā　　　　을 동 압력을 가하다, 내리 누르다
□ 【理】 lǐ　　　병 동 관리하다, 정리하다, 상대하다 명 도리, 이치
　(참) □ 【合理】 hé//lǐ　　을 형 합리적이다 □ 【真理】 zhēnlǐ 을 명 진리
　　　□ 【整理】 zhěnglǐ　　을 동 정리하다
□ 【客人】 kèren　　　　을 명 손님 (⇔【主人】 zhǔren)
□ 【轻声】 qīngshēng　　　명 작은소리, 가는소리
□ 【气】 qì　　을 동 성내다, 화내다, 노하다, 화나게 하다
　　　　□ 병 명 기체, 공기, 호흡, 기후 ; 사람의 정신상태 형 (소리가)가늘다
　(참) □ 【空气】 kōngqì　　갑 명 공기 ; 분위기
□ 【交谈】 jiāotán　　　병 동 이야기하다, 이야기를 나누다

(참)□ 【座谈】 zuòtán   (을)(동) 좌담하다, 간담하다
    □ 【会谈】 huìtán   (을)(동)(명) 회담(하다)

大气污染的问题是全球问题，各国都不能忽略。世界各国需要联合制
定条约，让人类生存在一个纯净的环境中。

대기오염 문제는 전 세계적 문제이고, 각국이 모두 소홀히 할 수 없다. 세계
각국은 연합하여 조약을 제정하여, 인류로 하여금 깨끗한 환경에서 생존하
게 할 필요가 있다.

□ 【全球】 quánqiú   (명) 전 세계, 전 지구
□ 【忽略】 hūlüè   (정)(동) 소홀히 하다, 등한히 하다
  (참)□ 【略】 lüè   (을)(동) 생략하다 (⇔ 【详】 xiáng)
□ 【联合】 liánhé   (을)(동) 연합하다, 단결하다
□ 【制定】 zhìdìng   (을)(동) (법규나 계획 등을)제정하다, 만들다, 세우다
□ 【条约】 tiáoyuē   (을)(명) 조약, 계약
□ 【生存】 shēngcún   (병)(동)(명) 생존(하다) (⇔ 【死亡】 sǐwáng)
□ 【纯净】 chúnjìng   (형) 순수하다, 깨끗하다, 청정하다

守卫私生活

她的名片上没有家里的电话号码。有一次我有急事找她，却怎么也找不到，就找了一个机会问她。她犹豫了一会儿，才说出了那几个数字，虽然没再说什么，但我已经明白了她的意思。

她家里的电话号码，就记在我随身携带的通讯录上，可是我一次也没有打过。因为那以后也没有什么紧急的事情非用它不可。

有一天，她打电话告诉我，她的电话改号了，我又把它记了下来。

有一位我和她都认识的朋友来问我：她的电话号码是不是变了？怎么老也打不通？于是我知道，她没有把电话改号的事通知这位朋友。同时我早就知道，这位朋友有事没事经常给人打电话，而且一打起来就没完没了。

她并不是不喜欢交朋友，也不是不喜欢与人长谈。有时候，她甚至会跟你痛痛快快地玩儿一个晚上。但她又"惜时如金"，她希望能自己掌握自己的时间，不希望常有无关紧要的电话来打扰。

每个人都有不想接电话的时候，都有没空儿听电话的时候，所以她觉得实在没必要把家里的电话号码告诉那位朋友。如果只是闲下来翻开通讯录，随便打个电话与人闲聊，那么跟谁聊不是都一样吗？我认真记下了那个电话号码，虽然从来没打过，但是她知道我是真的需要它。（462字）

사생활을 지키다.

그녀의 명함에는 집 전화번호가 없다. 한번은 내가 급한 일이 있어서 그녀를 찾았지만, 어떻게 해도 찾을 수가 없어서, 기회를 잡아 그녀에게 물어보았다. 그녀는 잠시 망설이더니, 비로소 그 몇 개의 숫자를 말해주었다. 비록 다시 뭐라 말하지는 않았지만, 나는 이미 그녀의 뜻을 알 수 있었다.

　그녀의 집 전화번호를, 나는 내가 몸에 지니고 휴대하는 주소록 위에 적었지만, 한번도 걸어본적은 없다. 그 이후로는 무슨 급한일이 있어서 그것을 사용하지 않으면 안되는 일이 없었기 때문이다.

어느 날, 그녀는 전화를 걸어 나에게 알려주었다. 그녀의 전화번호가 바뀌었다고, 나는 그것을 다시 적어두었다.

나와 그녀를 모두 아는 한 친구가 와서 나에게 물었다. "그녀의 전화번호가 바뀌었니? 어떻게 항상 걸어도 통화가 안되던데?" 그래서 나는 그녀가 바뀐 전화번호를 이 친구에게는 가르쳐 주지 않았다는 것을 알았다. 동시에 나는 일찌기 이 친구가 평소에 일이 있던 없던 항상 사람에게 전화를 걸고, 또 한번 걸면 끝이 없다는 것을 알고 있었다.

그녀는 결코 친구를 사귀는 것을 싫어하는 것도 아니고, 친구와 긴 이야기를 하는 것을 싫어하는 것도 아니다. 어떤 때 그녀는 심지어 상대와 함께 통쾌하게 저녁내내 놀기도 하였다. 그러나 그녀는 또 "시간은 금이다"라고, 스스로 자신의 시간을 관리하기를 바라지, 급하지도 않은 전화로 귀찮게하는 것을 바라지는 않는다.

각자 사람은 모두 전화를 받고 싶지 않을 때가 있고, 전화를 받을 틈이 없을 때가 있다. 그래서 그녀는 솔직하게 집 전화번호를 그친구에게 가르쳐 줄 필요가 없다고 느꼈을 것이다. 만약 한가해져서 주소록을 펼쳐, 아무렇게나 전화를 걸어 그 사람과 수다를 떤다면, 그럼 누구랑 얘기해도 똑같지 않겠는가? 나는 열심히 그 전화번호를 적어 놓았고, 비록 여태까지는 걸어본적이 없지만, 그녀는 내가 그것이 꼭 필요하다는 것을 안다.

□ 【守卫】 shǒuwèi　　　　　　　　　동 수비하다, 방어하다

□ 【私生活】 sīshēnghuó　　　　　　명 사생활, 프라이버시
　(참)□ 【私人】 sīrén　　　　　　을명 개인, 민간

□ 【名片】 míngpiàn　　　　　　　명 명함
　(참)□ 【照片】 zhàopiàn □ 【相片】 xiàngpiàn　을명 사진

□ 【号码】 hàomǎ　　　　　　　　을명 번호
　(참)□ 【挂号】 guà//hào　　　　을동 신청하다, 등록하다, 접수시키다

□ 【急】 jí　　　　　　　　　　　갑형 급하다, 빠르다, 긴급하다

□ 【犹豫】 yóuyù　　　　　　　　병형 주저하다, 망설이다, 머뭇거리다
　≒□ 【踌躇】 chóuchú　　　　　정동 주저하다, 망설이다

□ 【随身】 suíshēn　　　　　　　동 몸에 지니다, 휴대하다
　(참)□ 【随】 suí　　　　　　　을개 ~에 따라서, ~와 동시에

□ 【携带】 xiédài　　　　　　　　정동 휴대하다

□ 【通讯】 tōngxùn　을명 통신 (참)□ 【地址】 dìzhǐ 을명 주소

□ 【录】 lù　　　　을동 기록하다 명 기록, 사실이나 언행을 기록한 것
　(참)□ 【录像】 lù//xiàng　　　　을동명 녹화(하다)
　　　□ 【录音机】 lùyīnjī　　　을명 비디오 테이프 리코더, 녹음기

□ 【紧急】 jǐnjí　　　　　　　　병형 긴급하다, 절박하다, 긴급하다

□ 【通】 tōng　　　　갑동 통하다, 관통하다 형 보편적인, 흔히 있는, 전체의
　(참)□ 【交通】 jiāotōng　　　　을명 교통

□ 【通知】 tōngzhī　　　　　　　갑동명 통지(하다), 알리다, 연락

□ 【痛快】 tòngkuai 갑형 통쾌하다, 유쾌하다 (참)□ 【痛】 tòng 을동 슬퍼하다, 애석하다

□ 【惜】 xī　　　　　　　　　　　동 소중히 여기다, 중시하다, 아끼다

□ 【无关】 wúguān　　　　　　　동 ~와 관계가 없다, ~와 상관없다

□ 【关】 guān　　　갑동 닫다, (스위치를)끄다 □　병명 세관, 관문, 난관
　≒□ 【海关】 hǎiguān　　　　　을명 세관

□ 【紧要】 jǐnyào　　　　　　　　형 긴요하다, 중대하다

□ 【打扰】 dǎrǎo　　을동 방해하다 ≒□ 【打搅】 dǎjiǎo 동 〈구〉 방해하다, 폐를 끼치다

□ 【实在】 shízài　　　　　　　　을형 진실하다, 참되다, 실속있다
　(참)□ 【实用】 shíyòng　　　　　을형 실용적이다

□ 【必要】 bìyào　　　　　　　　을형 필요하다

□ 【翻】 fān　　　　　　　　　　갑동 뒤집다, 뒤집히다 ; 헤집다 ; 번복하다 ; 번역하다
　(참)□ 【翻译】 fānyì　　　　　갑동명 번역 · 통역(하다)

□ 【随便】 suí//biàn　　　　　　을형 함부로하다, 제멋대로하다

□ 【闲聊】 xiánliáo　　　　　　　동 잡담하다, 한담하다

□ 【聊】 liáo　　　　　　　　　　을동 한담하다, 잡담하다

※□ 【不是 ~ 吗】 búshì~ma　　　을 ~이 아닙니까? (반어적 표현)

□ 【从来】 cónglái　　　　　　　을부 지금까지, 여태껏, 이제까지
　≒□ 【向来】 xiànglái　　　　　병부 본래부터, 종래, 여태까지, 줄곧

与其说这次汉语考试太难，不如说我们平时复习得不够。

이번 중국어 시험이 어려웠다고 말하느니, 차라리 우리가 평소에 복습을 충분히 하지 못했다라고 말하는게 낫다.

- 【与其说 ~ 不如说…】 yǔqíshuō~bùrúshuō ~하느니(차라리) …라고 하다, ~하는 것 보다 …하는 것이 낫다
- 【复习】 fùxí 갑동명 복습(하다) ⇔□【预习】 yùxí 갑동명 예습(하다)
- 【不够】 bú gòu 병형 부족하다, 모자라다

这座庙非常雄伟，是国家重点保护文物。在庙内拐角处的碑上，有名人题字。

이 사찰은 매우 우람하고, 국가가 중점적으로 보호하는 문화재이다. 사찰 내 모퉁이를 돌아간 곳에 있는 비석에는, 유명한 사람의 글이 새겨져 있다.

- 【庙】 miào 을명 절, 사찰
- 【雄伟】 xióngwěi 을동 웅위하다, 우람하다
- (참)□【伟大】 wěidà 갑형 위대하다
- 【重点】 zhòngdiǎn 을명 중점, 중요한 점 형 중점적인
- 【保护】 bǎohù 을동명 보호(하다)
- 【文物】 wénwù 을명 문물, 문화재
- 【拐】 guǎi 을동 방향을 바꾸다
- 【碑】 bēi 을명 비석, 비

没有家电的生活

7月下旬，正是天气最热的时候，我家的家用电器接二连三地出了故障。先是冰箱坏了，接着是电视机不出图像。没过两天，电风扇的支架开裂，既不能摇头，也不能抬头。正当一家人想靠音乐来消除寂寞时，音响又出了毛病。怎么办？修吧。据修理部门说，都能修，不过，最快的也要一个星期才能修好。

把"四大件"都送走以后，没过两天，最先受不了的是我那小孙子。喝不上冰汽水，吃不上冰激凌，他不高兴；看不上动画片，玩不成游戏机，他就大吵大闹。没办法，只好送他去姥姥家住几天。第二个受不了的是我儿子。他晚上回来，听不了音乐，总觉得缺点儿什么。到了第四天，妻子也终于受不了了。她不停地说："没了冰箱还真不行，每天早上都要去早市买菜，饭也不能多做，剩一点儿都没地方搁……"

一个星期总算过去了，随着四件电器一件件地返回，全家人的生活又恢复了正常。一天，妻子对我说："前几天的日子，像是又回到了二十几年前。那时候也不觉得有什么不方便，今天再过那样的日子怎么就不行了呢？"看来，这日子越过越好可以，要是退回去过苦日子就难以忍受了。

我家的"四大件"同时"住院"，让我们全家亲身体验了一次两个不同时代的生活，这机会不是谁都能碰上的。（496字）

35課 가전제품이 없는 생활

7월 하순, 마침 날씨가 가장 더울 때, 우리집 가전제품이 **연달아** 고장났다. 먼저 냉장고가 고장났고, 이어서 TV가 화면이 나오지 않았다. 이틀도 지나지 않아, 선풍기의 지지대가 금이가서, 돌아가지도 않고, 치켜들 수도 없었다. **때마침** 식구들이 음악에라도 의지하여 적막함을 달래려고 할 때, 오디오가 또 고장났다. 어떻게 하지? 고쳐야죠. 수리점의 말에 의하면, 다 수리할 수는 있는데, 그러나 아무리 빨라도 일주일은 있어야 수리가 다 된다는 것이다.

"사대물건"을 모두 보낸 이후, 이틀이 지나기도 전에, 가장 먼저 **참을 수 없었던** 것은 어린 손자 녀석이었다. 시원한 사이다도 마실 수 없고, 아이스크림도 먹을 수 없게 되자, 녀석은 기분이 상하였다. 만화영화도 못보게 되고, 게임기도 가지고 놀 수 없게 되자, 녀석은 곧 **크게 소란을 피워댔다**. 방법이 없어, 하는 수 없이 녀석을 외할머니댁에 보내 며칠 지내라고 보냈다. 두번 째로 참을 수 없게된 것은 나의 아들이었다. 그는 저녁에 돌아와서, 음악을 들을 수 없자, 늘 무언가 부족한 것같이 느꼈다. 4일째 되던 날, 아내도 마침내 참을 수 없게 되었다. 그녀는 쉬지않고 말했다. "냉장고 없이는 정말 안되겠어요. 매일 아침 시장에 가서 야채를 사야하고, 음식도 많이 할 수도 없고, 조금 남은 것은 어디 놔둘 데도 없고……."

일주일이 **간신히** 지나갔고, 사대가전제품들이 하나씩 돌아옴에 **따라**, 전 가족의 생활도 정상을 회복했다. 하루는, 아내가 나에게 말했다. "며칠 전의 날들은, 마치 다시 20몇년 전으로 돌아간 것 같았어요. 그때는 뭐 불편하다고 느끼지 않았는데, 지금 다시 그런 날들을 보내는 것은 어째서 안되는 거지요?" **보아하니**, 요즘 갈수록 좋아지는 것은 괜찮은데, 만약 과거의 힘든 나날로 돌아간다면 **참기** 힘들게 된 것 같다.

우리집의 "사대물건"이 동시에 "입원"을 해서, 우리 전 가족으로 하여금 **몸소** 한차례 두 개의 다른 시대의 생활을 체험하게 했으니, 이런 기회는 누구나 모두 **만날 수** 있는 것은 아니다.

□ 【下旬】 xiàxún　　　　　　　　　　　　병명 하순

　(참)□ 【上旬】 shàngxún　　　　　병명 상순 □ 【中旬】 zhōngxún　병명 중순

□ 【接二连三】 jiē èr lián sān　　　　　　정 (숙) 연이어, 연달아, 잇달아, 연속적으로

□ 【故障】 gùzhàng　　　　　　　　　　　정명 고장

□ 【接着】 jiēzhe　　　　　　　　　　　　갑부 잇달아, 연이어, 계속해서　접 이어서

□ 【电视】 diànshì　갑명 텔레비전　(참)□ 【电视台】 diànshìtái　을명 TV방송국

□ 【图像】 túxiàng　　　　　　　　　　　정명 형상, 영상

□ 【支】 zhī　　　갑양 자루, 개피(가늘고 긴 물건을 세는 단위) ; 곡(노래나 악곡을 세는 단위)

　　　　　　　□ 병동 받치다, 괴다 ; 하게하다, 시키다

　(참)□ 【支持】 zhīchí　　　　을동명 지지(하다), 후원(하다)

　　　□ 【支援】 zhīyuán　　　을동명 지원(하다)

□ 【架】 jià　　　　을양 받침대가 있는 물건이나 기계장치가 되어 있는 것 따위를 세는 단위

□　　병동 지지하다,　명 선반, 틀, 대　(참)□ 【书架】 shūjià 을명 책꽂이, 서가

□ 【裂】 liè　　　　　　　　　　　　　　병동 갈라지다, 찢어지다

□ 【摇头】 yáo//tóu　　　　　　　　　동 고개를 젓다

□ 【正当】 zhèngdāng　　　　병 마침~(어떤 시기나 단계)에 처하다, 바야흐로~한 때에 이르다

□ 【音乐】 yīnyuè　　　　　　　　　　　갑명 음악

□ 【寂寞】 jìmò　　　　　　　　　　　　병형 적막하다, 쓸쓸하다

□ 【音响】 yīnxiǎng　　　　　　　　　　병형 음향

　(참)□ 【响】 xiǎng　　　　　　　갑형 소리가 크다, 우렁차다

　　　□ 【响应】 xiǎngyìng　　　　을동 호응하다, 응답하다, 공명하다

□ 【修理】 xiūlǐ　　　　　　　　　　　　을동 수리하다

□ 【部门】 bùmén　　　　　　　　　　　을명 부문, 분과, 부(部)

　(참)□ 【部】 bù　　　명 부분, 부(部)　양 서적·영화·기계을 셀 때 씀

　　　□ 【部长】 bùzhǎng　　　　을명 중앙 정부의 각부 장관, 대신

　　　□ 【俱乐部】 jùlèbù　　　　을명 클럽(club)

□ 【~不了】 buliǎo　　　　　　　　동 ~할 수가 없다, 다~해낼 수 없다

□ 【孙子】 sūnzi □ 【孙】 sūn　　　병명 손자

□ 【冰】 bīng　　　　　　　　　　을명 얼음　동 차게 하다

□ 【汽水】 qìshuǐ　　　　　　　　　　　갑명 사이다(cider)

□ 【动画片】 dònghuàpiàn　　　　　　　명 만화 영화

□ 【游戏】 yóuxì　　　　　　　　　　　병명 유희, 게임

□ 【吵闹】 chǎonào　　　　　　　　　　정동 다투다, 말다툼하다

　≒□ 【吵】 chǎo　　　　　　　　　을동 입시름하다, 말다툼하다, 언쟁하다

□ 【儿子】 érzi　　　　　　　　　　　　갑명 아들

□ 【回来】 huílái　　　　　　　　　　　갑동 돌아오다 (⇔ 【回去】 huí//qù)

□ 【缺点】 quēdiǎn　　　　　　　　　　을명 결점, 약점, 단점

　⇔□ 【优点】 yōudiǎn　　　　　　　을명 장점, 우수한 점

□ 【停】 tíng　　　　　　　　　　　　　갑동 멎다, 서다, 멈추다, 정지하다

□ 【早上】 zǎoshang　　　　　　　　　　갑명 아침 (≒ 【早晨】 zǎochen)

□ 【早市】 zǎoshì　　　　명　아침 시장, 아침 장
　(참)□ 【市】 shì　　　　갑명　(행정구역 단위의)시, 시장(市場)
□ 【剩】 shèng　　　　갑동　남다
□ 【搁】 gē　　　　을동　놓다, 두다 (≒【放】 fàng)
□ 【总算】 zǒngsuàn　　　　병부　겨우, 간신히 ; 전체적으로 보아~한 셈이다
□ 【随着】 suízhe　　　　정개　~따라서, ~뒤이어
□ 【返回】 fǎnhuí　　　　정동　(원래의 곳으로)되돌아가다(오다)
□ 【恢复】 huīfù　　　　을동　회복하다
□ 【正常】 zhèngcháng　　　　을형　정상적이다
□ 【看来】 kànlái　　　　을접　보기에, 보아하니, 보니까
　≒□ 【看样子】 kànyàngzi　　　　을　보아하니~듯 하다
□ 【越过】 yuè//guò　　　　정동　넘다, 지나가다, 넘어가다
□ 【退回】 tuì//huí　　　　동　되돌리다, 반송하다
□ 【苦】 kǔ　　　　갑형　(맛이)쓰다
　(⇔【甜】 tián　　□【甘】 gān　　　　병형　달다, 달콤하다, 고통스럽다
　(참)□ 【艰苦】 jiānkǔ　　　　을형　고달프다, 힘들고 어렵다, 고생스럽다
　　□ 【刻苦】 kèkǔ　을형　검소하다　□ 【痛苦】 tòngkǔ　을형　고통스럽다, 괴롭다
□ 【忍受】 rěnshòu　　　　병동　견디어 내다, 참다, 이겨내다
□ 【亲身】 qīnshēn　　　　정형　친히, 스스로, 몸소
□ 【体验】 tǐyàn　　　　정동명　체험(하다)
□ 【碰】 pèng　　　　갑동　부딪치다, 우연히 만나다, 부딪쳐 보다
　(참)□ 【碰见】 pèng//·jiàn　　　　을동　우연히 만나다, 뜻밖에 만나다

第36課 照顾母亲

照顾母亲不是一件容易的事。

从前的母亲是不需要你去照顾的，她时时刻刻都在想着照顾你。而到了她真正需要你照顾的这一天，你也许已经不年轻了。你也许正为着孩子、为着工作而忙得不可开交。虽然别人还没看出来，但是你已经很累了。而母亲需要你的这一天，往往就在此时到来。

当然，你也可以花钱请人来护理老人，这样你就多少可以得到一些心理上的安慰。有许多办法都是可行的，但你却不能不尽作儿女的责任。世界上所有的事情都不是非你来做不可的，只有照顾母亲，任何人都不能代替你。

照顾母亲更不容易的是，她虽然希望得到你的照顾，却又总是拒绝你。她曾经什么都能为你做到，现在却无力再来帮助你了。为此她心里十分难受，感到自己成了孩子的负担，这时候减少你的麻烦就成了她最大的心愿。

因此，当母亲真正需要你照顾的时候，你就应该尽最大的努力，因为这样的机会不会太多。你可能并不知道，照顾母亲和照顾孩子有多么的不同，孩子永远心安理得地享受你的照顾，母亲却对你的一点点照顾感到不安；孩子有时会嫌你照顾得还不够周到，母亲却对你本来应该为她做的一切充满感激。在她勉强答应你为她洗一个澡的时候，你会通过自己的双手深切地感受到，这曾经孕育过你的身体，已经是多么需要你去照顾！（508字）

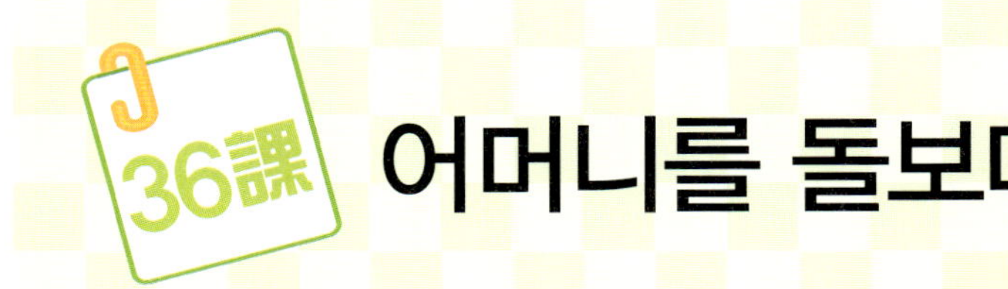

어머니를 돌보다.

어머니를 돌보는 것은 쉬운 일이 아니다.

예전의 어머니는 당신의 보살핌을 필요로 하지 않았고, 그녀는 시시각각 당신을 돌볼 생각을 하고 있었다. 그러나 그녀가 진정으로 당신의 보살핌을 필요로 하는 날이 오면, 당신도 아마 이미 젊지는 않을 것이다. 당신은 아마도 때마침 아이로 인해서, 일로 인해서 바빠서 어찌 할 수가 없을 것이다. 비록 다른 사람이 아직 알아차리지 않았더라도, 당신은 이미 매우 지쳤을 것이다. 그러나 어머니가 당신을 필요로 하는 그 날은, 늘 이 때 찾아 온다.

당연히, 당신도 돈을 써서 사람을 청해 노인을 돌볼 수도 있고, 이렇게 하면 당신은 얼마간 심리적인 위로를 얻을 수 있을 것이다. 많은 방법들이 있어서 모두 가능하다. 그러나 당신은 자식으로서의 책임을 지지 않을 수 없다. 세상의 모든 일을 모두 당신이 꼭 해야 하는 것은 아니다. 단지 어머니를 돌보는 것에 있어서는, 어떤 사람도 당신을 대신 할 수 없다는 것이다.

어머니를 돌보는 것이 더 어려운 것은, 그녀가 비록 당신의 보살핌을 얻기를 바라지만, 그러나 언제나 당신을 거절한다는 것이다. 그녀는 일찌기 무엇이든 당신을 위해 했지만, 지금은 다시 당신을 도울 힘이 없다. 이 때문에 그녀의 마음은 매우 견디기 힘들고, 자기가 자식의 부담이 되었다고 느끼게 된다. 이 때 당신의 불편함을 덜어주는 것이 그녀의 가장 큰 바램이 된다.

그래서, 어머니가 진정으로 당신의 보살핌이 필요하게 되었을 때, 당신은 마땅히 최대한의 노력을 다하여야 한다. 왜냐하면 이러한 기회는 많지 않기 때문이다. 당신은 아마도 어머니를 돌보는 것과 아이를 돌보는 것이 얼마나 다른지 잘 모를 것이다. 아이는 영원히 도리에 맞다고 생각하여 편안하게 당신의 보살핌을 즐길 것이지만, 어머니는 오히려 당신의 아주 작은 보살핌에 대해서 불안을 느낀다. 아이는 어떤 때 당신의 보살핌이 아직 부족하다고 의심할 수 있고, 어머니는 오히려 당신이 원래 마땅히 그녀를 위해서 하는 모든 것에 대하여 감격으로 충만해 할 것이다. 그녀가 마지못해 당신이 그녀를 위해 목욕시켜주는 것을 허락했을 때, 당신은 자신의 두손을 통해서 깊이 느낄 수 있을 것이다. 이 분은 일찌기 당신의 몸을 낳아 기르셨고, 이미 얼마나 당신의 보살핌을 필요로 하는지를 말이다.

□ 【从前】 cóngqián　　　　　　　갑명 종전, 이전

　　(≒【从来】 cónglái、【以前】 yǐqián)

　　(참)□【空前】 kōngqián　　　　을형 공전의, 전대미문의

□ 【时刻】 shíkè　　　　　　　　을명 시각, 시간 (≒【时间】 shíjiān), 항상

□ 【年轻】 niánqīng　갑 □【年青】 niánqīng　을형 젊다

□ 【忙得不可开交】 mángdebùkěkāijiāo　　　　(숙) 바빠서 어찌 할 수 없다

□ 【累】 lěi　갑동 쌓이다, 점점 증가하다 □【累】 lèi　형 피곤하다　동 피로하게 하다

　　(참)□【积累】 jīlěi　　　　　　을동 쌓이다, 누적하다

□ 【往往】 wǎngwǎng　　　　　을부 왕왕, 늘, 때때로, 이따금

□ 【此时】 cǐshí　　　　　　　　정명 이때, 지금

□ 【到来】 dàolái　　　　　　　정동 닥쳐오다, 도래하다

□ 【护】 hù　　　　　　　　　　병동 지키다, 보호하다, 수호하다

□ 【护理】 hùlǐ　　　　　　　　동 (환자를)돌보다, 보호 관리하다, 보살피다

□ 【得到】 dé//dào　　　　　　갑동 손에 넣다, 되다, 얻다 ; 받다, 이룩되다

□ 【可行】 kěxíng　　　　　　　병형 실행할 만하다, 가능하다, 할 수 있다

□ 【不能不】 bùnéngbù　　　　　부 ~하지 않을 수 없다

□ 【尽】 jìn　을동 다 없어지다, 다하다 □【尽】 jǐn　부 줄곧, 내내, 계속

□ 【儿女】 érnǚ　　　　　　　　병명 자녀, 아들과 딸

□ 【责任】 zérèn　　　　　　　을명 책임

　　(참)□【任务】 rènwu　　　　을명 임무, 책무

　　　　□【担任】 dānrèn　　　을동 맡다, 담임하다, 담당하다

□ 【世界】 shìjiè　　　　　　　갑명 세계

□ 【非 ~ 不可】 fēi~bùkě　　　　을 ~하지 않으면 안된다, 꼭~해야 한다

□ 【任何】 rènhé　　　　　　　갑대 어떠한~라도(흔히 '都'와 호응하여 쓰임)

□ 【为此】 wèicǐ　　　　　　　이 때문에, 그런 까닭에

□ 【心愿】 xīnyuàn　　　　　　정명 심원, 염원

□ 【当~的时候】 dāng~deshíhou　　　을 ~할 때

□ 【多么】 duōme　　　　　　　갑부 얼마나, 어느 정도

□ 【永远】 yǒngyuǎn　　　　　갑부 언제나, 언제까지나, 길이길이

□ 【心安理得】 xīn ān lǐ dé　　　　(숙) 도리에 어긋나지 않아 마음이 편안하다

□ 【不安】 bù'ān　　　　　　　병형 불안하다

　　⇔□【安心】 ān//xīn　　　　을형 안심하다, 마음 놓다

　　　□【放心】 fàng//xīn　　　을동 마음을 놓다, 안심하다

□ 【嫌】 xián　　　　　　　　　병동 의심하다, 싫어하다, 꺼리다

□ 【一切】 yíqiè　　　　　　　갑대 일체의, 모든

□ 【感激】 gǎnjī　　　　　　　을동 감격하다, 감사하다

　　(참)□【激动】 jīdòng　　　　을형 감격하다, 흥분하다　동 감동시키다

　　　　□【激烈】 jīliè　　　　을형 격렬하다, 치열하다

□ 【深切】 shēnqiè　　　　　　정형 따뜻하고 친절하다, (정 따위가)깊다

　　(참)□【深厚】 shēnhòu　　　을형 (감정이)깊고 두텁다, (기초가)단단하다, 튼튼하다

	【深刻】 shēnkè	을형 (인상등이)깊다, 핵심을 찌르다
	【深入】 shēnrù	을동 깊이 들어가다
	【迫切】 pòqiè	을형 절실하다, 절박하다
【感受】 gǎnshòu	병동명 감명(받다) ≒ 【感想】 gǎnxiǎng	을명 감상
【孕育】 yùnyù	정동 낳아 기르다, 생육하다

为防止**森林**的沙漠化，政府和当地百姓签订了奖励协议，鼓励百姓在沙中植树。

삼림의 사막화를 방지하기 위하여, 정부와 현지 주민들은 상을 주어 격려하는 협의를 체결하고, 주민들이 모래에 나무를 심는 것을 격려했다.

	【森林】 sēnlín	을명 삼림
□	【沙漠】 shāmò	을명 사막
□	【政府】 zhèngfǔ	갑명 정부
□	【当地】 dāngdì	을명 당지, 그 지방
□	【百姓】 bǎixìng	명 (관리와 반대되는)평민, 백성
□	【签订】 qiāndìng	을동 조인하다, (조약을)체결하다
□	【协议】 xiéyì	동 협의하다, 합의하다
□	【鼓励】 gǔlì	을동 격려하다, 북돋우다 명 격려
□	【沙子】 shāzi　정 □ 【沙】 shā	을명 모래

我小时候

我小时候，对一切事物都感到新鲜、好奇。

记得五岁的时候，在一个冬天的早上，我一个人在床上玩儿，一抬头，忽然发现玻璃变得模模糊糊，不那么明亮透明。当时，我觉得很奇怪，用手指试着在玻璃上写了一个"山"字。过了一会儿，奇迹出现了，"眼泪"在慢慢地顺着玻璃往下流。

我急忙问妈妈："妈妈，为什么'山'字哭了呢？我就不哭。爸爸说爱哭的孩子不好。"妈妈先是一愣，然后大笑起来，走到我身旁，轻轻地摸着我的头，温和地回答说："玻璃上的啊，那不是眼泪，那是水蒸气遇冷后变成的水珠。""噢，原来是这么一回事啊！"我似懂非懂地点了点头，却 不知道妈妈为什么笑。

还有一次，在夏天的晚上，全家人坐在院子里乘凉。我望着天上的星星，自言自语地说："我能不能数清天上有多少颗星星呢？""星星为什么一直朝我眨眼睛？它是不是让我去它家玩儿？""我能把星星摘下来吗？"大人们听了，哈哈大笑起来。

我想："你们笑什么？等我把这些问题弄明白了，看你们还笑我什么？"于是，我就站在院子里真的开始数起星星来了。一、二、三、四……，但是，怎么数也数不清。

童年的我，就是那么天真、那么可笑。这一切后来都成了我美好的回忆和甜蜜的梦。至今，一想起这些趣事我还想笑。（493字）

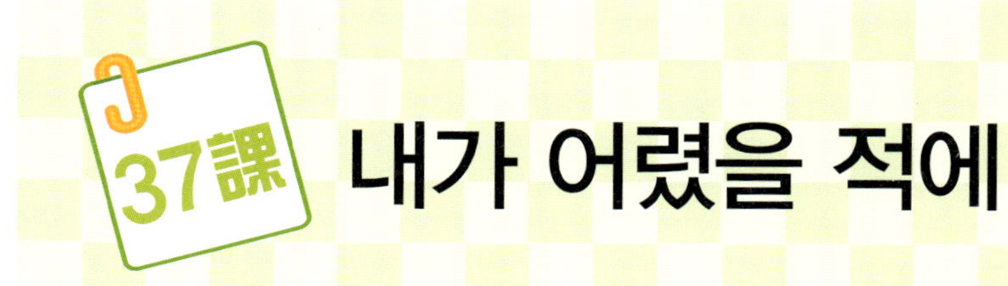

내가 어렸을 적에

나는 어렸을 적에, 모든 사물에 대해서 신선함과 호기심을 느꼈다.

5살 때 기억에, 어느 겨울날 아침, 나는 혼자 침대에서 놀고 있었는데, 고개를 들어 보니, 갑자기 유리가 흐릿하게 변하여, 그다지 맑고 투명하지 않은 것을 발견했다. 그 때, 나는 아주 이상하다고 느껴서, 손가락으로 유리 위에 "산" 자를 써 보았다. 잠시 후에 기적이 나타났다. "눈물"이 천천히 유리를 타고 흘러내렸다.

나는 급히 엄마에게 물었다. "엄마, 왜 '산' 자가 울어요? 나는 안울어요. 아빠가 잘 우는 아이는 나쁘다고 했어요." 엄마는 먼저 깜짝 놀라시더니, 그리고 나서는 크게 웃기 시작하셨다. 내 곁으로 걸어와서는 가볍게 내 머리를 쓰다듬으시면서 온화하게 대답해 주셨다. "유리 위에 것은 말이다, 그건 눈물이 아니고, 수증기가 차가운 것을 만난 후에 물방울로 변한 거란다." "아! 원래 이렇게 된 일이군요!" 나는 알 듯 모를 듯 고개를 끄덕였지만, 엄마가 왜 웃는지는 몰랐다.

또 한 번은, 여름날 저녁에, 온 가족이 마당에 앉아 시원한 바람을 쐬었다. 나는 하늘의 별들을 보고는, 혼잣말로 말했다. "내가 하늘 위에 얼마나 많은 별이 있는지 셀수 있을까?" "별들은 왜 줄곧 나에게 눈을 깜빡이고 있을까? 나보고 그들집에 놀러 가자는 것일까?" "내가 별을 딸 수 있을까?" 어른들이 듣더니, 하하하 하고 크게 웃었다.

나는 생각했다. "당신들 왜 웃어요? 내가 이 문제들을 다 알아내고나서, 당신들이 여전히 웃을 수 있는지 볼거예요!" 그래서, 나는 마당에 서서 정말 별들을 세기 시작했다. 하나、둘、셋、넷……, 그러나 어떻게 세도 다 셀 수가 없었다.

어린시절의 나는, 그렇게 천진하고, 그렇게 재미있었다. 이 모든 것들이 나중에는 나의 아름다운 추억과 달콤한 꿈이 되었다. 지금까지, 이런 재미있었던 일들을 생각하면 나는 아직도 웃고 싶어진다.

□ 【事物】 shìwù 〈을〉〈명〉 사물 (참) □ 【事件】 shìjiàn 〈을〉〈명〉 사건, 사태, 일

□ 【好奇】 hàoqí 〈병〉〈형〉 호기심이 많다

□ 【忽然】 hūrán 〈갑〉〈부〉 갑자기, 별안간, 돌연

□ 【玻璃】 bō·lí 〈을〉〈명〉 유리

□ 【模糊(模胡)】 móhu 〈병〉〈형〉 모호하다, 분명하지 않다

□ 【明亮】 míngliàng 〈을〉〈형〉 밝다, 환하다 ; 분명하다, 뚜렷하다

(참) □ 【亮】 liàng 〈갑〉〈형〉 밝다 〈동〉 빛을 내다

□ 【透明】 tòumíng 〈병〉〈형〉 투명하다

(참) □ 【光明】 guāngmíng 〈을〉〈형〉 (방 따위가)밝다, 환하다 ; 유망하다

□ 【手指】 shǒuzhǐ 〈을〉〈명〉 손가락

□ 【奇迹】 qíjī 〈병〉〈명〉 기적 (참) □ 【古迹】 gǔjī 〈을〉〈명〉 고적(주로 건축물을 가리킴)

□ 【顺着】 shùnzhe 〈개〉 겸해서, ~하는 김에 ≒ □ 【沿】 yán 〈을〉〈개〉 ~를 따라

□ 【下流】 xiàliú 〈형〉 비열하다, 쌍스럽다, 천하다 〈명〉 하류 (≒ 【下游】 xiàyóu)

※ □ 【先 ~ 然后…】 xiān~ránhòu… 먼저~그 후에…

□ 【一愣】 yílèng 놀라 멍하다, 깜짝 놀라다

□ 【旁】 páng 〈을〉〈명〉 옆, 가, 곁

□ 【摸】 mō 〈을〉〈동〉 (손으로)짚어 보다, 어루만지다

□ 【温和】 wēnhé 〈병〉〈형〉 온화하다

□ 【水蒸气】 shuǐzhēngqì 〈정〉〈명〉 수증기

□ 【遇】 yù 〈을〉〈동〉 상봉하다, 만나다

□ 【珠】 zhū 〈정〉〈명〉 진주, 방울

□ 【噢】 ō 〈병〉〈탄〉 아! 오!(이미 이해했거나납득했음을 나타냄)

□ 【一回事】 yìhuíshì 〈명〉 동일한 것, 하나의 일(조건, 문제)

□ 【似】 sì 〈정〉〈동〉 닮다, ~처럼 보인다

(참) □ 【仿佛】 fǎngfú 〈을〉〈동〉 모방하다, 비슷하다 〈부〉 마치~인 듯하다

□ 【乘凉】 chéng//liáng 〈동〉 더위를 피하여 서늘한 바람을 쐬다

(참) □ 【乘】 chéng 〈을〉〈동〉 (버스 등을)타다 ; (기회를)이용하다

□ 【天上】 tiānshang 〈병〉〈명〉 천상, 하늘

□ 【星星】 xīngxing 〈을〉〈명〉 별 (참) □ 【卫星】 wèixīng 〈을〉〈명〉 (인공)위성

□ 【自言自语】 zì yán zì yǔ 〈병〉 (숙) 혼잣말을 하다, 중얼거리다

□ 【数】 shǔ 〈갑〉〈동〉 세다, 헤아리다 □ shù 〈을〉〈명〉 수(数)

□ 【颗】 kē 〈을〉〈양〉 알, 방울(둥글고 작은 알맹이 모양과 같은 것을 세는 단위)

≒ □ 【粒】 lì 〈을〉〈양〉 알, 톨

□ 【朝】 cháo 〈갑〉〈개〉 ~을 향하여 〈동〉 ~으로 향하다

□ 【眨】 zhǎ 〈정〉〈동〉 (눈을)깜박거리다, 깜박이다

□ 【眼睛】 yǎnjing 〈갑〉〈명〉 눈(눈의 통칭) ; 안목(眼目), 보는 눈

(참) □ 【眼镜】 yǎnjìng 〈을〉〈명〉 안경 □ 【眼前】 yǎnqián 〈을〉〈명〉 눈앞, 현재

□ 【哈哈】 hā·hā 〈갑〉〈의〉 하하, 웃는 소리

□ 【弄】 nòng 〈을〉〈동〉 가지고 놀다 ; 하다 ; 장만하다

□ 【数不清】 shǔbùqīng (너무 많아서)확실하게 셀 수 없다

(참)ㅁ 【无数】 wúshù	을 형 무수하다, 매우 많다
ㅁ 【童年】 tóngnián	정 명 어린 시절 (참)【青年】 qīngnián
ㅁ 【天真】 tiānzhēn	을 형 천진하다, 순진하다
≒ㅁ 【幼稚】 yòuzhì	병 형 유치하다, 미숙하다
(참)ㅁ 【真实】 zhēnshí	을 형 진실하다
ㅁ 【回忆】 huíyì	을 동 명 회상(하다) ; 추억(하다)
ㅁ 【甜蜜】 tiánmì	형 아주 달다, 달콤하다 ; 다정하다 ; 행복하다
(참)ㅁ 【蜜蜂】 mìfēng	을 명 꿀벌
ㅁ 【甜】 tián	을 형 (맛이)달다 ; (맛이)달콤하다 ; 행복하다
ㅁ 【梦】 mèng	을 명 꿈
ㅁ 【至今】 zhìjīn	을 부 지금까지, 오늘까지
ㅁ 【趣】 qù	명 취미, 흥미, 재미
(참)ㅁ 【感兴趣】 gǎn//xìng·qù	을 동 흥미가 있다

《短文 5》

明明是你把旅途中买的纪念品打碎了，反倒怪我没把它放好。

분명히 네가 여행 중에 산 기념품을 깨뜨려 놓고는, 오히려 그것을 잘챙겨 놓지 않았다고 나를 원망하는구나!

ㅁ 【旅途】 lǚtú	을 명 여정, 여행 도중
ㅁ 【纪念品】 jìniànpǐn	명 기념품
ㅁ 【打碎】 dǎsuì	동 (때려)부수다
ㅁ 【反倒】 fǎndào	정 부 오히려, 도리어
≒ㅁ 【反而】 fǎn'ér	병 부 오히려, 역으로

第38课　贺年片杂感

我决定从今年开始不再寄贺年片了。

我听说，几千张贺年片等于毁掉一棵大树，而对于生活在现代城市的人来说，渴望绿色已经是一种奢侈了。买贺年片、写贺年片、寄贺年片、扔贺年片这一连串的程序不仅累人，最终的结果是制造了大量的垃圾。

有专家说，目前世界垃圾的增长速度比经济增长速度快三倍左右。如果不采取措施，不久的将来，地球上的陆地会充满垃圾，人类生存的空间将全部被垃圾包围。

我不否认贺年片能表达感情和友谊，但是有些人只是为了利用别人才寄贺年片。有位高官在职时，每年都会为能收到很多贺年片而得意扬扬，可到了退休那年只收到了几张贺年片，而且还都是他亲戚寄来的。许多互寄贺年片的人彼此来往并不多，只是希望通过一张贺年片让对方记住自己，关键时刻能有用。所以贺年片包含着许多内容：有期待、有机会、有利益……。

另外，我给别人寄贺年片，别人出于礼貌也会回寄，也许人家本来没有这个意思。这样的贺年片不仅变了味儿，而且给人家增添了麻烦。如果别人忙不过来没时间给你回寄，你心里也会觉得不平衡。

我爱绿色，也爱和朋友愉快地往来。随着年龄的增长和人生经历的不断丰富，我越来越喜欢简单、明快、经济的交流方式。友谊的表达方式是多种多样的，何必只用贺年片一种方式呢？（510字）

연하장에 대한 잡다한 감상

나는 올해부터 시작하여 더이상 연하장을 보내지 않기로 결심했다.

듣자니, 몇 천장의 연하장을 만드는 것은 한 그루의 큰 나무를 훼손하는 것과 같다고 한다. 그리고 현대도시에서 생활하는 사람들에 대해서 말하자면, 녹색을 갈망하는 것은 이미 일종의 사치가 되었다. 연하장을 사고, 연하장을 쓰고, 연하장을 보내고, 연하장을 버리는 이렇게 이어지는 순서가 사람들을 피곤하게 할 뿐만 아니라, 최종적인 결과는 대량의 쓰레기를 만들어 낸다는 것이다. 전문가가 말하기를, 현재 세계 쓰레기 증가속도가 경제증가속도에 비해 세 배 정도 더 빠르다고 한다. 만약 대책을 세우지 않는다면, 오래지 않은 미래에, 지구상의 육지는 쓰레기로 가득 찰 것이며, 인류생존의 공간이 앞으로 전부 쓰레기에 의해 둘러 싸여질 것이다.

나는 연하장이 감정이나 우정을 표현할 수 있다는 것을 부정하지는 않지만, 어떤 이들은 단지 다른 사람을 이용하기 위해서 연하장을 보내기도 한다. 고위관리가 재직중에, 매년 많은 연하장을 받음으로 해서 의기양양해 할 것이나, 퇴직하는 그 해에 이르러서는 단지 몇 장의 연하장을 받는 것이 고작이고, 또한 그들 모두도 그의 친척들이 보내온 것이다. 서로 연하장을 주고 받는 수많은 사람들은 서로 왕래가 많지 않으며, 단지 한장의 연하장을 통하여 상대방으로 하여금 자기를 기억하게 하고, 중요한 때에 유용할 수 있기를 바랄 뿐이다. 그래서 연하장에는 많은 내용들을 포함하고 있다. 즉 기대、기회、이익…….

그 밖에, 내가 다른 사람에게 연하장을 보내면, 상대방도 예의상에서 답장을 보내는데, 아마도 사람들은 원래 이런 의미가 없을 것이다. 이러한 연하장은 그 보내는 의미가 변할 뿐만 아니라, 또한 상대방에게 번거로움을 더해준다. 만약에 그 사람이 바빠 시간을 못내어 답장을 보내지 않는다면, 당신 마음도 편치는 않을 것이다.

나는 녹색을 사랑하고, 또한 친구들과 즐겁게 왕래하는 것도 좋아한다. 나이가 들어가고 인생의 경험이 계속해서 풍부해짐에 따라, 나도 갈수록 간단하고、명쾌하고、경제적인 교류방식을 좋아한다. 우정을 표현하는 방식은 가지각색인데, 어찌 연하장 한가지 방식만 사용하는가?

□ 【杂感】 zágǎn　　　　　　　　　명 잡다한 감상

□ 【贺年片】 hènniánpiàn　　　　　명 연하장

□ 【等于】 děngyú　　　　　　　　　을동 ~와 같다, 맞먹다

□ 【毁】 huǐ　　　　　　　　　　　　병동 부수다, 파괴하다, 훼손하다

□ 【棵】 kē　　　　　　　　　　　　갑양 그루, 포기, 식물을 세는 단위

□ 【树】 shù　갑명 수목, 나무 (참)□ 【树林】 shùlín　을명 숲

□ 【现代】 xiàndài　　　　　　　　갑명 현대

□ 【城市】 chéngshì　　　　　　　갑명 도시

□ 【渴望】 kěwàng　　　　　　　　병동명 갈망(하다)

□ 【奢侈】 shēchǐ　　　　　　　　정형 사치하다

□ 【扔】 rēng　　　　　　　　　　을동 던지다 ; 내버리다

□ 【一连串】 yìliánchuàn　　일련의, 계속되는 (참)□ 【一连】 yìlián　병부 계속해서, 잇달아

□ 【程序】 chéngxù　병명 순서, 단계 (참)□ 【秩序】 zhìxù　을명 질서, 순서

□ 【不仅】 bùjǐn　을접 ~일 뿐만 아니라 (≒【不但】 búdàn), ~만은 아니다

　　(≒【不止】 bùzhǐ　병동 ~뿐만 아니다)

※□ 【不仅~而且…】 bùjǐn~érqiě… ~뿐만 아니라, …도…

□ 【终】 zhōng　　　　　　　　　정부 결국, 끝내, 마침내　명 마감

　⇔□ 【始】 shǐ　　　　　　　　정동 시작하다

□ 【结果】 jiéguǒ　갑접 결국　□　병명 결실, 결과 (⇔【原因】 yuányīn)

　□ 【结果】 jiē//guǒ　　　　　　정동 열매를 맺다, 열매가 맺다

□ 【制造】 zhìzào　　　　　　　　을동 제조하다, 만들다

□ 【大量】 dàliàng　　　　　　　　을형 대량의, 다량의

□ 【垃圾】 lājī　　　　　　　　　　을명 쓰레기, 오물

□ 【增长】 zēngzhǎng　　　　　　을동 늘어나다, 증가하다, 높아지다

□ 【速度】 sùdù　　　　　　　　　을명 속도

　(참)□ 【度】 dù　　　　　　　　을양 (온도·각도의 단위)도　명 정도, 한도(限度)

□ 【倍】 bèi　　　　　　　　　　　갑양 배, 곱절, 갑절

□ 【采取】 cǎiqǔ　을동 (방침·수단·태도 따위를)채용하다, 채택하다, 취하다

　≒□ 【采用】 cǎiyòng　　　　　을동명 채용(하다)

　(참)□ 【采】 cǎi　　　　　　　을동 채취하다, 채집하다

□ 【措施】 cuòshī　　　　　　　　을명 조치, 대책

□ 【不久】 bùjiǔ　　　　　　　　갑부 머지않아, 곧

□ 【将来】 jiānglái　　　　　　　갑명 장래, 미래

□ 【陆地】 lùdì　　　　　　　　　병명 육지 (참)□ 【海】 hǎi　명 바다

□ 【将】 jiāng　을개 ~을~하다　□　을부 장차, 막, 곧~하려하다

　≒□ 【将要】 jiāngyào　　　　　을부 막(장차)~하려하다

□ 【全部】 quánbù　　　　　　　　갑명 전부(의)

□ 【包围】 bāowéi　　　　　　　　병동 포위하다

　≒□ 【围绕】 wéirào　　　　　　을동 둘러싸다, ~을 중심에 놓다

□ 【否认】 fǒurèn　　　　　　　　정동 부인하다, 부정하다

□ 【利用】 lìyòng　　　　　　　갑동 이용하다

□ 【官】 guān　　　　　　　을명 관리, 벼슬아치, 공무원

□ 【在职】 zàizhí　　　　　　　동 재직하다

□ 【得意扬扬】 déyì yáng yáng　　　　(숙) 득의양양하다

□ 【退休】 tuìxiū　　　　　　　병동 퇴직하다

□ 【亲戚】 qīnqī　　　　　　　을명 친척

□ 【互】 hù　　　　　　　부 서로 (≒ 【互相】 hùxiāng)

□ 【来往】 láiwǎng　　　　　병동명 오고가다, 왕래(하다)

□ 【关键】 guānjiàn　　　　　을명 관건, 열쇠, 키포인트

□ 【期待】 qīdài　　　　　　　정동 기대하다

□ 【利益】 lìyì　　　　　　　을명 이익

□ 【出于】 chūyú　　　　　~에서 나오다, ~에서 발생하다

□ 【人家】 rénjiā　을명 집, 가정 □ 【人家】 rénjia　병대 남, 다른 사람

□ 【增添】 zēngtiān　정동 더하다, 늘리다 (참)□ 【添】 tiān　을동 더하다, 보태다

□ 【平衡】 pínghéng　　　　　병형 평형하다, 균형이 맞다　동 평행 되게 하다

□ 【愉快】 yúkuài　　　　　　갑형 기분이 좋다, 기쁘다, 유쾌하다

□ 【往来】 wǎnglái　　　　　병동 왔다갔다하다, 왕래하다

　　≒ 【来往】 láiwǎng　　　　병동명 오고가다, 왕래(하다)

□ 【经历】 jīnglì　　　　　　을명 경력, 경험, 내력, 경위　동 경험하다

□ 【明快】 míngkuài　　　　　형 (말이나 글이)명쾌하다

□ 【多种多样】 duōzhǒngduōyàng　　　가지각색의, 여러가지의

□ 【何必】 hébì　　　　　　병부 구태여~할 필요가 있는가 (≒ 【不必】 búbì)

初次投稿

我的第一篇文章在《少年报》上发表后，老师特意在班上朗读了一遍，还表扬了我。

下课后，同学们围住我，你一言我一语地称赞我，我心里高兴极了。可是就在这时，一个男同学突然大声说："这没什么了不起的，她爸爸经常发表文章，认识编辑部的人，说不定……"听到这话，我那高兴的心情一下子减了一大半，脸上红一阵，白一阵的。说实话，这篇文章爸爸确实帮我修改过，也是他给我送到编辑部去的。

回到家里后，我一直闷闷不乐。晚上做好功课，本想早点睡觉，但看见爸爸还坐在书桌前写东西。爸爸一会儿沉思，一会儿不停地写。我就想，爸爸的文章不就是这样一字一句地写出来的吗？我忽然闪出一个念头，不要任何人帮助，我自己写一篇文章去投稿，这才是真本事。说干就干，我翻开日记本，找到了一个十分有趣的小故事，悄悄地打起草稿来。这时爸爸走过来问我在做什么，我赶紧说在写日记(抄生词)，我可不想把这个秘密告诉别人。

我从来没有这样用心地写过作文，写了又改，改了又写。就这样，直到第三天才打好草稿。我趁爸爸不在家，偷偷地拿了几张稿纸，端端正正地抄写好，又买了邮票贴在信封上，寄给了另一家报社。

这次稿子能不能发表并不重要，重要的是我第一次靠自己的本事投了稿。我相信，只要不断努力，我的文章总有一天会发表的。(520字)

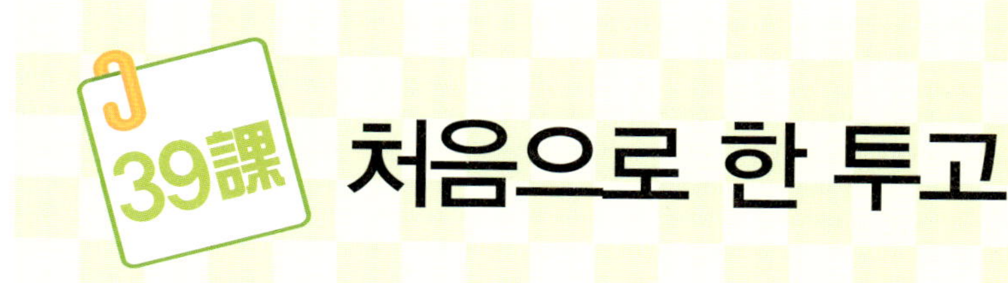

처음으로 한 투고

나의 첫 번째 글이 ≪소년보≫에 발표된 후에, 선생님께선 특별히 반에서 낭독을 해주셨고, 또 나를 칭찬해주셨다.

수업이 끝난 후에, 친구들이 나를 둘러싸고, 한마디씩 칭찬을 했고, 내 마음은 기쁘기 그지 없었다. 그러나 이 때, 한 남학생이 갑자기 큰소리로 말했다. "이거 무슨 대단하지도 않는데, 그녀의 아빠는 항상 글을 발표하니, 편집부 사람을 알 것이고, 단언하기는 어렵지만……." 이 말을 듣자, 내 그 기뻤던 마음은 순간 반으로 감소하고, 얼굴이 붉어졌다 하해졌다 했다. 솔직히 말해서, 이번 글은 확실히 아빠가 나를 도와 수정한 것이고, 또 아빠가 나에게 편집부에 보내라고 한 것이다.

집에 돌아온 후에, 나는 줄곧 답답하고 울적하였다. 저녁에 숙제를 다하고, 원래 일찍 자려고 했는데, 아빠가 아직 책상에 앉아 무언가를 쓰고 계신 것을 보았다. 아빠는 한편으로는 숙고하기도 하고, 또 한편으로는 끊임없이 쓰기도 하셨다. 나는 생각하기에, 아빠의 문장은 이렇게 한 자씩 한 문장씩 쓰여진 것이 아닌가? 나는 갑자기 생각하나가 번뜩였다. 어떤 사람의 도움도 없이, 내 스스로 한편의 글을 써서 투고하면, 이것이 비로소 진정한 능력이다. 한다고 말했으면 바로 한다. 나는 일기장을 펴고, 매우 재미있는 이야기를 하나 찾아서, 조용히 초고를 쓰기 시작했다. 이 때 아빠가 다가와서는 나에게 무엇을 하냐고 물었는데, 나는 급하게 일기를 쓴다고 말했고(새 단어를 베껴 썼다), 이 비밀을 다른 사람에게 알리고 싶지 않았다.

나는 여지껏 이렇게 힘을 쏟아 작문을 한 적이 없다. 썼다가 또 고치고, 고쳤다가 또 다시 쓰고. 이렇게, 3일이 되어서야 겨우 초고를 완성하였다. 나는 아빠가 집에 없을 때를 틈타서, 몰래 몇 장의 원고지를 꺼내어, 바르고 단정하게 잘 베껴 쓰고, 우표를 사서 편지봉투 위에 붙이고, 다른 신문사로 부쳤다.

이번 원고가 발표가 될 수 있는지 없는지는 결코 중요하지 않다. 중요한 것은 내가 처음으로 내 능력에 의지해서 투고를 했다는 것이다. 나는 끝없이 노력하기만 하면 나의 글이 언젠가는 발표될 수 있다고 믿는다.

□ 【初次】 chūcì ⓜ 첫 번, 처음, 제일회

□ 【篇】 piān ㉮⑱ (일정한 형식을 갖춘 문장을 세는 단위)편
　(참)□ 【扁】 biǎn ㉯⑲ 평평하다, 납작하다

□ 【少年】 shàonián ㉯ⓜ 소년

□ 【朗读】 lǎngdú ㉯⑧ⓜ 낭독(하다)

□ 【遍】 biàn ㉮⑱ (동작이 시작되어 끝날 때까지의 전 과정을 말함)번, 회
　　　　　　　　□ ㉯⑲ 온, 모든, 전면적인

□ 【下课】 xià//kè ㉮⑧ 수업을 마치다

□ 【围】 wéi ㉯⑧ 둘러싸다, 에워싸다

□ 【称赞】 chēngzàn ㉯⑧ 칭찬하다 (참)□ 【称】 chēng ㉯⑧ 부르다, 일컫다

□ 【~极了】 ~jíle ㉮⑭ 극히, 아주, 매우(성질이나 상태를 나타내는 동사나 형용사 뒤에 위치함)

□ 【了不起】 liǎobuqǐ ㉯⑲ 보통이 아니다, 뛰어나다
　≒□ 【厉害(利害)】 lìhai ㉯⑲ 대단하다, 굉장하다

□ 【编辑】 biān·jí ㉲ⓜ 편집(인) ⑧ 편집하다
　≒□ 【编】 biān ㉯⑧ 편집하다, 만들다

□ 【说不定】 shuōbuding ㉲⑭ 아마~일지도 모른다, 단언하기가 어렵다

□ 【心情】 xīnqíng ㉯ⓜ 심정, 마음, 기분

□ 【减】 jiǎn ㉯⑧ 빼다, 덜다, 감하다, 줄이다 (⇔ 【加】 jiā)

□ 【大半】 dàbàn ㉲ⓜ 과반수, 대부분, 절반 이상 ⑭ 대개, 대략

□ 【一阵(子)】 yízhèn(zi) ㉲ⓜ 한바탕, 일회, 일장, 한번
　(참)□ 【阵】 zhèn ㉯⑲ (잠시 동안 지속되는 일이나 동작을 세는 단위)번, 바탕, 차례
　　　　　　　　ⓜ 진영, 싸움터

□ 【实话】 shíhuà ㉲ⓜ 실화, 진실한 말

□ 【帮】 bāng ㉯⑧ 돕다, 거들어 주다 □ ㉲ⓜ 집단, 단체

□ 【修改】 xiūgǎi ㉯⑧ 수정하다, (문장이나 계획을)개정하다

□ 【闷】 mèn ㉲⑲ 마음이 편치 않다, 우울하다, 답답하다

□ 【闷】 mēn ㉲⑲ 답답하다, 갑갑하다 ㉲⑧ 밀폐하다
　(참)□ 【闷闷不乐】 mèn mèn bú lè 〈숙〉 마음이 답답하고 울적하다

□ 【功课】 gōngkè ㉲ⓜ 강의, 학습, 수업, 성적

□ 【沉思】 chénsī ㉲⑧ 숙고하다, 깊이 생각하다

□ 【闪】 shǎn ㉯⑧ 날쌔게 피하다 ; 비틀거리다 ; 번쩍이다

□ 【念头】 niàntou ㉳ⓜ 생각, 마음, 의사

□ 【投稿】 tóu//gǎo ⑧ 투고하다 (참)□ 【投入】 tóurù ㉯⑧ⓜ 투입(하다)

□ 【本事】 běnshi ㉯ⓜ 능력, 기량, 재능 (≒ □ 【本领】 běnlǐng ㉯ⓜ 재능, 기량, 수완

□ 【能力】 nénglì ㉯ⓜ 능력, 역량

□ 【有趣】 yǒu//qù ㉯⑲ 재미있다, 흥미있다

□ 【故事】 gùshi ㉮ⓜ 고사, 옛부터 전해오는 이야기

□ 【悄悄】 qiāoqiāo ㉯⑭ 조용히, 은밀하게

□ 【草稿】 cǎogǎo ⓜ 원고, 초고

□ 【抄】 chāo ㉯⑧ 베끼다, 표절하다 ; 몰수하다

□ 【用心】 yòng//xīn   (병)(동) 마음을 쓰다, 심혈을 기울이다 (명) 속셈, 저의, 생각

□ 【作文】 zuò//wén   (을)(동)(명) 작문(하다)

□ 【直到】 zhídào   (을)(동) ~에 이르다(주로 시간을 나타냄)

□ 【趁】 chèn   (을)(개) ~빌어서, (기회나 때를)이용해서, 틈타서, ~봐서

□ 【稿纸】 gǎozhǐ   (정)(명) 원고 용지

□ 【端正】 duānzhèng   (형) 단정하다, 바르다

   (참)□ 【端】 duān   (을)(동) 두 손으로 받쳐 들다

□ 【抄写】 chāoxiě   (을)(동) 베껴 쓰다 (참)□ 【描写】 miáoxiě (을)(동) 묘사하다

□ 【邮票】 yóupiào   (병)(명) 우표

□ 【贴】 tiē   (을)(동) (우표나 포스터 등을)붙이다

□ 【报社】 bàoshè   (병)(명) 신문사

□ 【重要】 zhòngyào   (갑)(형) 중요하다

□ 【投】 tóu   (을)(동) 던지다 ; (편지나 원고를)보내다, 부치다

《短文 6》

厨房里闻着有股气味，应该有腐烂的东西。

주방에서 무슨 냄새가 나는데, 분명히 무슨 부패한 것이 있는 것이다.

□ 【厨房】 chúfáng   (을)(명) 주방, 부엌

□ 【闻】 wén   (을)(동) (냄새를)맡다 ; 듣다

□ 【股】 gǔ   (병)(명) 넓적다리 ; 주식(株式) □ (양) ①가닥, 줄기(한 줄기를 이룬 물건을 세는 단위)
    ②맛 · 기체 · 냄새 · 힘 따위를 세는 단위

□ 【烂】 làn   (을)(동) 썩다, 부패하다 (형) 흐물흐물하다, 낡다, 헐다

从孩子们得到的启示

我喜欢注意孩子们在游戏时的神情。

他们有时小心翼翼、辛辛苦苦地用积木搭成一座宫殿；有时费了不少精力，画了一张很漂亮的图画。可是，正当我在旁边为他们做出的出色成果庆贺、赞赏、高兴的时候，他们却毫不留恋地把自己搭的那座宫殿推倒，把自己画的那张画儿随手扔掉了。

于是，我禁不住觉得非常可惜。心里想："为什么好不容易做出来的作品，却这样不珍惜爱护呢？为什么不把它们好好地保存起来，留着以后慢慢地欣赏呢？"

可是，当他们又从头开始，用自己的双手和智慧，创造出另一件更新、更好的作品来时，我才开始明白，大人不如孩子，在这方面孩子们比大人要强得多了。

他们永远不会满足于自己目前的成绩。

因为他们知道自己将更有进步，将会做出比目前更好、更可贵的作品来。所以，他们从不会像大人那样，停下来自我欣赏工作的成果，把它谨慎地保存起来，只怕一旦弄坏，就再没有把握做出一个比这个更好的东西来了。

这就是成年人的悲哀。

一个人一旦对自己的工作成绩过于欣赏，不敢从零做起、重新创造的时候，那就暗示着他的学习能量到了一定的限度，暗示着他不会再有新的进展了。

这就是我和孩子们在一起时得到的启示。（471字）

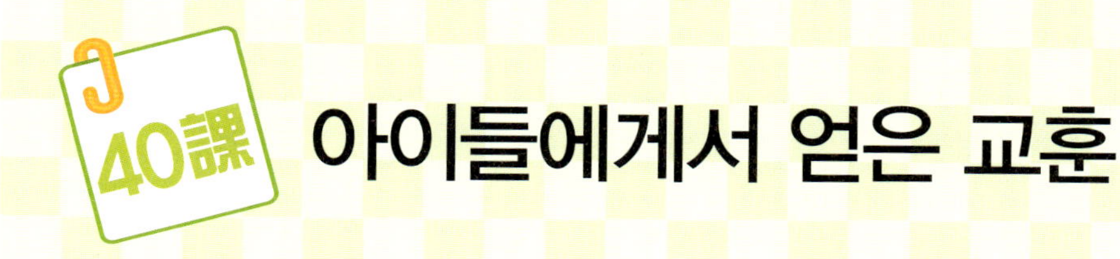

40課 아이들에게서 얻은 교훈

나는 아이들이 놀 때의 표정을 주시하는 것을 좋아한다.

그들은 어떤 때는 조심스럽고도 힘들게 나무 블록을 이용해서 궁전을 쌓고, 어떤 때는 많은 힘을 들여, 한 장의 아름다운 그림을 그린다. 그러나, 마침 내가 옆에서 그들이 만들어 놓은 출중한 성과에 축하와 칭찬과 기쁨을 전하려 할 때, 그들은 오히려 아무런 서운함도 없이 자기가 만들어 놓은 그 궁전을 밀어 무너뜨리고, 자기가 그린 그 그림을 닥치는 대로 버렸다.

그래서, 나는 참을 수 없이 매우 아쉽다고 느꼈다. 마음 속으로, '왜 어렵게 만들어 놓은 작품을, 이렇게 아끼고 소중히 여기지 않는 것일까? 왜 그것들을 잘 보존해서, 이후에 천천히 감상하지 않은 것일까?' 생각했다.

그러나, 그들은 다시 처음부터 시작해서, 자기의 두 손과 지혜를 써서, 다른 더 새롭고 더 좋은 작품을 창조해 냈을 때, 나는 어른들이 아이보다 못하고, 이 방면에서는 아이들이 어른보다 훨씬 더 강하다는 것을 비로소 깨닫기 시작했다.

그들은 영원히 자기의 눈앞의 성과에 만족하지 않는다.

그들은 자기가 앞으로 더욱 발전 할 수 있고, 앞으로 지금보다 더 좋고 더 소중한 작품을 만들어 낼 수 있다는 것을 알고 있기 때문이다. 그래서 그들은 지금까지 어른처럼 그렇게, 멈춰 서서 스스로 일의 성과를 감상하고, 그것을 신중히 보관하고, 일단 망가지면, 더 이상 이것보다 더 좋은 것을 만들어 내지 못할까 봐 두려워하지 않는다.

이것이 성인들의 비애다.

한 사람이 일단 자기 일의 성과에 대해 감상이 지나쳐, 감히 영에서 시작하여 새로 창조하지 못할 때, 그것이 바로 그의 학습능력이 일정한 한계에 이르렀다는 것을 암시하고, 그는 더 이상 새로운 진전이 있을 수 없다는 것을 암시한다.

이것이 바로 내가 아이들과 함께 할 때 얻은 교훈이다.

□ 【注意】 zhù//yì　　　　　갑 동 주의하다, 조심하다 ; 집중하다

□ 【神情】 shénqíng　　　　병 명 표정, 안색, 기색

□ 【小心翼翼】 xiǎoxīn yìyì　　정 신중하다, 조심스럽다

□ 【辛苦】 xīnkǔ　　　갑 형 고생스럽다　동 고생하다, 수고하다

　(참) □ 【辛苦了】 xīnkǔle　　　〈구〉 고생하셨습니다

□ 【积木】 jīmù　　　　　　　명 집짓기 놀이 장난감

　(참) □ 【木】 mù　을 명 목재, 재목　□ 【木头】 mùtou　을 명 나무, 목재

□ 【搭】 dā　　　을 동 (막 따위를)치다, 세우다, (다리 따위를)놓다, 만들다

□ 【座】 zuò　명 좌, 동, 채(산·건축물등 비교적 크고 든든한 것이나 고정된 물체를 세는 단위)
　　　　　을 명 자리, 좌석　(참) □ 【讲座】 jiǎngzuò　을 명 강좌

□ 【宫殿】 gōngdiàn　　　　병 명 궁전

□ 【精力】 jīnglì　　　　　을 명 정력, 체력과 기력

□ 【漂亮】 piàoliang　　　갑 형 아름답다, 예쁘다

□ 【图画】 túhuà　병 명 그림 (참) □ 【美术】 měishù　을 명 미술, 회화

□ 【旁边】 pángbiān　　　갑 명 옆, 곁, 측면, 부근, 근처

□ 【出色】 chūsè　　　　정 형 보통을 뛰어넘다, 훌륭하다

□ 【成果】 chéngguǒ　　　을 명 성과, (일의)수확

□ 【庆贺】 qìnghè　　　　정 동 경하하다, 축하하다

　≒ □ 【庆祝】 qìngzhù　　을 동 경축하다

□ 【赞赏】 zànshǎng　　　정 동 칭찬하다, 높이 평가하다

□ 【留恋】 liúliàn　　　　정 동 차마 떠나지 못하다, 떠나기 서운해 하다

□ 【推倒】 tuī//dǎo　　　　　동 밀어 넘어뜨리다

　(참) □ 【推】 tuī　　　　갑 동 밀다

　　　□ 【打倒】 dǎ//dǎo　을 동 명 타도(하다)

□ 【画儿】 huàr　　　　　갑 명 그림, 회화

□ 【扔掉】 rēng//diào　　　　동 던져버리다, 내버리다, 방치하다

□ 【禁不住】 jīnbuzhù　　　참지 못하다, 이겨 낼 수 없다

　⇔ □ 【禁得住】 jīndezhù　　　참을 수 있다, 이겨 낼 수 있다

□ 【可惜】 kěxī　　　　　병 형 아쉽다

□ 【好不容易】 hǎo//bùróngyì　을 부 겨우, 가까스로, 간신히
　(≒ 【好容易】 hǎo//róngyì)

□ 【珍惜】 zhēnxī　　　　병 동 진귀하게 여겨 아끼다, 소중히 여기다

□ 【欣赏】 xīnshǎng　　　병 동 감상하다 ; 마음에 들어하다

□ 【从头】 cóngtóu　　　　정 부 처음부터, 다시 새로이

□ 【智慧】 zhìhuì　　　　병 명 지혜, 슬기

□ 【创造】 chuàngzào　　　을 동 창조하다

　(참) □ 【创】 chuàng　　을 동 시작하다, 처음으로 만들다

　　　□ 【创作】 chuàngzuò　을 동 명 창조(하다)

□ 【更新】 gēngxīn　　　　정 동 갱신하다, 새롭게 바꾸다

□ 【大人】 dàren　　　　　을 명 어른 (⇔ 【小孩儿】 xiǎoháir)

□ 【**不如**】 bùrú　　　　　　　(갑)(동) ~만 못하다, ~하는 편이 낫다

□ 【**可贵**】 kěguì　　　　　　(정)(형) 진귀하다, 소중하다, 귀중하다

□ 【谨慎】 jǐnshèn　　　　　(병)(형) 신중하다

□ 【**只怕**】 zhǐpà　　　　　　　(부) 다만~만이 두렵다, 오직~만을 우려하다

□ 【**一旦**】 yídàn　　　　　(정)(부) 일단은~　(명) 하루아침, 잠시, 잠깐

　※ □ 【**一旦 ~ 就…**】 yídàn~jiù…　　　　일단~하면…하다

□ 【**弄坏**】 nòng//huài　　　　　(동) 망가뜨리다, 못쓰게 하다

□ 【**把握**】 bǎwò　　　　　(병)(동) 잡다, 장악하다　(명) 자신, 가망

　(참)□ 【握】 wò　　(을)(동) 쥐다, 장악하다　□ 【握手】 wò//shǒu　　(갑)(동) 악수하다

□ 【成年】 chéngnián　　　　　(명) 성년

□ 【悲哀】 bēi'āi　　　　　(병)(명) 비애, 슬픔　(동) 슬퍼하다, 애통해 하다

□ 【**过于**】 guòyú　　　　　(정)(부) 지나치게, 너무

□ 【**敢**】 gǎn　　　　　(갑)(조) 감히~하다 (≒【敢于】 gǎnyú)

□ 【重新】 chóngxīn　　　　　(을)(부) 다시, 새로이, 처음부터

□ 【暗示】 ànshì　　　　　(정)(동)(명) 암시(하다)

□ 【能量】 néngliàng　　　　　(병)(명) (사람이 발휘할 수 있는)능력, 역량

　(참)□ 【**能源**】 néngyuán　　　　　(을)(명) 에너지원

□ 【限度】 xiàndù　　(정)(명) 한도, 한계 (참)□ 【无限】 wúxiàn　　(을)(형) 무한하다

　⇔□ 【有限】 yǒuxiàn　　　　　(형) 유한하다

□ 【进展】 jìnzhǎn　　　　　(정)(동)(명) 진전(하다)

□ 【**启示**】 qǐshì　　　　　(정)(동)(명) 계시(하다), 시사(하다)

　≒□ 【启发】 qǐfā　　　　　(을)(동)(명) 계발(하다), 계몽(하다)

放学后的事情

今天下午放学后，我和好朋友马玲约好，去公园玩儿。

路上，我们俩又说又笑。忽然，从远处传来小孩儿的哭声。是谁哭得这样伤心？我们顺着哭声跑去。走近一看，原来是一个穿着红衣服梳着辫子的小妹妹，小脸满是泪痕，看上去，也就两三岁，旁边围着几个人，在议论着。

我拉拉马玲，小声说："快走，咱们玩儿去吧！"

"那怎么成！"马玲坚决地说，"这小妹妹也许和家人走散了，我们应该帮帮她！再说，咱们去公园的机会多着呢，干吗非今天去呀！"

我听马玲说得有理，就对小妹妹说："别哭，让大姐姐带你去找妈妈好吗？"小妹妹点了点头，不哭了。

我们先去商店问有没有丢小孩儿的顾客，人们都摇摇头。于是，我问："小妹妹，你家住在哪里？"

小妹妹摇摇头。

马玲问："你妈妈叫什么？"

小妹妹又摇摇头。马玲皱起了眉头。我忽然看到商店的墙上写着一句话："有事请找民警！"哎，有主意了！我对马玲说："咱们应该去派出所，请民警叔叔帮助呀！"马玲也赞成说："对呀，马上行动！"

到了派出所，一位民警叔叔带我们来到一间办公室。办公室里，一位阿姨正哭着诉说着什么。小妹妹见了阿姨，叫了声"妈妈"便扑了上去。阿姨紧紧抱着自己的女儿，不住地亲吻着。看着这动人场面，我和马玲也情不自禁地流下了眼泪。那阿姨对我们一再道谢，又要把手上的点心给我们，我们赶紧溜了出来。

今天虽然没能去公园玩儿，可我心里像吃了蜜一样甜。(565字)

하교 후에 생긴 일

오늘 오후 방과 후에, 나는 친한 친구 마링과 공원에 놀러 가기로 약속했다.

길에서 우리 둘은 떠들고 웃었다. 갑자기, 멀리서부터 어린 아이의 울음소리가 들려왔다. 누가 이렇게 슬프게 우는 걸까? 우리는 울음소리를 따라 뛰어갔다. 가까이 가서 보니, 빨간 옷을 입고 두 갈래로 머리를 땋은 어린 여자아이였는데, 작은 얼굴에는 온통 눈물자국 이었다. 보아하니, 겨우 두 세 살 정도로, 옆에는 몇 사람이 둘러 싸고, 의논을 하고 있었다.

나는 마링을 잡아 끌며 작은 소리로 말했다. "빨리 가자, 우리 놀러 가야지!"

"그게 어떻게 되니?" 마링이 단호하게 말했다. "이 아이는 아무래도 가족하고 헤어졌나 본데, 우리가 마땅히 도와줘야지! 다시 말해서, 우리가 공원에 놀러 갈 기회는 많이 있는데, 무엇 때문에 꼭 오늘 가야 하는 거야!"

나는 마링이 말한게 이치에 맞다고 들려서, 아이에게 말했다. "울지마, 언니들이 너를 데리고 가서 엄마를 찾아 줄께 알겠니?" 여자 아이는 고개를 끄덕이며, 울음을 그쳤다.

우리는 먼저 상점에 가서 아이를 잃어버린 손님이 있는지 물어보았지만, 사람들은 모두 고개를 저었다. 그래서, 나는 물었다. "얘야, 너의 집이 어디니?"

아이는 고개를 저었다.

마링이 물었다. "엄마 이름이 뭐야?"

아이는 또 고개를 저었다. 마링은 이마를 찌푸렸다. 나는 갑자기 상점 벽에 쓰여진 문구를 보았다. "일이 있으면 경찰을 찾아 주세요!" 아! 방법이 있다! 나는 마링에게 말했다. "우리 파출소로 가야 해, 경찰 아저씨께 도와 달래자!" 마링도 찬성했다. "맞아! 즉시 가자!"

파출소에 도착했고, 한 경찰 아저씨가 우리를 데리고 한 사무실로 들어 갔다. 사무실 안에는 한 아주머니가 마침 울면서 뭐라고 말하고 있었다. 아이가 아주머니를 보자, "엄마!" 하고 외치고는 달려들었다. 아주머니는 자기의 딸을 꼭 안아주고는, 연신 뽀뽀를 했다. 이 감동적인 장면을 보면서, 나와 마링은 자신도 모르게 눈물이 흘러내렸다. 아주머니는 우리에게 몇 번이나 고맙다고 하고, 또 손에 있던 간식을 우리에게 주려고 해서, 우리는 빨리 빠져 나왔다.

오늘 비록 공원에 놀러갈 수는 없었지만, 내 마음은 마치 꿀을 먹은 것처럼 달콤했다.

□ 【马玲】 mǎlíng 　　　　명 마링(馬玲, 人名)

□ 【公园】 gōngyuán 　갑명 공원 (참) □ 【花园】 huāyuán 　을명 화원

□ 【动物园】 dòngwùyuán 　갑명 동물원

□ 【处】 chù 　　　　을명 곳, 장소 ; 처(기관 또는 기관·단체 내의 조직 단위)

　　□ 【处】 chǔ 　　　　동 거주하다 ; (어떤 상황에)처하다 ; 처리하다 ; 처벌하다

　　(참) □ 【处分】 chǔfèn 　을동명 처분(하다), 처벌(하다)

　　　　　□ 【害处】 hàichu 　을명 손해, 결점, 나쁜 점, 폐해

　　　　　□ 【用处】 yòngchu 　을명 용처, 용도, 쓸모

□ 【传】 chuán 　을동 전하다 □ 【传】 zhuàn 　정명 전, 전기(傳記)

　　(참) □ 【传播】 chuánbō 　을동 널리 퍼뜨리다, 전파하다

□ 【小孩儿】 xiǎoháir 　갑명 어린애

□ 【伤心】 shāng//xīn 　을동 **상심하다, 슬퍼하다**

　　(참) □ 【伤】 shāng 　을동 상하다, 다치다, 해롭다 　명 상처

□ 【梳】 shū 　　　　병동 머리를 빗다, 빗질하다

□ 【辫子】 biànzi 　　정명 땋은 머리, 변발

□ 【泪痕】 lèihén 　　　명 눈물 흔적(자국)

□ 【上去】 shàng//·qù 　갑동 낮은 곳에서 높은 곳으로 혹은 가까운 곳에서 먼 곳으로 또는
　　　　　　　　　　　주체에서 대상으로 옮겨가는 것을 나타냄, 올라가다

　　⇔□ 【上来】 shàng//·lái 　갑동 동작이 아래에서 위로 혹은 멀리서 가까이로 행해지는 것을
　　　　　　　　　　　나타냄, 올라오다

□ 【坚决】 jiānjué 　을형 단호하다, 결연하다

　　(참) □ 【坚定】 jiāndìng 　을형 (입장·주장·의지 따위가)확고하다, 굳다, 곧다

　　　　　　　　　　동 굳히다, 확고히 하다, 견고히 하다

□ 【散】 sǎn 　병형 느슨해지다, 흩어지다 □ 【散】 sàn 　동 흩어지다, 떨어지다, 이혼하다

□ 【着呢】 zhene 　　　조 형용사 뒤에 붙어 강조의 어기를 나타냄

□ 【干吗】 gànmá 　을대 **무엇 때문에, 왜, 어째서**

　　(≒ 【干什么】 gàn shénme)

□ 【丢】 diū 　　　　갑동 잃다, 잃어 버리다, 내던지다, 방치하다

□ 【皱】 zhòu 　　병동명 주름살, 찡그리다, 찌그리다

□ 【眉头】 méitóu 　병명 미간

□ 【墙】 qiáng 　　갑명 벽, 담, 울타리

□ 【民警】 mínjǐng (【人民警察】 rénmín jǐngchá) 　명 인민경찰

　　≒ □ 【警察】 jǐngchá 　을명 경찰. □ 【公安】 gōng'ān 　병명 공안, 경찰

□ 【主意】 zhǔyi 　갑명 취의, 취지, 생각, 의견 (注) 【注意】 zhù//yì

□ 【赞成】 zànchéng 　을동 찬성하다 ⇔□ 【反对】 fǎnduì 　갑동 반대하다

□ 【阿姨】 āyí 　을명 이모 (≒ □ 【姨母】 yímǔ 　명 이모), 아주머니

　　(참) □ 【伯母】 bómǔ 　을명 백모, 큰어머니

□ 【阿】 ā 　을두 항렬(行列)이나 아명(兒名) 혹은 성(姓)앞에 쓰여 친밀한 뜻을 나타냄

□ 【诉说】 sùshuō 　　동 하소연하다, 간곡히 말하다

□ 【扑】 pū 　　　　을동 뛰어들다, 달려들다

□ 【不住】 bùzhù　　　　　을부 그치지 않고, 계속해서

□ 【亲吻】 qīnwěn　　　　　동 입 맞추다, 키스하다

　(참) □ 【亲爱】 qīn'ài　　　을형 친애하다, 사랑하다

　　　 □ 【亲切】 qīnqiè　　　을형 친근하다, 친밀하다, 절친하다

□ 【动人】 dòng//rén　　　을형 감동적이다

□ 【场面】 chǎngmiàn　　　병명 장면, 정경, 광경

□ 【情不自禁】 qíng bù zì jīn　　　(숙) 자신의 감정을 억제할 수 없다, 자신도 모르게

　(참) □ 【禁止】 jìnzhǐ　　　을동 금지하다

□ 【一再】 yízài　　　　　병부 몇번이나, 수차, 거듭, 반복하여

□ 【道谢】 dào//xiè　　　　동 감사의 말을 하다

□ 【溜】 liū　　　　　　　병형 미끄럽다　동 미끄러지다, 활강하다

　≒ □ 【滑】 huá　　　을동 미끄러지다　형 반들반들하다, 미끄럽다

※ 방향보어

V ＋来 · 去

来 : 오다　　去 : 가다

　(예)　跑来 （뛰어 오다）　　跑去 （뛰어 가다）

※ 복합방향보어

V ＋上 · 下 · 进 · 出 · 回 · 过 · 起 · 开（＋来 · 去）

上 : 올라 가다　　下 : 내려 오다　　进 : 들어 가다　　出 : 나가다

回 : 돌아 오다　　过 : 지나다　　　起 : 일어나다　　开 : 널리 퍼지다, 시작하다

　(예)　跑出 （뛰다 · 나가다）　　跑出来 （뛰다 · 나가다 · 오다）　　卖出 （팔다 · 나가다）

猫

不少人问我，家庭养猫的最大体会是什么？我回答说，在没养猫之前，我只知道都市里有人和楼。此前我所谓的城市生活，就是整天在楼里和人打交道。可养了猫之后，我才知道在人和楼之间还有猫，于是除了在楼里和人打交道之外，我还能和猫打打交道。

我发现，猫其实是一种智商极高的动物，尽管双方不能对话，但它常常能在一秒钟里就猜透我要做什么。举个有趣的小例子：家里修理管道时，我在厨房和厕所之间的墙上钻了一个通水管的小洞。那洞刚钻完，我就凑到跟前，睁大眼睛看它通了没有。这时却发现在洞的对面，也有一只睁大的眼睛在盯着我看，我吓得大叫一声，洞对面也发出"喵"的一声惊叫。原来我的猫一直就等在对面，帮我看那洞到底打通没有。

和猫一起生活，还能让人总是保持心理平衡，并使自己的精神世界得到充实。比方说，猫饿了，就会围着我"喵喵"地叫，可只要一喂饱了它，它就会高高地跳到书架上，一边骄傲地看着我，一边得意地理着它的毛。你说，和这种一下就忘掉别人的好意的动物交往之后，还有什么样的人我不能和平相处友好往来呢？

此外，我经过长期反复试验后发现，凡是猫自己不愿意做的事，无论我怎样强迫，它也不肯服从，而且弄急了还会反抗。猫一向都有自己独特的行为标准，从不轻易执行主人的命令。因此在和猫的生活中，我才真正体会到了人和动物之间必须"平等和民主"，来不得半点专制和暴力。（561字）

42課 고양이

많은 사람들이 나에게 묻는다. 가정에서 고양이를 키워 가장 크게 얻는 것은 무엇입니까? 나는 대답했다. 고양이를 키우기 전에는, 나는 단지 도시에는 사람과 빌딩만이 있는 줄 알았다. 이전에 나의 이른바 도시 생활은, 온 종일 건물 안에서 사람들과 왕래하는 것이다. 그러나 고양이를 키운 이후에는, 나는 사람과 빌딩사이에 또 고양이가 있다는 것을 비로소 알았다. 그래서 건물안에서 사람들과 왕래하는 것 이외에도, 나는 또 고양이와 왕래할 수 있다.

나는 고양이가 사실 지능이 아주 높은 동물이고, 설령 쌍방이 대화를 할 수는 없지만, 고양이는 항상 일초내에 내가 무엇을 하려고 하는지 추측해 낼 수 있다는 것을 발견했다. 흥미로운 작은 예를 들어보자면, 집에서 수도관을 고칠 때, 나는 주방과 화장실사이의 벽에 수도관으로 통하는 작은 구멍을 뚫었다. 그 구멍을 다 뚫고, 나는 앞으로 다가가서, 눈을 크게 뜨고 구멍이 잘 뚫렸나 보았다. 이 때 구멍 저편에서 눈을 크게 뜨고 나를 응시해 쳐다보고 있는 것을 발견하고는, 큰소릴를 지를 정도로 놀랐는데, 구멍 맞은 편에서도 "야옹" 하고 놀라는 소리가 났다. 원래 내 고양이가 줄곧 맞은편에서 기다리며, 나를 도와 구멍이 잘 뚫렸는지 보고 있었던 것이다.

고양이와 함께 생활하는 것은, 또 사람으로 하여금 언제나 마음의 평온을 유지하게 할 수 있게 하고, 자신의 정신세계로 하여금 충실함을 얻을 수 있게 한다. 예를 들어, 고양이가 배가 고파지면, 바로 내 주위를 돌며 "야옹" 하고 우는데, 일단 먹이를 주어 배가 부르면, 책꽂이위로 높게 뛰어올라, 한편으론 교만하게 나를 응시하면서, 한편으론 의기양양하게 자신의 털을 고른다. 당신 말해보세요. 이렇게 순간 다른 사람의 호의를 잊어버리는 동물과 지내고 난 후, 내가 또 어떠한 사람과도 평화롭게 공존하며 우정을 나눌 수 없겠어요?

이 밖에, 나는 장기간에 걸친 반복적 실험을 경험한 후에, 무릇 고양이란 자기가 원하지 않는 일은, 내가 어떻게 강압을 하든 상관없이, 복종하려고 하지 않으며, 또한 심하게 하면 더 반항할 수 있다는 것을 발견했다. 고양이는 줄곧 자기만의 독특한 행동기준이 있어서, 쉽게 주인의 말에 복종하지 않는다. 이 때문에 고양이와 생활하면서, 나는 사람과 동물 사이에는 반드시 "평등과 민주" 가 있어야 하고, 조금의 독재와 폭력을 해서는 안된다는 것을 비로소 진정으로 이해했다.

□	【体会】 tǐhuì	을동명 체득(하다), 이해(하다)
□	【都市】 dūshì	정명 도시, 도회 (≒ □ 【都会】 dūhuì、□ 【城市】 chéngshì)
	⇔□ 【乡村】 xiāngcūn	병명 농촌, 시골
	□ 【乡下】 xiāngxia	을명 시골, 지방
□	【所谓】 suǒwèi	을형 ~라는 것은, 소위, 이른바
□	【整天】 zhěngtiān	정명 온종일, 진종일, 꼬박하루
□	【打交道】 dǎjiāodao	병동 왕래하다, 사귀다
□	【智商】 zhìshāng	명 지능지수(IQ) (【智力商数】 zhìlì shāngshù의 준말)
※□	【尽管 ~】 jǐnguǎn	을부 얼마든지 접 비록~하더라도, ~에도 불구하고
※□	【尽管 ~ 可是 (但是、然而、可、还是、仍然、却)】 jǐnguǎn ~kěshì...~하더라도...
□	【对话】 duìhuà	을동명 대화(하다)
□	【透】 tòu	을동 스며들다, 침투하다, 통하다 형 철저하다, 완전하다
□	【举】 jǔ	갑동 들어 올리다, 쳐들다
□	【管道】 guǎndào	병명 파이프, 도관
□	【厕所】 cèsuǒ	을명 변소, 화장실 ≒□ 【洗手间】 xǐshǒujiān 명 화장실
□	【水管】 shuǐguǎn	명 수도관
□	【洞】 dòng	을명 구멍, 동굴
□	【凑】 còu	병동 모으다, 모이다, 마주치다, 접근하다
□	【睁】 zhēng	을동 눈을 뜨다
□	【对面】 duì//miàn	을명 반대편, 맞은편
□	【盯】 dīng	병동 주시하다, 응시하다
□	【吓】 xià	을동 놀라다, 놀라게 하다
□	【发出】 fāchū	을동 (소리 등을)내다, (명령 등을)발표하다
□	【喵】 miāo	의 야옹(고양이 울음 소리)
□	【惊叫】 jīngjiào	동 놀라 외치다
□	【充实】 chōngshí	병형 충실하다, 풍부하다 동 충실하게 하다, 강화하다
□	【比方】 bǐ·fāng	병접 예컨대, 가령, 만약, 비유한다면
□	【骄傲】 jiāo'ào	을동명 자만(하다) 형 거만하다, 교만하다
	⇔□ 【谦虚】 qiānxū	병형 겸허하다
□	【得意】 dé//yì	병동 뜻을 얻다(이루다), 의기양양하다
□	【地理】 dìlǐ	병명 지리
□	【一下 (儿)】 yíxià(r)	갑 좀~해 보다 □ 병부 돌연히, 단번에, 일시에
□	【忘掉】 wàng//diào	동 잊어버리다
□	【好意】 hǎoyì	명 호의, 선의
□	【样】 yàng	을명 모양 양 종류, 형태
□	【和平】 hépíng	을명형 평화(롭다)
□	【相处】 xiāngchǔ	동 함께 살다, 함께 지내다
□	【友好】 yǒuhǎo	갑형 우호적이다 명 절친한 친구, 우호
□	【长期】 chángqī	을명 장기간 ⇔□ 【短期】 duǎnqī 을명 단기간
□	【反复】 fǎnfù	을부 반복해서~하다 명 반복

□ 【试验】 shìyàn	을동명	실험(하다)
□ 【凡是】 fánshì	병부	대강, 대체로, 무릇
≒ □ 【凡】 fán	을부	무릇, 모두, 전부, 통틀어
□ 【无论】 wúlùn	을접	~에도 불구하고(막론하고) (≒ 【不论】 búlùn)
□ 【强迫】 qiǎngpò	병동	강박하다, 강요하다
□ 【服从】 fúcóng	을동	복종하다
□ 【反抗】 fǎnkàng	을동명	반항(하다), 저항(하다)
□ 【一向】 yíxiàng	병부	(이전부터 오늘까지)줄곧, 내내
□ 【独特】 dútè	병형	독특하다
□ 【行为】 xíngwéi	병명	행위
□ 【标准】 biāozhǔn	을명	표준, 기준　형 표준적이다
□ 【轻易】 qīng·yì	병부	수월하게, 간단하게
□ 【执行】 zhíxíng	을동	집행하다, 실행하다, 실시하다
□ 【命令】 mìnglìng	을동명	명령(하다)
□ 【必须】 bìxū	갑부	반드시~해야 한다, 꼭~해야 한다
□ 【平等】 píngděng	을명형	평등(하다)
□ 【民主】 mínzhǔ	을명형	민주(적이다)
⇔ □ 【专制】 zhuānzhì	정명	전제, 독단　동 독재하다
□ 【来不得】 láibudé		~할 수 없다, ~해서는 안된다
□ 【半点】 bàndiǎn	부	조금도, 한치도
□ 【暴力】 bàolì	정명	폭력

一定甜的橘子

九月的一天，地主过生日中午要请客，叫来仆人张老汉吩咐说："你快去给我买一百个橘子来。记住，我今天请的都是非常非常重要的客人，你一定要选最好、最甜的，酸的一个也不要。"张老汉答应一声"是"，就拿着钱走了。

张老汉在镇上买了一百个又红又大的橘子，在回来的路上，见穷人们正在田里为地主割谷子，他就停下脚步，招呼大家过来吃橘子。穷人们说："我们吃了，你拿什么去跟地主交代呢？"张老汉说："你们一个橘子吃一半，留一半就行了。"

天快黑了，张老汉挑着橘子，不慌不忙地回到地主家。地主见了大声嚷道："你干什么去了，怎么到现在才回来？客人们早已等得不耐烦了！"张老汉说："你不是叫我选最好的吗？我不得不在镇上从东头选到西头，又从西头选到东头，好容易才选了这一百个橘子，所以现在才赶回来。"

地主听了，一时说不出什么话，又嚷道："还不快把橘子给我挑到客厅去！"张老汉又一闪一闪地把橘子挑进了客厅。客人们看到张老汉买来的橘子都愣了。地主弯腰一看，每个橘子都只剩了一半儿。于是火冒三丈，嚷道："你这是打的什么鬼主意！"

张老汉一边用手抹着汗，一边不紧不慢地说："你不是叫我选最甜的，酸的不要吗？我的眼睛又看不出酸甜来，所以只好一个一个地尝了再买。害得我在镇上从东头尝到西头，又从西头尝到东头，好容易才尝出这一百个甜的来。"（542字）

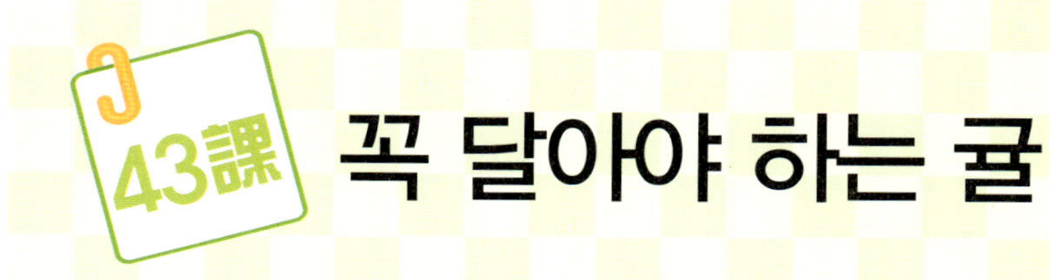

꼭 달아야 하는 귤

9월의 어느 날, 지주가 생일을 보내려 점심에 손님을 초대하고 싶어서, 하인인 장노인을 불러서 분부하여 말했다. "너 빨리 가서 내게 백 개의 귤을 사오너라, 기억해라, 내가 오늘 초대한 모두는 아주 아주 중요한 손님들이니, 너는 반드시 제일 좋고 제일 단 것을 골라야지, 신 것은 하나도 필요없다." 장노인은 "네" 라고 대답하고는, 바로 돈을 들고 갔다.

장노인은 마을에서 백 개의 빨갛고도 큰 귤을 샀다. 돌아오는 길에, 가난한 사람들이 마침 밭에서 지주를 위해 곡식을 베는 것을 보자, 그는 발걸음을 멈추고는, 모두 와서 귤을 먹으라 불렀다. 가난한 사람들이 말했다. "우리가 먹으면, 당신은 뭘 가지고 가서 주인에게 해명을 할 것이요?" 장노인이 말했다. " 당신들이 한 개의 귤마다 반만 먹고 반은 남겨주면 돼요."

날이 곧 저물려 하는데, 장노인이 귤을 들고는, 느긋하게 지주집으로 돌아왔다. 지주가 보고 큰소리로 고함을 쳤다. "너 무엇 하러 갔었어? 어떻게 이제서야 돌아오는거야? 손님들이 이미 기다리다 참지 못하게 되었잖아!" 장노인이 말했다. "주인님이 나더러 가장 좋은 것을 고르라고 하지 않았습니까? 나는 할 수 없이 마을 동쪽끝에서 서쪽끝까지 골랐고, 또 서쪽끝에서 동쪽끝까지 고르고 다녀서, 어렵게 이제서야 백 개의 귤을 골랐고, 그래서 지금에서야 돌아오는 거지요."

지주가 듣고는, 잠시 뭐라 말을 하지 못했지만, 또 소리를 쳤다. " 너 아직도 빨리 귤을 손님방에 내도록 하지않는 것이냐!" 장노인은 비틀비틀하면서 귤을 손님방에 내었다. 손님들은 장노인이 사온 귤을 보고는 모두 멍해졌다. 지주가 허리를 구부리고 보니, 각 귤마다 모두 반씩만 남아 있었다. 그래서 화가 머리 끝까지 치밀어 올라서는, 소리쳤다. "이것은 무슨 꿍꿍이를 꾸민 것이냐?"

장노인은 한편으론 손으로 땀을 닦으면서, 한편으론 허둥대지 않고 천천히 말했다. "주인님이 나보고 가장 단 것을 골라오라고, 신 것은 원하지 않는다고 하지 않았습니까? 저의 눈으로는 단것인지 신것인지 구분할 수 없기에, 그래서 하나씩 맛본 다음에 다시 산 것입니다. 걱정되는 저는 마을에서 동쪽끝에서 서쪽끝까지 맛보고, 다시 서쪽끝에서 동쪽 끝으로 맛을 보고는, 어렵게 백 개의 단 것을 맛보고 가져온 거예요."

□ 【地主】 dìzhǔ 병명 지주 (참)□ 【土】 tǔ 을명 흙, 토양 ; 땅, 토지

　□ 【土地】 tǔdì 을명 땅, 토지, 농토 □ 【地面】 dìmiàn 을명 지면 ; 바닥

　□ 【泥】 ní 을명 진흙, 진흙처럼 반고체 상태인 것

□ 【请客】 qǐng//kè 을동 **손님을 초대하다**, 한턱내다

　(참)□ 【会客】 huì//kè 을동 **손님을 만나다**

□ 【仆人】 púrén 정명 하인, 고용인

□ 【老汉】 lǎohàn 정명 노인, 우로(愚老), 졸로(拙老)(늙은이가 자기를 겸손히 일컫는 말)

□ 【吩咐(分付)】 fēn·fù 을동 분부하다, 시키다

□ 【橘子(桔子)】 júzi 갑명 귤(나무)

□ 【田】 tián 을명 밭, 논, 전답, 경작지

□ 【割】 gē 을동 (곡식이나 풀 따위를)베다

□ 【脚步】 jiǎobù 병명 보폭 ; 발걸음, 걸음거리 ; 발자취

　(참)□ 【初步】 chūbù 을형 시작단계의 초보적이다, 대체적이다

□ 【招呼】 zhāohu 을동 부르다, 인사하다, 알리다

　(참)□ 【呼】 hū 을동 큰소리로외치다(부르다) ; 부르다 ; 숨을 내쉬다

　(⇔ □ 【吸】 xī 을동 들이마시다, 들이쉬다) □ 【呼吸】 hūxī 을명 호흡

□ 【交代(交待)】 jiāodài 병동 사무를 인계하다, 교대하다 ; 분부하다 ; 설명하다

　(참)「교대하다」는 " □ 【交替】 jiāotì 정 □ 【替换】 tì·huàn 정 □ 【轮换】 lúnhuàn

　　　□ 【轮流】 lúnliú "

□ 【挑】 tiāo 을동 선택하다, 고르다

　□ 【挑】 tiāo 정동 (막대기 따위로)쳐들다, 받치다 ; 지탱하다 ; 일으키다

□ 【不慌不忙】 bùhuāng bùmáng (숙) 침착하다, 당황하지 않고 서두르지 않다

　(참)□ 【慌】 huāng 을형 당황하다, 허둥대다 동 당황해 하다, 어쩔 바를 몰라 하다

□ 【嚷】 rǎng 을동 큰소리로 부르다, 부르짖다, 고함치다

□ 【早已】 zǎoyǐ 병부 훨씬 전에, 이미, 벌써부터

□ 【耐烦】 nàifán 병형 인내하다, 잘 참다

　≒ □ 【耐心】 nàixīn 을형명 인내심(이 강하다), 참을성(이 좋다)

　(참)□ 【耐用】 nài//yòng 을형 질기다, 오래가다

□ 【不得不】 bù dé bù 을동 ~하지 않으면 안된다

□ 【从～到…】 cóng～dào… 갑 ~부터…까지

□ 【好容易】 hǎo//róngyì 을부 겨우, 간신히, 가까스로 (≒ 【好不容易】 hǎobù róngyì)

□ 【一时】 yìshí 을명 한때, 잠시, 일시, 임시

□ 【客厅】 kètīng 병명 객실, 응접실

　(참)□ 【餐厅】 cāntīng 을명 식당, 레스토랑

□ 【愣】 lèng 병동 멍해지다, 멍청해지다 형 경솔하다, 무분별하다

□ 【弯】 wān 을동 굽히다, 구부리다

□ 【腰】 yāo 을명 허리

□ 【火冒三丈】 huǒmào sānzhàng (숙) 화가 머리끝까지 치밀다

　(참)□ 【火】 huǒ 을명 불 ; 성, 화

　　□ 【冒】 mào 을동 뿜어나오다, 발산하다, 내뿜다

□ 【鬼】 guǐ　　　　　　　을명 귀신, 도깨비, 유령　형 음험하다, 속이 검다
□ 【手】 shǒu　　　　　　갑명 손　양 기능이나 능력 따위에 쓰임
　(참)□ 【手工】 shǒugōng　을명 수공, 세공, 손으로 하는 공예
□ 【抹】 mǒ　　　　　　　병동 바르다, 칠하다 ; 닦다, 문지르다　□ 【抹】 mā 동 닦다
□ 【汗】 hàn　　　　　　　을명 땀
□ 【尝】 cháng　　　　　　을동 맛보다 ; 경험하다

我的书房布置得很朴素。很宽大的桌子上面放着许多本小说、资料什么的。

내 서재는 매우 소박하게 꾸며져 있다. 넓은 책상위에는 많은 소설책들과 자료 등이 놓여져 있다.

□ 【书房】 shūfáng　　　명 서재 (참)□ 【书店】 shūdiàn　　을명 서점
□ 【布置】 bùzhì　　　　　을동 배치하다, 배열하다, 장식하다, 꾸미다
□ 【朴素】 pǔsù　　　　　　을형 소박하다, 검소하다, 꾸밈이 없다
□ 【宽】 kuān　　　　　　　을형 (폭이)넓다 (⇔【窄】 zhǎi)
□ 【小说】 xiǎoshuō　　　　을명 소설
□ 【资料】 zīliào　　　　　을명 자료
□ 【什么的】 shénmede　　　을대 ~등등(따위)

面子文化

我和同事都不是有钱人，但大家关系不错。到了夏天，大家轮流买西瓜请客。每次吃到最后一块西瓜时，大家总是爱面子，再没有人伸手。等到下班后，再把那块剩下的西瓜扔进垃圾桶。后来有人提议：每次在切瓜之前，先指定一个人保证吃最后一块西瓜，才算把这"最后一块西瓜与吃瓜人的面子"的矛盾解决了。

前不久，我参加了一个国际美食节。吃饭的时候由服务小姐为每个人上菜；每上一道菜，同席的外国人都要把盘里的菜吃得干干净净，只有我的同胞们却总在盘中留下一小口。同桌的外国人显然不能理解。这种现象在一些宴会桌上是很常见的，不管一盘多好的菜，最后总要剩下一些，在座的人全都视而不见，不当一回事。

留一口看起来不多，但问题却不简单，其实都是心里的毛病。大家围着那一口菜，互相谦让，听到的都是"我已经吃饱了"之类的话。然而，真有谁肚子饱得连"一口"也都吃不下了呢？

吃饭"留一口"，是一种虚伪。我们平时在家吃饭，很少剩"一口"，否则全家人都会骂你，除非从小就有这毛病。为什么一到公共场合，这"最后一口"就成了我们心理上的障碍呢？实际上这都是为了"面子"。现在大吃大喝的现象到处可见，从根底上找原因，恐怕也都离不开这种虚伪而又愚昧的"面子文化"。"留一口"不多，够我们咀嚼一阵子。（519字）

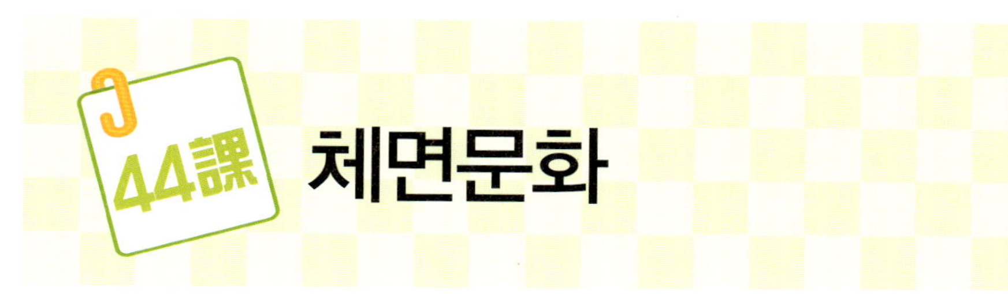

44課 체면문화

나와 동료들은 모두 부자는 아니지만, 모두들 관계가 좋다. 여름이 되면, 모두 돌아가면서 수박을 사서 한턱낸다. 매 번 마지막 한 쪽의 수박을 먹을 땐, 모두들 언제나 체면을 차리느라고, 다시 손을 내미는 사람이 없다. 퇴근을 기다린 후, 다시 그 남겨진 수박조각을 쓰레기통에 넣는다. 후에 누군가가 제안을 했다. 매 번 수박을 쓸기 전에, 먼저 한 사람을 지정해서 최후의 수박조각을 먹기로 약속하고 나서야, 비로소 이런 "최후의 수박조각과 수박먹는 사람의 체면"의 모순을 해결하였다.

얼마 전에, 나는 한 국제음식축제에 참가했다. 식사를 할 때 종업원 아가씨가 각자에게 음식을 차려주었다. 매 번 한 코스의 음식이 올라오면, 함께 참석한 외국인들은 모두 접시위의 음식을 깨끗하게 먹었다. 단지 우리 동포들만이 오히려 접시의 음식을 한 입씩 남겨 놓았다. 같은 테이블의 외국인들은 당연히 이해하지 못했다. 이런 현상은 연회자리에서 자주 보는 것으로, 한 접시에 얼마나 좋은 음식이든 상관없이, 최후에는 늘 조금씩 남기려 하는데, 자리에 있는 사람들은 모두 보고도 못 본 체하고, 무슨 큰일이라 여기지도 않는다.

한 입 정도 남기는 것은 보기에는 많지 않지만, 문제가 그리 간단하지 않는데, 사실 모두 마음속의 나쁜 버릇이다. 모두들 한 입 거리의 음식을 둘러싸고, 서로 겸손하게 양보하며, 들리는 것이 모두 "저는 이미 배불러요." 등의 말이다. 그러나, 진짜로 누가 배가 불러 "한 입"조차 먹을 수 없는 사람이 있겠는가?

밥 먹을 때 "남은 한 입"은, 일종의 위선이다. 우리가 평소에 집에서 밥을 먹으면, 거의 "한 입"은 남기지 않는데, 그렇지 않으면 온 가족이 모두 당신을 꾸짖을 것이다. 단지 어려서부터 이런 나쁜 버릇이 있지 않고서는 말이다. 왜 공공장소에 와서는, 이 "최후의 한 입"이 우리의 심리상의 장애가 되는 것일까? 실제로 이것은 모두 "체면"을 위해서이다. 지금은 많이 먹고 마시는 현상은 어디서나 볼 수 있는데, 근본적으로 원인을 찾아보면, 아마도 모두 이런 위선과 우매한 "체면문화"를 뗄 수가 없을 것이다. "남은 한 입"은 많지 않으니, 우리가 한 번 씹어 먹으면 그만이다.

□ 【同事】 tóng//shì　〔정〕〔명〕동료, 동업자

□ 【关系】 guānxì　〔정〕〔동〕〔명〕관계(하다)
　(참)□ 【没关系】 méi guānxi　〔갑〕관계가 없다 ; 괜찮다, 문제없다

□ 【轮流】 lúnliú　〔병〕〔동〕교대로하다, 순번대로 하다, 돌아가면서 하다

□ 【爱面子】 ài miànzi　〔정〕〔명〕체면을 중시하다, 체면 차리다
　(참)□ 【面子】 miànzi　〔정〕〔명〕면목, 체면, 얼굴 ; 표면, 외관, 외형

□ 【伸手】 shēn//shǒu　〔정〕〔동〕손을 뻗다, 손을 내밀다 ; 손을 대다, 착수하다
　(참)□ 【伸】 shēn　〔을〕〔동〕(신체나 물체의 일부분을)펴다, 펼치다, 내밀다

□ 【桶】 tǒng　〔을〕〔명〕(물건을 담는 원형의)통

□ 【提议】 tí//yì　〔병〕〔동〕〔명〕제의(하다), 제안(하다)

□ 【切】 qiē　〔을〕〔동〕자르다, 썰다　□ 【切】 qiè　〔형〕정성스럽다, 친밀하다

□ 【瓜】 guā　〔병〕〔명〕박과 식물의 총칭

□ 【指定】 zhǐdìng　〔정〕〔동〕지정하다, 확정하다

□ 【保证】 bǎozhèng　〔을〕〔동〕〔명〕담보(하다), 보증(하다), 확보(하다)

□ 【算】 suàn　〔갑〕〔동〕계산하다 ; ~로 인정하다, 간주하다
　(참)□ 【算了】 suànle　〔을〕그만두다, 개의하지 않다, 내버려두다, 됐다
　　□ 【打算】 dǎsuan　〔갑〕〔조〕~하려고 하다　〔명〕생각, 타산, 계획
　　□ 【算不了】 suànbuliǎo　계산 할 수 없다 ; ~로 간주 할 수 없다

□ 【参加】 cānjiā　〔갑〕〔동〕참가하다

□ 【国际】 guójì　〔을〕〔명〕국제

□ 【节】 jié 〔갑〕〔명〕기념일, 축제일, 명절, 절기　〔양〕여러 개로 나누어진 것을 세는데 쓰임
　　□ 〔병〕〔동〕절약하다 ≒ □ 【节约】 jiéyuē 〔을〕〔동〕절약하다 (비교적 큰 범위에 사용됨)
　□ 【节省】 jiéshěng　〔을〕〔동〕아끼다, 절약하다

□ 【上菜】 shàng//cài　〔동〕요리를 내다

□ 【同席】 tóng//xí　〔동〕동석하다, 함께 참석하다

□ 【外国】 wàiguó　〔갑〕〔명〕외국

□ 【盘】 pán　〔을〕〔명〕큰 접시 (≒ □ 【盆】 pén　〔을〕〔명〕대야)　〔양〕판, 대, 그릇(표면이 넓은 것,
　　평평한 것, 장기나 바둑의 횟수, 감을 수 있는 것 등의 수량을 나타냄)
　　□ 〔병〕〔동〕쌓다 ; 자세히 조사하다 ; 양도하다 ; 운반하다
　(참)□ 【盘子】 pánzi　〔을〕〔명〕쟁반

□ 【干净】 gān·jing　〔갑〕〔형〕깨끗하다, 깔끔하다
　⇔ □ 【脏】 zāng　〔갑〕〔형〕더럽다, 불결하다

□ 【同胞】 tóngbāo 〔병〕〔명〕동포, 한민족 ; 친형제자매 ≒ □ 【兄弟】 xiōngdì　〔을〕〔명〕형제

□ 【显然】 xiānrán　〔을〕〔형〕명백하다, 분명하다
　≒ □ 【显著】 xiǎnzhù　〔을〕〔형〕현저하다, 뚜렷하다, 두드러지다

□ 【宴会】 yànhuì 〔갑〕〔명〕연회 (참)□ 【大会】 dàhuì 〔을〕〔명〕대회, 총회

□ 【不管】 bùguǎn　〔을〕〔접〕~관계없이, ~을 막론하고 (≒ 【无论】 wúlùn)
※ □ 【不管 ~ 也…】 bùguǎn~yě…　~에 관계없이…하다

□ 【在座】 zài//zuò　〔병〕〔동〕착석하다, 좌석하다
　(참)□ 【座位】 zuòwèi　〔을〕〔명〕(≒ □ 【坐位】 zuò·wèi) 좌석, 자리

□ 【全都】 quándōu　　　　　　　　정 명 모두, 전부

□ 【视而不见】 shì ér bú jiàn　　　　(숙) 보아도 보이지 않다, 보고도 못 본 척하다

□ 【谦让】 qiānràng　　　　　　　　동 겸양하다, 겸손하게 사양하다

□ 【之类】 zhīlèi　　　　　　　　　병 조 ~의 종류

□ 【虚伪】 xūwěi　　　　　　　　　정 형 허위적이다, 거짓이다, 진실되지 못하다

　⇔□ 【诚实】 chéng·shí　　　　　을 형 성실하다

※ □ 【否则】 fǒuzé　　　　　　　　을 접 만약 그렇지 않으면 (≒ 【不然】 bùrán)

□ 【骂】 mà　　　　　　　　　　　을 동 욕하다, 질책하다, 꾸짖다, 따지다

※ □ 【除非~】 chúfēi~　　　　　　　병 접 다만~함으로써만이 비로소, 오직~하여야 비로소

※ □ 【除非~否则…】 chúfēi~ fǒuzé…　　　오직~하여야만(그렇지 않으면)…하다

□ 【公共】 gōnggòng　　　　　　　을 형 공공의, 공용의

□ 【场合】 chǎnghé　　　　　　　　병 명 경우, 형편, 상황, 장면, 장소

□ 【障碍】 zhàngài　　　　　　　　병 명 장애, 방해　　동 장애하다, 방해하다

□ 【实际】 shíji　　　　　　　　　을 명 실제　　형 실제의

□ 【大吃大喝】 dàchī dàhē　　　　　(숙) 진탕 먹고 마시다, 낭비하다

□ 【到处】 dàochù　　　　　　　　을 명 도처, 곳곳, 이르는 곳, 가는 곳

※ □ 【~可见…】 kějiàn　　　　　　병 접 ~을 볼(알) 수 있다

□ 【根底(根柢)】 gēndǐ　　　　　　명 기초, 근본 : 속사정, 내막

　(참)□ 【彻底】 chè//dǐ　　　　　을 명 형 철저(하다)

□ 【原因】 yuányīn　　　　　　　　을 명 원인 (⇔ 【结果】 jiéguǒ)

□ 【愚昧】 yúmèi　　　　　　　　　정 형 우매하다, 어리석고 사리에 어둡다

□ 【咀嚼】 jǔjué　　　　　　　　　동 (음식물을)씹다 ; (의미를)음미하다

可怜的左手

小时候，常常唱一支歌："我有一双万能的手，样样事情都会做。"不过，我主要用的是右手，对左手的功能**开发从不**重视。

不料（不巧）一天早晨，我骑自行车上班时，被一个年轻人**撞**倒，人摔了出去，右手骨折。**赶快**到医院打石膏。这下子，生活全乱了，出了许多麻烦。于是我不得不用起了我那只健康的左手。我学着用左手来生活，穿衣，洗脸，**刷牙**，吃饭，喝水，翻书，全用左手干，连字都得用左手写。刚开始，左手很**笨**，但渐渐的就有了进步，还能独自洗菜，切菜，炒菜，生活已经完全用不着别人照顾了，连**系领带**，也有了自己的办法。

可是，我**待**左手不太公平，遇到有朋友关心地**询问**我右手的情况时，我常常不加思索地说："嘿，**倒霉**极了，**偏偏**右手骨折，要是左手摔断，那也好一点儿啊。"朋友也都说："是啊，是啊，右手太**要紧**了。"全然**不顾**左手伤心的感觉。然而左手不提任何抗议，默默地继续尽自己的**义务**。

和左手一样，生活中有许多人和事物，平时往往不被人重视，只有到某一关键时刻，才**显**示出他们的重要。就是在这样的时候，有人仍然有偏见，轻视他们，伤害他们。而当事情过去，形势好转，用不到他们时，更把他们忘得干干净净了。

我不知道三个月后，右手恢复了功能，会不会忘掉那时左手做出的贡献。所以**至少**，我要趁着右手还打着石膏的时候，多多感谢左手，并且忍着**伤痛**，命令右手**夹**着笔，写下这段文字，**以便**将来**提醒**自己记在心中。（568字）

가여운 왼손

어릴 때, 항상 노래 한 곡을 불렀다. " 나는 한 쌍의 만능의 손이 있어, 여러 가지 일을 모두 할 수 있어요." 그러나, 내가 주로 쓰는 것은 오른손이고, 왼손의 기능을 개발하는 것에 대해서는 지금까지 중요시하지 않았다.

뜻밖에도, 어느 날 아침, 나는 자전거를 타고 출근할 때, 한 젊은이에 의해 부딪쳐서 넘어져, 사람이 나가 떨어져, 오른손이 골절되었다. 급히 병원에 가서 깁스를 했다. 이 순간, 생활이 모두 엉망이 되었고, 많은 번거로움이 생겼다. 그래서 나는 할 수 없이 나의 그 건강한 왼손을 사용하기 시작했다. 나는 왼손으로 생활하는 것을 배우는데, 옷입기, 세수하기, 양치하기, 밥먹기, 물마시기, 책넘기기 모두 왼손을 써서 했고, 글씨 조차도 왼손으로 썼다. 막 시작해서는, 왼손은 아주 우둔하였는데, 점점 나아져서, 혼자 야채도 씻고, 썰고, 볶는 것도 할 수 있었고, 생활이 이미 완전히 다른 사람의 도움이 필요 없게 되었다. 넥타이 매는 것 조차도, 나만의 방법이 생겼다.

그러나, 나는 왼손을 대우하는데 그다지 공평하지 않아서, 친구가 관심 있게 내 오른손의 상태를 물어 볼 때, 나는 항상 깊이 생각하지 않고 말했다. "에이! 정말 재수없어, 공교롭게 오른손이 골절되었어, 만약에 왼손이 부러졌다면, 그 또한 좀 좋지 않았겠어." 친구도 말했다. "맞아, 맞아, 오른손이 참 요긴하지!" 전혀 왼손이 상심하는 감정을 고려하지 않았다. 그러나 왼손은 어떠한 항의도 하지 않고, 묵묵히 계속해서 자신의 의무만 다했다.

왼손처럼, 일상생활 중 수많은 사람과 사물은, 평상시에는 늘 사람들에 의해 중시되지 못하다가, 중요한 때에 이르러서야, 비로소 그들의 중요함이 드러난다. 이럴 때, 어떤 사람은 여전히 편견이 있어, 그들을 경시하고, 상처를 준다. 또한 일이 끝나고, 상황이 좋게 바뀌어, 그들을 쓰지 않을 때는, 더욱 그들을 깨끗하게 잊어버린다.

나는 3개월 후에, 오른손이 기능을 회복하고 나면, 그 때 왼손이 만들어낸 공헌들을 잊어 버릴지도 모르겠다. 그래서 적어도, 나는 오른손이 아직 깁스를 하고 있을 때를 틈타, 왼손에게 많이 감사하고, 또한 상처의 아픔을 참으며, 오른손에게 연필을 잡으라고 명령해서, 앞으로 마음 속에 기억해서 스스로 깨우치기 편하도록 이 문장을 쓰고 있다.

□ 【万能】 wànnéng　　　　　형 만능하다, 온갖 일에 능하다

□ 【样样】 yàngyàng　　　　부 여러 가지, 각양각색, 갖가지, 별의 별

□ 【功能】 gōngnéng　　　　병명 기능, 작용, 효능

□ **【开发】** kāifā　　　　　병동 개발하다, 개척하다

　≒□ 【开辟】 kāipì　　　　을동 (길을)열다, 창립하다, 개척하다

□ **【从不(没)】** cóng bù(méi)　을 지금까지 ~아니하다

□ **【不料】** bùliào　　　　병부 뜻밖에, 의외에

　(참)□ 【不幸】 búxìng　　을형 불행하다

　　□ **【不巧】** bùqiǎo　　부 형편이 좋지 않다

※□ 【～不料…】 ～bùliào…　　　～뜻밖에도…

□ 【骑】 qí　　　　　　　　갑동 (동물이나 자전거 등에 다리를 벌리고)타다

□ 【自行车】 zìxíngchē　　갑명 자전거

□ 【撞】 zhuàng　　　　　을동 부딪치다, 마주치다, 충돌하다

□ **【赶快】** gǎnkuài　　　을부 빨리, 얼른, 어서

□ 【医院】 yīyuàn　　　　　갑명 병원, 의원

　(참)□ 【医务室】 yīwùshì 을명 의무실

□ 【石膏】 shígāo　　　　　명 석고 (참)□ 【石头】 shítou　 을명 돌

□ 【乱】 luàn　　　　　　　갑형 혼란스럽다, 무질서하다, 어지럽다

　(참)□ **【胡乱】** húluàn　　을부 대충, 되는대로, 아무렇게나, 마음대로

□ **【刷牙】** shuā//yá　　　동 이를 닦다 (참)□ 【牙】 yá　　 을명 이

　□ **【牙刷】** yáshuā　　　을명 칫솔 □ 【刷】 shuā　 을동 솔로 닦다, 솔질을 하다

□ 【笨】 bèn　　　　　　　을형 어리석다, 멍청하다, 미련하다

□ 【独自】 dúzì　　　　　　병부 단독으로, 혼자서, 홀로

□ **【系】** jì　　　　　　　갑동 메다, 묶다 □ **【系】** xì　 명 계통, 계열, 학과

　(참)□ 【体系】 tǐxì　　　　을명 체계, 체제

□ 【待】 dài　 을동 우대하다, 접대하다 ; 기다리다 □ 【待】 dāi　 동 머물다, 체류하다

□ 【公平】 gōng·píng　 정형 공평하다 ⇔□ 【不平】 bùpíng 을형 불공평하다 ; 불만스럽다

□ **【询问】** xúnwèn　　　　병동 심문하다, 묻다, 알아보다

　(참)□ 【访问】 fǎngwèn　　갑동명 방문(하다)

□ 【思索】 sīsuǒ　　　　병동명 사색(하다) (참)□ 【思想】 sīxiǎng　 갑명 사상, 생각

□ 【嘿】 hei　　　　　　을탄 ①어이, 여보(남을 부르거나 주의를 환기 시킬 때)

　　　　　　　　　　　　②야, 이봐(자랑스럽거나 만족스러운 기분을 나타내는 소리)

　　　　　　　　　　　　③하, 허, 야(놀라움이나 경탄을 나타내는 말)

□ **【倒霉】** dǎo//méi　　　병형 재수 없다, 운수 사납다, 불운하다

□ **【偏偏】** piānpiān　　　병부 마침, 공교롭게, 뜻밖에(공교롭게도 기대에 어긋 날 경우)

　≒□ **【偏】** piān　　　　을부 마침, 공교롭게 (⇔【正】 zhèng)

□ 【断】 duàn　　　　　　을동 자르다, 끊다 ; 단절하다 ; 판단하다

　(참)□ 【判断】 pànduàn　　을동명 판단(하다)

□ 【全然】 quánrán　　　　부 전연, 전혀, 도무지(주로 부정문에 사용됨)

□ **【要紧】** yàojǐn　　　　을형 중요하다, 요긴하다, 심각하다

(참)□ **【不要紧】** bú yàojǐn　(을) 괜찮다, 대수롭지 않다

□ **【不顾】** búgù　(병)(동) 돌보지 않다, 고려하지 않다

　⇔□ **【顾】** gù　(을)(동) 뒤돌아보다 ; 고려하다, 돌보다

□ 【抗议】 kàngyì　(병)(동)(명) 항의(하다)

□ 【默默】 mòmò　(정)(부) 묵묵하게, 아무 말없이 잠잠하게

□ 【继续】 jìxù　(갑)(동)(명) 계속(하다) ≒ □ 【连续】 liánxù　(을)(동) 연속하다, 계속하다,

□ 【陆续】 lùxù　(을)(부) 끊임없이, 계속하여, 잇달아

□ **【义务】** yìwù　(병)(명) 의무 ⇔□ 【权利】 quánlì　(병)(명) 권리

□ **【显示】** xiǎnshì　(병)(동) 현시하다, 과시하다, 뚜렷하게 나타내 보이다

□ 【偏见】 piānjiàn　(명) 편견

□ 【轻视】 qīngshì　(병)(동) 경시하다

□ 【形势】 xíngshì　(을)(명) 형세, 정세, 형편

□ 【好转】 hǎozhuǎn　(정)(동) 호전되다 (참)□ 【转变】 zhuǎnbiàn　(을)(동) 변환하다

□ 【贡献】 gòngxiàn　(을)(동)(명) 공헌(하다) (참)□ 【献】 xiàn　(을)(동) 바치다, 드리다, 올리다

□ **【至少】** zhìshǎo　(을)(부) **최소한, 적어도**

□ 【忍】 rěn　(을)(동) 참다, 견디다

□ **【伤痛】** shāngtòng　(명) (육신의)아픔, 괴로움

　(참)□ 【悲痛】 bēitòng　(을)(형) 비통하다

□ **【夹】** jiā　(을)(동) 끼우다, 집다 ; 뒤섞이다, 혼합하다

□ 【文字】 wénzì　(을)(명) 문자, 글자, 글, 문장

※□ **【以便~】** yǐbiàn ~　(병)(접) **~하기 위하여**, ~하기 편리하도록

□ 【提醒】 tíxǐng　(병)(동) 일깨우다, 깨우치다, 주의를 환기시키다

□ 【心中】 xīnzhōng　(정)(명) 심중, 마음속

关于打折

商店打折，人们早就不新鲜了。商店几乎用出了所有能用的手段，然而在老百姓看来，反正是"买的不如卖的"，哪个商店也不会做不挣钱的买卖。如果商店每天都打折，就会引起人们的怀疑。但是我家附近有家面包房，从卖半价面包后，天天晚上都挤满客人，叫我感到非常奇怪。这是怎么回事呢？

晚上散步时，我和爱人来到这家店里。一进门，就见屋里靠墙的大牌子上写着"每晚8点起面包全部半价"。此时8点刚过，遵守时间的人们就纷纷冲进店里，你争我抢就像不要钱似的，异常热闹，不一会儿交钱的地方已排起长队。

趁爱人采购的时候，我同门口一位服务员聊起来。问他生意为什么这么好，小伙子告诉我："店里规定只卖当天做的面包。要是晚上8点前还没卖完，便用降低价格的方法来保持食品的质量。"看来，这个规律已经被细心的人们发现了。消息越传越广，面包房的生意也就越来越好。

"如果一直这样，你们还挣得到钱吗？"我问。"只靠半价面包肯定不行。"小伙子说，"可是奶油蛋糕等并不是半价，它们的营业额上去了，所以从总体上来说并没有什么损失。"我这才注意到现场做奶油蛋糕的窗口前也挤满了人，里面的厨师正在不停地忙着。啊！我忽然明白了：这才是商店的用心之处！原来卖半价面包的真正目的只是为了吸引更多的顾客进店，同时还留下个重视质量的好名声，多么聪明的店主人！

看来，同样是打折，打得巧妙，让人高高兴兴地花钱，也是一门艺术呢！（580字）

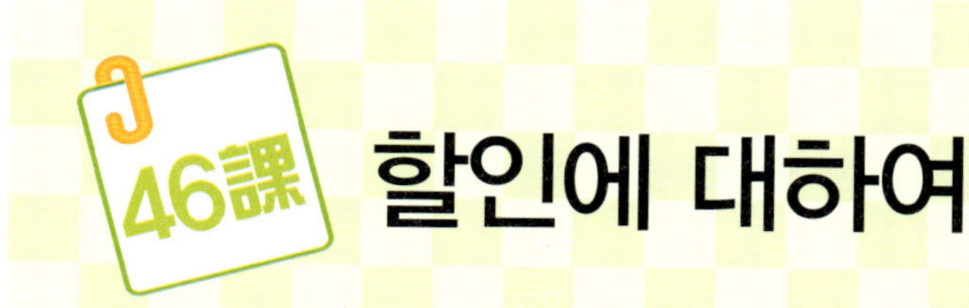

할인에 대하여

상점의 할인은, 사람들에겐 이미 신선하지 않다. 상점은 거의 모든 가능한 수단을 다 사용하지만, 일반인들이 보기에는, 어쨌든 "사는 사람이 파는 사람에 못 미친다" 라고, 어느 상점도 돈이 벌리지 않는 장사를 할 수는 없다. 만약에 상점이 매일 할인을 한다면, 곧 사람들의 의심을 불러일으킬 수 있다. 그러나 우리 집 부근에 빵집이 하나 있는데, 반값에 빵을 판 이후부터, 날마다 저녁이면 손님들로 꽉 들어차는데, 나는 매우 이상하게 느껴졌다. 이것은 어찌된 일일까?

저녁에 산책할 때, 나와 아내는 이 가게에 도착했다. 문을 열고 들어서자 마자, 가게 안 벽에 댄 큰 간판 위에 " 매일 저녁 8시부터 빵이 모두 반값." 이라고 쓰여져 있는 것을 보았다. 이 때 8시가 막 지나자, 시간을 준수하던 사람들이 분주하게 가게 안으로 들어와서는, 서로 빼앗는 것이 마치 돈이야 상관 없다는 듯 싶고, 평상시와는 다르게 분주하더니, 얼마 지나지 않아 돈 내는 곳이 이미 줄을 길게 늘어섰다.

아내가 물건을 사는 틈을 타서, 나는 입구의 한 종업원과 이야기를 나누었다. 그에게 장사가 왜 이렇게 잘되냐고 물었더니, 젊은이가 내게 알려주었다. "가게 규정은 당일 만든 빵만 팔게 되어 있지요. 만약 8시 이전에 다 팔지 못하면, 가격을 내리는 방법으로 식품의 품질을 유지하는 거지요." 보아하니, 이런 원칙은 이미 주의 깊은 사람들에 의해 발견되어졌다. 소식은 전해질수록 점점 널리 퍼져서, 빵집의 장사도 갈수록 좋아졌다.

"만약에 계속 이러면, 당신들 그래도 돈을 벌 수 있나요?" 내가 물었다. "반값의 빵만을 의지해서는 절대 안되지요." 젊은이가 말했다. "그러나 버터케익 등은 반값이 아니어서, 그것들의 판매액이 올라가게 되고, 전체적으로 보아서는 무슨 손실은 없어요." 나는 이 때 비로소 현장에 버터케익을 만드는 창구 앞에도 사람들이 가득했고, 안의 주방장은 쉼 없이 바쁜 것을 인식하였다. 아! 나는 갑자기 깨달았다. 이게 바로 상점이 마음 쓰는 곳이구나! 원래 반값에 빵을 파는 진정한 목적은 더 많은 손님을 끌어 가게로 들어오게 하기 위해서였고, 동시에 또 품질을 중요시 한다는 좋은 명성을 남기니, 얼마나 총명한 가게 주인인가! 보아하니, 똑같은 할인도, 교묘하게 할인해서, 사람으로 하여금 즐겁게 돈을 쓰게 하니, 또한 한 분야의 예술이다!

□ 【打折】 dǎzhé　　　　　　　（동）할인하다, 에누리하다 (≒【打折扣】 dǎ zhékòu)

　　(참)□ 【扣】 kòu　　　　　（을）（동）(자물쇠나 단추 따위를)채우다, 걸다 ; 값을 깎다

　　□ 【折】 zhé　　　　　　　（을）（동）꺾다, 부러뜨리다 ; 밑지다, 손해보다

□ 【手段】 shǒuduàn　　　　　（을）（명）수단, 방법

□ 【老百姓】 lǎobǎixing　　　　（을）（명）평민, 백성, 국민, 대중, 일반인

□ 【反正】 fǎn·zhèng　　　　　（을）（부）어차피, 결국, 어쨌든, 아무튼

□ 【卖】 mài　　　　　　　　（갑）（동）팔다, 판매하다 (⇔【买】 mǎi)

□ 【买卖】 mǎimai　　　　　　（을）（명）장사, 매매

□ 【引起】 yǐnqǐ　　　　　　　（을）（동）주의를 끌다, 야기하다

□ 【怀疑】 huáiyí　　　　　　　（병）（동）회의하다, 의심하다 （명）회의

□ 【面包房】 miànbāofán　　　　（명）빵집 (참)□ 【房】 fáng （명）집, 주택, 가옥

□ 【半价】 bànjià　　　　　　　（명）반값

□ 【挤】 jǐ　　　　　　　　　（갑）（동）빽빽히 들어차다, 꽉차다, 붐비다　（형）빽빽하다, 갑갑하다

□ 【爱人】 àiren　　　　　　　（갑）（명）남편 또는 아내, 애인

　　(참) 한국어에서 「愛人」 의 의미는 “□ 【情夫】 qíngfū,　□ 【情人】 qíngrén, □ 【第三者】

　　　　dìsānzhě” 등

□ 【店】 diàn　　　　　　　　（을）（명）상점, 가게

□ 【牌子】 páizi　　　　　　　（병）（명）상표, 팻말

□ 【遵守】 zūnshǒu　　　　　　（을）（동）준수하다, 지키다

□ 【纷纷】 fēnfēn　　　　　　　（을）（형）(의견이나 떨어지는 물건 등이)분분하다, 어수선하다

□ 【你争我夺(你争我抢)】　nǐ zhēng wǒ duó(qiǎng) (숙) 서로 빼앗다

　　(참)□ 【夺】 duó　　　　　（을）（동）강제로 빼앗다, 쟁취하다

□ 【争】 zhēng　　　　　　　（을）（동）다투다, 경쟁하다

□ 【抢】 qiǎng　　　　　　　（을）（동）빼앗다, 탈취하다, 약탈하다

□ 【异常】 yìcháng　　　　　　（을）（형）이상하다, 심상치 않다, 정상이 아니다

□ 【热闹】 rènao　　　　　　　（을）（형）번화하다, 왁자지껄하다　（동）흥청거리다, 떠들썩하게 놀다

□ 【排】 pái　　　　　　　　（을）（명）(배열한)줄, 열　（양）줄, 열(열이나 줄을 이룬 것에 쓰임)

　　(≒【行】 háng) □　　　（을）（동）차례로 놓다, 배열하다

　　≒ □ 【列】 liè　　　　　（을）（동）늘어놓다, 배열하다

　　　　　　　　　　　　　　（양）줄, 열(행렬을 이룬 사람과 사물에 대해 씀)

□ 【队】 duì　　　　　　　　（을）（명）열, 대열, 행렬

□ 【采购】 cǎigòu　　　　　　（을）（동）사들이다, 구입하다

□ 【门口】 ménkǒu　　　　　　（갑）（명）입구, 현관

□ 【生意】 shēngyi　　　　　　（을）（명）장사, 영업

□ 【小伙子】 xiǎohuǒzi　　　　（을）（명）젊은이, 총각

　　(참)□ 【大伙儿】 dàhuǒr （을）（대）모두들, 여러 사람

□ 【降低】 jiàngdī　　　　　　（을）（동）낮추다, 내리다, 인하하다, 절하하다

□ 【价格】 jiàgé　　　　　　　（을）（명）가격 (≒【价钱】 jiàqian)

□ 【食品】 shípǐn　　　　　　（을）（명）식품

　　(참)□ 【食物】 shíwù　　　（을）（명）음식물

□ 【食】 shí　　정명 음식, 먹이　동 먹다

□ 【规律】 guīlǜ　　을명 법칙, 규율 ≒□ 【法则】 fǎzé　　정명 규율

(참)□ 【法律】 fǎlǜ　　을명 법률

□ 【细心】 xìxīn　　을형 세심하다, 주의깊다

□ 【消息】 xiāoxi　　갑명 정보, 뉴스 ; 편지 ; 소식

□ 【广】 guǎng　　병형 넓다 ⇔□ 【狭】 xiá　　형 좁다

□ 【总体】 zǒngtǐ　　명 총체, 전체

□ 【损失】 sǔnshī　　을명 손실　동 손실보다, 손해보다

□ 【现场】 xiànchǎng　　정명 현장, 현지

□ 【窗口】 chuāngkǒu　　병명 창문 ; 창구

□ 【里面】 lǐmiàn　　을명 안, 내부, 속 (≒ 【里边】 lǐbian)

□ 【厨师】 chúshī　　정명 요리사

(참)□ 【师傅】 shīfu　　갑명 (학문이나 기예 따위의)스승, 사부, 사범

□ 【目的】 mùdì　　을명 목적

□ 【名声】 míngshēng　　정명 명성

□ 【聪明】 cōng·míng　　을형 총명하다

□ 【店主】 diànzhǔ　　명 주인 ≒□ 【店东】 diàndōng　　명 주인

□ 【巧妙】 qiǎomiào　　을형 (방법이나 기술 등이)교묘하다

□ 【艺术】 yìshù　　갑명 예술, 기술

≒□ 【技术】 jì·shù　　갑명 기술

(참)□ 【武术】 wǔshù　　을명 무술

第47課　捡到的东西、送走的东西①

［作者住在住宅楼1层的102号房间（有庭院）。402房间和202房间在102房间上的4层和2层。］

妈妈什么事情都叫我做。今天又被她逼着去做她自己不好意思做的事。曾经有一回，天都黑了，楼上402号的阿姨到我们一楼来，说晒着的人参掉到我们院子里了。我们也帮着找，都没找着。后来爷爷散步回来，才知道是他捡起来随手放在屋里了。妈妈一边说爷爷"多事"，一边叫我送上去。

没想到今天又有类似的东西掉下来。妈妈说：这真难办，如果不管它，万一被风刮跑，谁知道人家会怎么想我们？如果收起来，有人来找的时候也不好说。大家讨论了很久，也没有找到合适的办法。

妈妈说："这会不会还是那家掉的？"

爸爸说："给他们拿上去吧"

于是，就成了我的事。（285字）

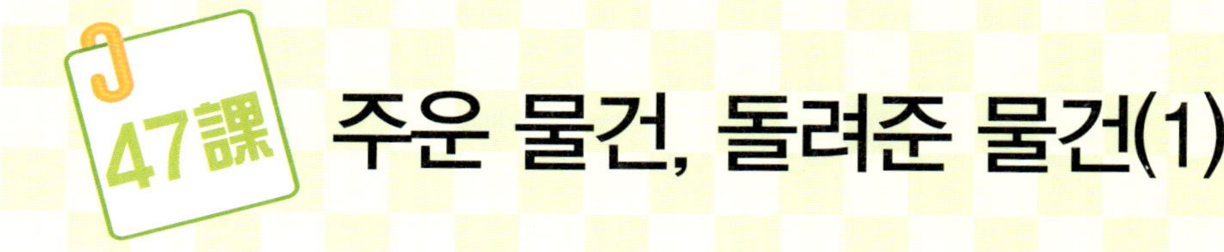

47課 주운 물건, 돌려준 물건(1)

〔저자는 주택 1층의 102호 방에 살고 있다(정원이 있다). 402호 방과 202호 방은 102호 방위에 4층과 2층에 있다.〕

엄마는 무슨 일이든 모두 나에게 하게 한다. 오늘 또 엄마에 의해 그녀 스스로 하기에는 미안스러운 일을 **억지로** 하러 갔다.

예전에 한 번은, 날이 어두워 졌는데, 위층402호 아줌마가 우리 1층에 와서는, **햇빛에 말리던** 인삼이 우리 마당에 떨어졌다고 말했다. 우리도 도와서 찾아보았지만, 모두 찾지 못했다. 나중에 **할아버지**가 산책에서 돌아왔는데, 그제서야 할아버지가 주워서 손 가는 대로 집안에 놓은 것을 알았다. 엄마는 **한편으로는** 할아버지께 "쓸데 없는 일을 했다"고 하시고, **한편으로는** 나보고 보내주라고 **시키셨다.**

생각지도 않게 오늘 또 **비슷한** 물건이 떨어졌다. 엄마가 말했다. "이거 정말 난감하군. 만약 그것을 관여하지 않아서, 만에 하나 바람에 **날려라도** 간다면, 윗집이 우리를 어떻게 생각할지 누가 알겠니? 만약에 주워놓으면, 누가 와서 찾을 때 **설명하기도 어렵고.**" 모두들 한참을 의논하였지만, 합당한 방법을 찾지 못했다.

엄마가 말했다. "이거 또 그 집이 떨어뜨린 걸까?"

아빠가 말했다. "그들에게 갔다 줘!"

그래서, 내 일이 되었다.

□ 【作者】 zuòzhě 을명 작자, 필자 ≒ □ 【作家】 zuòjiā 을명 작가
□ 【集体】 jítǐ 을명 집단, 단체 ⇔□ 【个人】 gèrén 을명 개인
　(참)□ 【集合】 jíhé 갑동 집합하다
　　□ 【集】 jí 을동 모이다 명 (농촌과 소도시에 정기적으로 여는)장
　　□ 【集中】 jízhōng 을동 집중하다, 모으다
□ 【宿舍】 sùshè 갑명 숙사, 기숙사
□ 【层】 céng 갑양 층, 겹, 벌(중첩되거나 쌓여 있는 것에 쓰임)
□ 【庭院】 tíngyuàn 명 뜰('正房' 앞의 뜰을 가리킴)
　(참)□ 【院】 yuàn 을명 뜰 ; 어떤 기관이나 공공장소 ; 단과 대학
　　□ 【院长】 yuànzhǎng 을명 병원 원장, 단과 대학 학장, 장관
□ 【逼】 bī 을동 핍박하다, 강박하다 ; 강제로 받아내다 ; 접근하다
□ 【晒】 shài 을동 햇빛을 쬐다, 햇빛에 말리다
□ 【人参】 rénshēn 정명 인삼
□ 【爷爷】 yéye 을명 할아버지, 조부님, 조부의 나이에 속하는 어른에 대한 존칭
　(참)□ 【老大爷】 lǎodà·ye □ 【大爷】 dàye 을명 (노인에 대한 존칭)할아버지
□ 【类似】 lèisì 병형 유사하다, 비슷하다
※ □ 【万一】 wànyī 병명 만일, 뜻밖의 일, 만일의 일
□ 【刮】 guā 갑동 (칼날로)깎다, 밀다 ; (바람이)불다
　(참)□ 【吹】 chuī 갑동 (바람이)불다, 입으로 불다
□ 【好说】 hǎoshuō 형 말하기 쉽다, 상담의 여지가 있다
　(참)□ 【说好】 shuō//hǎo 동 말의 매듭을 짓다, 이야기를 마무리 짓다
□ 【讨论】 tǎolùn 갑동명 토론(하다)
　(참)□ 【争论】 zhēnglùn 을동명 논쟁(하다)

《短文 8》

今天我**要么**去图书馆学习，**要么**去运动场运动。

오늘 나는 도서관에 가서 공부를 **하든지**, 운동장에서 운동을 **하든지** 할 것이다.

□ 【要么~要么…】 yàome~yàome… ~하든지…하든지(두가지 이상을 나열하여 그 중에 하나를 선택하는 가능성을 나타냄)
≒ □ 【要不~要不…】 yàobù~yàobù… ~하거나…하거나(두가지 중에서 하나를 선택함을 나타냄)

登上楼梯进入展览会，展厅的屋顶上吊了许多电灯，那些有名艺术家的作品在柔和的灯光下，看起来很美。作品中**有的是**充满了想像力的现代派作品，**有的是**印象派作品。还有些作品的内容是大家敬爱的英雄人物。展览会办得很成功，因为参观的人多，主办单位延长了展览时间。

계단을 올라 전시회에 들어가니, 전시장의 천장에는 수많은 전등이 달려 있고, 유명한 예술가의 작품들은 부드러운 불빛 아래서, 아름답게 보인다. 작품 중에 **어떤 것은** 상상력이 풍부한 현대파 작품이고, **어떤 것은** 인상파 작품이다. 또 어떤 작품들의 내용은 모두가 경애하는 영웅인물이다. 전시회는 아주 성공적인데, 참관하는 사람이 많기 때문에, 주체 측은 전람시간을 연장하였다.

□ 【楼梯】 lóutī　　을명 계단 (참) □ 【电梯】 diàntī　　을명 엘리베이터
□ 【展览会】 zhǎnlǎnhuì　　을명 전람회, 전시회
　(참) □ 【展出】 zhǎn//chū　　을동 전시하다, 진열하다
□ 【顶】 dīng　　을명 꼭대기　동 (머리에)이다 ; 지탱하다, 밀다, 받치다
□ 【吊】 diào　　을동 걸다, 매달다
□ 【电灯】 diàndēng　　갑명 전등
□ 【有名】 yǒu//míng　　갑형 유명하다 ≒ □ 【著名】 zhùmíng　　을형 저명하다
□ 【作品】 zuòpǐn　　을명 작품
□ 【柔和】 róuhe　　정형 온화하다, 연하고 부드럽다
□ 【灯】 dēng　　갑명 등, 등불
□ 【光】 guāng　　을명 빛 ; 풍경　형 광택이 있다, 번들번들하다　부 다만, 오직
□ **【有的是】** yǒudeshì　　을동 얼마든지 있다, 많이 있다
□ 【有的是～有的是…】 yǒudeshì ~ yǒudeshì… 어떤 것은～, 어떤 것은…
□ 【想像】 xiǎngxiàng　　을동명 상상(하다)
□ 【敬爱】 jìng'ài　　을동 경애하다, 존경하고 사랑하다
□ 【英雄】 yīngxióng　　을명 영웅
□ 【人物】 rénwù　　을명 인물
□ 【参观】 cānguān　　갑동명 참관(하다)
□ 【主办】 zhǔbàn　　정동 주최하다
□ 【展览】 zhǎnlǎn　　갑동명 전람(하다), 전시(하다)
□ 【延长】 yáncháng　　을동 연장하다

捍到的东西、送到的东西②

傍晚，楼上202号的女主人在门外叫我们，说想到院子里找个东西。一问才知道那东西是她家的。妈妈说："真糟糕，这种事以前402号就有过一次，我们以为还是他们家的，就送上去了。"

怎么办，让他们自己上楼去要，他们肯定是不干的。就这样算了也不行，202号的女主人心里一定会很不高兴的。毫无疑问这得我们自己来解决。妈妈就跟我商量，说这种事小孩子去做最合适，希望我听妈妈的话，帮帮忙。

还东西，我还肯干。还错了又让我要回来，可就没面子了。大人不愿意做，我虽然小，可也是要面子的。所以不论妈妈怎么说，我就是不动身。最后，妈妈对我说：你想想是你的面子要紧，还是父母的面子要紧？

在高压之下，我只好含着眼泪去按402号的门铃，把妈妈教的话说了一遍，从阿姨手里一拿到那破东西，就飞跑下楼，好像有鬼在后面追似的。(332字)

주운 물건, 돌려준 물건(2)

저녁 때, 위층202호 여자주인이 문 밖에서 우리를 불러, 마당에 가서 물건을 찾고 싶다고 말했다. 물어보자마자 바로 그 물건이 그 집 거라는 것을 알았다. 엄마가 말했다. "정말 야단났네! 이런 일이 이전에 402호에서 한 번 있어서, 우리는 여전히 그 집 것인줄 알고, 보내 줬는데요."

어쩌겠어요, 그들보고 위층에 올라가서 달라고 하라면, 그들은 분명히 하지 않을 것이다. 또 이렇게 그만 두는 것도 안된다. 202호 여자주인 마음에 분명 싫어할 수 있다. 조금에 의심의 여지도 없이 이것은 우리 스스로가 해결해야 한다. 엄마는 나와 의논하여, 이런 일은 어린 아이가 가서 하는 것이 가장 적합하다고 말하고는, 내가 엄마 말을 들어, 도와주기를 바라셨다.

물건을 돌려주는 것은, 나는 또 할 수 있다. 그러나 틀렸다고 또 나보고 찾아오라니, 정말 체면이 없다. 어른이 하기 싫은 것은, 내가 비록 어리다고는 하지만, 나도 체면이 있다. 그래서 엄마가 어떻게 말하든 말든, 나는 움직이지 않았다. 마지막에, 엄마가 내게 너의 체면이 중요한지, 부모 체면이 중요한지 잘 생각해 보라고 말하였다.

강압 하에서, 나는 어쩔 수 없이 눈물을 머금고 가서 402호의 초인종을 눌러, 엄마가 가르쳐준 말을 다하고는, 아줌마의 손에서 그 엉망이 된 물건을 받아가지고는, 마치 뒤에서 귀신이 쫓아오는 듯, 바람같이 잽싸게 뛰어 내려왔다.

□ 【傍晚】 bàngwǎn　　　　　을명 저녁무렵, 해질 무렵, 황혼
□ 【女主人】 nǚzhǔren　　　　명 여주인
　※□ 【一～才…】 yī~cái…　　　～하자마자 바로…
□ 【糟糕】 zāogāo　　　　　　을형 엉망이다, 야단났군, 제기랄, 아뿔싸
□ 【以为】 yǐwéi　　　　　　　갑동 생각하다, 여기다, 알다, 인정하다(주관적 생각을 나타낼 때 씀)
　(참)【认为】 rènwéi　　　　　여기다, 생각하다, 보다, 인정하다
□ 【毫无】 háowú　　　　　　을 조금도(전혀)～이 없다
□ 【疑问】 yíwèn　　　　　　을명 의문
　(참)□ 【问候】 wènhòu　　　을동 안부를 묻다, 문안 드리다
□ 【商量】 shāngliang　　　　을동 상의하다, 의논하다
　(참)□ 【量】 liáng　　　　　을동 (길이·무게·넓이·크기·분량 따위를)재다, 달다, 가늠하다
　　　□ 【量】 liàng　　　　　명 용량, 분량, 수량
□ 【帮忙】 bāng//máng　　　　을동 일을 돕다, 원조하다, 일을 거들어 주다
□ 【不论】 búlùn　　　　　　　을접 ～막론하고, ～든지 (≒【无论】 wúlùn)
□ 【动身】 dòng//shēn　　　　을동 출발하다, 여행을 떠나다
　(참)□ 【发动】 fādòng　　　을동 개시하다, 행동하기 시작하다
　　　□ 【动员】 dòngyuán　　을동 동원하다, ～하게 하다
□ 【高压】 gāoyā　　　　　　병명 고기압 ; 강압, 억압
　(참)□ 【高大】 gāodà　　　을형 높고 크다
　　　□ 【高度】 gāodù　　을명형 고도, 정도(가 매우 높다)
　　　□ 【压迫】 yāpò　　　을동명 압박(하다)
□ 【之下】 zhīxià　　　　　　을명 ～의 아래, ～의 밑에
　(참)□ 【之上】 zhīshàng　　을명 ～의 위에
　　　□ 【之中】 zhīzhōng　　을명 ～중에, ～가운데
□ 【铃】 líng　　　　　　　　을명 방울, 종, 벨
□ 【教】 jiào(jiāo)　　　　　　갑동 가르치다, 지도하다
　(참)□ 【教学】 jiàoxué 을동명 교육(하다), 수업(하다)
　　　□ 【教训】 jiào·xùn 을동명 교훈(하다), 훈계(하다)
　　　□ 【教师】 jiàoshī　　을명 교사, 교원
　　　□ 【教授】 jiàoshòu　을명 (대학의)교수
　　　□ 【教员】 jiàoyuán　을명 교원, 교사
□ 【破】 pò 갑동 찢어지다, 망가지다 형 저질이다, 시시하다, 하찮다
□ 【飞】 fēi 갑동 날다, 비행하다
　(참)□ 【飞机】 fēijī 갑명 비행기 □ 【机场】 jīchǎng 갑명 공항, 비행장
□ 【后面】 hòumian 을명 뒤, 뒤쪽, 뒷면 ⇔□ 【前面】 qiánmian 을명 앞, 앞쪽, 앞면
　(참)□ 【表面】 biǎomiàn 을명 표면, 겉면 □ 【片面】 piànmiàn 을형 일방적이다, 단편적이다
　　⇔□ 【全面】 quánmiàn 을형 전면적이다
□ 【追】 zhuī 을동 뒤쫓다, 추격하다

一艘挤满了旅客的轮船，靠近码头准备靠岸。经过了长途旅行的我，扛着行李，与大家一起堵在船口，等待港口的批准入港手续，准备下船。我终于平安回国了。

여행자로 가득 찬 한 척의 증기선이, 부두에 가까워지자 배를 댈 준비를 했다. 장거리여행을 하고 난 나는, 짐을 메고서, 사람들과 같이 배 입구를 막고는, 항구의 입항수속 허가를 기다리며, 배에서 내릴 준비를 했다. 나는 마침내 무사히 귀국했다.

□ 【艘】 sōu　　　　　（병）（양） 척(선박을 세는데 쓰임)
□ 【旅客】 lǚkè　　　　（을）（명） 여객, 여행자
□ 【轮船】 lúnchuán　　（을）（명） (증)기선
□ 【靠近】 kàojìn　　　（병）（형） 가깝다
□ 【码头】 mǎtou　　　（을）（명） 부두, 선창
□ 【靠岸】 kào'àn　　　　（동） (배를)물가에 대다, (배가)기슭에 닿다
□ 【长途】 chángtú　　　（을）（명） 장거리, 먼 길
□ 【扛】 káng　　　　　（을）（동） 어깨에 메다
□ 【行李】 xíngli　　　　（을）（명） 여행짐, 행장, 수화물
□ 【堵】 dū　　　　　　（을）（동） 막다, 틀어 막다, 가로막다 ; 답답해지다, 우울해지다
□ 【港口】 gǎngkǒu　　（병）（명） 항구, 항만
　 (참)□ 【港】 gǎng　　（을）（명） 항구
□ 【批准】 pīzhǔn　　　（을）（동） 비준하다, 허가하다
□ 【手续】 shǒuxù　　　（을）（명） 수속, 절차
□ 【平安】 píng'ān　　　（을）（형） 평안하다, 무사하다

动物的利他行为

一般认为自私是动物的本性。动物的利他行为与其自私的本性大相矛盾，这曾使生物学家大惑不解。

在一个群居的动物群体中，经常有动物的利他行为，甚至会有动物个体为了群体利益而牺牲自己利益的情形出现。

一个动物向其他动物发出警告的信号，有点像小学生们看见老师走近时用暗号来通知其他吵闹的同学。假如有一群鸟在田野上觅食嬉戏，这时一只老鹰在远处飞过，如果鸟群中一只小鸟首先发现这只老鹰，而其余的鸟还没有发现，这只反应快的小鸟会怎么做呢？

它本可以马上蹲下来不动，躲在草丛中。但这样做对它并无好处。因为它的伙伴还在周围活动，吵吵闹闹。它们当中任何一只都可能引起老鹰的注意。那时整个鸟群都要面临危险。因此它应当立即对它的伙伴发出紧急警告，让它们马上安静下来，以减少它们把老鹰引到自己附近的可能性。这样做虽然会使自己的生命受到威胁，但从绝对自私的立场出发，这是它能够采取的最好办法。

那么，这只小鸟难道不可以只顾自己飞走，并不警告伙伴吗？如果是这样的话，它就要成为一个脱离鸟群的孤独的小鸟了，在此后生涯中就无法依靠鸟类集体力量所能提供的保护，这样危险太大了，随时都有死亡的可能。类似现象在其他群居动物中也时常可见。

动物的利他行为的根源非常复杂，现在生物学家还在继续探索，设法进一步解开这些迷。（531字）

49課 동물의 이타적 행동

일반적으로 이기심은 동물의 본능이라고 여긴다. 동물의 이타적 행위와 그 이기적 본능은 서로 모순되는데, 이것은 일찍이 생물학자들에게는 크나큰 의혹으로 풀리지 않고 있다.

떼지어 사는 무리동물 중에는, 항상 동물의 이타적 행동이 있는데, 심지어 동물 개체가 무리의 이익을 위해서 자기의 이익을 희생하는 상황도 나타날 수 있다. 한 동물이 다른 동물에게 경고의 신호를 보내는 것은, 초등학생들이 선생님이 걸어오는 것을 보았을 때 암호를 써서 다른 떠드는 친구에게 알려주는 것과 약간 비슷하다. 예를 들어 한 무리 새 떼가 들판에서 먹이를 찾으며 장난치고 있고, 이 때 한 마리 매가 멀리서 날고, 만약 무리중에 한 작은 새가 먼저 이 매를 발견했지만, 그러나 그 나머지 새들이 아직 발견하지 못했다면, 이 반응이 빠른 작은 새는 어떻게 할 수 있을까?

새는 즉시 쪼그리고 앉아서 움직이지 않고, 수풀속에 숨을 수 있다. 그러나 이렇게 하면 그 새에게는 결코 좋은점이 없다. 왜냐하면 그 새의 친구들이 아직 주위에서 움직이고 있고, 시끄럽기 때문이다. 그들 중 어느 한 마리라도 매의 주의를 끌 수 있다. 그 때 모든 새무리가 위험에 처하게 된다. 이 때문에 그 새는 즉시 친구들에게 긴급경고를 보내야 하고, 그들로 하여금 바로 조용히 하게 해서, 새들이 매를 자기근처로 이끌 가능성을 줄여야 한다. 이렇게 하면 비록 자기의 생명이 위협을 받을 수 있지만, 절대 이기적입장에서 출발하면, 이것은 그 새가 취할 수 있는 가장 좋은 방법일 수 있다.

그러면, 이 작은 새는 설마 그저 스스로 날아갈 수도 없고, 동료들에게 경고하지 않을 수 없더란 말인가? 만약 이렇게 한다면, 그 새는 머지않아 한 마리의 무리에서 떨어져나간 고독한 작은 새가 될 것이고, 이후의 생애 중에 새무리집단의 역량이 제공하는 보호에 의지할 방법이 없게 된다. 이러면 위험은 더 커지고, 언제든 죽을 가능성이 있다. 비슷한 현상은 기타 무리동물 중에서도 종종 볼 수 있다.

동물의 이타적 행동의 근원은 매우 복잡한데, 지금도 생물학자들이 계속해서 찾아내고 있고, 이런 비밀을 벗겨낼 진일보한 방법을 강구하고 있다.

□ 【自私】 zìsī （병）（형） 이기적이다 (참) □ 【私】 sī （을）（명） 이기심

□ 【本性】 běnxìng （정）（명） 본성, 천성

□ 【利他】 lìtā （형） 남을 이롭게 하다 ⇔□ 【利己】 lìjǐ （형） 이기적이다

□ 【生物】 shēngwù （을）（명） 생물

□ 【大惑不解】 dàhuò bùjiě （숙） 크나큰 의혹이 풀리지 않다, 매우 의심스러워도 도무지 이해되지 않다

□ 【群居】 qúnjū （동） 군거하다, 떼지어 살다 (참) □ 【群】 qún （을）（양） 무리, 떼

□ 【群体】 qúntǐ （정）（명） 군체, 무리몸 ⇔□ 【个体】 gètǐ （을）（명） 개인

　(참) □ 【群众】 qúnzhòng （을）（명） 대중, 민중

□ 【牺牲】 xīshēng （을）（명） 희생　（동） 희생하다

□ 【情形】 qíngxing （을）（명） 일의 상황, 정황, 형편

□ 【警告】 jǐnggào （병）（동）（명） 경고(하다)

□ 【信号】 xìnhào （병）（명） 신호

　(참) □ 【号召】 hàozhào （을）（동）（명） 호소(하다)

□ 【暗号】 ànhào （명） 암호

□ 【田野】 tiányě （을）（명） 들판, 들

□ 【觅】 mì （동） 구하다, 찾다

□ 【嬉戏】 xīxì 〈서〉 장난하며 웃다 (참) □ 【戏】 xì （을）（명） 놀이, 장난, 유희 ; 연극

□ 【首先】 shǒuxiān （을）（부） 맨 먼저, 우선 (≒ 【最先】 zuìxiān)

　(참) □ 【其次】 qícì （을）（부） 그 다음

□ 【其余】 qíyú （을）（대） 나머지, 남은 것

□ 【反应】 fǎnyìng （을）（동）（명） 반응(하다)

□ 【蹲】 dūn （을）（동） 쪼그리고 앉다, 웅크리고 앉다

□ 【躲】 duǒ （을）（동） 숨다, 피하다

□ 【草丛】 cǎocóng （명） 풀숲, 풀덤불

□ 【伙伴】 huǒbàn （병）（명） 동료, 친구, 동반자

□ 【周围】 zhōuwéi （갑）（명） 주위, 사방, 둘레

□ 【整个】 zhěnggè （을）（형） 전체의, 전부의

□ 【面临】 miànlín （병）（동） ～에 직면하다 (참) □ 【临】 lín （을）（동） 임하다, 직면하다

□ 【危险】 wēixiǎn （갑）（형） 위험하다, 위태롭다　（명） 위험

□ 【立即】 lìjí （을）（부） 즉시, 바로 (≒ 【立刻】 lìkè)

□ 【安静】 ānjìng （갑）（형） 안정하다, 조용하다, 평온하다

　≒ □ 【平静】 píngjìng （을）（형） 평온하다, 고요하다, 차분하다

□ 【引】 yǐn （병）（동） 끌다, 잡아당기다, 이끌다, 인도하다

□ 【性】 xìng （을）（명） 본성, 성격, 성질　（미） ～성 (예) 【积极性】 jījíxìng 적극성

□ 【生命】 shēngmìng （을）（명） 생명

□ 【受到】 shòu//dào （동） ～받다

□ 【威胁】 wēixié （병）（동） 위협하다

□ 【从 ~ 出发】 cóng ~ chūfā （을） ～에서 출발하다

□ 【绝对】 juéduì （을）（형） 절대의, 절대적인

　⇔□ 【相对】 xiāngduì 丙(形) 상대적이다 （동） 상대하다

□ 【立场】 lìchǎng　　　　　　　을명 입장, 태도
□ 【出发】 chūfā　　　　　　　　갑동 출발하다
□ 【只顾】 zhǐgù　　　　　　　　정부 오로지, 그저~하다
□ 【就要】 jiùyào　　　　　　　　부 머지않아, 곧
□ 【脱离】 tuōlí　　을동 이탈하다, 떠나다 (참)□ 【脱】 tuō　갑동 (털이)빠지다, 벗어나다
□ 【孤独】 gūdú　　　　　　　　정형 고독하다
□ 【生涯】 shēngyá　　　　　　　명 생애, 생활, 일생
□ 【无法】 wúfǎ　　　　　　　　병 ~할 방법이 없다, ~할 수 없다
□ 【依靠】 yīkào　　　　　　　　을동명 의지(하다), 기대다
□ 【力量】 lìliàng　　　　　　　을명 힘, 능력, 역량
□ 【所】 suǒ　　　　　　을명 장소, 곳 양 채, 동(집·학교·병원 등을 셀 때 씀)
　　□　을조 한정어(限定語)로 쓰이는 주술구조(主述構造)의 동사 앞에 쓰여,
　　　　　즉, 「명 +~+ 동 +的」의 형태로 명사를 수식함
□ 【提供】 tígòng　을동 제공(하다) ≒ □ 【供】 gōng　을동 공급(제공)하다
□ 【供给】 gōngjǐ　　　　　　　을동 공급(급여)하다
□ 【随时】 suíshí　　　　　　　을부 수시로, 언제나, 아무때나
□ 【死亡】 sǐwáng　　　　　　　병동 사망하다, 죽다
□ 【时常】 shícháng　　　　　　병부 늘, 항상, 자주
□ 【根源】 gēnyuán　　　　　　병명 근원
□ 【探索】 tànsuǒ　　　　　　병동명 탐색(하다), 찾다
□ 【设法】 shèfǎ　　　　　　　병동 방법을 세우다, 방도를 찾다, 대책을 강구하다
□ 【进一步】 jìn yi bù　　　　　을동 진일보 하다, 한걸음 나아가다
□ 【解开】 jiě//kāi　　　　　　　동 해체하다, 실마리를 풀다

互相同情

我来到这个山村学校差不多两年了，工作**挺**愉快，可就是食堂的**伙食**太差了，**不是**白菜萝卜，**就是**萝卜白菜。而我的身体不好，需要增加营养。于是，我经常到学校旁边的一个小**村庄**里去买鸡蛋。

卖主是个六十多岁的**老太太**，她叫我说个价钱。我想了想，便定了五毛钱一个。其实，我暗暗给她提高了五分钱，在我们**家乡**那边四毛五分要多少买多少。我看到这老人**可怜**，没儿没女，只靠自己养的几只母鸡来过日子，于是我每个鸡蛋多出五分钱，并且下决心，以后也就这么做下去。现在不是提倡要帮助贫困地区的人们吗？我就帮帮她吧！

奇怪的是老太太既不说贵，也不说便宜。于是，价钱就这么定了下来。

这样过了一段时间，我觉得这老人实在可怜，便单方面又要提高五分钱，改成一个鸡蛋五毛五分。这回老太太说话了，怎么都不肯提高价格，但我一定要这么做，老太太这才接受了。

这件事，一直使我感到很**自豪**。

可是终于有一天，我发现事情**根本**不是我想的那样。那天，我照常去老太太那里买鸡蛋，正碰上一个采购鸡蛋的人在跟老太太商量，他想出六毛一个的价格把老太太的鸡蛋全收走。老太太不肯，那个人说，这个价相当高了，山里都是这个价。老太太说，**不是**因为这个价，**而是**这些鸡蛋要卖给那位**瘦**老师，人家那么远到我们这里教书，又那么瘦，我希望他**胖**起来，在这个小学里长期呆下去，孩子们需要他。

我一下子**傻**了，原来以为一直是自己在帮助老太太，没想到事实上我做的事情只是一种自我满足。（588字）

내가 이 산촌 학교에 온지도 거의 2년이 되었다. 일은 아주 재미있지만, 식당의 식사는 아주 나빠서, 배추 무우 아니면, 무우 배추이다. 게다가 나의 몸은 좋지 않아, 영양을 보탤 필요가 있다. 그래서, 나는 항상 학교 옆의 한 작은 마을에 가서 계란을 산다.

파는 주인은 육십이 넘은 할머니인데, 나보고 가격을 말해보라고 한다. 나는 한참을 생각하다, 한 개에 50전으로 정했다. 사실, 나는 암암리에 그녀에게 5전의 돈을 올려 주었다. 우리 고향에서는 45전이면 얼마든지 살 수 있다. 나는 이 할머니가 불쌍해 보였고, 아들도 없고 딸도 없고, 단지 혼자 몇 마리의 어미 닭을 키워서 생활을 하였고, 그래서 나는 계란 하나당 5전의 돈을 더 얹어 주기로 하고, 또한 마음 먹고 이후에도 이렇게 하기로 하였다. 지금 빈곤지역의 사람들을 도와주어야 한다고 부르짖고 있지 않은가? 내가 그녀를 좀 도와주자!

이상한 것은 할머니는 비싸다고 말하지 않을 뿐만아니라, 또한 싸다고도 말하지 않는다. 그래서 가격은 이렇게 정해졌다.

이렇게 얼마간의 시간이 지났다. 나는 이 노인이 정말로 불쌍하게 여겨져서, 개당 5전을 더 올려 주고 싶어서, 한 개의 계란을 55전으로 고쳤다. 이 번에는 할머니가 어떻게 해서도 가격은 올릴 수 없다고 말했지만, 나는 반드시 이렇게 해야 한다고 하자, 할머니가 겨우 받아들였다.

이 일은, 줄곧 나로 하여금 매우 자랑스럽게 느끼게 했다.

그러나 마침내 어느 날, 나는 상황이 원래 내가 생각한 그런 것이 아니라는 것을 발견했다. 그 날, 나는 평소대로 할머니가 계신 그 곳으로 계란을 사러 가다가, 때마침 한 계란 사는 사람과 할머니가 상의를 하고 있는 것을 맞딱뜨렸다. 그 사람은 개당 60전의 가격으로 할머니의 계란을 모두 사가지고 가려고 했다. 할머니는 안된다고 했고, 그 사람은, 이 가격은 상당히 높은 것이고, 산촌에는 모두 이 가격이라고 말했다. 할머니는 가격 때문이 아니라, 이 계란들은 그 마른 선생님에게 팔아야 하기 때문이라고 말하면서, 선생님이 그렇게 멀리서 와서 우리에게 공부를 가르치는데, 또 말랐고, 나는 선생님이 살이 좀 쪄서, 이 초등학교에서 오래도록 머무르기를 바란다고, 아이들은 선생님이 필요하다고 말했다.

나는 순간 바보가 되었다. 원래 줄곧 나 스스로가 할머니를 돕고 있다고 여겼지, 실제로 내가 한 일이 단지 자기만족이라는 것은 생각하지 못했다.

□ 【挺】 tǐng　　　　갑부 모조리, 전부, 매우
　□　병동 (몸이나 몸의 일부분을) 곧게 펴다, 내밀다
□ 【食堂】 shítáng　　　갑명 식당
(참)□ 【礼堂】 lǐtáng　　을명 강당, 식장
□ 【伙食】 huǒshí　　　을명 (학교나 군대 따위의)공동식사
□ 【差】 chà　갑동 틀리다　　□ 을형 다르다, 부족하다, 나쁘다, 좋지 않다
※□ 【不是 ~ 就是…】 búshì ~ jiùshì…　　~이 아니면…이다
□ 【营养】 yíngyǎng　　　을명 영양
□ 【村庄】 cūnzhuāng　　병명 마을, 촌락, 부락
□ 【老太太】 lǎotàitai　　을명 할머님, 노부인(늙은 여자에 대한 존칭)
□ 【毛】 máo　　　병명 (화폐단위)1元 yuán의 1/10 (≒【角】 jiǎo), 털, 곰팡이
□ 【家乡】 jiāxiāng　　　을명 고향
　≒□ 【故乡】 gùxiāng　　을명 고향
□ 【那边】 nàbiān　　　을대 그곳(쪽), 저곳(쪽)
　⇔□ 【这边】 zhè·biān　　을대 이곳(쪽)
□ 【可怜】 kělián　　　을형 가련하다, 불쌍하다　　동 동정하다
□ 【决心】 juéxīn　　　을동명 결심(하다)
□ 【提倡】 tíchàng　　　을동 제창하다
□ 【贫困】 pínkùn　　　정형 빈곤하다, 곤궁하다
　(참)□ 【困】 kùn　　을동 고생하다, 곤경에 빠지다　　형 곤란하다, 난처하다
□ 【地区】 dìqū　　　을명 지구, 지역
　(참)□ 【区】 qū　　　명 구별, 지역, 구역　　동 나누다, 구분하다
　　□ 【山区】 shānqū　　을명 산간 지대, 산악 지구
　　□ 【郊区】 jiāoqū　　을명 (도시의)교외지역
　　□ 【市区】 shìqū　　　명 시가지역, 시내지역
□ 【单】 dān　　을형 (⇔【双】 shuāng) 홑의, 하나의, 홀수의, 기수(奇數)의　　□ 을부 단독으로
　(참)□ 【单调】 dāndiào　　을형 단조롭다
□ 【自豪】 zìháo　　　병형 스스로 긍지를 느끼다, 자랑스럽다
□ 【根本】 gēnběn　　　을부 완전히, 철저히　　형 중요하다, 주요하다, 기본적이다
　⇔□ 【枝节】 zhījié　　　부 부차적으로, 중요하지 않게
□ 【照常】 zhàocháng　　을형 평소와 같다, 평소대로 하다
□ 【相当】 xiāngdāng　　을형 엇비슷하다, 대등하다
　≒□ 【适当】 shìdàng　　을형 적당하다, 적절하다, 알맞다
　(참)□ 【适合】 shìhé　　을동 적합하다
※□ 【不是 ~ 而是…】 búshì ~ érshì…　　~이 아니고…이다
□ 【瘦】 shòu　　　을형 마르다, 여위다
　⇔【胖】 pàng　　□ 【肥】 féi　을형 살지다, 지방분이많다 ; (땅이) 기름지다
□ 【教书】 jiāo//shū　　　동 수업하다, 교사가 되다
　(참)□ 【辅导】 fǔdǎo　　갑명 지도　　동 (학습이나 훈련 등을)도우며 지도하다
　　□ 【补课】 bǔ//kè　　을동 보충 수업을 하다

□ 【补习】 bǔxí　　　　　　을 동 명 복습(하다)
□ 【指导】 zhǐdǎo　　　　　　을 동 명 지도(하다)
□ 【胖】 pàng　　　　　　을 형 뚱뚱하다 (⇔ 【瘦】 shòu)
□ 【傻】 shǎ　　　　　　을 형 어리석다, 미련하다
□ 【事实】 shìshí　　　　　　을 명 사실
□ 【自我】 zìwǒ　　　　　　을 대 자기 자신, 자아
□ 【满足】 mǎnzú　　　　　　을 동 만족시키다
(참) □ 【充足】 chōngzú　　　　　　을 형 충분하다

没错，栽培梅树修剪模样固然重要，但是喷洒防虫剂也同样重要。

맞다. 매화나무를 심어 가꾸는데 모양을 가위질하여 다듬는 것도 물론 중요
하지만, 방충제를 살포하는 것도 똑같이 중요하다.

□ 【没错】 méi cuò　　　　　　을 형 틀림없다, 분명하다
□ 【梅】 méi　　　　　　명 매화, 매실 (참) □ 【梅花】 méihuā 병 명 매화(꽃)
□ 【剪】 jiǎn　　　　　　을 명 가위　동 (가위로)자르자, 베다 ; 제거하다, 없애다
□ 【模样】 múyàng　　　　　　을 명 용모, 생김새, 인상
□ 【固然 ~ 但是…】 gùrán ~ dànshi… 물론 ~ 지만…
□ 【固然 ~ 也…】 gùrán ~ yě… 물론 ~ 거니와 …도…
□ 【喷】 pēn　　　　　　을 동 (압력을 받아 액체 · 기체 · 분말 등을)내뿜다, 분출하다
□ 【洒】 sǎ　　　　　　을 동 뿌리다, 살포하다, (음식을)엎지르다

书的使用方法

书多，一直以来是受人夸奖的事。事实上，书多，只说明他能收集，并不表示他好学。以为书多，学问就一定大，这可不一定。书的使用价值并不全在读，至少有这样几种人收集书并不是为了读的。

一种是好古的。他们收集书，不是因为喜欢读，而是因为那些书年代久远。书在他们眼里越古越好。他们关心的是出版的年代、收藏的经历，至于书的内容，却不一定是读过的。

另一种是做生意的。他们收集书只是为了卖，卖书就是为了赚钱。书对于他们，只是一种商品。他们的全部精力都用在买进便宜的好货，然后高价售出，对于书籍的内容，他们并不十分关心。

还有一种人，他们肚子里没有几滴墨水，只是因为升了高官或当了老板需要用书摆摆样子以显示自己有学问。这类人选书的标准，就是"美观厚大"，往书柜里一放，看着神气。客人走进书房一看，都会觉得主人学问高深。书市上一套套大本精装礼品书，都是为这种人准备的。

但是，这种书又大又厚，分量不轻。平时虽然不看它，搬家时却是沉重的负担，而且价格又高，一想，不合算。因此，礼品书市场越来越不景气，大量的礼品书积压在书商手里，不得不减价处理。不过，消费决定市场，既然你嫌书贵，既然你买书只是为了装饰，那好办，大本礼品书，稍加改造，就有了全新的设计，只做一个硬盒子，里面装进硬纸，放进书柜一锁，谁知其中有假！样子装了，分量轻了，价格低了，"上帝"的愿望样样得到了满足——商品时代啊！（574字）

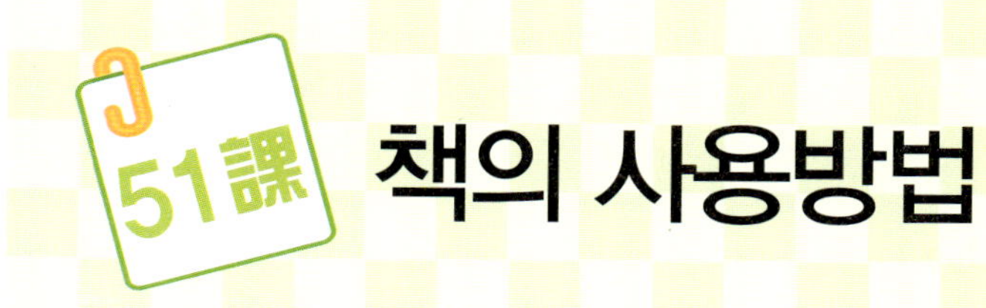

책의 사용방법

책이 많다는 것은, 줄곧 사람들에게 칭찬을 받는 일이다. 사실상, 책이 많다는 것은, 단지 그가 수집을 할 수 있다는 것을 설명하는 것이지, 그가 학문을 좋아한다는 것을 의미하지는 않는다. 책이 많으면, 학문이 반드시 높다고 여기는데, 이것은 꼭 그렇지 않다. 책의 사용가치가 결코 전부 읽는데 있는 것은 아니다. 적어도 이런 몇몇 부류의 사람들이 책을 수집하는 것은 읽기 위해서만은 아니다.

한 부류는 오래된 것을 좋아하는 것이다. 그들이 책을 수집하는 것은, 읽기를 좋아하기때문이 아니라, 그런 책들이 연대가 오래되었기 때문이다. 책이 그들의 눈에는 오래될수록 좋다. 그들의 관심은 출판연대나 소장의 경력이지, 책의 내용에 관해서, 반드시 읽어 본 것은 아니다.

다른 한 부류는 장사를 하는 것이다. 그들이 책을 수집하는 것은 단지 팔기 위해서이고, 책을 파는 것은 돈을 벌기 위해서이다. 책이 그들에게는, 단지 하나의 상품이다. 그들의 모든 정력은 모두 싸고 좋은 상품을 사들이는데 쓰고, 그런 후에 높은 가격으로 파는데, 서적의 내용에 대해서는, 그들은 그다지 관심이 없다.

또 한 부류의 사람이 있다. 그들은 뱃속에 몇 방울의 먹물이 없어서(배운 것이 얼마 없어, 즉 학문이 짧다는 것을 의미함), 단지 높은 관직에 올랐거나 사장이 되었기 때문에 책을 쭉 늘어 놓는 것으로 자신이 학문이 있음을 드러내는데 필요하다. 이런 사람들이 책을 선택하는 기준은, 바로 "보기좋고 두껍고 큰 것" 이어서, 책장에 꽂아놓고, 훌륭한지 본다. 손님이 서재에 들어와 보고, 주인의 학문이 높고 깊다고 느낄 것이다. 책 시장에 한 세트의 하드카바로 된 선물용 책들은, 모두 이런 사람들을 위해서 준비된 것이다.

그러나, 이런 책들은 크고 두껍고, 무게도 가볍지 않다. 평소에 비록 그것을 보지는 않지만, 이사 갈 때에는 오히려 무거운 부담이고, 또한 가격도 비싸서, 생각해보면, 수지에 맞지 않는다. 이로 인해, 선물용 책시장은 갈수록 불경기여서, 대량의 선물용 책은 책을 파는 상인의 손에 쌓여있다가, 할 수 없이 싼 가격에 처리된다. 그러나, 소비는 시장이 결정하는바, 설령 당신이 책이 비싸서 싫고, 설령 당신이 책을 사는 것이 오로지 장식을 위한 것이라고 한 이상, 그것은 해결하기 쉽다. 큰 선물용 책을, 조금 개조하면, 바로 전부 새로운 디자인이 생긴다. 딱딱한 상자를 만들어, 안에 딱딱한 종이로 채우고, 책장에 꽂아놓고 잠그면, 그 중에 가짜가 있는지 누가 알겠는가! 모양도 꾸몄고, 무게도 가볍고, 가격도 싸니, "하느님" 의 바램이 여러 가지로 만족을 얻었다. – 상품시대여!

□ 【夸奖】 kuājiǎng　　　(정)(동) 칭찬하다, 찬양하다
　(참)□ 【奖】 jiǎng　　　(을)(명) 격려　(동) 장려하다, 칭찬하다, 격려하다
□ 【说明】 shuōmíng　　　(갑)(동)(명) 설명(하다)
□ 【收集】 shōují　　　(병)(동) 수집하다
□ 【学问】 xuéwen　　　(을)(명) 학문, 학식, 지식
□ 【不一定】 bù yídìng　　　(을) 반드시~하는 것은 아니다, 반드시~할 필요는 없다
□ 【价值】 jiàzhí　　　(을)(명) 가치
　(참)□ 【物价】 wùjià　　　(을)(명) 물가
　　□ 【值得】 zhí//·de　　　(을)(동) 값이 맞다, 값에 상응하다, ~할 만하다
□ 【古】 gǔ　　　(을)(형) 낡다, 오래되다　　고대, 옛날 (⇔【今】 jīn)
□ 【那些】 nàxiē　　　(갑)(대) 그것들(사물이나 사람이 둘 이상임을 지칭함)
□ 【年代】 niándài　　　(을)(명) 연대, 시대
□ 【出版】 chūbǎn　　　(을)(동)(명) 출판(하다)
□ 【收藏】 shōucáng　　　(정)(동) 수장하다, 수집하다, 보존하다
　※□ 【至于】 zhì·yú　　　(병)(접) ~때에 이르러 ; ~으로 말하면　(부) ~에 이르러서
　(참)□ 【至】 zhì　　　(을)(동) 이르다, ~까지 도달하다 (≒【到】 dào)
□ 【赚】 zhuàn　　　(병)(동) (이익을 남겨)벌다, 이윤을 얻다, 이익을 보다
□ 【商品】 shāngpǐn　　　(을)(명) 상품
□ 【书籍】 shūjí　　　(병)(명) 서적
□ 【滴】 dī　　　(을)(양) 방울(동글게 맺힌 액체 덩이를 세는 단위)
　　　　　　　　□　(병)(동) 한 방울씩 떨어지다
□ 【墨水（儿）】 mòshuǐ(r)　　　(을)(명) 먹물, 잉크 ; 지식 (≒【知识】 zhīshi)
□ 【升】 shēng　　　(을)(양) (용량의 단위)리터(litre)　(동) 오르다, 올라가다, 떠오르다
　⇔□ 【降】 jiàng　　　(을)(동) 떨어지다
□ 【老板】 lǎobǎn　　　(을)(명) 주인, 상점의 주인, 회사의 기업주
□ 【美观】 měiguān　　　(병)(형) 보기 좋다, 아름답다
□ 【书柜】 shūguì　　　(명) 책장 (≒【书架】 shūjià)
□ 【神气】 shén·qì　　　(병)(명) 표정, 기색, 안색　(형) 기운이 있다, 생기가 있다, 의기양양하다
□ 【高深】 gāoshēn　　　(형) (학문·기술의 조예가)수준이 높고 깊다
□ 【精装】 jīngzhuāng　　　(명) 고급 장정(裝訂), 하드커버(hard cover)
　⇔□ 【平装】 píngzhuāng　　　(명) (서적의)보통 장정, 페이퍼백(paper back)
□ 【礼品】 lǐpǐn　　　(정)(명) 선물 (≒【礼物】 lǐwù)
□ 【分量】 fèn·liàng　　　(병)(명) 분량, 무게
　≒□ 【重量】 zhòngliàng　　　(을)(명) 중량, 무게
□ 【搬家】 bān//jiā　　　(동) 이사하다
□ 【沉重】 chénzhòng　　　(병)(형) (무게·기분·부담 따위가)무겁다
□ 【合算】 hé//suàn　　　(병)(동) 수지가 맞다
　(참)□ 【计算】 jìsuàn　　　(을)(동) 계산하다
□ 【市场】 shìchǎng　　　(을)(명) 시장
　(참)□ 【商场】 shāngchǎng　　　(을)(명) (건물 안에 설치된)시장, 상가, 백화점

- □ 【景气】 jǐngqì   명 경기
- □ **【积压】** jīyā   정동 (오랜 동안 처리하지 않아)쌓이다, 밀리다, 방치해 두다
- □ 【商】 shāng   정명 상업, 장사, 장사꾼   동 상의하다, 토의하다
  - (참)□ 【商业】 shāngyè   을명 상업
- □ 【处理】 chǔlǐ   을동명 처리(하다)
- □ 【消费】 xiāofè   을동명 소비(하다)
- □ **【既然】** jìrán   을접 이왕 이렇게 된 바에야, 그렇게 된 이상
- ※ □ **【既然 ~ 就…】** jìrán~jiù…   ~라고 한 이상…하다
- □ 【装饰】 zhuāngshì   병동 치장하다, 장식하다   명 장식(품)
- □ **【稍】** shāo   을부 조금, 약간
- □ 【设计】 shèjì   을동명 설계(하다)
- □ 【硬】 yìng   을형 단단하다, 굳다, 경화되다 (⇔ 【软】 ruǎn)
- □ 【盒子】 hézi   명 작은 상자
  - ≒ □ 【盒】 hé   을명 통, 함, 합 (量) 갑(작은 상자를 셀 때 쓰임)
- □ 【谁知】 shéizhī   ~을 누가 알겠는가, 아무도~를 모른다
- □ 【其中】 qízhōng   을명 그 중, 그 속
- □ 【假】 jiǎ   을형 거짓의, 가짜의 (⇔ 【真】 zhēn) 접 만약, 가령 (≒ 【假如】 jiǎrú)
    동 ~로 가장하다 (≒ □ 【假定】 jiǎdìng   정)
- □ 【假】 jià   병명 휴가, 휴일
  - (참)□ **【假条】** jiàtiáo   을명 휴가원, 휴가 신청서, 결석계
- □ 【上帝】 shàngdì   병명 하느님, 천제(天帝), (기독교의)하나님, 여호와
- □ **【愿望】** yuànwàng   을명 원망, 원하고 바람, 희망

收集

童年，女孩子的梦都是五彩斑斓的。我的童年，比起现在那些孩子来说要"幸福"得多，没那么多课内课外的作业，也不用去学那些琴棋书画。加上父母工作繁忙，对我的学习抓得不紧，所以我只要不吵不闹不做坏事，就有绝对的自由。

有段时间，班里的女生最爱干的事就是收集"糖纸"！有些甚至到了痴迷、痴狂的程度。看见谁手里的糖包装好看，又不敢向他要就一直跟着他直到他吃了那颗糖把纸丢了为止。糖纸花花绿绿的，每张都会有一个故事。记得那时的糖都是两边一扭包装的，要得到一张漂亮的糖纸，必须把糖纸洗干净，在玻璃板下铺平压两天才好看。但要把一张糖纸完整地剥下来却不容易。于是那些所谓的次品，也就是因为机械的误操作而没包进糖的糖纸，就特别受我们的欢迎，那可是一张非常完整的糖纸啊！那时我们班有个女孩子的妈妈在食品店工作，自然就容易得到这些，于是她成了同学们羡慕的对象，甚至有人还故意去奉承她。为了几张纸就这样，小女生们也不简单。

一段时间下来，我虽没她们那样痴迷，藏品却也丰富起来了。当然比起她们的糖纸在质量、数量上要逊色得多，但闲着的时候把夹着糖纸的本子拿出来翻翻看看，也还是有很多乐趣。只可惜，后来我的这些"宝贝"还是失落掉了好大一部分，可能是搬家时丢了，也可能是父母见我不那么热心了，就扔了。无论如何，这说明我长大了，有了更新更美的追求了。

妈妈有时跟我讲起她小时候收集冰棍儿的棍儿卖钱的故事，我就会想起我收集糖纸的事，再看看现在一些孩子们收集邮票、手表等"珍品"的物品，真是一代有一代的特色啊。（632字）

유년 시절, 여자아이의 꿈은 모두 오색찬란하다. 나의 유년시절은 지금의 아이들과 비교하여 말하자면 더 많이 "행복" 했다. 교과안이나 교과밖의 숙제가 그다지 많지 않아, 피아노, 바둑, 서예, 미술을 배우러 갈 필요가 없었다. 게다가 부모님 일이 바쁘셔서, 내 학업에 대하여 그다지 바짝 다잡지 못하셨다. 그래서 내가 시끄럽게 하지 않고 나쁜 일을 하지 않는다면, 절대적인 자유가 있었다.

그 시기에, 반의 여학생들이 가장 즐겨하는 일은 "사탕종이"를 수집하는 것이었다. 어떤 애들은 심지어 정신없이 열중하고 매혹되는 정도까지 이르렀다. 누구 손에 예쁘게 포장된 사탕 봉지가 들려있는 것을 보면, 감히 그한테 달라고는 하지못하고 줄곧 그를 따라 다녀서 그가 그 사탕을 먹고 종이를 버려야지만 끝이 났다. 사탕종이는 알록달록 예뻤으며, 각 종이마다 이야기 하나씩은 가지고 있었다. 기억하기로 그 때의 사탕종이는 양쪽 끝이 돌돌 말려져 포장되어 있었는데, 만약에 아주 예쁜 사탕종이를 얻으면, 반드시 사탕종이를 깨끗이 씻어, 유리판 밑에 펴서 눌러 이틀이 지나야만 보기가 좋았다. 그러나 한 장의 사탕종이를 온전하게 벗겨내기란 결코 쉽지 않다. 그래서 그런 모든 차품(질이 낮은 물건), 즉 기계의 오작동으로 인해서 사탕을 넣어 포장하지 못한 사탕종이를 말하는데, 특별히 우리에게 환영을 받았다. 그것이야말로 한 장의 매우 완전한 사탕종이이다! 그 때 우리반의 한 여자아이 엄마가 식품점에서 일하셨는데, 자연히 쉽게 이런 것들을 얻을 수 있어서, 그 아이는 반 친구들의 부러움의 대상이 되었다. 심지어 어떤 아이는 일부러 그녀에게 아첨하기도 하였다. 몇 장의 종이를 위해 이렇게 까지 하다니, 어린 여학생들도 대단하다.

얼마간의 시간이 흘러, 나는 그 아이들처럼 그렇게 열중하지는 않았지만, 소장품은 오히려 풍부해졌다. 당연히 그 아이들의 사탕종이에 비해 질량과 수량이 많이 뒤떨어졌지만, 한가할 때 사탕종이가 끼워져 있는 노트를 꺼내서 넘겨보는 것도, 매우 즐거운 일이었다. 단지 아쉬운 것은, 뒤에 나의 이런 "보배" 들을 상당부분 잃어버리고 말았는데, 아마도 이사할 때 잃어버렸거나, 부모님이 보기에 내가 그렇게 열심이지 않자 버렸을 것이다. 어찌되었든, 이것은 내가 컸고, 더 새롭고 더 아름다운 추구대상이 생겼다는 것을 설명한다.

어머니가 어떤 때 나에게 그녀가 어릴 적에 막대 아이스크림의 막대를 수집하여 돈을 주고 팔았던 이야기를 하시기 시작하면, 나는 바로 내가 사탕종이를 수집했던 일을 생각할 수 있었고, 또 지금 아이들이 우표, 손목시계 등 "진품" 의 물건을 수집하는 것을 보면, 정말 한 세대마다 그 세대의 특색이 있다.

□ 【五彩】 wǔcǎi　　　　　　　명 오채(청(靑)·황(黃)·적(赤)·백(白)·흑(黑))
□ 【斑斓】 bānlán　　　　　　〈서〉 찬란하다, 여러 빛깔이 섞여서 알록달록하다
□ 【课】 kè　　　　　　갑명 수업, 강의 (참)□ 【课程】 kèchéng　을명 (교육)과정,
　　　　　　　　　　　커리큘럼(curriculum)
□ 【琴】 qín　　　　　　병명 금, 거문고, 「～금」의 이름을 가진 악기의 총칭
　(참)□ 【钢琴】 gāngqín　정명 피아노
□ 【棋】 qí　　　　　　병명 장기, 바둑
□ 【繁忙】 fánmáng　　　　정형 번거롭고 바쁘다
　(참)□ 【繁荣】 fánróng　을형동 번영하다, 번창하다, 번영시키다
□ 【抓】 zhuā　　　　　　을동 잡다 ; 붙들다 ; 중점을 두다
　≒□ 【捕】 bǔ　　　　　　을동 붙잡다, 체포하다
□ 【女生】 nǚshēng　　　　명 여학생 ⇔□ 【男生】 nánshēng　명 남학생
□ 【痴】 chī　　　　　　형 어리석다, 분별없다, 미련하다
□ 【狂】 kuáng　　　　　　형 격렬하다, 맹렬하다, 심하다
□ 【程度】 chéngdù　　　　을명 정도
□ 【包装】 bāozhuāng　　　정동명 포장(하다)
□ 【纸】 zhǐ　　　　　　갑명 종이
□ 【为止】 wéizhǐ　병동 (주로 시간·진도 따위에 쓰여)～을 끝으로 하다(삼다), ～까지 하고 끝내다
　(참)□ 【止】 zhǐ 을동 정지하다, 멈추다, 그만두다 ; 저지하다 ; ～까지 끝나다
□ 【花花绿绿】 huāhuālǜlǜ　　　　　(숙) 울긋불긋하다, 알록달록하다
□ 【扭】 niǔ　을동 비틀다, 비틀어 돌리다 ≒□ 【拧】 nǐng　병동 틀다, 비틀다
※□ 【要～必须…】 yào～bìxū… ～한다면, 반드시…해야 한다
□ 【板】 bǎn　　　　　　을명 널빤지, 판자
□ 【铺】 pù　을명 가게, 상점, 점포 □ 【铺】 pū　동 (물건을)깔다, (자리를)펴다
□ 【平】 píng　　　　　　을형 평평하다 ; 평온하다 ; 보통의, 평상의
　(참)□ 【平均】 píngjūn 을동명 평균(하다) 형 균등한, 평균적인
□ 【完整】 wánzhěng　　　　을형 완전하다, 온전하다, 완전무결하다
　(참)□ 【整齐】 zhěngqí　갑형 정연하다, 단정하다, 질서있다, 깔끔하다
　　□ 【齐】 qí　　　　　　을동 일치하다, 맞다 형 가지런하다, 질서정연하다
□ 【剥】 bāo　　　　　　병동 (가죽이나 껍질 따위를)벗기다, 까다
□ 【机械】 jīxiè　　　　　을명 기계, 기계 장치
　(참)□ 【机床】 jīchuáng　을명 선반, 공작기계, 절삭기계
　　□ 【机关】 jīguān　을명 기관 ; 주요 부분이 기계로 되어 있는 것 ; 계책, 계략
□ 【操作】 cāozuò　　　　병동명 조작(하다)
□ 【包】 bāo　을동 싸다, 싸매다 □ 을명 포대, 자루, 가방 양 꾸러미, 봉지, 포대
□ 【欢迎】 huānyíng　　　　갑동명 환영(하다)
　⇔□ 【欢送】 huānsòng　을동 환송하다
□ 【羡慕】 xiànmù　　　　을동 부러워하다, 흠모하다
□ 【对象】 duìxiàng　　　　을명 대상, 이성(異性)의 상대, 연인
□ 【故意】 gùyì　　　　　　을부 고의로, 일부러

□ **【奉承】** fèng·chéng （동）명을 받들다 ; 알랑거리다, 아첨하다, 비위를 맞추다

□ **【藏】** cáng （을）（동）숨다, 숨기다 ; 저장하다 □ 【藏】 zàng （명）창고

□ **【数量】** shùliàng （을）（명）수량, 양

⇔□ 【质量】 zhìliàng （을）（명）질, 품질

□ **【逊色】** xùnsè （명）손색

□ **【本子】** běnzi （갑）（명）노트, 공책 ; 책자, 판본 (≒ 【笔记本】 bǐjìběn)

(참)□ 【册】 cè （을）（양）책, 권 （명）책자

□ **【乐趣】** lèqù （정）（명）즐거움, 재미

□ **【宝贝】** bǎobèi （정）（명）보배, 보물 ; 귀여운 아이, 귀염둥이

(참)□ 【可爱】 kě'ài （을）（형）귀엽다, 사랑스럽다

□ **【失落】** shīluò （동）잃다, 분실하다

□ **【热心】** rèxīn （을）（형）열심이다, 열성적이다 ; 친절하다, 온화하다 (≒ 【热情】 rèqíng)

(참)□ 【热爱】 rè'ài （을）（동）열애하다, 열렬히 사랑하다

□ **【无论如何】** wúlùn rúhé （병）어찌 되었든 관계없이, 어쨌든, 어떻게 해서 든지

□ **【美】** měi （을）（형）아름답다, 곱다, 예쁘다

⇔□ **【丑】** chǒu （병）（형）못생기다, 밉다

□ **【棍(儿)】** gùn(ér) （명）막대기, 몽둥이 (참)□ 【杆】 gān （을）（명）기둥, 막대, 장대

□ **【手表】** shǒubiǎo （갑）（명）손목시계

□ **【珍】** zhēn （명）보배, 귀한 물건, 보물

□ **【物品】** wùpǐn （병）（명）물품

□ **【特色】** tèsè （정）（명）특색, 특징 (≒ 【特征】 tèzhēng)

太阳和月亮

中秋的晚上，我们全家一起赏月。看着深蓝色天空中银色的月亮，我好奇地问爸爸："爸爸，老师告诉我们，太阳和月亮差很大。但为什么它们在天上看起来一样大？"

爸爸笑了，说："你不是想当天文家吗？你能不能研究一下这个问题？你可以去图书馆或上网查找你需要的数据，答案就在那些数据中。"哇，好奇心又给我找麻烦了，又得少玩儿好多电子游戏了！

我在网上查找了好多关于太阳和月亮的数据，反复研究，算出了许多结果，但就是找不到原因。爸爸又告诉我说："一个好的科学家不能只是算数字，而且要多动脑子，要从一堆数字中找出和问题有关的东西来。"在爸爸的帮助下，我选了几个重要数据：太阳和月亮的直径：太阳和月亮离地球的距离。我又仔细研究了这几个数据，一下子跳了起来，对爸爸说："我明白了！太阳离地球的距离比月亮离地球的距离差不多大400倍，而太阳的直径比月亮的直径也差不多大400倍，所以它们在天上看起来就几乎一样大了，对吗？"爸爸很高兴，大笑起来。

由此，我也懂得了一个很重要的道理：世界上，有很多谜，要仔细地观察、思考和研究才能把它们解开。科学家就是这样做的。比如从苹果掉在地上这个现象中，发现了万有引力，看到地球两个大陆海岸线的形状相似从而提出了大陆漂移理论。要不是他们仔细观察，认真研究，又怎么能知道在这些简单现象后面隐藏着这么多科学道理呢？（549字）

태양과 달

추석날 저녁에, 우리가족 모두는 함께 달 구경을 하였다. 짙은 남색의 하늘에 은색의 달을 보면서, 나는 호기심 많게 아버지께 여쭈어 보았다. "아빠, 선생님께서 우리에게 태양과 달은 크기 차이가 매우 크다고 알려주셨어요. 그런데 어째서 저것들을 하늘에서 보기에는 크기가 같지요?"

아버지가 웃으며 말했다. "너는 천문학자가 되고 싶다고 하지 않았니? 네가 이 문제를 연구해 볼 수 있겠니? 네가 도서관에 가거나 혹은 인터넷으로 필요한 통계수치를 찾을 수도 있는데, 답안은 그 통계수치 속에 있단다.." 아! 호기심이 또 나에게 번거로움을 주었군, 많은 전자오락도 조금 밖에 못하겠네!

나는 인터넷에서 많은 태양과 달에 관한 통계수치를 찾았고, 반복해서 연구를 했고, 많은 결과를 계산해 내었지만, 원인을 찾을 수는 없었다. 아버지는 또 나에게 알려주셨다. "한 사람의 훌륭한 과학자는 단지 숫자를 계산하는 것이 아니라, 거기에 머리를 써서, 이 무더기 숫자들 중에서 문제와 관계가 있는 것을 찾아낼 수 있어야 한단다." 아버지의 도움 하에, 태양과 달의 직경, 태양과 달의 지구와의 거리 같은 몇 개의 중요한 숫자적 근거를 골라냈다. 나는 또 이 몇 개의 숫자적 근거를 자세히 연구하였는데, 순간 펄쩍 뛰면서 아버지께 말했다. "알았어요! 태양에서 지구까지의 거리를 달에서 지구까지의 거리와 비교하면 거의 400배가 커요. 그리고 태양의 직경이 달의 직경보다 거의 400배나 커요. 그래서 그들이 하늘에서 보기에는 거의 같은 크기로 보이는 거지요. 맞지요?" 아버지는 기뻐하며 크게 웃으셨다.

이것 때문에, 나도 하나의 아주 중요한 이치를 알게 되었다. 세계에는, 많은 비밀이 있고, 자세히 관찰하고 사고하고 연구해야지만 비로소 그것들을 밝혀낼 수 있다. 과학자들은 바로 이렇게 하는 것이다. 예를 들어 사과가 땅에 떨어지는 현상에서 만유인력을 발견하였고, 지구의 두 대륙 해안선의 형상이 비슷하다는 것을 봄으로써, 대륙이동설이 제기되었다. 그들이 자세히 관찰하고 열심히 연구하지 않았다면, 이런 간단한 현상뒷면에 이렇게 많은 과학적이치가 숨어 있다는 것을 어떻게 알 수 있었겠는가?

□ 【赏】 shǎng　　　　　정동 상을 주다 ; (윗사람이 아랫사람에게)주다 ; 감상하다

□ 【空中】 kōngzhōng　　　을명 공중

□ 【月亮】 yuèliang　　　　갑명 달 ≒□ 【月球】 yuèqiú 갑명 달(학술용어)

□ 【看起来】 kàn qi·lai　　　　정 보아하니

□ 【图书馆】 túshūguǎn　　　갑명 도서관

　(참)□ 【阅览室】 yuèlǎnshì　을명 열람실

□ 【网】 wǎng　　　　　병명 그물 ; 인터넷, 온라인, 네트워크

□ 【查找】 chá//zhǎo　　　　동 조사하다, 찾다, 수사하다

　(참)□ 【查】 chá　　　　갑동 검사하다, 조사하다, 찾아보다

　　　□ 【寻找】 xúnzhǎo　　을동 찾다

□ 【数据】 shùjù　　　　병명 데이터(data), 통계수치

□ 【答案】 dá'àn 을명 답안, 해답 (참)□ 【方案】 fāng'àn 을명 초안, 방안, 계획

□ 【答】 dá 을동 대답하다 □ 【解答】 jiědá .을동명 해답(하다), 대답(하다)

□ 【答卷】 dá//juàn　　　　을명 답안 동 답안을 쓰다, 시험문제에 대답하다

□ 【哇】 wa　　　　　을조 문장 끝에 쓴다 ①감탄 ②긍정·승낙·재촉 ③의문을 나타냄

　≒□ 【啊】 a　　　　갑탄 아!, 야!

□ 【好多】 hǎoduō　　　　정형 대단히 많은, 꽤 많은

□ 【关于】 guānyú　　　　을개 ~에 관하여

□ 【科学家】 kēxuéjiā　　　을명 과학자 (참)□ 【科研】 kēyán 을명 과학연구

□ 【科学院】 kēxuéyuàn　　　을명 과학원

□ 【科长】 kēzhǎng　　　　을명 과장(課長)

□ 【堆】 duī 을동 쌓이다 □ 병명 높이 쌓아 놓은 물건, 무더기
　　　　　　　양 무더기, 더미, 무리, 떼(높이 쌓여 있는 것이나 무리를 이루는 것)

□ 【直径】 zhíjìng　　　　병명 직경

　(참)□ 【面积】 miànjī　　을명 면적

　　　□ 【体积】 tǐjī　　　을명 체적, 부피

　　　□ 【平方】 píngfāng　　을명 제곱, 평방

　　　□ 【立方】 lìfāng　　　을명 입방, 세제곱, ㎥

□ 【距离】 jùlí　　　을동 (~로 부터)떨어지다, 사이를 두다 명 거리
　　　　　　　□ 을개 ~로 부터 떨어져서

□ 【谜】 mí　　　　　명 수수께끼, 비밀, 불가사의한 일

□ 【观察】 guānchá　　　을동명 관찰(하다)

　(참)□ 【观点】 guāndiǎn　　을명 관점, 견해

□ 【思考】 sīkǎo　　　　병동명 사고(하다), 생각(하다)

□ 【万有引力】 wàn yǒu yǐnlì　　명 (≒ 【引力】 yǐnlì) 만유인력

□ 【大陆】 dàlù　　　　을명 대륙 (참)□ 【岛】 dǎo 을명 섬

□ 【海岸线】 hǎi'àn xiàn　　　명 해안선

　(참)□ 【海洋】 hǎiyáng　　을명 해양 □ 【岸】 àn 을명 언덕, (강)기슭

　　　□ 【线】 xiàn　　　을명 실, 선, 줄 □ 【光线】 guāngxiàn 을명 광선

□ 【形状】 xíngzhuàng　　　을명 형상, 물체의 외관

□ 【相似】 xiāngsì　　　　　　　을형 닮다, 비슷하다
※□ 【从而 ～】 cóngér ~　　　　을접 따라서, 그리하여, ~함으로써
□ 【漂移】 piāoyí　　　　　　　동 떠다니다, 표류하다
□ 【理论】 lǐlùn　　　　　　　　을명 이론
※□ 【要不是 ～】 yào ~ búshì　병접 (≒ 【要＋不是】)　~아니라면, ~아니였다면
□ 【隐藏】 yǐncáng　　　　　　정동 숨기다, 숨다, 감추다, 비밀로 하다
□ 【科学】 kēxué　　　　　　　갑명 과학　형 과학적이다
　(참)□ 【科】 kē　　　　　　　을명 과(연구분야를 분류한 작은 구분 또는 사무조직의 작은 구분)
　　　□ 【学术】 xuéshù　　　　을명 학술 □ 【物理】 wùlǐ　갑명 물리(학)
　　　□ 【医学】 yīxué　　　　　을명 의학 □ 【哲学】 zhéxué 을명 철학

做一个简单的柜子**尚且**需要很多**工序**，**何况**做一个**大小比例**这样特殊家具呢?

간단한 찬장을 하나 만드는 것**조차도** 많은 공정이 필요**한데**, 하물며 크기비율이 이렇게 특수한 가구를 만드는 것은 어떠하겠는가?

□ 【柜子】 guìzi　　　　　　　병명 장, 찬장, 궤짝
□ 【～尚且…何况—】 ~ shàngqiě…hékuàng —　~조차…한데, 하물며 —
□ 【工序】 gōngxù　　　　　　명 공사, 공정
□ 【大小】 dàxiǎo　　　　　　을명 크기 ; 어른과 아이 ; 크고 작은 것
□ 【比例】 bǐlì　　　　　　　　을명 비례, 비율, 비중
□ 【特殊】 tèshū　　　　　　　을형 특수하다, 특별하다
□ 【家具】 jiājù　　　　　　　을명 가구

关于京剧

京剧与西洋剧似乎没有什么本质的区别，但欣赏方式以及演员与观众的交流方式却不太一样。听歌剧不允许在一首咏叹调尚未结束时叫好或鼓掌，要喝彩也要等到一曲终了。京剧就不同了。不论看表演还是听唱腔，只要是到了妙处，立刻就可以叫好。听到台下有叫好声，演员会十分高兴，这说明他的表演得到了承认。京剧的这个特点，大概与早期没有专门的戏曲园地有关，于是观众对演员的评论就以当场叫好这种更直接、更及时的方式体现出来。今天，尽管戏曲评论相当发达，但当场叫好仍作为演员与观众直接沟通的一种方式保留下来。如果不了解这一点，恐怕就会认为是有人在故意捣乱。(263字)

□ 十二支 shí'èrzhī	□ 地支 dìzhī	뗑 지지, 십이지(十二支)
□ 子 zǐ	□ 鼠 shǔ	뗑 자(子), 쥐
□ 丑 chǒu	□ 牛 niú	뗑 축(丑), 소
□ 寅 yín	□ 虎 hǔ	뗑 인(寅), 호랑이
□ 卯 mǎo	□ 兔 tù	뗑 묘(卯), 토끼
□ 辰 chén	□ 龙 lóng	뗑 진(辰), 용
□ 巳 sì	□ 蛇 shé	뗑 사(巳), 뱀
□ 午 wǔ	□ 马 mǎ	뗑 오(午), 말
□ 未 wèi	□ 羊 yáng	뗑 미(未), 양
□ 申 shēn	□ 猴 hóu	뗑 신(申), 원숭이
□ 酉 yǒu	□ 鸡 jī	뗑 유(酉), 닭
□ 戌 xū	□ 狗 gǒu	뗑 술(戌), 개
□ 亥 hài	□ 猪 zhū	뗑 해(亥), 돼지

54課 경극에 관하여

경극(京劇)은 서양극과는 거의 무슨 본질적 차이는 없지만, 감상방식 및 배우와 관중과의 교류방식은 오히려 그다지 같지 않다. 가극을 들을 때는 한 곡의 아리아가 아직 끝나기 전에는 좋다는 소리를 하거나 박수를 치는 것을 허락하지 않으며, 갈채를 보내고 싶으면 한 곡이 끝나기를 기다려야 한다. 경극은 다르다. 연기를 보거나 아니면 노랫가락을 듣던지 상관없이, 단지 훌륭한 곳에 도달하면, 즉시 잘한다고 소리지를 수가 있다. 무대아래서 잘한다는 소리를 듣게 되면, 배우들은 매우 기뻐할 것이며, 이것은 그의 연기가 인정을 얻었다는 것을 설명한다. 경극의 이런 특징은, 대체로 초창기에 전문적인 희극무대가 없었던 것과 관계가 있다. 그래서 관중이 배우에 대한 평론을 즉석에서 좋다라고 소리를 지르는 것으로, 이런 더욱 직접적이고、 더욱 시기적절한 방식으로 표현했다. 오늘날, 설령 희극평론이 상당히 발달하였지만, 현장에서 좋다고 소리치는 것은 여전히 배우와 관중의 직접적인 소통의 한 방식이 되어 전해내려 오고있다. 만약 이 부분을 이해하지 못한다면, 아마도 누군가가 고의로 소란을 피운다고 여길 것이다.

칼럼 49   农作物 (농작물)

□ 作物 zuòwù	병 명	농작물
□ 水稻 shuǐdào	을 명	논벼
□ 小麦 xiǎomài	을 명	소맥, 밀

□ 【京剧】 jīngjù ⓐ몡 경극 ≒□ 【京戏】 Jīngxì ⓐ몡 경극

□ 【西洋】 Xīyáng 몡 서양 ⇔□ 【东洋】 Dōngyáng 몡 동양

□ 【剧】 jù 몡 극, 연극

(참)□ 【剧场】 jùchǎng ⓐ몡 극장

□ 【本质】 běnzhì ⓐ몡 본질

□ 【演员】 yǎnyuán ⓐ몡 배우, 연기자, 출연자

(참)□ 【演】 yǎn ⓐ동 발전하다, 발달하다 ; 연기하다, 공연하다

□ 【观众】 guānzhòng ⓐ몡 관중

(참)□ 【主观】 zhǔguān ⓐ형몡 주관(적이다)

⇔□ 【客观】 kèguān 몡형몡 객관(적이다)

□ 【不太】 bútài 부그다지~하지 않다

□ 【歌剧】 gējù 몡몡 가극, 오페라

□ 【允许】 yǔnxǔ ⓐ동 허가하다, 윤허하다

≒□ 【许】 xǔ ⓐ동칭찬하다 ; 허가(승락)하다 부아마도, 혹시~일지도 모른다

⇔□ 【不许】 bùxǔ ⓐ동 불허하다

□ 【首】 shǒu ⓐ몡 머리, 수령, 우두머리 양 (시나 노래 따위의)수

□ 【咏叹调】 yǒngtàndiào 몡 아리아, 영탄곡

□ 【尚未】 shàngwèi 부아직 ~하지 않다

□ 【结束】 jiéshù ⓐ동끝나다, 마치다, 종결하다

□ 【叫好】 jiào//hǎo 동 갈채를 보내다

□ 【鼓掌】 gǔ//zhǎng ⓐ동몡 박수(치다), 손뼉치다

(참)□ 【鼓】 gǔ ⓐ몡 북 동타다, 치다, 두드리다 □ 【拍】 pāi ⓐ동 손바닥으로 치다

□ 【喝彩】 hè//cǎi 동 갈채하다, 큰소리로 좋다고 외치다

□ 【曲】 qǔ 몡곡, 노래, 곡조, 가락 □ 【曲】 qū 굽다, 구부러지다 (⇔ 【直】 zhí)

□ 【终了】 zhōngliǎo 동 종료하다, 끝나다

□ 【表演】 biǎoyǎn ⓐ동몡 상연(하다), 연출(하다), 연기(하다)

(참)□ 【开演】 kāiyǎn ⓐ동 (연극이나 영화 따위를)시작하다

□ 【演出】 yǎnchū ⓐ동몡 공연(하다), 상연(하다)

□ 【唱腔】 chàngqiāng 몡 (중국 전통극에서의)노래곡조, 노래가락

※□ 【只要 ~ 就…】 zhǐyào·jiù… ~하기만 하면…

□ 【妙处】 miàochù 몡 묘한 점(곳)

(참)□ 【妙】 miào ⓐ형아름답다, 좋다

□ 【承认】 chéngrèn ⓐ동승인하다, 허가하다 몡승인, 허가

□ 【特点】 tèdiǎn ⓐ몡특징, 특성, 특색

□ 【早期】 zǎoqī 몡몡 조기, 이른 시기, 초기

(참)□ 【期】 qī ⓐ몡 시기, 기일, 기간 양 기(어떤 시기를 몇으로 구분한 그 하나)

□ 【期间】 qījiān ⓐ몡 기간 □ 【学期】 xuéqī ⓐ몡 학기

□ 【戏曲】 xìqǔ 몡 곤곡(昆曲)·경극(京剧) 등의 각종 지방극을 포함한 중국전통적 희극

□ 【园地】 yuándì 몡 화원·과수원·식물원 따위의 총칭 ; (활동의)무대, 범위

□ 【评论】 pínglùn 몡동몡 평론(하다), 비평(하다)

□ 【当场】 dāngchǎng　　　(정)(부) 당장, 즉석에서, 현장에서
□ 【直接】 zhíjiē　　　(을)(형) 직접적인 ⇔□ 【间接】 jiànjiē　(정)(형) 간접적인
□ 【及时】 jíshí　　　(을)(형) 시기적절하다, 때맞다
□ 【体现】 tǐxiàn　　　(병)(동) 구현하다, 체현하다
□ 【发达】 fādá　　　(을)(형) 발달하는, 향상되는　(동) 발달하다, 발전하다
□ 【仍】 réng　　　(을)(부) 여전히, 거듭, 누차, 아직도 (≒【仍然】 réngrán)
□ 【沟通】 gōutōng　　　(정)(동) 통하다, 교류하다, 소통하다
□ 【保留】 bǎoliú　　　(을)(동) 보존하다, 남겨 놓다
□ 【捣乱】 dǎo//luàn　　　(정)(동) 교란하다, 소란을 피우다

《短文 13》

家里的卫生都是请阿姨打扫的，考虑到她家经济困难，我始终都是
提前给她工资。

집 안의 위생은 모두 아주머니를 불러서 청소하게 했는데, 그녀의 가정 형편
이 어려운 것을 고려하여, 나는 언제나 그녀에게 미리 월급을 주었다.

□ 【卫生】 wèishēng　　　(을)(명)(형) 위생(적이다), 깨끗하다
□ 【扫】 sǎo　　　(을)(동) 청소하다
□ 【考虑】 kǎolǜ　　　(을)(동)(명) 고려(하다)
□ 【始终】 shǐzhōng　　　(을)(부) 처음부터 한결같이, 언제나 (≒【一直】 yìzhí)

月饼的历史

有人以为吃月饼与送月饼，自古以来就与中秋节有关。其实，情况并非如此。原来，初唐时，农历八月只有初一是节日，而没有十五这个节日。相传，后来唐明宗曾于八月十五夜游月宫，民间才把八月十五这一天作为中秋节。到了中唐，人们开始在八月十五之夜登楼观月，而当时还没有月饼出现。

说到月饼的出现最早是在南宋的时候。不过，当时的月饼与中秋节毫不相干，当时的月饼与现代的月饼亦大不相同，只是作为一种蒸的食品在饮食领域出现而已。月饼真正与中秋节产生联系是在明代。当时，北京城里出现了一种以果做馅的月饼，人们在中秋节这一天自己制作月饼，用于食用和赠送亲朋好友，以表达团圆和祝贺之意。(278字)

칼럼 50　天干 (천간, 십간)

□ 十干 shígān	□ 天干 tiāngān	명 천간, 십간
□ 甲 jiǎ		병명 갑
□ 乙 yǐ		병명 을
□ 丙 bǐng		병명 병
□ 丁 dīng		병명 정
□ 戊 wù		명 무
□ 己 jǐ		명 기
□ 庚 gēng		명 경
□ 辛 xīn		명 신
□ 壬 rén		명 임
□ 癸 guǐ		명 계

월병의 역사

어떤 사람은 월병을 먹고 선물하고 하는 것이, 옛날부터 추석과 관계가 있다고 여긴다. 사실, 상황은 **결코 이와같지 않다**. 원래, 초당(初唐) 때, **음력** 8월에는 단지 **초하루**라는 명절만 있었지, 보름이라는 이런 명절은 없었다. 전해지기로 는, 후에 당(唐) 명종(明宗)이 일찍이 팔월 보름날 밤에 월궁으로 달 구경을 갔었 는데, 민간에서는 비로소 팔월 보름인 이 날을 중추절로 삼았다. 중당(中唐)시기 에 이르러, 사람들은 팔월 보름날 밤에 누각에 올라 달을 구경하기 시작했는데, 그러나 당시에도 아직 월병은 출현하지 않았다.

월병의 출현을 **말하자면** 제일 먼저 남송(南宋)때이다. 그러나, 당시의 월병은 중 추절하고는 아무런 **관계**가 없었다. 당시의 월병과 현대의 월병은 **또한** 크게 달 라서, 단지 쪄서 먹는 식품으로 음식영역에 출현**한 것에 불과하였다**. 월병이 진 정으로 중추절과 관계가 생기게 된 것은 명대(明代)에 이르러서다. 당시, 북경성 안에는 일종의 과일로 **소**(饀)를 만든 월병이 나타났는데, 사람들이 중추절인 이 날에 스스로 월병을 만들어, 먹기도 하고 친한 친지와 친구들에게 **보내는** 것으로 사용함으로써, **가족이 함께 모이거나** 축하의 뜻을 나타냈었다.

- 北京 Běijīng　　명 베이징(중국수도, 직할시)
- 上海 Shànghǎi　　명 상하이(직할시)
- 天津 Tiānjīn　　명 톈진(직할시)
- 重庆 Chóngqìng　　명 충칭(직할시)
- 深圳 Shēnzhèn　　명 선전(특별개발구역)
- 成都 Chéngdū　　명 청두(쓰촨성 성소재지)
- 南京 Nánjīng　　명 난징(장쑤성 성소재지)
- 广州 Guǎngzhōu　　명 광저우(광동성 성소재지)
- 哈尔滨 Hā'ěrbīn　　명 하얼빈(헤이룽장성 성소재지)
- 西安 Xī'ān　　명 시안(산시성 성소재지)
- 乌鲁木齐 Wūlǔmùqí　　명 우루무치(신장우루무치자치지구 구소재지)
- 香港 Xiānggǎng　　명 홍콩(특별행정구역)
- 澳门 Àomén　　명 마카오(특별행정구역)
- 西藏 Xīzàng　　명 티벳
- 拉萨 Lāsà　　명 라싸(티벳자치지구 구소재지)
- 台湾 Táiwān　　명 대만

□ 【以来】 yǐlái　　　　　　　　을조 ～ 이래

□ 【并非】 bìngfēi　　　　　　　부 결코~하지 않다, 결코~이 아니다

□ 【如此】 rúcǐ　　　　　　　　병대 이와 같다, 이러하다

□ 【初】 chū　　　　　　　　을형 처음의, 최초의　두 음력 날을 말할 때 접두어

□ 【初一】 chūyī　　　　　　　을명 음력의 초하루

　 【唐】 Táng　　　　　　　명 당(唐)나라 (수도는 장안(長安), 지금의 시안(西安))

□ 【农历】 nónglì　　　　　　명 음력

　 (≒□ 【太阴历】 tàiyīnlì、　□ 【阴历】 yīnlì、□ 【旧历】 jiùlì)

　 (참)□ 【太阳历】 tàiyánglì、□ 【阳历】 yánglì　명 태양력, 양력

□ 【相传】 xiāngchuán　　　　동 ～라고 전해지다, ～라고 전해오다

□ 【宗】 zōng　　　　　　　　명 조상, 선조

□ 【月宫】 yuègōng　　　　　명 월, 달 속의 궁전

□ 【民间】 mínjiān　　　　　병명 민간

□ 【夜】 yè　　　　　　　　갑명 밤 ≒□ 【夜里】 yèli　을명 밤, 밤중

□ 【夜晚】 yèwǎn　　　　　을명 밤, 야간 □ 【半夜】 bànyè　을명 한밤중

　 ⇔□ 【昼】 zhòu　　　　　　명 낮, 대낮 □ 【白天】 báitiān　을명 낮, 대낮

□ 【登】 dēng　　　　　　　을동 오르다, 올라가다

□ 【说到】 shuō//dào　　　　동 언급하다

□ 【南宋】 Nán sòng　　명 남송(南宋)(1127-1279年, 수도는 임안(臨安), 지금의 항저우(杭州))

□ 【相干】 xiānggān　　　　동 관계하다, 상관하다(주로 부정문에 많이 쓰임)

□ 【亦】 yì　　　　　　　　정부 또, 또한, ～도 역시

□ 【蒸】 zhēng　　　　　　정동 찌다, (증기로)데우다 ; 증발하다

□ 【饮食】 yǐnshí　　　　　정명 음식

□ 【而已】 éryǐ　　　　　　정조 ～만이다, ～뿐이다

□ 【明代】 Míngdài　　　　명 명대(明代) (참)【唐代】 Tángdài　　당대(唐代)

□ 【果】 guǒ　　　　　　　부명 과실, 열매 ; 결과 (⇔【因】 yīn)

　 (참)□ 【效果】 xiàoguǒ　　을명 효과

□ 【馅】 xiàn　　　　　　　정명 (떡이나 만두 따위에 넣는)소

□ 【制作】 zhìzuò　　　　　병동 제작하다, 제조하다, 만들다

　 (참)□ 【制定】 zhìdìng　　을동 (법규나 계획 등을)만들다, 세우다, 제정하다

□ 【食用】 shíyòng　　　　정형 식용의　동명 식용(하다)

□ 【赠送】 zèngsòng　　　병동 증정하다, 선사하다, 증여하다

　 (참)□ 【送行】 sòng//xíng　을동 (먼 길 떠나는 사람을)배웅하다, 전송하다

□ 【亲朋】 qīnpéng　　　　명 친한 벗 ⇔□ 【亲友】 qīnyǒu　정명 친한 벗

□ 【团圆】 tuányuán　　　정동 가족이 흩어졌다 다시 모이다　형 둥글다

　 (참)□ 【团结】 tuánjié　　갑동명 단결(하다)

　　 □ 【团】 tuán　　　　을명 단체, 집단 (量) 뭉치, 덩어리, 덩이(덩어리를 세는 단위)

□ 【祝贺】 zhùhè　　　　　을동명 축하(하다)

正在建设中的工地插着一圈旗子，建筑物是一座结构合理的现代化桥梁。　这桥建成后，将会增加两岸运输上的便利，同时方便了两岸男人和女人的约会。

지금 건설 중인 건설현장에는 동그랗게 깃발이 꽂혀 있고, 건축물은 구조가 합리적인 하나의 현대화교량이다. 이 교량이 완성된 후에는, 앞으로 양안 운수에 편리함이 더해질 것이고, 동시에 양안 남자와 여자의 만남이 편하게 될 것이다.

- 【工地】 gōngdì　　　　　　　　　明 작업 현장, 공사 현장
- 【圈】 quān　　　　　　　　　　을명 원, 동그라미 ; 범위
- 【旗子】 qízi　　　　　　　　　　을명 깃발
- 【建筑】 jiànzhù　　　　　　　　을명 건축물　동 건축하다, 건설하다
  - (참)□ 【建】 jiàn　　　　　　을동 짓다, 세우다, 건설하다
- 【结构】 jiégòu　　　　　　　　　을명 구성, 구조
  - (참)□ 【构造】 gòuzào　　　을명 구조
- 【现代化】 xiàndàihuà　　　을동명 현대화(하다)
- 【桥梁】 qiáoliáng　　　　　　　을명 교량, 다리 ; 중개, 매개
- 【桥】 qiáo　　　　　　　　　　갑명 교량, 다리
- 【运输】 yùnshū　　　　　　　　을동 운수하다, 운송하다, 수송하다
- 【便利】 biànlì　　　　　　　　　병형 편리하다　동 편리하게 하다
- 【约会】 yuēhuì　　　　　　　　을명 만날 약속
  - (참)□ 【男人】 nán·rén　　을명 남자 ⇔□ 【女人】 nǚrén 을명 여자

用短为长

两个老板一碰面, 便彼此交换经营心得, 一个老板抱怨道: "我不能容忍不成才的员工, 虽然现在还有三个这样的人呆在我的公司, 但我过几天会将他们炒掉。"

"哦, 他们怎样不成才呢？"另一个老板问道。

"你不知道, 他们一个吹毛求疵, 整天嫌这嫌那; 一个杞人忧天, 总为些莫名奇妙的事情担忧; 而另一个游手好闲, 喜欢在外面瞎逛乱混！"

另一个老板想了想, 说: "干脆让他们三人到我的公司上班吧, 这样也省得你解雇他们麻烦。"第一个老板高兴地答应了。

第二天, 这三人到新公司报到, 新老板早已为他们安排好了工作:爱吹毛求疵的一位负责质量监督; 杞人忧天的一位负责安全保卫; 而喜欢闲逛的则负责出外做宣传和调查。

一段时间过后, 这三人在各自的工作上做出了优秀的业绩. 那个老板的公司也因此迅速发展起来。

有时候; 短处与长处并不是绝对的, 只要善于运用, 短处也可以转化为长处。关键是要具备第二个老板的智慧和眼光, 试着从多个角度去看待同一个问题。 (339字)

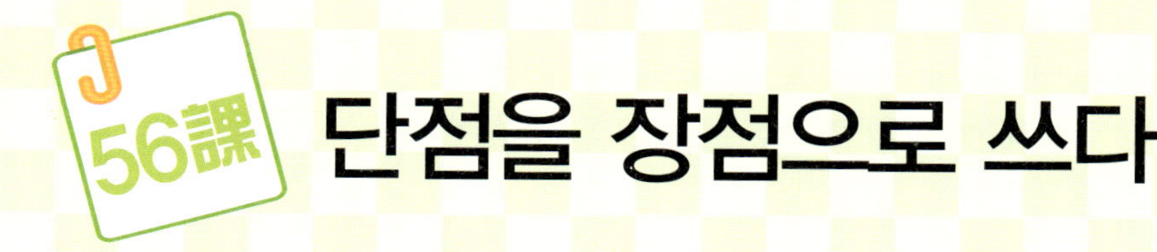

단점을 장점으로 쓰다

두 명의 사장이 만나서는, 서로간의 경영에서 터득한 바를 교환하였는데, 한 사장이 불평하며 말했다. " 나는 쓸모 없는 직원은 용인할 수가 없네. 비록 지금 여전히 세 명의 이런 사람이 우리 회사에 머무르고 있지만, 며칠 후에는 그들을 해고 할 것이네."

"아니! 그들이 어떻게 쓸모가 없는데?" 다른 사장이 물었다.

"당신은 모르네. 그들 중 한 명은 억지로 남의 결점을 꼬치꼬치 찾아내는데, 하루 종일 이것도 의심하고 저것도 의심하고, 다른 한 명은 쓸데 없는 걱정이 많은 사람인데, 언제나 영문도 모르는 일로 걱정하고, 또 다른 한 명은 하는 일 없이 빈둥거려서, 밖에서 괜히 어지럽게 싸돌아 다니기를 좋아하네."

다른 사장이 곰곰이 생각을 하더니 말했다. " 차라리 그들 세 사람보고 우리 회사에 출근하라고 하게. 이렇게 하면 자네는 그들을 해고하는 수고를 덜게 아닌가." 첫 번째 사장이 기쁘게 동의하였다.

둘째 날, 이 세 사람은 새 회사에 와서 보고를 하였는데, 새 사장은 벌써부터 그들을 위해 일을 잘 안배해 놓았다. 생트집을 잡는 한 사람은 품질감독을 책임지게 하였고, 기우가 많은 한 사람은 안전을 지키는 책임을 지게 하였고, 또한 거리를 싸돌아 다니기를 좋아하는 사람은 오히려 밖에 나가 홍보하고 조사하는 일을 책임지게 하였다.

얼마간의 시간이 지나고, 이 세 사람은 각자가 맡은 일에서 우수한 성적을 나타냈다. 그 사장의 회사도 이 때문에 빠르게 발전을 하였다.

어떤 때는, 단점과 장점이 결코 절대적인 것은 아니어서, 단지 운용을 잘하면, 단점도 장점으로 변화시킬수 있다. 관건은 두 번째 사장의 지혜와 안목을 구비하여, 여러 각도에서 시험해 보면서 같은 한 문제를 다루어야 한다.

□ 【碰面】 pèng//miàn 　　　　　동 만나다, 면회하다

□ 【交换】 jiāohuàn 　　　　　을동명 교환(하다)

□ 【经营】 jīngyíng 　　　　　병동명 경영(하다)

　(참)□ 【经理】 jīnglǐ 　　　을명 지배인 ; 경영자 ; 사장

　(注)□ 【会计】 kuàiji 　　　정명 경리, 회계

□ 【心得】 xīndé 　　　　　을명 (업무나 학습에서 얻은)수확, 터득, 이해

　(참)□ 【收获】 shōuhuò 　　을동 수확하다　명 수확, 성과

□ 【抱怨】 bào·yuàn 　　　　정동 원한을 품다, 불평을 하다

□ 【容忍】 róngrěn 　　　　　정동 참고 용서하다, 용인하다

　≒□ 【原谅】 yuánliàng 　　갑동 양해하다, 용서하다

□ 【员工】 yuángōng 　　　　명 직원과노무자, 종업원

□ 【哦】 o 　병탄　　【哦】 ó 아니! 어! (반신반의·커다란 놀라움을 나타냄)

　　　　　　　　　　　【哦(喔)】 ò 아! 오!(납득·이해·동의를 나타냄)

□ 【吹毛求疵】 chuī máo qiú cī (숙) 털을 불어 헤쳐서 결점을 찾다,

　　　　　　　　　　　　　억지로 남의 결점을 꼬치꼬치 찾아내다, 생트집 잡다

□ 【杞人忧天】 qǐ rén yōu tiān 　(숙) 기우, 쓸데 없는 걱정, 불필요한 걱정

□ 【莫名其妙】 mò míng qí miào 　(숙) 아무도 그 오묘함을 설명할 수 없다, 영문을 모르다

□ 【担忧】 dānyōu 　　　　　정동 걱정하다, 근심하다

　≒□ 【愁】 chóu 　　　　을동 근심하다, 시름하다

□ 【游手好闲】 yóu shǒu hào xián 　(숙) 하는 일 없이 빈둥거리다, 일하지 않고 놀고 먹다

□ 【外面】 wàimian 　　　　을명 바깥, 밖, 겉면

□ 【瞎】 xiā 　　　　　　병동 눈이 멀다, 실명하다　부 근거 없이, 괜히, 함부로

□ 【逛】 guàng 　　　　　을동 한가롭게 거닐다, 산보하다, 놀러 다니다

□ 【混】 hùn 　　　　　　을동 섞다 ; 속이다 ; 되는대로 살아가다

□ 【干脆】 gāncuì 　　　　을형 명쾌하다, 간단명료하다, 시원스럽다

※□ 【省得～】 shěngde 　　병접 ~하지 않도록, ~하지 않기 위해서

　(≒□ 【免得】 miǎnde 병 、 【以免】 yīmiǎn)

□ 【解雇】 jiě//gù 　　　　정동 해고하다 (참)□ 【失业】 shī//yè 을동 직업을 잃다

□ 【报到】 bào//dào 　　　　을동 도착 보고를 하다 ; 출석하다, 출두하다

　(참)□ 【到达】 dàodá 　　을동명 도착(하다)

□ 【安排】 ānpái 　　　　　갑동명 안배(하다), 배치(하다) ; 처리(하다)

□ 【监督】 jiāndū 　　　　　병동명 감독(하다)

□ 【安全】 ānquán 　　　　을명형 안전(하다)

□ 【保卫】 bǎowèi 　　　　을동 보위하다, 지키다

□ 【闲逛】 xiánguàng 　　　　동 한가로이 돌아다니다, 빈둥빈둥 돌아다니다

□ 【则】 zé 　　　　　　을접 오히려, 그러나　명 규범, 모범

□ 【外出】 wàichū 　　　　정동 외출하다

□ 【宣传】 xuānchuán 　　　을동명 선전(하다)

　(참)□ 【宣布】 xuānbù 을동 선언하다, 발표하다 □ 【广告】 guǎnggào 을동명 광고(하다), CM

□ 【各自】 gèzì 　　　　　병대 각자

□ **【优秀】** yōuxiù 　　　　　　　　을 형 우수하다, 뛰어나다

　 ≒□ 【优良】 yōuliáng 　　　　　　을 형 우량하다, 우수하다, 훌륭하다

□ 【业绩】 yèjì 　　　　　　　　　　　 명 업적

　 (참)□ 【事业】 shìyè 　　　　　　을 명 사업 □ 【业务】 yè·wù 을 명 업무, 일, 실무

□ 【迅速】 xùnsù 　　　　　　　　　을 형 신속하다, 재빠르다

□ 【发展】 fāzhǎn 　　　　　　　　갑 명 동 발전(하다), 확대(하다)

　 (참)□ 【发扬】 fāyáng 　　　　　　을 동 발양하다, 발휘하다

　　 □ 【发挥】 fāhuī 　　　　　　　을 동 발양하다, 발휘하다

　　 □ 【挥】 huī 　　　　　　　　　을 동 휘두르다, 흔들다 ; 호령하다, 지시하다

□ 【短处】 duǎnchu 　　　　　　　　정 명 결점, 약점

□ 【长处】 chángchu 　　　　　　　정 명 장점, 훌륭한 점

□ 【善于】 shànyú 　　　　　　　　　을 ~에 능숙하다, ~을 잘하다

□ 【运用】 yùnyòng 　　　　　　　을 동 명 활용(하다), 이용(하다)

　 (참)□ 【运】 yùn 　　　　　　　을 동 운동하다 ; 운송하다 ; 활용하다 　명 운, 운세, 운명

　　 □ 【命运】 mìngyùn 　　　　　을 명 운명

□ 【转化】 zhuǎnhuà 　　　　　　　 동 전화하다, 변하다

　 (참)□ 【化】 huà 　　　　　　　을 동 변하다, 변화하다 ; 녹다 　미 ~화

□ 【具备】 jùbèi 　　을 동 구비하다, 갖추다 ≒□ 【具有】 jùyǒu 을 동 구비하다, 가지다

　 (참)□ 【设备】 shèbèi 　　　　　을 명 설비

□ 【预备】 yùbèi 　　　　　　　　을 동 예비하다, 준비하다

□ 【眼光】 yǎnguāng 　　　　　　병 명 눈길, 시선 ; 안목, 식견

□ **【看待】** kàndài 　　　　　　　정 동 대우하다, 다루다, 취급하다

李白

李白，唐代诗人，字太白，号青莲居士，锦州昌隆（今四川江油）人，701年出生在西域的碎叶。李白约在二十五六岁时离开四川东游。在此后10年内，漫游了长江、黄河中下游的许多地方，730年左右，他曾一度抵达长安，争取政治出路，但失意而归。742年被玄宗召入长安，供奉翰林，作为文学侍从之臣，参加草拟文件等工作。不满两年，即被迫辞官离京。744年李白在洛阳与杜甫相识，结为好友，次年分手后未再会面。755年安史之乱爆发，李白正在宣城（今属安徽）、庐山一带隐居。次年12月他怀着消灭叛乱、恢复国家统一的志愿应邀入永王幕府。后来永王得罪了唐肃宗被杀，李白也被关进了浔阳（今江西九江）的监狱，不久流放夜郎（今贵州桐梓一带）。流放途中他得到豁免，当时已经59岁。晚年李白流落在江南一带，61岁时，听到太尉李光弼率大军平定安史叛军的消息，还北上准备从军杀敌，半途因病折回，次年在当涂（今属安徽）病逝。（368字）

（注）

李白 Lǐbái	（人名）	이백(시선(詩仙)701 ~ 762)
青莲居士 Qīngliánjūshì	（人名）	청련거사 ('青蓮' 은 이백의 호)
锦州 Jǐnzhōu	（地名）	금주, 진저우
昌隆 Chānglóng	（地名）	창륭, 창룽
四川 Sìchuān	（地名）	사천, 쓰촨
江油 Jiāng yóu	（地名）	강유, 장유
碎叶 Suìyè	（地名）	쇄엽, 쑤이예
长安 Chángān	（地名）	장안, 창안(지금의 산시성 시안시(陕西省西安市), 한(漢) · 수(隋) · 당(唐)나라 등의 수도)
玄宗 Xuánzōng	（人名）	현종(唐의 제 6대 황제)
洛阳 Luòyáng	（地名）	낙양, 뤄양(허난성(河南省)의도시)
杜甫 Dù fǔ	（人名）	두보(시성(詩聖)712~770)
宣城 Xuānchéng	（地名）	선성, 쉬안청
安徽 Ānhuī	（地名）	안휘성, 안후이성

이백(李白)

이백(李白)은 당대(唐代) 시인(詩人)이며, 자(字)는 태백(太白)이고, 호(號)는 청련거사(靑蓮居士)이다. 진주(錦州)창륭(昌隆)(지금의 쓰촨성(四川省) 장유(江油)) 사람이고, 701년 서역(西域)의 쇄엽(碎葉)에서 태어났다. 이백은 약 이십오육세때 쓰촨을 떠나 동쪽으로 유람을 떠났다. 이후 십 년 동안, 양쯔강(長江)과 황하(黃河) 중하류의 많은 지방을 유람하였고, 730년즈음에, 일찌기 장안(長安)에 도착해, 정치에 나갈 길을 열어보려 하였으나, 뜻을 이루지 못하고 돌아왔다. 742년에 현종(玄宗)에 의해 장안으로 불려져, 한림학사(翰林供奉)에 임명되고, 황제의 문학시종(文學侍從)으로, 문서를 기초하는 일 등에 참가하였다. 2년이 되기 전에, 강요에 못이겨 관직을 그만두고 수도를 떠났다. 744년 이백은 낙양(洛陽)에서 두보(杜甫)와 서로 알게 되었고, 좋은 친구를 맺었지만, 다음 해에 헤어진 후 다시는 만나지 못했다. 755년에 안사의 난(安史之亂)이 발발하였는데, 이백은 마침 선성(宣城)(지금의 안휘성(安徽省)에 속함)、려산(廬山) 일대에 은거하고 있었다. 다음 해 12월에 그는 반란을 없애고、국가 통일을 회복하겠다는 뜻을 품고, 초대에 스스로 응하여 영왕(永王)막부(幕府)에 가담했다. 후에 영왕은 당(唐) 숙종(肅宗)에게 노여움을 사서 죽임을 당하고, 이백은 심양(潯陽)(지금의 장시성 주강(江西省 九江))의 감옥에 갇혔다. 오래지 않아 야랑(夜郎)(지금의 구이저우성(貴州省)퉁즈(桐梓)일대)으로 유배되었다. 유배 가는 도중에 면죄되었는데, 그의 나이가 이미59세였다. 말년에 이백은 강남 일대를 유랑하였는데 61세 때에, 태위 이광필(李光弼)이 대군을 이끌고 안사의 난을 평정한다는 소식을 듣고, 북상하여 군대에 들어가 적과 싸우려 하였으나, 가는 도중에 병때문에 돌아와서는, 다음 해에 당도(當途)(지금의 안휘성에 속함)에서 병으로 세상을 떠났다.

廬山 Lúshān	려산(廬山), 루산(장시성북부의 명산)	
肅宗 Sùzōng	(人名) 숙종(唐 제 7대 황제)	
潯阳 Xúnyáng	(地名) 심양(潯陽), 쉰양	
江西 Jiāngxī	(地名) 강서, 장시(장강중류)	
九江 Jiǔjiāng	(地名) 구강, 주강(장시성북부)	
夜郎 Yèláng	(地名) 야랑(夜郎), 야랑(구이저우성북부)	
贵州 Guìzhōu	(地名) 귀주(貴州), 구이저우	
桐梓 Tóngzǐ	(地名) 동재, 퉁즈	
江南 Jiāngnán	(地名) 강남, 장난	
光弼 Guāngbì	(人名) 광필(光弼)	
当涂 Dāngtú	(地名) 당도(當涂), 당투	

□ 【今】 jīn 　　　　　　　　　명 지금, 이제, 현재 (⇔【古】 gǔ)

□ 【出生】 chūshēng 　　　　　을동 출생하다, 태어나다

□ 【西域】 xīyù 　　　　　　　명 서역

□ 【游】 yóu 　병동명 헤엄(치다) ; 유람(하다) (참)□【游览】 yóulǎn 을동 유람하다

□ 【漫游】 mànyóu 　　　　　동명 유람(하다), 자유롭게 노닐다

□ 【长江】 Chángjiāng 　　　　명 양쯔강(楊子江)

≒□【江】 jiāng 　　　　갑명 (주로 남쪽의)큰 강, 양쯔강

□ 【黄河】 Huánghé 　명 황허(黄河) ≒□【河】 hé 갑명 (주로 북쪽의)큰강, 황허

□ 【下游】 xiàyóu 　정명 하류, 강 아래쪽 (참)□【中游】 zhōngyóu 정명 중류

□ 【上游】 shàngyóu 　　　　　정명 상류

□ 【一度】 yídù 　　　　　정부 한 차례, 한 번 ; 한 때, 한 동안

□ 【抵达】 dǐdá 　　　　　　정동 도달하다, 도착하다

□ 【政治】 zhèngzhì 갑명 정치 (참)□【治】 zhì 을동 다스리다, 관리하다

□ 【统治】 tǒngzhì 　　　　　을동 통치하다, 지배하다

□ 【出路】 chūlù 　　　　병명 출구 ; 발전할 여지, 활로, 출로

□ 【失意】 shī//yì 　동 뜻을 이루지 못하다, 뜻대로 되지 않다 (≒□【不得志】 bùdé//zhì)

□ 【归】 guī 　　　　　　병동 돌아가다(오다) ; 한곳으로 모이다

□ 【召】 zhào 　　　　　　동 부르다, 불러 모으다

(참)□【召开】 zhàokāi 　　을동 회의를 열다(소집하다)

□ 【供奉】 gòngfèng 　동 바치다, 공양하다, 모시다 　명 옛날, 궁중의 예인(藝人)

□ 【翰林】 hànlín 　명 한림원(翰林院)에 소속된 관리 (당대 이후에 설립된 황제의 문학시종관)

□ 【文学】 wénxué 　　　　　갑명 문학

□ 【侍从】 shìcóng 　　　　　명 시종

□ 【臣】 chén 　　　　　　명 신하 ⇔□【君】 jūn 정명 군주

□ 【草拟】 cǎonǐ 　　　　　동 초고(草稿)를 쓰다, 기초(起草)하다

□ 【文件】 wénjiàn 　　　　을명 공문서, 서류, 문건

□ 【被迫】 bèipò 　　　　병동 할 수 없이 ~하다, 강요당하다, 강요에 못 견디다

□ 【京】 jīng 　명 수도, 서울, 北京의 준말 ≒□【首都】 shǒudū 갑명 수도

□ 【相识】 xiāngshí 　　　　정동 서로 알다, 안면이 있다 명 지인

□ 【结】 jié 　병동 묶다 ; 맺다, 결합하다 명 매듭 □【结】 jiē 동 열매를 맺다

□ 【分手】 fēn//shǒu 　　　　동 헤어지다, 이별하다

□ 【未】 wèi 　　　　　을부 아직 ~하지 않다 (⇔【已】 yǐ)

□ 【会面】 huì//miàn 　　　　동 만나다

【安史之乱】 Ān Shǐ zhīluàn 　명 안사의 난(755년~)

□ 【爆发】 bàofā 　　　　병동 폭발하다, 발발하다, 돌발하다

□ 【属】 shǔ 　　　　정동 예속하다, ~에 속하다 　명 같은 종류(부류, 범주)

□ 【一带】 yídài 　　　　　병명 일대

□ 【隐居】 yǐnjū 　　　　　동 은거하다

□ 【消灭】 xiāomiè 　　　　을동 소멸하다, 없어지다, 멸망하다

(참)□【消失】 xiāoshī 　　　을동 사라지다, 없어지다, 소실하다

□ 【叛乱】 pànluàn 명 반란

□ 【统一】 tǒngyī 을동명 통일(하다) 형 일치한, 통일적인
　≒□ 【一致】 yízhì 을형 일치하다

□ 【志愿】 zhìyuàn 병동명 지원(하다), 희망(하다), 자원(하다)

□ 【应邀】 yìng//yāo 병동 초대 또는 초청에 응하다
　(참)□ 【邀请】 yāoqǐng 을동명 초청(하다), 초대(하다)
　　□ 【招待】 zhāodài 을동 초대하다

□ 【幕府】 mùfǔ 명 막부 ①옛날, 장수들이 전쟁중에 사무 보던 곳
　　　　　　　　②(일본 명치 이전의)바쿠후

□ 【得罪】 dé//·zuì 정동 죄를 짓다

□ 【监狱】 jiānyù 병명 감옥

□ 【流放】 liúfàng 동 유배하다

□ 【途中】 túzhōng 명 도중 ≒□ 【半路】 bànlù 정명 도중, 길을 가고 있는 동안
　(참)□ 【前途】 qiántú 을명 전도, 잎길, 전망

□ 【豁免】 huòmiǎn 동 (세금이나 부역 따위를)면제하다, 면해주다

□ 【晚年】 wǎnnián 정명 만년, 노년

□ 【流落】 liúluò 동 영락(零落)하여 타향을 떠돌다, 유랑하다

□ 【太尉】 tàiwèi 명 태위(옛날, 무관의 최상위(最上位)로 ‘丞相’과 비등한 벼슬자리,
　　　　　　후한 이후 ‘三公’의 하나가 됨)

□ 【率】 shuài 정동 인솔하다, 거느리다 □ 【率】 lǜ 명 율, 비율

□ 【平定】 píngdìng 동 (반란 따위를)평정하다, 진압하다

□ 【北】 běi 갑명 북, 북녘 동 패배하다

□ 【从军】 cóngjūn 동 병역에 복무하다, 종군하다

□ 【杀敌】 shādí 동 적을 무찌르다

□ 【因】 yīn 정접 ~때문에 (≒【因为】 yīnwèi)
　　　　개 ~에 의하여 명 원인 (⇔【果】 guǒ)

□ 【折回】 zhéhuí 동 되돌아가다(오다)

□ 【逝】 shì 동 죽다

58課 我这一辈子

我3岁的时候，有一次弄湿了裤子，向家人讨饶。父亲要打我，妈妈护短说："你怎么不害臊，他还是个小傻瓜呢。"

我12岁的时候，从母亲的钱包里拿了20毛钱买了冰淇淋。母亲拿皮带要打我，爷爷袒护我说："别打他，他还是个孩子，不懂事，长大了就知道了。"

我30岁的时候，进了工厂做工。生产上出了废品，工厂指责我没完成生产计划。工会主席替我说情："他刚来不久，没经验，要带一带。"

我40岁的时候，一次与同伴们喝酒喝得酩酊大醉，满街上都听到我扯着嗓子唱歌。退了休的人向着我："嗨，年轻人嘛，我们像他这个年龄不也是这种样子？"

我60岁的时候，鬼知道是怎么搞的，把自己的钱同公款弄错了。有人告发了我，硬是叫我赔了钱。也有人说："你们还想拿他怎么样！他都60岁的人了，糊涂了。"

如今我70岁了，早就领了养老金。前天，我那12岁的小孙子从他母亲的钱包里偷了两块钱买口香糖，他母亲拿皮带要打他。我为小孙子讲了话："你也不害臊！他还是个小孩子，不懂事，长大了就明白了。"（397字）

나의 일생

내가 세 살 때, 한 번은 이불을 적셔서, 가족들에게 용서를 빌었다. 아버지가 나를 때리려 하자, 어머니가 두둔하며 말씀하셨다. "당신은 어째 부끄럽지도 않아요? 아직 어린 바보잖아요!"

내가 열두 살 때, 어머니의 지갑에서 20전(注)을 훔쳐서 아이스크림을 샀다. 어머니는 가죽끈을 가져다 때리려 하셨고, 할아버지가 편들며 말씀하셨다. "때리지 마라! 아직 아이잖니, 세상물정을 알지 못해서 그렇지, 크면 알게 된다."

내가 서른 살 때, 공장에 일하러 들어갔다. 생산하면서 불량품을 만들고 말았다. 공장은 내가 생산계획을 완성하지 못한 것을 질책하였는데, 노조위원장이 나를 대신해서 통사정을 하였다. "막 들어온지 얼마되지 않아, 경험이 없어서 그러니, 잘 이끌어줍시다."

내가 마흔 살 때, 한 번은 동료들과 술을 마시고 곤드레만드레 취해서는, 길거리에서 모두가 들도록 목이 터져라 노래를 불렀다. 정년퇴임을 하신 분이 내게 말했다. "어이! 젊은이잖아! 우리도 그 나이 때는 이러지 않았는가?"

내가 육십 살 때, 어찌된 일인지는 귀신만 알 것이다. 개인 돈을 공금과 **혼동하였다**. 어떤 이가 나를 고발해서, 한사코 나에게 배상하라고 하였다. 다른 어떤 이가 말하였다. "당신들 여전히 그를 **어떻게** 할 생각인데! 그는 이미 60세가 된 사람이야, 똑똑하지가 못하네."

이제 나는 칠십 세가 되었다. 일찍부터 노인요양금을 받는다. 그저께, 내 열 두 살 먹은 작은 손주 녀석이 자기 엄마의 지갑에서 껌을 사려고 2원을 훔쳤다. 그 아이 엄마는 가죽끈을 들고 때리려 하였다. 나는 손주를 위해 말을 하였다. "너도 부끄럽지 않니? 아직 어린 아이잖니, 세상물정을 몰라서 그러니, 크면 알게 될게다."

<hr>

(注) 현재 중국에서 毛는 1~9까지만 쓰며, 10毛가 되면 1块로 쓴다. 20毛는 2块로 바꿔쓰는 것이 마땅하다.

□ 【讨饶】 tǎo//ráo　　　　　　　동 용서를 빌다

□ 【护短】 hù//duǎn　　　　　　　동 잘못이나 단점을 감싸다(두둔하다)

□ 【害臊】 hài//sào　　　동 수줍어하다, 부끄러워하다 ≒□ 【害羞】 hài//xiū 정동

□ 【傻瓜】 shǎguā　　　　　　　명 바보, 멍텅구리

□ 【袒护】 tǎnhù　　　　　　　동 감싸다, 두둔하다, 편들다

　(참)□ 【护照】 hùzhào　　　을명 여권

□ 【懂事】 dǒng//shì　　　병동 세상 물정을 알다, 분별이 있다

　(참)□ 【董事】 dǒngshì　　　정명 이사(理事), 중역

□ 【工厂】 gōngchǎng　　　갑명 공장

　(참)□ 【工程】 gōngchéng　을명 (대규모의)공사, 공정

　　　□ 【工夫】 gōngfu　　을명 시간 ; 틈, 여가 ; 시, 때

　≒□ 【功夫】 gōngfu　　을명 시간 ; 재주, 솜씨 ; 노력

　(참)□ 【工具】 gōngjù　　을명 공구, 작업 도구 ; 수단

□ 【做工】 zuò//gōng　　　정동 일하다, 노동하다

　(참)□ 【做法】 zuòfǎ □ 【作法】 zuò//fǎ 을명 만드는 방법

　　　□ 【做客】 zuò//kè　　을동 손님이 되다, 방문하다

　　　□ 【做梦】 zuò//mèng　을동 꿈을 꾸다 ; 공상하다

　　　□ 【加工】 jiā//gōng　　을동 가공하다

□ 【废品】 fèipǐn　　　　　　　丁(名) 폐품 ; 불합격품, 불량품

　(참)□ 【工艺品】 gōngyìpǐn　을명 공예품 □ 【日用品】 rìyòngpǐn 을명 일용품

□ 【指责】 zhǐzé　　　　　　　동 지적하다, 질책하다

　≒□ 【批评】 pīpíng　갑동명 비평(하다), 비판(하다)

　　　□ 【批判】 pīpàn　　을동명 비판(하다)

□ 【完成】 wán//chéng　갑동 완성하다 (참)□ 【成立】 chénglì 을동 성립하다

□ 【构成】 gòuchéng　　　을동 구성하다

□ 【工会】 gōnghuì　　　　을명 노동조합, 노조

　(참)□ 【职工】 zhígōng　　을명 직원, 노동자

□ 【主席】 zhǔxí　　　　　　을명 주석, 위원장

□ 【说情】 shuō//qíng　　정동 인정에 호소하다, (남을 위해)통사정하다

　(참)□ 【同情】 tóngqíng　　을동 동정하다

□ 【经验】 jīngyàn　　갑동명 경험(하다) (참)□ 【测验】 cèyàn 을동 측정하다

　□ 【实验】 shíyàn　　을동명 실험(하다)

□ 【同伴】 tóngbàn　　　　병명 동료, 동급생

□ 【酩酊大醉】 mǐng dǐng dà zuì　　　곤드레 만드레 취하다

　(참)□ 【醉】 zuì　　　　을동 취하다, 열중하다

□ 【街】 jiē 갑명 길, 거리 (≒□ 【大街】 dàjiē 을명 큰길, 번화가, 대로

　　　　　□ 【街道】 jiēdào 을명 큰길, 거리)

□ 【扯】 chě　　　　　병동 목을 빼다, 목청을 돋구다

□ 【嗓子】 sǎngzi　　을명 목, 목구멍 ≒□ 【咽】 yān 을명 인두(咽頭)

□ 【唱歌】 chànggē　　　　　동 노래를 부르다

□ 【退】 tuì 　갑동 물러나다 (⇔ 【进】 jìn) ; (관직을)떠나다 ; 감소하다

□ 【休】 xiū 　동 휴식하다, 쉬다

□ 【向着】 xiàngzhe 　동 ~을 향하다 ; 두둔하다, 역성들다

□ 【嗨】 hāi 탄 (≒ 【嘿】 hēi、 □ 【咳】 hāi 병 탄)
　　① (남을 부르거나 주의를 환기 시킬 때)어이! 아!
　　② (상심·후회·놀람을 나타냄)아이참! 어이구!
　　③ (가볍게 웃는 소리)하하, 호호

□ 【嘛】 ma 　갑조 뚜렷한 사실을 강조 할 때 쓰임

□ 【搞】 gǎo 　갑동 하다, 만들다 (≒ 【做】 zuò、 【干】 gàn)
　(참)□ 【搞鬼】 gǎo//guǐ 　동 꿍꿍이를 꾸미다, 음모를 꾸미다

□ 【公款】 gōngkuǎn 　명 공금

□ 【弄错】 nòngcuò 　동 실수하다, 잘못하다

□ 【告发】 gàofā 　동 고발하다

□ 【硬是】 yìngshì 　부 사실상 ; 고지식하게 ; 무리하게 ; 뜻밖에도

□ 【赔】 péi 　을동 변상하다 ; 손해를 보다 (⇔ 【赚】 zhuàn)

□ 【怎么样】 zěnmeyàng 　갑대 별로(그리)~않다, 어떤, 무슨, 어떻게 하다
　(≒ 【怎样】 zěnyàng)

□ 【糊涂】 hútu 　을형 똑똑치 않다, 애매모호하다
　(⇔ 【清楚】 qīngchu), 명석하다, 맑다
　(참)□ 【涂】 tú 　을동 바르다, 칠하다

□ 【领】 lǐng 　을동 통솔하다, 인솔하다, 다스리다
　(참)□ 【领导】 lǐngdǎo 　갑동 지도하다, 이끌어 나가다 　명 지도자, 영도자
　　　□ 【领袖】 lǐngxiù 　을명 깃과 소매 ; 지도자, 영도인

□ 【养老金】 yǎnglǎojīn 　명 퇴직금, 양로금
　(참)□ 【奖学金】 jiǎngxuéjīn 　을명 장학금

□ 【讲话】 jiǎng//huà 　을명 담화, 연설 동 말하다

狗的语言

狗成为人类的朋友已经有几千年的历史了，人们爱狗，总以为自己很了解狗，狗也很了解自己。几乎所有的养狗者都会夸耀自己的狗如何听话，如何懂事，然而，这里要告诉这些爱狗者，你们其实并没有懂得狗的语言。如果不信，请看下文。

当狗看见你就将尾巴下垂并左右轻轻摇晃时，你一定以为它是向你表示友好，你错了。这时，它想告诉你的是，"我感觉不太舒服"。此时，由于你错误地理解了它的意思，没有做出相应的表示，它心中一定很不高兴。而当狗将尾巴左右大幅晃动时，这次它才确实一切都好，没有不舒服，只是想告诉你，它喜欢你。

另外，你懂狗为什么舔你吗？大概也未必。其实，狗的这种动作并不是像人类通过抚摸和接吻等要表达感情，只是想引起你对某些事的注意，比如它饿了，想吃些东西，这大致相当于人类婴儿的某种哭声。

说到人的哭声就又想到狗的叫声。当一条陌生的狗向你吼叫时，有时它确实是在对你表示敌意或警惕之心，有的时候它不过是在朝你笑呢，你大可不必害怕。（404字）

개의 언어

개가 인류의 친구가 된 것은 이미 몇 천년의 역사를 가지고 있다. 사람들이 개를 사랑하는 것은, 모두 자기가 개를 매우 이해하고, 개도 자기를 잘 이해한다고 여겨서이다. 거의 모든 개를 키우는 사람은 자기의 개가 어떻게 말을 잘 듣는지, 어떻게 분별이 있는지를 자랑한다. 그러나 여기 개를 사랑하는 사람들에게, 당신들이 사실은 그다지 개들의 언어를 이해하지 못한다고 알려주고 싶다. 만약에 믿지 못하겠다면, 아래 문장을 보라.

개가 당신을 보고 꼬리를 늘어뜨리고 좌우로 가볍게 흔들 때, 당신은 분명 개가 당신을 향하여 반가움을 표시하는 것으로 여길 것이나, 당신은 틀렸다. 이 때, 개가 당신에게 알리고 싶은 것은 "나는 몸이 좀 불편해요" 라는 것이다. 이 때, 당신이 개의 의미를 틀리게 이해해서, 상응하는 표현을 해주지 못한다면, 개는 반드시 기분이 상할 것이다. 그러나 개가 꼬리를 좌우로 심하게 흔들 때, 이 번에는 확실히 모든 것이 좋다는 것으로, 불편한 곳이 없고, 단지 당신에게 당신을 좋아한다고 알려주는 것이다.

그 밖에, 개가 왜 당신을 핥는지 아는가? 아마도 반드시 안다고는 할 수 없을 것이다. 사실 개의 이런 행동은 인류처럼 어루만지거나 입맞춤을 통해서 감정을 표현하는 것이 아니라, 단지 당신에게 어떤 일에 대하여 주의를 환기시켜주고 싶을 뿐이다. 예를 들어 개가 배가 고프다, 무언가를 먹고 싶다, 이것은 대체적으로 인류의 어린아이가 우는 것에 해당한다고 하겠다.

사람의 울음소리를 말하자니 또 개가 짖는 소리가 생각난다. 한 마리 낯선 개가 당신을 향해 으르렁거릴 때, 어떤 때는 개가 당신에 대해서 확실히 적의를 표현하거나 경계의 마음을 표현하는 것이고, 어떤 때는 개가 당신을 향해 웃는 것에 불과하니, 당신은 크게 두려워할 필요가 전혀 없는 것이다.

□ **【夸耀】** kuāyào　　　　　　　　동 뽐내다, 자랑하다

□ **【如何】** rúhé　　　　　　　　을대 어떻게, 어째서 (≒ 【怎么】 zěnme、【怎么样】 zěnmeyàng)

□ **【听话】** tīng//huà　　　　　　정동 말을 잘 듣다, 순종하다　형 부리기 좋다, 쓰기 좋다

　(참)□ 【听讲】 tīng//jiǎng　을동 강연(강의)를 듣다

　　　□ 【会话】 huìhuà　갑동명 회화(하다)

□ **【下文】** xiàwén　　　　　　　명 아래 문장, 다음 문장

□ **【尾巴】** wěiba　　　　　　　　을명 꼬리, 꼬리 부분

□ 【轻轻】 qīngqīng　　　　　　부 가만히, 가볍게, 살살

□ **【相应】** xiāngyìng　　　　　정형 **상응하다, 호응하다**

□ **【幅】** fú　　　　　　　　　　을명 폭, 너비　양 포목·종이·그림 따위를 세는 단위

□ **【晃动】** huàngdòng　　　　　동 흔들다, 흔들거리다

　(참)□ 【推动】 tuī//dòng　을동 밀고 나아가다, 추진하다

　　　□ 【反动】 fǎndòng　을형명 반동(적이다)

□ **【舔】** tiǎn　　　　　　　　　동 핥다, (침을)묻히다

　(참)□ 【咬】 yǎo　을동 물다, 깨물다

□ **【未必】** wèibì　　　　　　　병부 **반드시~한 것은 아니다, 꼭 그렇다고 할 수 없다**

□ **【动作】** dòngzuò　　　　　　을명 동작　동 움직이다, 행동하다

　(참)□ 【动手】 dòng//shǒu　을동 시작하다, 착수하다 ; 손을 대다 ; 사람을 때리다

□ **【抚摸】** fūmō　　　　　　　　동 어루만지다, 쓰다듬다

□ 【接吻】 jiēwěn　　　　　　　명동 키스하다, 입맞춤하다 (≒□ 【亲嘴】 qīn//zuǐ 〈구〉)

　(참)□ 【接触】 jiēchù　을동 닿다 ; 관계를 갖다, 교제하다

□ **【某些】** mǒuxiē　　　　　　　병대 몇몇(의), 일부(의)

　(참)□ **【好些】** hǎoxiē　을형 많은 ; 비교적 좋다(낫다)

□ **【大致】** dàzhì　　　　　　　　병형 대강의, 대체의

□ **【婴儿】** yīng'ér　　　　　　　병명 영아, 젖먹이, 간난애

□ **【陌生】** mòshēng　　　　　　병형 생소하다, 낯설다

□ 【吼叫】 hǒujiào　　　　　　　동 으르렁거리다, 울부짖다

□ **【敌意】** díyì　　　　　　　　　명 적의(敵意)

　(참)□ 【敌人】 dírén　을명 적(敵)

□ **【警惕】** jǐngtì　　　　　　　　병동 경계하다, 경계심을 가지다 (≒ 【小心】 xiǎoxīn)

□ **【害怕】** hài//pà　　　　　　　을동 두려워하다, 무서워하다

　≒□ **【可怕】** kěpà　을형 두렵다, 무섭다

我们单位计划举行文艺联欢会，届时将表演的节目有三项：一是将人从台上的炮中弹到塔上的魔术，二是向手里托着的苹果射箭的杂技，三是狮子滚球的表演。

우리 직장에서는 문예친목회를 개최할 계획인데, 이 번에 공연할 프로그램은 세 가지 이다. 하나는 사람을 무대위의 대포에서 탑 위로 발사하는 마술이고, 두번 째는 손에 받쳐들고 있는 사과에 화살을 쏘는 곡예이고, 세번 째는 사자가 공을 굴리는 공연이다.

- 【举行】 jǔxíng 을동 거행하다, 개최하다
- 【文艺】 wényì 갑명 문예, 문학과 예술이 총칭
- 【联欢】 liánhuān 을동 함께 모여 즐기다, 친목을 맺다
- 【届时】 jièshí 부 〈서〉 그 때에, 정한 기일에
- 【节目】 jiémù 갑명 종목, 프로그램, 레퍼토리
- 【项】 xiàng 을양 가지, 조항, 단위
- 【台】 tái 을명 무대 ; 방송국 양 대, 편, 회, 차례(기계·차량·공연의 횟수 등을 세는 단위)
- 【炮】 pào 을명 대포, 폭죽, 다이나마이트
- 【弹】 tán 을동 튕기다, 발사하다(쏘다) ; (악기를)타다, 연주하다
- 【塔】 tǎ 을명 탑
- 【魔术】 móshù 정명 마술
- 【托】 tuō 을동 받치다, 고이다, 받쳐 들다
- 【射】 shè 을동 (활이나 총을)쏘다, 발사하다
- 【箭】 jiàn 을명 화살
- 【杂技】 zájì 을명 잡기, 곡예, 서커스
- 【滚】 gǔn 을동 구르다, 뒹굴다 ;나가다, 떠나다 ; 소용돌이치다

我就是我，他就是他（1）

随着人类社会物质文明的飞速发展和经济竞争的日益加剧，年轻人对物质文明的看法也发生了很大的变化。一些年轻人喜欢把金钱名利与幸福等同起来。然而，心理学家们多年的研究发现，崇拜金钱名利的年轻人患上忧郁症的机会比那些并不十分看重金钱名利的年轻人要高出20%。

研究人员发现，许多年轻人认为，幸福就是意味着自己有了许多钱而且有很高的社会地位。为此，他们会花很大气力去达到这种状态。但在现实生活中，能够在财富和地位上都达到这种状态的毕竟很少，所以当这种理想的模式不能实现时，许多年轻人会认为是因为自己无能，会变得毫无自信。如果不及时调整，这种沮丧失落的心理状态会渐渐演变成抑郁症的初期阶段，在生活中表现为，吃什么都不香，经常睡不着觉、焦躁，喜欢一个人发呆，而且对周围的事物、朋友和原来喜欢的东西不是持以怀疑态度，就是丧失兴趣。

心理学家们认为，一个人的成功或幸福与否，在很大程度上取决于评判的标准。调查结果发现，对于那些不认为有钱有势就是幸福的年轻人来讲，即使他们不很富裕，没有显赫的地位，他们也不会认为自己是个失败者。相反，由于他们所定的目标很切合自己的实际情况，他们往往会认为自己就是个成功者。（488字）

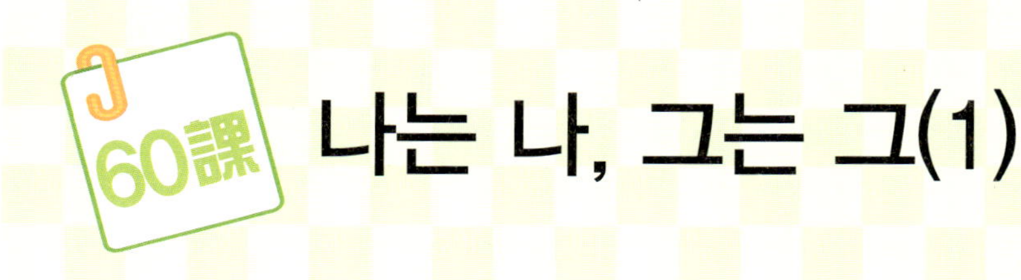

60課 나는 나, 그는 그(1)

인류사회 물질문명의 급속한 발전과 경제 경쟁이 날로 심해지는 것에 따라, 젊은이들의 물질문명에 대한 생각에도 많은 변화가 생겼다. 일부 젊은이들은 금전적 이익과 행복을 동일시하는 것을 좋아한다. 그러나, 심리학자들의 다녀간 연구에서, 금전적 이익을 숭배하는 젊은이들이 우울증에 걸릴 기회가 그렇게 금전적 이익을 중요시하지 않는 젊은이들에 비해 20%가 더 높다는 것을 발견하였다.

연구가가 발견하기를, 많은 젊은이들이 행복이란 자기에게 많은 돈이 있고 또한 높은 지위가 있다는 것을 의미한다고 여긴다. 이 때문에, 그들은 온 힘을 다해서 그런 상태에 도달하려고 한다. 그러나 현실생활 중에서, 재물과 지위가 모두 이런 상태에 도달하는 것은 결국에는 아주 적다. 그래서 이런 종류의 이상적인 모델을 실현할 수 없을 때, 많은 젊은이들이 스스로 무능하기 때문이라고 여겨서, 자신감이 하나도 없게 변한다. 만약 제 때에 조절해주지 않으면, 이런 낙담하고 실추된 심리상태는 점점 우울증의 초기단계로 변해갈 수 있고, 생활 중에 무엇을 먹어도 맛이 없고, 항상 잠을 잘 자지 못하고, 초조하고, 혼자 멍하니 있는 것을 좋아하는 것으로 나타나게 된다. 또한 주위의 사물、친구와 원래 좋아했던 것에 대하여 의심하는 태도를 가지거나 흥미를 잃어버린다.

심리학자들은, 한 사람의 성공 혹은 행복의 여부가, 크게 보아서 그 심사하는 기준에 의해서 결정된다고 생각한다. 조사결과에서는, 돈이 있고 권력이 있는 것이 행복하다고 여기지 않는 젊은이들에 대해서 말하자면, 설령 그들이 부유하지도 않고, 빛나는 지위도 없지만, 그들 스스로가 실패자라고 여기지 않는다는 것이 발견되었다. 반대로 말하자면, 그들이 정한 목표가 자기의 실제상황에 매우 부합되기 때문에, 그들은 왕왕 자기가 바로 성공자라고 여길 것이다.

□	【飞速】	fēisù		부	나는 듯이 빠르게, 급속하게
□	【竞争】	jìngzhēng	병 동	명	경쟁(하다)
(참)□	【竞赛】	jìngsài	을 동	명	경기(하다), 시합(하다)
□	【赛】	sài	을 동		시합하다, 겨루다, 경쟁하다
□	【日益】	rìyì	병 부		날로, 일익
□	【加剧】	jiājù	정 동		격화하다, 심해지다
□	【看法】	kàn·fǎ	을 명		견해, 보는 방법
□	【金钱】	jīnqián	정 명		돈, 금전
□	【名利】	mínglì	명		명리, 명예와 이익
□	【等同】	děngtóng	동		같이 보다, 동일시하다
□	【崇拜】	chóngbài	정 동	명	숭배(하다)
(참)□	【崇高】	chónggāo	을 형		숭고하다, 고상하다
□	【患】	huàn	병 동		걱정하다, 병에 걸리다, 앓다
□	【忧郁】	yōuyù	정 형	명	우울(하다), 마음이 무겁다
□	【症】	zhèng	정 명		질병의 증상, 증세
□	【看重】	kàn//zhòng	동		중시하다
□	【人员】	rényuán	을 명		인원, 성원, 멤버
□	【意味着】	yìwèizhe	병 동		~을 의미하다, ~을 뜻하다
□	【地位】	dìwèi	을 명		지위, 위치
□	【气力】	qìlì	정 명		힘, 체력
□	【达到】	dá//dào	을 동		달성하다, 도달하다
□	【状态】	zhuàngtài	을 명		상태
□	【现实】	xiànshí	을 형	명	현실(적이다)
□	【财富】	cáifù	병 명		부, 재산
□	【理想】	lǐxiǎng	을 명	을 형	이상(적이다)
□	【模式】	móshì	정 명		표준 양식, 패턴, 모델
(참)□	【模仿】	mófǎng	을 동		모방하다, 흉내내다
□	【实现】	shíxiàn	갑 동		실현하다, 달성하다
□	【无能】	wúnéng	형		무능하다
⇔□	【能干】	nénggàn	을 형		유능하다, 재능있다
□	【自信】	zìxìn	병 동		자신하다
□	【调整】	tiáozhěng	을 동	명	조정(하다), 조절(하다)
□	【沮丧】	jǔsàng	형		기가 꺾이다, 실망하다
□	【演变】	yǎnbiàn	정 동		변화 발전하다, 변천하다
□	【抑郁】	yìyù	형		우울하다, 번민하다
(참)□	【控制】	kòngzhì	을 동		제압하다, 규제하다, 억제하다
□	【初期】	chūqī	병 명		초기, 첫 시기
□	【阶段】	jiēduàn	을 명		단계, 계단
(참)□	【阶级】	jiējí	을 명		층계, 계단
□	【香】	xiāng	갑 명	형	향기, 냄새 / 맛있다, 향기롭다

⇔□【臭】 chòu 　　　　　 ⓔ형 구리다 ; 추악하다 ; 평판이 나쁘다

□【焦躁】 jiāozào 　　　　 형 초조하다

□【发呆】 fā//dāi 　　　　 동 멍하다, 어리둥절하다

(참)□【发抖】 fādǒu 　　 ⓔ동 벌벌 떨다

□【持】 chí 　　　　　　　 동 가지다 ; 유지하다

□【丧失】 sàngshī 　　　　 ⓑ동 상실하다, 잃다

□【成功】 chénggōng 　　 ⓔ동명 성공(하다) (⇔【失败】 shībài)

□【与否】 yǔfǒu 　　　　　 명 여부 (2음절의 동사·형용사·동빈구조 뒤에 놓임)

□【取决】 qǔjué 　　　　　 동 ~을 결정하다, 달려 있다

□【评判】 píngpàn 　　　　 동명 판정(하다), 심사(하다)

□【势】 shì 　　　　　　　 명 권력 ; 형세 ; 상황

□【富裕】 fù·yù 　　　　　 ⓑ형 부유하다

□【显赫】 xiǎnhè 　　　　 형 (권세나 명성 등이)찬란하다, 혁혁하다

□【失败】 shībài 　　　　　 ⓔ동명 패배(하다) (⇔【胜利】 shènglì) ; 실패(하다)
　　　(⇔【成功】 chénggōng)

□【相反】 xiāngfǎn 　　　　 ⓔ형 상반되다

□【目标】 mùbiāo 　　　　 ⓔ명 목표

□【切合】 qièhé 　　　　　 동 적합하다

年轻人的忧郁症的形成和发展在很大程度上取决于其心理状态。一般来讲，心胸比较开阔的人不易得忧郁症。因此，改善和及时调整自己的心态有利于自己从不同的角度看问题，从而避免过于自责。同时，年轻人在为自己确定发展目标时，不宜将一些不切实际的理想定为自己的目标。这样，就可以免去因为无法实现自己的预定目标而产生的苦恼。成功的人毕竟是少数，而且，他们有成功的原因和条件，如果简单地将自己的基本情况与那些成功人士相比，你或许会觉得没多大差异，因而得出你也可以成功的结论。而这种比较，往往是个危险的陷阱。

心理学家的研究表明，年轻人在追求理想和好生活的过程中，应量力而行。特别是不要轻易将成功人士做到的事情定做自己今后的发展目标，也不要常将自己与周围那些已经取得成就的年轻人相比。每个人的发展取决于自己的具体情况。你所羡慕的他人既可能最终没有你发展得好，也可能永远是你追不上的冠军。对于成功也好，富裕生活也罢，都应看得淡一些。人们在宣扬成功时更多的场合是在褒扬一种奋斗的精神，而不是说明谁都能当上亿万富翁。(441字)

61課 나는 나, 그는 그(2)

젊은이의 우울증 형성과 발전은 크게 보면 그 심리상태에 의해 결정된다. 일반적으로 말해서, 가슴이 비교적 탁 트인 사람은 우울증에 쉽게 걸리지 않는다. 이 때문에, 자기의 심리상태를 개선하고 제 때에 조절하는 것이 스스로가 다른 각도에서 문제를 보는데 유리하며, 따라서 과도한 자기질책을 피할 수 있다. 동시에, 젊은이가 자기를 위해 발전목표를 정할 때, 실제와 부합되지 않는 이상을 자기의 목표로 정하는 것은 좋지 않다. 이렇게 함으로써, 실현할 수 없는 자기의 예정목표 때문에 발생하는 고뇌에서 벗어날 수 있다. 성공한 사람은 결국은 소수이다. 그리고, 그들은 성공하는 원인과 조건을 가지고 있으며, 만약에 간단하게 자기의 기본 상황과 성공한 인사들의 상황과 비교해보면, 당신은 아마도 큰 차이가 없음을 느낄 수 있을 것이고, 이 때문에 당신도 성공할 수 있다는 결론을 얻을 것이다. 그러나 이런 비교는, 종종 위험한 함정이다.

심리학자들의 연구는, 젊은이들은 이상과 좋은 생활을 추구하는 과정 중에서, 능력을 헤아려서 행동해야 한다고 표명한다. 특히 성공한 인사들이 했던 일들을 쉽게 자기의 앞으로의 발전목표로 삼지 말아야 하며, 항상 자기를 주위의 이미 성공을 거둔 젊은이와 비교하지 말아야 한다. 각자 개인의 발전은 자기의 구체적 상황에 의해 결정된다. 당신이 그렇게 부러워하는 타인도 최종에는 당신보다 발전하지 않을 수도 있고, 당신이 영원히 쫓아가지 못할 우승자일 수도 있다. 성공에 대해서든지, 부유한 생활이든지, 모두 담담하게 보아야 한다. 사람들이 성공을 알릴 때 더 많은 경우는 분투하는 정신을 표창하는데 있는 것이지, 누구나 모두 백만장자가 될 수 있다고 말하는 것은 아니다.

□ 【形成】 xíngchéng 　　을동 형성하다, 이루다
□ 【其】 qí 　　병대 그(의), 그들(의), 그것들(의)
□ 【心胸】 xīnxiōng 　　명 도량 ; 포부 ; 마음
□ 【开阔】 kāikuò 　　정동 넓다, 광활하다
　　　　　　형 (생각·마음이)탁 트이다 ; (수단·규모가)방대하다, 크다
□ 【改善】 gǎishàn 　　을동명 개선(하다)
□ 【心态】 xīntài 　　명 심리상태
□ 【避免】 bìmiǎn 　　을동 피하다, 모면하다
≒□ 【避】 bì 　　을동 피하다, 숨다 ; 방지하다
□ 【自责】 zìzé 　　동 자책하다
□ 【确定】 quèdìng 　　을동 확정하다, 확실히하다　부 확실히, 틀림없이
□ 【不宜】 bùyí 　　정부 좋지 않다, ～하기에 적당치 않다
□ 【不切实际】 búqiè shíjì 　　형 실제와 맞지 않다, 현실에 부합되지 않다
※□ 【免】 miǎn 　　정동 면제하다 ; 벗어나다
　(참)□ 【以免～】 yīmiǎn 　　정접 ～하지 않도록, ～않기 위해서
　　　　　（≒【省得】 shěngde、【免得】 miǎnde）
□ 【预定】 yùdìng 　　정동 예약하다, 주문하다
□ 【苦恼】 kǔnǎo 　　정형 괴롭다
□ 【少数】 shǎoshù 　　을명 소수
□ 【人士】 rénshì 　　병명 인사, 명망 있는 사람
□ 【相比】 xiāngbǐ 　　정동 비교하다
　≒□ 【对比】 duìbǐ 　　을동 대비하다, 대조하다　명 비(比), 비율
□ 【或许】 huòxǔ 　　정부 아마, 혹시, 어쩌면
□ 【差异】 chāyì 　　정명 차이
※□ 【因而～】 yīn'ér 　　을접 그러므로, 그래서, 그런 까닭에
□ 【得出】 dé//chū 　　동 ～을 얻어내다
□ 【结论】 jiélùn 　　을명 결론
□ 【陷阱】 xiànjǐng 　　명 함정
□ 【表明】 biǎomíng 　　을동 표명하다, 분명하게 보이다(나타내다)
□ 【应】 yīng 　　을조 당연히～해야 한다, 응당～일 것이다
　□ 【应】 yìng 　　병동 대답하다 ; 응하다 ; 적응하다
　(참)□ 【适应】 shìyìng 　　을동 적응하다
□ 【量力而行】 liàng lì ér xíng 　　(숙) 능력을 헤아려서 행하다
□ 【定做】 dìngzuò 　　동 주문하여 만들다, 맞추다
　(참)□ 【订】 dìng 　　을동 정하다 ; 주문하다, 예약하다
□ 【今后】 jīnhòu 　　을명 이제로부터, 앞으로
□ 【成就】 chéngjiù 　　을동명 성취(하다), 완성(하다), 이루다
□ 【具体】 jùtǐ 　　을형 구체적이다, 특정의, 실제의
　⇔□ 【抽象】 chōuxiàng 　　을형 추상적이다
□ 【他人】 tārén 　　정대 타인, 남

□ 【最终】 zuìzhōng　　　　　　최종의

□ 【冠军】 guànjūn　　　　　　을명우승, 1등, 챔피언

□ 【～也好…也好】 ～yěhǎo… yěhǎo　～든(하더라도)…든(하더라도)
　　　　　　　　(중복해서 사용해 어떤 조건이 문제 되지 않는 다는 뜻으로 씀)

□ 【～也罢…也罢】 ～yěbà…yěbà　～하든(라도)…하든(라도)(체념·결단·승락을 나타냄)

□ 【淡】 dàn　　　　　　을형(맛이)싱겁다, (색이)엷다, (어떤 성분이)적다

　⇔□ 【浓】 nóng　　　　　　을형진하다, 농후하다

□ 【宣扬】 xuānyáng　　　　　　정동선양하다, 널리 알리다

□ 【褒扬】 bāoyáng　　　　　　을동포양하다, 표창하다

□ 【奋斗】 fèndòu　　　　　　을동분투하다

　(참)□ 【斗争】 dòuzhēng　을동명투쟁(하다)

□ 【亿万富翁】 yìwàn fùwēng　　　　명억만 장자

《短文 16》

纵然你现在资金周转不开，也要及时归还借款，不能拖欠。

설령 당신이 지금 자금 회전을 할 수 없다고 하더라도, 제때에 빌린 돈을 돌려 주어야지, 질질 끌면서 안 돌려 주면 안된다.

□ 【纵然 ～ 也…】 zòngrán~yě…　　　접설사(설령)～하더라도(일지라도)…
　　(≒【即使】 jíshǐ、□ 【纵使】 zòngshǐ　접〈서〉)

□ 【周转】 zhōuzhuǎn　　　　　　정명(자금의)회전

□ 【及时】 jíshí　　　　　　을형시기적절하다, 때맞다　부제때에, 적시에

□ 【归还】 guīhuán　　　　　　정동되돌려주다, 반환하다 ; 귀환하다, 돌아오다

□ 【借款】 jiè//kuǎn　　　　　　동돈을 빌다, 차용하다　명빌린 돈, 차관, 부채

□ 【拖欠】 tuōqiàn　　　　　　동빚을 질질 끌며 갚지 않다

　(참)□ 【拖】 tuō　　　　　　을동끌다, 잡아 당기다 ; (시간을)끌다, 지연시키다

　　□ 【欠】 qiàn　　　　　　을동빚지다, 빌어 쓰고 갚지 못하다

短文

门口的帽架上挂着我戴的帽子，地上放着我常踢的足球。

문입구의 모자걸이에 내가 쓰는 모자가 걸려 있고, 바닥에는 내가 항상 차는 축구공이 놓여 있다.

- 【衣架】 yījià   명 옷걸이
- 【挂】 guà   갑 명 (고리나 못 따위에)걸다 ; 전화를 끊다 ; 마음에 걸리다
- 【戴】 dài   갑 동 (모자를)쓰다, (안경을)쓰다, (몸에)두르다, 착용하다
- 【踢】 tī   갑 동 차다, 발길질하다

社会调查可以有效地概括并反映出社会情况。借以通过综合各方面的因素，结合调查数据，应用科学方法进行分析，得出结论。这样，一方面可以为政策的制定，提供有力依据，另一方面可以纠正各种各样的偏差。

사회조사는 사회상황을 효과있게 포괄하고 반영해 낼 수 있다. 각 방면의 요소를 종합한 것에 의거하여, 조사데이터를 결합하고, 과학적 방법을 응용하여 분석을 진행해, 결론을 얻어낸다. 이렇게 하면, 한편으로는 정책의 제정을 위해 힘있는 근거를 제공할 수 있고, 다른 한편으로는 여러가지의 편차를 수정할 수 있다.

- 【有效】 yǒuxiào   을 형 유효하다, 효력이 있다
- 【概括】 gàikuò   을 동 명 포괄(하다), 총괄(하다)
- 【反映】 fǎnyìng   을 동 반영하다, 전달하다   명 평판
- 【借以】 jièyǐ   동 ~에 의해서(의거하여)~하다
- 【综合】 zōnghé   을 동 (⇔【分析】 fēnxī) 종합하다
- 【因素】 yīnsù   을 명 구성 요소, 원인, 조건, 요소
- 【结合】 jiéhé   을 동 결합하다

□ 【应用】yìngyòng　　　　　　　을 동 응용하다, 사용하다, 쓰다

　(참) □ 【适用】shìyòng　　　　　　을 형 사용에 적합하다, 쓰기에 알맞다　동 적용하다

□ 【分析】fēnxī　　　　　　　　을 동 명 분석(하다)

□ 【一方面 ~ 一方面…】yìfāngmiàn~ yìfāngmiàn…　　을 한편으로~하면서, 한편으로…하다

□ 【政策】zhèngcè　　　　　　　을 명 정책

□ 【有力】yǒulì　　　　　　　　을 형 힘이 있다(세다), 강력하다, 유력하다

□ 【依据】yījù　　　　　　　　　병 명 근거, 바탕, 증거, 기초

□ 【纠正】jiūzhèng　　　　　　　을 동 명 시정(하다), 수정(하다)

□ 【偏差】piānchā　　　　　　　정 명 편차, 오차 ; 오류, 편향 ; 말썽

《短文 19》

他花一万元买了一副看起来年代很久的镜子，回家后请专家鉴定，
发现上当受骗了，东西是现代仿制的。

그는 1만원이라는 돈을 써서 보기에 연대가 아주 오래된 안경 한 벌을 사서,
집에 돌아와 전문가를 청해서 감정을 하고는, 속은 것을 발견하였다. 물건은
현대의 모조품인 것이다.

□ 【副】fù　을 양 조, 벌, 쌍(한 벌ㆍ한 쌍으로 되어 있는 물건에 쓰임)　형 부수적인

□ 【镜子】jìngzi　　　　　　　　을 명 거울, 렌즈

□ 【鉴定】jiàndìng　　　　　　　병 동 명 평정(하다), 감정(하다), 판정(하다)

□ 【上当】shàng//dàng　　　　　을 동 속다, 꾐에 빠지다, 속임수에 걸리다

　≒ □ 【受骗】shòu//piàn　　　　　　동 기만당하다, 속임을 당하다, 속다

□ 【仿制】fǎngzhì　　　　　　　　동 모조하다

《短文 20》

我制作了一个桌子，在磨光它时，手指尖上扎了个刺。

나는 책상 하나를 만들었는데, 문질러서 광을 낼 때, 손가락 끝을 가시에
찔렸다.

□ 【打磨】dǎ·mó　　　　　　　동 갈다, 갈아서 윤을 내다

　(참) □ 【磨】mó　　　　　　　을 동 마찰하다, 비비다, 문지르다, 광을 내다

□ 【尖】jiān　　　　　　　　　을 형 날카롭다, 뾰족하다 ; (목소리가)날카롭다 ; 예민하다

□ 【扎】zhā　　　　　　　　　을 동 (침이나 가시 등으로)찌르다

□ 【刺】cì　　　　　　　　　　을 동 (바늘이나 가시 따위로)찌르다 ; 풍자하다　명 가시, 바늘

大浪使船倾斜，货架上用绳子捆的货物，被甩下来撒了一地。船漏水使仪器失灵，船员们正密切配合着检修设备。船长为防止发生危险，主张取消航行靠岸。就目前的情况看，**别说**是船设备坏了，**就是**没坏**也**很危险。

큰 파도가 배를 옆으로 쏠리게하여, 화물 진열대 위에 끈으로 묶어 놓은 화물이, 흔들려 바닥에 쏟아져 내렸다. 배에 새어 들어온 물은 계측기를 못쓰게 만들었고, 선원들은 마침 설비를 점검수리하느라 긴밀하게 협력하고 있다. 선장은 위험이 발생하는 것을 방지하기 위해서, 배가 부두에 대는 것을 취소하도록 주장하고 있다. 현재 상황을 보니, 배의 설비가 망가진 것은 **말할 것도 없고**, 또한 고장나지 않은 것**도** 매우 위험**하다**.

- 【斜】 xié　(을)(형) 기울다, 비스듬하다, 삐뚤다
  (참)□ 【坡】 pō　(을)(명) 비탈, 언덕, 비탈진 곳
- 【绳子】 shéngzi　(을)(명) 새끼, 밧줄, 노끈
- 【捆】 kǔn　(을)(동) 묶다, 잡아매다, 동이다
- 【货物】 huòwù　(병)(명) 화물
- 【甩】 shuǎi　(을)(동) 흔들다, 흔들리다 ; 뿌리다, 내던지다 ; 벗다 ; 떼어 놓다
- 【撒】 sǎ　(을)(동) 풀어주다, 뿌리다, 방출하다, 펴다
  □ 【撒】 sā　(을)(동) 엎지르다, 흘리다
- 【漏】 lòu　(을)(동) 새다, 빠지다 ; 누설하다, 폭로하다
- 【仪器】 yíqì　(을)(명) 계측기, 측량기구
- 【失灵】 shī//líng　(동) 고장나다, 작동하지 않다
- 【密切】 mìqiè　(을)(형) 밀접하다, 긴밀하다, 세심하다 (동) 밀접하게 하다
- 【配合】 pèihé　(을)(동) 협동하다, 협력하다
- 【防止】 fángzhǐ　(을)(동)(명) 방지(하다)
- 【主张】 zhǔzhāng　(을)(동)(명) 주장(하다)
- 【取消】 qǔ//xiāo　(을)(동) 취소하다, 제거하다, 없애다
- 【别说 ~ 既是(就是)…也—】 biéshuō ~ jìshi(jiùshi)…yě –
  ~은 말할 것도 없이(은 물론)…도 또한 – 하다

对于这段报道，**任凭**你怎样问，我**也**不想说。我**宁可**沉默，**也不**想解释，**除非**在明天的记者招待会上，我**才**会去说明事实。我不是**连**你**都**不信任，**之所以**不告诉你，**是因为**这关系到很多的**隐私**问题。**何况**我们是老朋友，你该**晓得**我的做事原则，**反之**，你处在我的立场上，也会这样做的。**况且**你明天就会知道事情的真相了，何必一定要现在问？

이 보도에 대하여, 네가 어떻게 묻**더라도**, 나는 말하고 싶지 않다. 나는 침묵을 **할지언정**, 설명하고 싶**지 않다.** **오직** 내일 기자회견장에서, 나는 **비로소** 사실을 설명할 것이다. 내가 너**마저도** 믿지 않는 것이 아니라, 너에게 알려주지 않는 **까닭은** 이것은 많은 개인의 프라이버시 문제와 관계되기 **때문이다.** **하물며** 우리는 친구 사이이고, 너도 나의 일처리원칙을 알 것이고, 바꾸어 말해서, 네가 내 입장이라면, 또한 이렇게 했을 것이다. **게다가** 내일이면 일의 진상을 알게 될 것인데, 하필 반드시 지금 물어봐야 하겠니?

□ 【报道】 bàodào　□ 【报导】 bàodǎo　을동명 보도(하다)
□ 【任凭 ~ 也(都)…】 rènpíng - yě…　　~일지라도…, ~하더라도…
□ 【宁可 ~ 也不(也要)…】 nìngkě - yěbù(yěyào)…　병
　　　　　　　　　　　　　~할 지언정…하지 않다, 차라리~하는 것이 낫다
□ 【沉默】 chénmò　　　　을형 과묵하다, 입이 무겁다　동 침묵하다
□ 【解释】 jiěshì　　　　을동 해석하다, 해설하다 ; 변명하다
□ 【除非 ~ 才…】 chúfēi ~ cái…　　다만~함으로써만이 비로소…, 오직~하여야…
□ 【连 ~ 都(也)…别说—】 lián ~ dōu…biéshuō –　~조차도(마저도)…, – 말할 필요 없다
□ 【之所以 ~ 是因为(是由于)…】 zhīsuǒyǐ ~ shìyīnwèi…
　　　　　　　　　　~한것은…때문이다, ~한 까닭은…했기 때문이다
□ 【隐私】 yǐnsī　　　　　명 사적인 비밀, 프라이버시
□ 【何况】 hékuàng　　　　접 하물며, 더군다나
□ 【晓得】 xiǎode　　　　을동 알다
□ 【反之】 fǎnzhī　　　　정접 〈서〉 이와 반대로, 바꾸어 말하면
□ 【况且】 kuàngqiě　　　　접 하물며, 게다가, 더구나

63課　短文

我们用事先准备好的表格填写每户人家的情况。

우리는 사전에 준비를 다 해 놓은 양식을 사용하여 각 가구 집의 상황을 기입하였다.

- □ 【事先】 shìxiān　　　　을 명 사전, 일이 일어나기 전 (≒ □ 【事前】 shìqián)
- □ 【表格】 biǎogé　　　　　명 (조사, 통계의)표, 양식, 서식
- □ 【填写】 tiánxiě　　　　　동 (일정한 양식에)써넣다, 기입하다
  - (참) □ 【填】 tián　　　을 동 채우다, 메우다, 막다 ; 기입하다
- □ 【户】 hù　　　　　　　을 명 집, 가정, 세대, 호, 가구　양 (집을 세는)호

我与小学的同学相逢了，看着他迈着轻快的脚步走过来，感觉他的精神面貌很好。记得小时候，我们经常喊着口号冲锋，玩战争游戏。想想那时的情景，真逗哩！

나는 초등학교 친구와 마주쳤는데, 그가 성큼성큼 경쾌한 발걸음으로 걸어오는 것을 보고, 그의 정신상태가 좋다고 느꼈다. 어릴적 기억에, 우리는 항상 구호를 외치며 돌격하는, 전쟁놀이를 했었다. 그 때의 광경을 생각하면, 정말 우습다!

- □ 【相逢】 xiāngféng　　　　동 상봉하다
- ≒ □ 【逢】 féng　　　　　　을 동 만나다, 마주치다
- □ 【迈】 mài　　　　　　　을 동 큰 걸음으로 걷다, 성큼성큼 나아가다, 활보하다
- □ 【脚步】 jiǎobù　　　　　병 명 걸음거리, 보폭
- □ 【面貌】 miànmào　　　　을 명 용모, 얼굴 생김새 ; 면모, 양상, 상황
- □ 【口号】 kǒuhào　　　　　을 명 구호, 슬로건(slogan)
- □ 【冲锋】 chōngfēng　　　　정 동 돌격하다

□ 【逗】 dòu　　　　　　　　　　　　　을동 희롱하다 ; 자아내다, 끌다 ; 웃기다　형우습다, 재미있다
□ 【哩】 li　　　　　　　　　　　　　　을조 (≒ 【呢】 ne、 【啦】 la)
　　　　①용법이 표준어의 '呢' 와 같으나 의문문에서는 쓰이지 않음
　　　　②용법이 표준어의 '啦' 와 같으며 사물을 열거하는데 쓰임(～요, ～랑, ～와(과))

《短文 25》

今天**先**是懒得起床，半路自行车**又**坏了，**以至**考试迟到，影响了考试的分数。**与其**这样狼狈，**不如**昨晚听母亲**劝**早点休息，真**后悔**！

오늘은 **먼저** 일어날 마음이 내키지 않더니, **또** 도중에 자전거가 망가져, 시험에 지각하기에 **이르렀고**, 시험점수에 영향을 주었다. 이렇게 낭패를 **보느니, 차라리** 어제 저녁 엄마가 일찍 쉬라고 **충고하는** 것을 들을걸, 정말 후회스럽다!

□ 【先～又…】 xiān~yòu…　　　　동 먼저～하고, 또…하다
□ 【懒得】 lǎnde　　　　　　　　　을형 ～할 마음이 내키지 않다, ～할 기분이 나지 않다
　(참)□ 【懒】 lǎn　　　　　　　　정형 게으르다, 나태하다
　　⇔□ 【勤】 qín　　　　　　　　명 부지런하다, 근면하다
□ 【半路】 bànlù　　　　　　　　　접 도중, 길을 가고 있는 동안
□ 【以至】 yǐzhì　　　　　　　　　접 ～까지, ～에 이르기까지 ; ～로 하여, ～때문에
　(참)□ 【以致】 yǐzhì　　　갑동명 ～이 되다, ～을 가져오다(초래하다)
□ 【影响】 yǐngxiǎng　　　　　　　영향(을 주다)
□ 【与其～不如…】 yǔqí~bùrú… 정형 ～하느니, 차라리…
□ 【狼狈】 lángbèi　　　　　　　　을동 궁지에 빠져 있다, 매우 난처하다, 당황하다
□ 【劝】 quàn　　　　　　　　　　갑동명 충고하다, 권하다, 설득하다
□ 【后悔】 hòuhuǐ　　　　　　　　　후회(하다)

我父亲是一名从事外交工作的官员，是这届中央委员。他接见过的外宾都非常尊敬他。在贯彻执行维护世界和平、互不侵略的原则下，曾代表国家参加过很多次消除核武器危机的谈判。在谈判中，面对尖锐的问题，他很巧妙灵活地加以解决，完成了一个又一个艰巨任务，在国家的外交史写下了光辉的一页。

나의 아버지는 외교업무에 종사하시는 외교관이시며, 요번 회차의 중앙위원이시다. 그가 접견했던 외국 손님들은 모두 매우 그를 존경한다. 세계평화유지와 상호불가침을 관철시켜 진행하려는 원칙하에서, 일찍이 국가를 대표하여 여러 번 핵무기 위험을 없애는 회담에 참가하셨다. 회담 중에, 첨예화된 문제에 직면하면, 교묘하면서도 융통성있게 해결을 하여, 하나씩 거대한 임무를 완성했으며, 국가의 외교사에 찬란한 한 페이지를 쓰셨다.

- **【从事】** cóngshì　　을 동 종사하다, 일을하다
- **【外交】** wàijiāo　　을 명 외교
- **【届】** jiè　　을 양 (정기적인 회의 또는 졸업 연차 따위에 쓰임)기(期)；회(回)；차(次)
- **【委员】** wěiyuán　　을 명 위원
- **【接见】** jiējiàn　　을 동 접견하다
  - (참) □ **【会见】** huìjiàn　을 동 명 회견(하다)
- **【尊敬】** zūnjìng　　을 동 존경하다
- **【贯彻】** guànchè　　을 동 명 관철(하다), 철저히 실행하다
- **【维护】** wéihù　　을 동 지키다, 유지하고 보호하다, 옹호하다
- **【原则】** yuánzé　　을 명 원칙
- **【侵略】** qīnlüè　　을 동 명 침략(하다)
- **【代表】** dàibiǎo　　갑 동 명 대표(하다)
- **【武器】** wǔqì　　을 명 무기；병기
- **【危机】** wēijī　　을 명 위기
- **【尖锐】** jiānruì　　을 형 뾰족하고 날카롭다；예민하다, 예리하다
  - ；(언론 투쟁 따위가)격렬하다, 첨예하다
- **【灵活】** línghuó　　을 형 민첩하다, 재빠르다；융통성이 있다；원활하다
- **【加以】** jiāyǐ　　을 동 ～을 가하다, ～하다　접 게다가, ～한데다가
- **【艰巨】** jiānjù　　을 형 어렵고도 방대하다, 대단히 어렵다
- **【光辉】** guānghuī　　을 명 광휘, 찬란한 빛　형 찬란하다, 훌륭하다

为了学好外语需要重复练习，**哪怕**每天能用的时间不多**也**要坚持，**为的是**使学到的知识得到巩固。

외국어를 잘 배우기 위해서는 반복해서 연습이 필요하고, **설령** 매일 공부하는 시간이 많지 않더**라도** 지속해야 하는데, 배운 지식을 공고히 하기 **위해서이다**.

- 【重复】chóngfù　　　　을동 중복하다, 반복하다
- 【哪怕 ~ 也(都、还)…】nǎpà~yě…　　을접 설령(가령) ~ 지만…
- 【为的(是)】wèide(shi)　　　　동 ~때문이다, ~을 위해서다
- 【巩固】gǒnggù　　　　을형 견고하다, 튼튼하다, 공고하다　동 견고하게 하다

看到从井边牵过来的雄鹿有些消化不良的样子，我**不免**有些担心。它的健康问题可不能马虎。

우물가에서부터 끌려 온 숫사슴을 보니 약간 소화불량인 모양이었는데, 나는 걱정되는 마음을 **피할 수가 없었다**. 사슴의 건강문제는 소홀히 할 수가 없다.

- 【井】jǐng　　　　을명 우물
- 【牵】qiān　　　　을동 끌다, 이끌다, 잡아당기다 ; 연루되다, 관련되다
- 【雄】xióng　　　　을형 수컷의 ; 웅대한, 기백이 있는, 당당한　명 수컷
  - ⇔ 【雌】cí　　　　형 암컷의
- 【消化】xiāohuà　　을동명 소화(하다)
- 【不免】bùmiǎn　　　　부 ~면할 수 없다, 피할 수 없다, 아무래도 ~하다
- 【马虎】mǎhu　　　　을형 소홀하다, 데면데면하다, 건성건성하다, 무책임하다

64課 短文

《短文 29》

天很冷，渠水都冻冰了。几个胆大的孩子，拆着散落在冰上的木板，木板旁是被孩子们撕碎的防雨布。
其中一个孩子我认得，个子不高，是我的邻居。他父亲是我的上级，他曾经参加过革命。我走近孩子，一面催着他回家，一面扶着他，担心跌倒。

날씨가 매우 추워서, 도랑의 물도 모두 얼어버렸다. 몇몇의 대담한 아이들이, 얼음위에 흩어져 떨어져 있는 나무판을 뜯어내었는데, 나무판 옆에는 아이들에 의해서 산산조각으로 찢어진 방수포가 있었다.
그 중에 한 아이는 내가 아는데, 키가 작고, 내 이웃집 아이다. 그의 아버지는 나의 상사이고, 일찍이 혁명에 참가했었다. 나는 아이 근처로 걸어가서는, 한편으로 집으로 돌아가라고 재촉하면서, 다른 한편으론 넘어질 것을 걱정하여 그를 부축해 주었다.

- 【渠】 qú 　을명 인공수로, 도랑
- 【冻】 dòng 　을동 (물 따위가)얼다 ; (손발이)얼다, 춥다, 차다
- 【胆大】 dǎndà 　형 대담하다, 담이 크다
  - (참) □ 【大胆】 dàdǎn 　을형 대담하다
- 【拆】 chāi 　을동 (붙어 있는 것을)뜯다, 떼다 ; 헐다, 해체하다, 분해하다
- 【撕】 sī 　을동 (천이나 종이 따위를 손으로)찢다, 째다, 뜯다, 떼다
- 【防】 fáng 　을동 막다, 지키다, 방비하다, 방위하다
- 【认得】 rèn//de 　을동 (주로 사람·길·글자 따위를)알다 (⇔【认不得】 rènbude)
- 【个子】 gèzi 　을명 (사람의)체격, 키
- 【邻居】 línjū 　을명 이웃
- 【上级】 shàngjí 　을명 상급(기관), 상급자, 상사(上司)
- 【革命】 gé//mìng 　을동명 혁명(하다)
- 【一面～一面…】 yímiàn~yímiàn… 　～하면서…하다(같은 시간에 두 동작이 동시발생)
  - (참)【一方面～一方面…】 yìfāngmiàn~yìfāngmiàn… 　을 한편으로～하면서, 다른 한편으로…하다
  　　　　(같은 장소에서 두 동작이 동시발생)

□ 【催】 cuī	을동	독촉하다, 재촉하다, 다그치다
□ 【扶】 fú	을동	(손으로)떠받치다, 부축하다, 짚다, 기대다, 의지하다
□ 【跌】 diē	을동	넘어지다 ; 떨어지다
⇔□ 【涨】 zhǎng	을동	(물이)붇다 ; (값이)올라가다

 《短文 30》

在重叠的山中, 我砍着拦挡的树前进。途中, 一朵美丽的花出现在眼
前, 掏出小铲用劲地挖着泥土, 捧着花轻轻拨开粘在上面的东西。

겹겹이 이어진 산 중에서, 나는 앞을 가로막는 나무를 찍어 내면서 앞으로
나아갔다. 가는 중간에 한 송이 아름다운 꽃이 눈 앞에 나타났는데, 작은 삽
을 꺼내어 힘을 다해서 흙을 파내어, 꽃을 받쳐들고 조심스레 위에 붙어 있
는 것을 털어내었다.

□ 【重叠】 chóngdié	을동	중첩되다, 중복되다
□ 【砍】 kǎn	을동	(도끼 따위로)찍다, 패다
□ 【拦】 lán	을동	가로 막다, 저지하다, 방해하다
□ 【挡】 dǎng	을동	막다, 차단하다
□ 【前进】 qiánjìn	을동	전진하다
⇔□ 【后退】 hòutuì	병동	후퇴하다
□ 【朵】 duǒ	을양	송이(꽃이나 눈 따위를 세는 단위)
□ 【掏】 tāo	을동	(손이나 공구로)물건을 꺼내다, 끄집어내다, 끌어내다
□ 【铲】 chǎn	병동명	(삽으로)깎다, 파다, 삽, 부삽
□ 【用劲】 yòng//jin	동	힘을 쓰다, 힘을 들이다
□ 【劲】 jin(jing)	을명	힘, 기운 ; 원기, 사기, 의욕
□ 【挖】 wā	을동	파다, 파내다
□ 【捧】 pěng	을동	받들다, 두손으로 받쳐 들다, 두손으로 움켜 뜨다
□ 【拨】 bō		(손·발·막대기 따위를 옆으로)밀어 움직이다; 나누다, (일부분을)갈라내다
□ 【粘】 zhān	병동	붙다, 달라붙다, 붙이다
□ 【粘】 nián	형	끈적끈적하다, 끈기가 있다

哎呀，不得了啦。那个当兵的在前进途中遭到从背后闯过来的敌人的袭击，刀插在身体里，但谁也不敢拔。看来他遭受的伤害很大，一直跪在地上，吐着血，显得很痛苦。来救他的人员克服困难，先后赶到了现场。　医生们先给他打了一针，然后马上开始抢救。他在战场上的英勇表现，是大家学习的榜样。

아이구! 야단났다. 그 병사는 전진하는 도중에 배후에서 갑자기 뛰어 들어온 적군의 기습을 만나, 칼이 몸에 꽂혔지만, 아무도 감히 뽑지 못했다. 보아하니 그가 입은 상처가 매우 심해, 줄곧 땅에 꿇어 앉아서, 피를 토하고 있는데, 매우 고통스러워 보였다. 어려움을 극복하고 그를 구하러 온 사람들이 연이어 현장에 도착했다. 의사들은 먼저 그에게 주사를 놓고, 그리고나서 즉시 응급처치를 시작했다. 그가 전장에서의 영특하고 용맹스러운 모습은, 모두가 배워야 하는 본보기이다.

- 【哎呀】 āiyā　(을)탄 야! 아야! 아이쿠! (①놀라움②원망·불만·아쉬움을 나타냄)
- 【不得了】 bù déliǎo　(을)형 큰일났다, 야단났다
- 【兵】 bīng　(을)명 병사, 군인
  - (참) □【战士】 zhànshì　(을)명 전사, 병사
- 【遭到】 zāo//dào　(을)동 (불행이나 불리한 일을)당하다, 만나다
- 【背后】 bèihòu　(을)명 배후, 뒤쪽, 뒷면
- 【闯】 chuǎng　(을)동 갑자기 뛰어들다, 부딪치다
- 【袭击】 xíjī　(을)동 습격하다, 기습하다
- 【刀】 dāo　(갑)명 칼
  - ≒□【刀子】 dāozi　(을)명 작은칼
- 【插】 chā　(을)동 끼우다, 찌르다, 꽂다
- 【拔】 bá　(을)동 뽑다, 빼다
- 【遭受】 zāoshòu　(을)동 (불행·손해를)만나다, 당하다
- 【跪】 guì　(을)동 무릎을 꿇다
- 【吐】 tǔ　(을)동 토하다, 내뱉다
- 【吐】 tù　(을)동 구토하다, 게우다
- 【显得】 xiǎnde　(을)동 (어떤상황이)드러나다, ～하게 보이다
- 【救】 jiù　(을)동 구하다, 구조하다
- 【克服】 kèfú　(을)동 극복하다
- 【先后】 xiānhòu　(을)명(부) 선후, 연이어, 연속적으로
- 【针】 zhēn　(을)명 바늘, 주사
- 【抢救】 qiǎngjiù　(정)동 급히 구조하다, 응급처치하다
- 【英勇】 yīngyǒng　(을)형 영용하다, 영특하고 용맹하다

(참) □ 【勇敢】 yǒnggǎn　　을형 용감하다

　　 □ 【勇气】 yǒngqì　　을명 용기

□ 【榜样】 bǎngyàng　　을명 본보기, 모범, 귀감

上次我吸烟时，不小心将烧着的火柴掉到了桌子上。掀开盖在桌子上的台布，桌面上有被烫的痕迹。

지난 번 내가 담배를 필 때, 부주의해서 타고있는 성냥을 탁자 위에 떨어뜨렸다. 탁자 위에 덮어 놓은 테이블보를 들쳐 내니, 탁자 위는 불에 탄 흔적이 있었다.

□ 【吸烟】 xī`yān 　〈서〉 □ 【抽烟】 chōuyān 〈구〉 을동 담배를 피다

　(참) □ 【抽】 chōu　　갑동 꺼내다, 빼내다 ; (담배를)피다

□ 【小心】 xiǎoxīn　　을동 조심하다, 주의하다

□ 【烧】 shāo　　을동 태우다, 불사르다, 가열하다, 끓이다

　(참) □ 【燃烧】 ránshāo　　을동 연소하다

□ 【火柴】 huǒchái　　을명 성냥

　(참) □ 【打火机】 dǎhuǒjī　　명 라이터

□ 【掀】 xiān　　을동 (손으로)높이 쳐들다, 감아 올리다, 열다, 벗기다, 젖히다

□ 【盖】 gài　　을동 덮다, 씌우다, 도장을 찍다, 가리다, 감추다

□ 【烫】 tàng　　을동 데다, 화상입다

□ 【痕迹】 hénji　　병명 흔적, 자취

《短文 33》

踩着碎石，漫步在河边。天上漂浮着的云，慢慢地淡去。远处水面上，随着浪飘荡的小船悠悠荡荡。水中生长着许多很密的芦苇。

船上，一位老翁悠闲地歇着。他的年龄估计有六十多岁，披着蓑衣，打扮得很朴素。在他身边，很窄的小鱼篓里装着他捉的鱼捞的虾。

儿子挨在老翁的旁边划着船。**时而**与父亲聊会儿天，**时而**哼着歌，他的歌声惹得鸟儿展开翅膀，在船的两边轻舞着。

자갈을 밟으며, 강변을 천천히 걷는다. 하늘에 떠있는 구름은, 천천히 옅어져간다. 멀리 수면 위에는, 파도를 따라 떠다니는 작은 배가 하늘거리고 있다. 물 속에는 많은 빽빽한 갈대가 자라고 있다.

배에는, 한 노인이 유유자적하게 쉬고있다. 그의 나이는 60이 넘은 것으로 추정되며, 도롱이를 걸치고 있고, 아주 소박한 모습이다. 그의 곁에, 좁은 어롱 속에는 그가 잡은 고기와 건져 올린 새우가 들어 있다.

아들은 노인의 곁에서 배를 젖고 있다. **때로는** 아버지와 잠시 이야기를 나누기도 하고, **때로는** 노래를 흥얼거리기도 하는데, 그의 노래소리는 새가 날개를 펼쳐, 배 양 옆에서 가벼이 춤추게 하였다.

□ 【踩】 cǎi　　　　　　　　　을동 밟다, 짓밟다

□ 【碎】 suì　　　　　　　　　을동 부서지다, 깨지다　형 자질구레하다 ; 말이 많다

□ 【浮】 fú　　　　　　　　　을동 (⇔□ 【沉】 chén　병)뜨다, 띄우다

□ 【云】 yún　　　　　　　　　갑명 구름

□ 【浪】 làng　　　　　　　　을명 파도, 큰 물결

□ 【飘荡】 piāodàng　　　　　동 (≒□ 【飘】 piāo　을동) (공중·물 위에)떠돌다, 나부끼다

□ 【船】 chuán　　　　　　　갑명 배, 선박

□ 【悠悠荡荡】 yōuyōudàngdàng　　　빈둥빈둥 노는 모습 ; 하늘거리는 모양

□ 【生长】 shēngzhǎng　　　　을동 생장하다, 성장하다

　(참)□ 【生动】 shēngdòng　을형 생동감 있다, 생생하다

□ 【密】 mì　　　　　　　　　을형 (시간적·공간적으로)가깝다, 빽빽하다 ; 정밀하다

　　(⇔□【稀】 xī 병형 □【疏】 shū 형）

□ 【悠闲】 yōuxián　　　　　형 유한하다, 유유하다
□ 【歇】 xiē　　　　　　　을동 휴식하다 ; 그만두다 ; 자다
□ 【估计】 gūjì　　　　　　을동 예측하다 ; 계산에 넣다 ; 추정하다　명 고려, 평가, 추측
□ 【披】 pī　　　　　　　　을동 (겉옷을)걸치다
□ 【蓑衣】 suōyī　　　　　　명 도롱이
□ 【打扮】 dǎban　　　　　을동 분장하다, 치장하다, 장식하다
□ 【窄】 zhǎi　　　　　　　을형 (폭이)좁다 ; (마음이) 좁다 ; (생활에)여유가 없다, 옹색하다
□ 【鱼篓】 yúlǒu　　　　　　명 어람, 어롱(鱼籠)
　　(참)□ 【钓】 diào　　　　을동 낚시하다
□ 【捉】 zhuō　　　　　　　을동 (손에)잡다, 들다 ; 사로잡다, 포획하다
□ 【捞】 lāo　　　　　　　　을동 (물 등의 액체 속에서)잡다, 건지다, 끌어올리다
□ 【挨】 āi　　　　　　　　을동 순서를 따르다 ; 접근하다
　□ 【挨】 ái　　　　　　　동 ~을 당하다, ~을 받다 ; (세월을)고생스럽게 보내다, 견디다
□ 【划】 huá　　　　　　　을동 물을 헤치다, (배를)젓다 ; 셈이 맞다 ; 상처를 내다
　□ 【划】 huà　　　　　　을동 나누다, 분할하다 ; 계획하다, 설계하다
□ 【时而~时而…】 shí'ér ~ shí'ér … 때로는~, 때로는…
□ 【哼】 hēng　 을동 콧노래부르다 ; 신음하다　탄 힝, 흥(코를 풀거나 코로 비웃는 소리)
□ 【惹】 rè　　　을동 (어떤 결과나 사태를)일으키다 ; (말이나 행동이)상대방의 기분을 건드리다
□ 【翅膀】 chìbǎng　　　　을명 (새나 곤충의)날개

在运动场跑步，可以一边听外语广播，一边跑步。这样一来可以练
习自己的外语听力，二来可以锻炼身体。

운동장에서 달리기를 하는 것은, 한편으로는 외국어방송을 들을 수 있으면
서, 한편으로는 달리기를 할 수 있다. 이렇게 하면 첫째로는 자기의 외국어
듣기 연습을 할 수 있고, 둘째로는 몸을 단련할 수 있다.

□ 【跑步】 pǎo//bù　　　　갑동명 구보(하다), 달리기(를하다)
□ 【广播】 guǎngbō　　　　갑동명 방송(하다)
　　(참)□ 【电台】 diàntái　　　을명 방송국
□ 【一来~二来…】 yìlái~èrlái… 　첫째로는~하고, 둘째로는…
□ 【听力】 tīnglì　　　　　　명 청력, (외국어의)듣기 능력

这个公司是专门生产衣服的大型跨国企业，产量排在世界第二。生产衣服的材料是棉和化学纤维，化学纤维是石油为原料。

这个公司是做出口贸易的。由于产品都是按照合同的要求进行生产，符合标准，信誉很好，因此与外商建立了良好的长期合作关系。

公司总经理在最近接待外商的招待会上，针对推广新产品的大规模项目，征求外商的想法时，得到一致赞同。

车间工作的工人中有不少是妇女，她们不违反劳动纪律，按时上下班，且能完成分配的工作，是非常宝贵的人才。

이 회사는 전문적으로 옷을 생산하는 대형 다국적기업이며, 생산량은 세계 2위이다. 생산하는 옷의 재료는 면과 화학섬유이고, 화학섬유는 석유를 원료로 한다.

이 회사는 수출무역을 한다. 생산품은 모두 계약의 요구에 따라 생산을 진행하기 때문에, 표준에 부합되고, 신용이 아주 좋다. 이 때문에 외국바이어와 좋은 장기합작관계를 수립하였다.

회사사장은 최근 외국바이어를 접대하는 환영회에서, 신상품을 확대하는 대규모 프로젝트에 초점을 맞춰, 외국바이어의 의견을 널리 구할 때, 전원의 찬성을 얻었다.

작업장에서 일하는 노동자중에는 많은 부녀자가 있는데, 그녀들은 노동규율을 위반하지 않으며, 제시간에 출퇴근하고, 게다가 분배된 일을 완성해낼 수 있어서, 매우 귀중한 인재들이다.

□【大型】 dàxíng	을형	대형의
⇔□【小型】 xiǎoxíng	정형	소형의
□【跨】 kuà	을동	뛰어 넘다, 큰 걸음으로 걷다
□【产量】 chǎnliàng	을명	생산량
□【材料】 cáiliào	을명	재료, 자료
□【纤维】 xiānwéi	을명	섬유, 섬유질
□【原料】 yuánliào	을명	원료
□【出口】 chū//kǒu	을동명	출구 ; 말을 꺼내다 ; 출항하다 ; 수출하다
⇔□【进口】 jìn//kǒu	을동명	입구, 입항하다 ; 수입하다
□【贸易】 màoyì	을명	무역
□【按照】 ànzhào	을개	~에 따라, ~에 근거하여
□【合同】 hétong	을명	계약(서)

□ 【符合】 fúhé　　　　　　　　〈을〉〈동〉〈명〉 부합(하다), 일치(하다), 맞다
□ 【建立】 jiànlì　　　　　　　　　〈을〉〈동〉 걸립하다, 설치하다 ; (관계를)맺다, 이루다
□ 【合作】 hézuò　　　　　　　〈을〉〈동〉〈명〉 협력(하다), 합작(하다)
□ 【接待】 jiēdài　　　　　　　　　〈을〉〈동〉 접대하다, 응접하다
□ 【招待会】 zhāodàihuì　　　　　〈을〉〈명〉 연회, 초대회, 환영회, 리셉션
□ 【针对】 zhēnduì　　　　　　　〈을〉〈동〉 겨누다, 대하다, 맞추다 ; 정곡을 찌르다
　 ≒ □ 【对准】 duìzhǔn　　　　　　〈동〉 겨누다, 조준하다, 초점을 맞추다
□ 【推广】 tuīguǎng　　　　　　　〈을〉〈동〉 널리 보급하다, 확충(확대)하다, 일반화하다
□ 【规模】 guīmó　　　　　　　　〈을〉〈명〉 규모
□ 【项目】 xiàngmù　　　　　　　〈을〉〈명〉 항목, 사항
□ 【征求】 zhēngqiú　　　　　　　〈을〉〈동〉 널리 알리다 ; 모집하다
□ 【想法】 xiǎng//fǎ　　　　　　　〈을〉〈명〉 생각, 의견
□ 【车间】 chējiān　　　　　　　　〈을〉〈명〉 작업장, 작업현장
□ 【妇女】 fùnǚ　　　　　　　　　〈을〉〈명〉 기혼녀, 부인, 아내
□ 【违反】 wéifǎn　　　　　　　　〈을〉〈동〉 위반하다, 위반되다
□ 【纪律】 jìlǜ　　　　　　　　　　〈을〉〈명〉 규율, 기강
□ 【按时】 ànshí　　　　　　　　　〈을〉〈부〉 제 때에, 규정된 시간대로
□ 【且】 qiě　　　　　　〈을〉〈부〉 잠시, 당분간 〈접〉 다시금, 더욱이(≒【尚且】 shàngqiě),
　　　　　　　　　　　　　 ～마저도, ～조차도(≒【并且】 bìngqiě ;【而且】 érqiě)
□ 【分配】 fēnpèi　　　　　　　　〈을〉〈동〉 분배하다, 배급하다 ; 배치하다, 안배하다
□ 【宝贵】 bǎoguì　　　　　　　　〈을〉〈형〉 귀중하다
□ 【人才（人材）】 réncái　　　　　〈을〉〈명〉 인재, 인품

A

【阿】	ā	178
阿拉伯文	Ālābówén	44
阿拉伯语	Ālābóyǔ	44
【阿姨】	āyí	178
【啊】	á	59
【啊】	a	59
【哎】	āi	115
【哎呀】	āiyā	270
【挨】	āi	273
埃及	Āijí	68
【挨】	ái	273
癌症	áizhèng	40
【矮】	ǎi	110
艾滋病	àizībìng	40
【爱】	ài	106
【爱好】	àihào	106
【爱好者】	àihàozhě	39
【爱护】	àihù	102
【爱面子】	ài miànzi	190
【爱情】	àiqíng	106
【爱人】	àiren	198
【安静】	ānjìng	210
【安排】	ānpái	238
【安全】	ānquán	238
【安史之乱】	Ān Shǐ zhīluàn	242
【安慰】	ānwèi	123
【安心】	ān//xīn	158
安装	ānzhuāng	36
【按时】	ànshí	275
【按照】	ànzhào	274
【岸】	àn	226
【按】	àn	62
【暗】	àn	75
【暗暗】	ànàn	119
【暗号】	ànhào	210
【暗示】	ànshì	175
澳大利亚	Àodàlìyà	68
澳门	Àomén	233

B

八	bā	19
巴基斯坦	Bājīsītǎn	71
巴黎	Bālí	123
巴西	Bāxī	68
【拔】	bá	270
【把】	bǎ	34
【把握】	bǎwò	175
爸爸	bàba	33
【吧】	ba	54
白	bái	48
白菜	báicài	29

【白天】	báitiān	234
百	bǎi	19
【百分之～】	bǎifēnzhī	87
【百姓】	bǎixìng	159
【摆】	bǎi	63
【败】	bài	67
【班】	bān	46
【班长】	bānzhǎng	130
【班主任】	bānzhǔrèn	130
【斑斓】	bānlán	222
【搬】	bān	66
【搬家】	bān//jiā	218
【板】	bǎn	222
【办】	bàn	106
【办法】	bànfǎ	31
【办公】	bàn//gōng	131
【办公室】	bàngōngshì	131
【办事】	bàn//shì	131
【半】	bàn	62
【半点】	bàndiǎn	183
【半价】	bànjià	198
【半拉】	bànlǎ	62
【半路】	bànlù	243
【半天】	bàntiān	54
【半夜】	bànyè	234
【帮】	bāng	170
【帮忙】	bāng//máng	206
【帮助】	bāngzhù	46
【榜样】	bǎngyàng	271
【傍晚】	bàngwǎn	206
棒球	bàngqiú	103
【包】	bāo	222
【包含】	bāohán	111
【包括】	bāokuò	111
【包围】	bāowéi	166
【包装】	bāozhuāng	222
包子	bāozi	64
【剥】	bāo	222
【褒扬】	bāoyáng	259
【薄】	báo	114
【宝贝】	bǎobèi	223
【宝贵】	bǎoguì	275
【饱】	bǎo	30
【保】	bǎo	95
【保持】	bǎochí	38
【保存】	bǎocún	130
【保护】	bǎohù	151
【保留】	bǎoliú	231
【保守】	bǎoshǒu	98
【保卫】	bǎowèi	238
【保证】	bǎozhèng	190
【报】	bào	66
【报导】	bàodǎo	263
【报到】	bào//dào	238

【报道】	bàodào	263
【报告】	bàogào	51
【报名】	bào//míng	51
【报社】	bàoshè	171
【报纸】	bàozhǐ	66
【抱】	bào	42
【抱歉】	bào//qiàn	146
【抱怨】	bào·yuàn	238
【暴力】	bàolì	183
【爆发】	bàofā	242
【杯】	bēi	67
【杯子】	bēizi	67
【碑】	bēi	151
【背】	bēi	78
【悲哀】	bēi·āi	175
【悲观】	bēiguān	79
【悲痛】	bēitòng	195
北	běi	21
北边	běi·biān	21
北部	běibù	143
北方	běifāng	143
北京	Běijīng	233
【北京话】	Běijīnghuà	54
北面	běimiàn	143
【贝贝】	bèibèi	58
【背】	bèi	78
【背后】	bèihòu	270
【背影】	bèiyǐng	79
【倍】	bèi	166
【被】	bèi	115
【被动】	bèidòng	58
【被迫】	bèipò	242
【被窝】	bèiwō	130
【被子】	bèizi	102
【奔】	bēn	111
【奔走】	bēnzǒu	111
【本】	běn	26
【本地】	běndì	66
本科	běnkē	52
【本来】	běnlái	82
【本领】	běnlǐng	170
【本事】	běnshì	170
【本性】	běnxìng	210
【本质】	běnzhì	230
【本子】	běnzi	223
【笨】	bèn	106
【甭】	béng	38
【逼】	bī	202
鼻子	bízi	96
【比】	bǐ	107
【比方】	bǐ·fāng	182
【比较】	bǐjiào	50
【比例】	bǐlì	107
【比如】	bǐrú	38

比赛	bǐsài	103
彼	bǐ	20
【彼此】	bǐcǐ	102
【笔】	bǐ	79
笔记	bǐjì	37
笔记本（电脑）	bǐjìběn(diànnǎo)	36
【笔记本】	bǐjìběn	223
【必然】	bìrán	126
【必须】	bìxū	183
【必要】	bìyào	150
【闭】	bì	114
【毕竟】	bìjìng	135
【毕业】	bì//yè	138
【避】	bì	258
【避免】	bìmiǎn	258
边	biān	21
【编】	biān	170
【编辑】	biān·jí	170
【扁】	biǎn	170
【变】	biàn	127
【变成】	biàn//chéng	67
【变化】	biànhuà	110
【便】	biàn	22
【便利】	biànlì	235
【便条】	biàntiáo	91
【遍】	biàn	170
【辫子】	biànzi	178
标点	biāodiǎn	19
【标题】	biāotí	82
【标准】	biāozhǔn	183
【表】	biǎo	90
【表达】	biǎodá	50
【表格】	biǎogé	264
【表面】	biǎomiàn	206
【表明】	biǎomíng	258
【表示】	biǎoshì	102
【表现】	biǎoxiàn	126
【表演】	biǎoyǎn	230
【表扬】	biǎoyáng	119
【别】	bié	94
【别的】	biéde	94
【别人】	biérén	94
【别说～既是（就是）…也—】	biéshuō ~ jìshì(jiùshì)…yě -	262
【宾馆】	bīnguǎn	78
【冰】	bīng	154
冰棍儿	bīnggùnr	49
冰淇淋	bīngqílín	49
冰激凌	bīng·jīling	49
冰箱	bīngxiāng	32
【兵】	bīng	270
丙	bǐng	232
饼干	bǐnggān	49
【并】	bìng	78

【并非】	bìngfēi	234
【并且】	bìngqiě	58
病	bìng	40
病毒	bìngdú	36
病房	bìngfáng	40
病菌	bìngjūn	40
病人	bìngrén	40
【玻璃】	bō·li	162
菠萝	bōluó	28
【拨】	bō	269
【播放】	bōfàng	31
脖子	bózi	96
【伯伯】	bóbo	118
【伯父】	bófù	118
【伯母】	bómǔ	178
博客	bókè	36
博士	bóshì	52
【补】	bǔ	39
【补充】	bǔchōng	39
【补课】	bǔ//kè	214
【补习】	bǔxí	215
【捕】	bǔ	222
【不】	bù	26
【不安】	bù'ān	158
【不必】	búbì	98
【不便】	búbiàn	50
【不错】	búcuò	66
【不大】	búdà	66
【不但】	búdàn	86
【不但～而且…】	búdàn~érqiě…	86
【不得不】	bù dé bù	186
【不得了】	bù déliǎo	270
【不得志】	búdé//zhì	242
【不断】	búduàn	110
不敢当	bùgǎndāng	73
【不管】	bùguǎn	190
【不管～也…】	bùguǎn~yě…	190
【不够】	bú gòu	151
【不顾】	búgù	195
【不过】	búguò	47
【不好意思】	bùhǎoyìsi	50
【不慌不忙】	bùhuāng bùmáng	186
【不仅】	bùjǐn	166
【不仅～而且…】	bùjǐn~érqiě…	166
【不久】	bùjiǔ	166
【不可】	bùkě	94
【不肯】	bùkěn	106
【～不了】	buliǎo	154
【不料】	búliào	194
【不论】	búlùn	183
【不满】	bùmǎn	127
【不免】	bùmiǎn	267

【不能不】	bùnéngbù	158
【不平】	bùpíng	194
【～不起】	buqǐ	134
【不巧】	bùqiǎo	194
【不切实际】	búqiè shíjì	258
【不然】	bùrán	191
【不如】	bùrú	175
【不少】	bù shǎo	138
【不是～而是…】	búshì ~ érshì…	214
【不是～就是…】	búshì ~ jiùshì…	214
【不是～吗】	búshì~ma	150
【不太】	bútài	66
【不同】	bùtóng	86
【不行】	bùxíng	42
【不幸】	búxìng	194
【～不下】	buxià	130
【不许】	bùxǔ	230
【不要】	búyào	94
【不要紧】	bú yàojǐn	195
【不宜】	bùyí	258
【不一定】	bù yídìng	218
【不用】	búyòng	38
【不止】	bùzhǐ	166
【不住】	bùzhù	179
布	bù	41
【布置】	bùzhì	187
【步】	bù	90
【部】	bù	154
【部队】	bùduì	74
【部分】	bùfen	38
【部门】	bùmén	154
【部长】	bùzhǎng	154

C

【擦】	cā	126
【猜】	cāi	86
【猜测】	cāicè	107
【才】	cái	59
【才能】	cáinéng	66
【财】	cái	126
【财富】	cáifù	254
【材料】	cáiliào	274
【采】	cǎi	166
【采购】	cǎigòu	198
【采取】	cǎiqǔ	166
【采用】	cǎiyòng	166
【彩电】	cǎidiàn	94
【彩色】	cǎisè	94
【踩】	cǎi	272
【菜】	cài	94
【参观】	cānguān	203

색 인

【参加】	cānjiā	190	【场面】	chǎngmiàn	179	【诚恳】	chéngkěn	134
【餐厅】	cāntīng	186	【唱】	chàng	119	【诚实】	chéng·shí	191
【惭愧】	cánkuì	98	【唱歌】	chànggē	246	【吃】	chī	30
【藏】	cáng	223	【唱腔】	chàngqiāng	230	【吃惊】	chī//jīng	55
操场	cāochǎng	103	【抄】	chāo	170	【吃苦】	chī//kǔ	79
【操作】	cāozuò	222	【抄写】	chāoxiě	171	【痴】	chī	222
【草】	cǎo	122	【超】	chāo	138	【迟到】	chídào	90
【草丛】	cǎocóng	210	【超过】	chāo//guò	138	【持】	chí	255
【草地】	cǎodì	82	【朝】	cháo	42	尺	chǐ	99
【草稿】	cǎogǎo	170	朝鲜	Cháoxiān	71	【翅膀】	chìbǎng	273
草莓	cǎoméi	28	【吵】	chǎo	154	【充分】	chōngfèn	22
【草拟】	cǎonǐ	242	【吵架】	chǎo//jià	23	【充满】	chōngmǎn	79
【草原】	cǎoyuán	82	【吵闹】	chāonào	154	【充实】	chōngshí	182
【册】	cè	223	【炒】	chǎo	95	【冲】	chōng	95
【厕所】	cèsuǒ	182	【车】	chē	90	【冲突】	chōng·tū	146
【侧面】	cèmiàn	115	【车间】	chējiān	275	【冲锋】	chōngfēng	264
【测验】	cèyàn	246	【车站】	chēzhàn	78	【虫（子）】	chóng(zi)	130
【层】	céng	202	【扯】	chě	246	【重】	chóng	79
【曾经】	céngjīng	134	【彻底】	chè//dǐ	191	【重叠】	chóngdié	269
【叉子】	chāzi	142	辰	chén	228	【重复】	chóngfù	267
【插】	chā	270	【臣】	chén	242	重庆	Chóngqìng	233
【差异】	chāyì	258	【沉】	chén	272	【重新】	chóngxīn	175
茶	chá	37	【沉闷】	chénmèn	126	【崇拜】	chóngbài	254
【茶杯】	chábēi	70	【沉默】	chénmò	263	【崇高】	chónggāo	254
【茶楼】	chálóu	63	【沉思】	chénsī	170	【冲】	chòng	95
【茶叶】	cháyè	63	【沉重】	chénzhòng	218	【抽】	chōu	271
【查】	chá	226	【趁】	chèn	171	【抽象】	chōuxiàng	258
【查找】	chá//zhǎo	226	衬衫	chènshān	41	【抽烟】	chōuyān	271
【差】	chà	214	衬衣	chènyī	41	【愁】	chóu	238
【差不多】	chà·buduō	34	【称】	chēng	170	【踌躇】	chóuchú	150
【差点儿】	chà//diǎnr	119	【称赞】	chēngzàn	170	【丑】	chǒu	223
【拆】	chāi	268	【成】	chéng	67	【臭】	chòu	255
【产量】	chǎnliàng	274	成都	Chéngdū	233	【出】	chū	35
【产品】	chǎnpǐn	94	【成分】	chéng·fèn	106	【出版】	chūbǎn	218
【产生】	chǎnshēng	35	【成份】	chéngfèn	106	【出发】	chūfā	211
【产物】	chǎnwù	111	【成功】	chénggōng	255	【出来】	chū//·lái	50
【铲】	chǎn	269	【成果】	chéngguǒ	174	【出去】	chū//·qù	62
昌隆	Chānglóng	240	【成绩】	chéngjì	47	【出口】	chū//kǒu	274
【长】	cháng	94	【成就】	chéngjiù	258	【出来】	chū//lái	62
长安	Cháng'ān	240	【成立】	chénglì	246	【出路】	chūlù	242
长城	Chángchéng	60	【成年】	chéngnián	175	【出门】	chū//mén	90
【长处】	chángchu	239	【成熟】	chéngshú	87	【出色】	chūsè	174
【长江】	Chángjiāng	242	【成为】	chéngwéi	111	【出生】	chūshēng	242
【长期】	chángqī	182	【成长】	chéngzhǎng	39	【出席】	chū//xí	90
【长寿】	chángshòu	22	【乘】	chéng	162	【出现】	chūxiàn	110
【长途】	chángtú	207	【乘凉】	chéng//liáng	162	出院	chū//yuàn	40
【尝】	cháng	187	【乘客】	chéngkè	114	【出于】	chūyú	167
【常】	cháng	30	【承认】	chéngrèn	230	【出租】	chūzū	78
【常常】	chángcháng	38	【城】	chéng	66	【出租汽车】	chūzū qìchē	78
【常见】	chángjiàn	110	【城墙】	chéngqiáng	75	【初】	chū	234
【常识】	chángshí	98	【城市】	chéngshì	166	【初步】	chūbù	186
【常用】	chángyòng	86	【程序】	chéngxù	166	【初次】	chūcì	170
【场】	chǎng	106	【盛】	chéng	70	【初级】	chūjí	83
【场合】	chǎnghé	191	【程度】	chéngdù	222	【初级中学】	chūjízhōngxué	130

【初期】	chūqī	254
【初一】	chūyī	234
初中	chūzhōng	52
【除】	chú	94
【除非～】	chúfēi~	191
【除非～才…】	chúfēi ~ cái…	263
【除非～否则…】	chúfēi~ fǒuzé…	191
【除了】	chúle	94
除夕	Chúxī	69
【处】	chú	178
【处理】	chǔlǐ	219
【处分】	chǔfèn	178
【厨房】	chúfáng	171
厨师	chúshī	103
【处】	chù	178
【穿】	chuān	90
【传】	chuán	178
【传播】	chuánbō	178
【传统】	chuántǒng	139
传真	chuánzhēn	32
【船】	chuán	272
【串】	chuàn	59
【窗】	chuāng	42
【窗户】	chuānghu	42
【窗口】	chuāngkǒu	199
【床】	chuáng	122
【闯】	chuǎng	270
【创】	chuàng	174
【创造】	chuàngzào	174
【创作】	chuàngzuò	174
【吹】	chuī	202
【吹毛求疵】	chuī máo qiú cī	238
【垂】	chuí	130
春	chūn	92
春节	Chūn Jié	69
春秋	Chūnqiū	72
春天	chūn·tiān	92
【纯净】	chúnjìng	147
【词】	cí	82
词典	cídiǎn	131
【词义】	cíyì	86
【词语】	cíyǔ	86
【磁带】	cídài	31
【雌】	cí	267
【辞】	cí	138
此	cǐ	20
【此后】	cǐhòu	86
【此时】	cǐshí	158
【此外】	cǐwài	86
【次】	cì	54
【刺】	cì	261
【匆匆】	cōngcōng	146
【匆忙】	cōngmáng	90
葱	cōng	29
【聪明】	cōng·míng	199
【从】	cóng	39
【从不(没)】	cóng bù(méi)	194
【从～出发】	cóng ~ chūfā	210
【从此】	cóngcǐ	74
【从～到…】	cóng~dào…	186
【从而～】	cóngér ~	227
【从军】	cóngjūn	243
【从来】	cónglái	150
【从～起】	cóng~qǐ	91
【从前】	cóngqián	158
【从事】	cóngshì	266
【从头】	cóngtóu	174
【粗】	cū	82
【促进】	cùjin	30
醋	cù	61
【凑】	còu	182
【催】	cuī	269
【脆弱】	cuì · ruò	134
【村庄】	cūnzhuāng	214
【存】	cún	94
【存在】	cúnzài	38
寸	cùn	99
【错】	cuò	23
【错误】	cuò·wù	83
【措施】	cuòshī	166
【错误】	cuòwù	23

D

【搭】	dā	174
【答应】	dāying	106
【打】	dá	31
【答】	dá	226
【答案】	dá'àn	226
【答卷】	dá//juàn	226
【达到】	dá//dào	254
【打】	dǎ	31
【打扮】	dǎban	273
【打倒】	dǎ//dǎo	174
【打火机】	dǎhuǒjī	271
【打交道】	dǎjiāodao	182
【打搅】	dǎjiǎo	150
【打开】	dǎkāi	86
【打磨】	dǎ·mó	261
【打扰】	dǎrǎo	150
【打算】	dǎsuan	190
【打碎】	dǎsuì	163
【打听】	dǎting	78
【打印】	dǎyìn	54
【打招呼】	dǎzhāohu	78
【打折】	dǎzhé	198
【打折扣】	dǎ zhékòu	198
打针	dǎ//zhēn	40
【大】	dà	30
【大半】	dàbàn	170
【大吃大喝】	dàchī dàhē	191
【大胆】	dàdǎn	268
大豆	dàdòu	29
【大都】	dàdū(dàdōu)	38
【大都】	Dàdū	74
【大多数】	dàduōshù	43
【大概】	dàgài	87
大后年	dàhòunián	24
大后天	dàhòutiān	24
【大会】	dàhuì	190
【大惑不解】	dàhuò bùjiě	210
【大伙儿】	dàhuǒr	198
【大家】	dàjiā	62
【大街】	dàjiē	246
【大量】	dàliàng	166
【大陆】	dàlù	226
【大妈】	dàmā	130
大米	dàmǐ	29
【大娘】	dàniáng	54
【大批】	dàpī	106
大前年	dàqiánnián	24
大前天	dàqiántiān	24
【大人】	dàren	174
【大声】	dàshēng	146
【大使馆】	dàshǐguǎn	146
【大为】	dàwéi	66
【大小】	dàxiǎo	227
【大型】	dàxíng	274
(大)象	(dà)xiàng	28
大学	dàxué	52
【大学生】	dàxuéshēng	51
大洋洲	Dàyángzhōu	68
【大爷】	dàye	202
大衣	dàyī	41
【大约】	dàyuē	67
【大致】	dàzhì	250
【呆】	dāi	130
【待】	dāi	194
大夫	dàifu	103
【代】	dài	47
【代表】	dàibiǎo	266
【代替】	dàitì	39
【袋】	dài	30
【带】	dài	30
【待】	dài	194
【戴】	dài	260
【单】	dān	214
单词	dāncí	131
【单调】	dāndiào	214
【单位】	dānwèi	106
【担任】	dānrèn	158

【担心】	dān//xīn	67
【担忧】	dānyōu	238
【胆大】	dǎndà	268
【但】	dàn	34
【但是】	dànshì	67
【淡】	dàn	259
蛋	dàn	57
蛋糕	dàngāo	49
【当】	dāng	58
【当场】	dāngchǎng	231
【当~的时候】	dāng~deshíhou	158
【当地】	dāngdì	159
【当年】	dāngnián	130
【当前】	dāngqián	38
【当然】	dāngrán	34
【当时】	dāngshí	130
当涂	Dāngtú	241
【当中】	dāngzhōng	86
【当】	dàng	58
【当天】	dàngtiān	131
【当做】	dàngzuò	58
【挡】	dǎng	269
党	dǎng	97
党员	dǎngyuán	97
【刀】	dāo	270
【刀子】	dāozi	270
【岛】	dǎo	226
【捣乱】	dǎo//luàn	231
【倒】	dǎo	67
【倒霉】	dǎo//méi	194
【到】	dào	23
【到处】	dàochù	191
【到达】	dàodá	238
【到底】	dào//dǐ	55
【到来】	dàolái	158
【倒】	dào	67
【道】	dào	70
【道德】	dàodé	139
【道理】	dàoli	146
【道路】	dàolù	70
【道歉】	dào//qiàn	146
【道谢】	dào//xiè	179
【得】	dé	46
【得出】	dé//chū	258
【得到】	dé//dào	158
【得意】	dé//yì	182
【得意扬扬】	déyì yáng yáng	167
【得罪】	dé//·zui	243
德国	Déguó	68
【德胜门】	Déshèngmén	74
德文	Déwén	44
德语	Déyǔ	44
【地】	de	30
【的】	de	22
【～的话】	de huà	50
【得】	de	46
【～得很】	dehěn	106
【得】	děi	46
【灯】	dēng	203
【登】	dēng	234
【登记】	dēngjì	119
【等】	děng	54
【等待】	děngdài	119
【等同】	děngtóng	254
【等于】	děngyú	166
【低】	dī	110
【滴】	dī	218
【的确】	díquè	107
【敌人】	dírén	250
【敌意】	díyì	250
【底下】	dǐxia	82
【抵达】	dǐdá	242
【地】	dì	30
【地带】	dìdài	63
【地点】	dìdiǎn	63
【地方】	dìfang	127
【地方】	dì·fāng	127
【地理】	dìlǐ	182
【地面】	dìmiàn	186
【地球】	dìqiú	98
【地区】	dìqū	214
【地图】	dìtú	78
【地下】	dìxià	106
【地位】	dìwèi	254
地支	dìzhī	228
【地址】	dìzhǐ	150
【地主】	dìzhǔ	186
弟弟	dìdi	33
【第】	dì	46
【第三者】	dìsānzhě	198
【第一】	dìyī	46
【递】	dì	115
【点】	diǎn	62
【点头】	diǎn//tóu	122
点心	diǎnxin	49
点钟	diǎnzhōng	25
【电】	diàn	94
【电报】	diànbào	94
【电车】	diànchē	90
【电灯】	diàndēng	203
电风扇	diànfēngshàn	32
电话	diànhuà	32
电脑	diànnǎo	36
【电器】	diànqì	94
电扇	diànshàn	32
电视	diànshi	32
【电视(机)】	diànshì(jī)	94
【电视台】	diànshìtái	154
【电台】	diàntái	273
【电梯】	diàntī	203
【电影】	diànyǐng	130
【电影院】	diànyǐngyuàn	130
【电子】	diànzǐ	35
电子邮件	diànzǐyóujiàn	36
【店】	diàn	198
【店东】	diàndōng	199
【店主】	diànzhǔ	199
【吊】	diào	203
【钓】	diào	273
【调】	diào	50
【调查】	diàochá	50
【掉】	diào	106
【跌】	diē	269
【碟】	dié	146
【碟子】	diézi	146
丁	dīng	232
【盯】	dīng	182
【顶】	dǐng	203
【订】	dìng	258
【定】	dìng	23
【定做】	dìngzuò	258
【丢】	diū	178
【东】	dōng	66
东边	dōng·biān	21
东北	dōngběi	143
东部	dōngbù	143
东方	dōng·fāng	143
东京	Dōngjīng	123
东面	dōngmiàn	143
东南	dōngnán	143
东南亚	dōngnányà	71
【东西】	dōngxi	63
东亚	dōngyà	71
【东洋】	Dōngyáng	230
冬	dōng	92
冬天	dōng·tiān	92
【董事】	dǒngshì	246
【懂】	dǒng	87
【懂得】	dǒngde	83
【懂事】	dǒng//shì	246
【动】	dòng	122
【动画片】	dònghuàpiàn	154
【动人】	dòng//rén	179
【动身】	dòng//shēn	206
【动手】	dòng//shǒu	250
【动听】	dòngtīng	126
动物	dòng·wù	28
【动物园】	dòngwùyuán	178
【动心】	dòng//xīn	107
【动员】	dòngyuán	206
【动作】	dòngzuò	250
【冻】	dòng	268

【洞】	dòng	182
【都】	dōu	47
【斗争】	dòuzhēng	259
豆腐	dòufu	64
【逗】	dòu	265
逗号	dòuhào	19
【都会】	dūhuì	182
【都市】	dūshì	182
【独立】	dúlì	139
【独特】	dútè	183
【独自】	dúzì	194
【读】	dú	118
【读书】	dú//shū	26
【读者】	dúzhě	118
【堵】	dǔ	207
杜甫	Dù Fǔ	240
【度】	dù	166
肚子	dùzi	96
【渡】	dù	22
【渡过】	dùguò	43
【端】	duān	171
【端正】	duānzhèng	171
【短】	duǎn	94
【短处】	duǎnchu	239
【短期】	duǎnqī	182
【段】	duàn	138
【断】	duàn	194
【锻炼】	duànliàn	43
【堆】	duī	226
【队】	duì	198
【队伍】	duìwu	74
【队长】	duìzhǎng	62
【对】	duì	27
【对比】	duìbǐ	258
【对不起】	duìbùqǐ	146
【对待】	duìdài	134
【对方】	duìfāng	87
【对付】	duìfu	134
【对话】	duìhuà	182
【对面】	duì//miàn	182
【对象】	duìxiàng	50
【对于】	duìyú	87
【对照】	duìzhào	78
【对准】	duìzhǔn	275
吨	dūn	99
【蹲】	dūn	210
【顿】	dùn	30
顿号	dùnhào	19
【多】	duō	30
【多么】	duōme	158
【多少】	duōshao	94
【多数】	duōshù	43
【多种多样】	duōzhǒngduōyàng	167
【夺】	duó	198
【朵】	duǒ	269
【躲】	duǒ	210
DVD机	dvd jī	32

E

【额】	é	127
俄国	Éguó	68
俄罗斯	Éluósī	68
鹅	é	28
【饿】	è	30
【儿女】	érnǚ	158
【儿童】	értóng	39
【儿子】	érzi	154
【而】	ér	39
【而且】	érqiě	47
【而是】	érshì	110
【而已】	éryǐ	234
耳朵	ěrduo	96
恶心	ěxin	17
二	èr	19

F

【发】	fā	50
【发表】	fābiǎo	139
【发出】	fāchū	182
【发达】	fādá	231
【发呆】	fā//dāi	255
【发动】	fādòng	206
【发抖】	fādǒu	255
【发挥】	fāhuī	239
【发明】	fāmíng	50
发烧	fā//shāo	40
【发生】	fāshēng	91
【发现】	fāxiàn	59
【发扬】	fāyáng	239
【发言】	fā//yán	50
【发展】	fāzhǎn	239
法国	Fǎguó	68
【法律】	fǎlǜ	199
法文	Fǎwén	44
法语	Fǎyǔ	44
【法则】	fǎzé	199
【发】	fà	50
番茄	fānqié	29
【翻】	fān	150
【翻译】	fānyì	150
【凡】	fán	183
【凡是】	fánshì	183
【烦】	fán	98

【繁忙】	fánmáng	222
【繁荣】	fánróng	222
【反倒】	fǎndào	163
【反动】	fǎndòng	250
【反对】	fǎnduì	178
【反而】	fǎn'ér	163
【反复】	fǎnfù	182
【反感】	fǎngǎn	98
【反抗】	fǎnkàng	183
【反面】	fǎnmiàn	115
【反应】	fǎnyìng	210
【反映】	fǎnyìng	260
【反之】	fǎnzhī	263
【反正】	fǎn·zhèng	198
【返回】	fǎnhuí	155
【犯】	fàn	83
【范围】	fànwéi	110
【饭】	fàn	58
【饭菜】	fàncài	58
【饭店】	fàndiàn	78
【饭碗】	fànwǎn	142
【方】	fāng	98
【方案】	fāng'àn	226
【方便】	fāngbiàn	34
【方法】	fāngfǎ	31
【方面】	fāngmiàn	82
【方式】	fāngshì	51
方向	fāngxiàng	21
【方针】	fāngzhēn	98
【防】	fáng	268
【仿佛】	fǎngfú	162
防火墙	fánghuǒqiáng	36
【防止】	fángzhǐ	262
【仿制】	fǎngzhì	261
【房】	fáng	198
【房间】	fángjiān	34
【房子】	fángzi	90
【访问】	fǎngwèn	194
纺织	fǎngzhī	41
【放】	fàng	34
【放大】	fàng//dà	34
【放假】	fàng//jià	91
【放弃】	fàngqì	82
【放心】	fàng//xīn	158
【放学】	fàng//xué	91
【飞】	fēi	206
【飞机】	fēijī	206
【飞速】	fēisù	254
【非】	fēi	90
【非～不可】	fēi~bùkě	158
【非常】	fēicháng	78
【非得】	fēiděi	90
【非要】	fēiyào	90
非洲	Fēizhōu	68

菲律宾	Fēilǜbīn	71
【肥】	féi	214
【费】	fèi	54
【费用】	fèiyòng	79
【废品】	fèipǐn	246
肺	fèi	96
【分】	fēn	106
【分别】	fēnbié	134
分号	fēnhào	19
【分工】	fēn//gōng	39
【分配】	fēnpèi	275
【分手】	fēn//shǒu	242
【分析】	fēnxī	260
【～分之…】	fēnzhī	87
分钟	fēnzhōng	25
【吩咐(分付)】	fēn·fù	186
【纷纷】	fēnfēn	198
【粉笔】	fěnbǐ	130
【分量】	fèn·liàng	218
【份】	fèn	26
【奋斗】	fèndòu	259
【丰富】	fēngfù	111
风	fēng	88
【风景】	fēngjǐng	122
【风力】	fēnglì	122
【风俗】	fēngsú	102
【封】	fēng	114
【封建】	fēngjiàn	114
【逢】	féng	264
【奉承】	fèng·chéng	223
【愤怒】	fènnù	115
佛教	Fójiào	75
【否定】	fǒudìng	127
【否认】	fǒurèn	166
【否则】	fǒuzé	122
【夫人】	fūrén	114
【扶】	fú	269
【浮】	fú	272
【符合】	fúhé	275
【服从】	fúcóng	183
【服务】	fúwù	114
【服务员】	fúwùyuán	63
服装	fúzhuāng	41
【幅】	fú	250
【幅度】	fúdù	110
【辅导】	fǔdǎo	214
【抚】	fǔ	71
【抚摸】	fǔmō	250
父亲	fù·qīn	33
【付】	fù	54
【付出】	fù//chū	134
【附近】	fùjìn	30
【妇女】	fùnǚ	275
【负】	fù	74
【负责】	fùzé	38
复活节	Fùhuó Jié	69
【复述】	fùshù	131
【复习】	fùxí	151
【复印】	fùyìn	54
【复杂】	fùzá	34
腹泻	fùxiè	40
【副】	fù	261
【副食】	fùshí	143
【富】	fù	95
【富裕】	fù·yù	255

G

【该】	gāi	39
【改】	gǎi	74
【改变】	gǎibiàn	74
【改革】	gǎigé	82
【改进】	gǎijìn	82
【改善】	gǎishàn	82
【改造】	gǎizào	82
【改正】	gǎizhèng	74
【盖】	gài	271
【概括】	gàikuò	260
【概念】	gàiniàn	111
【干】	gān	34
【干杯】	gān//bēi	67
【干草】	gāncǎo	123
【干脆】	gāncuì	238
【干旱】	gānhàn	70
【干净】	gān·jìng	190
【干渴】	gānkě	70
【干涉】	gānshè	98
【干燥】	gānzào	70
【杆】	gān	223
肝	gān	96
【甘】	gān	155
【赶】	gǎn	31
【赶紧】	gǎnjǐn	90
【赶快】	gǎnkuài	194
【敢】	gǎn	175
【敢于】	gǎnyú	175
【感到】	gǎndào	55
【感激】	gǎnjī	158
【感觉】	gǎnjué	134
感冒	gǎnmào	40
【感情】	gǎnqíng	106
【感受】	gǎnshòu	159
感叹号	gǎntànhào	19
【感想】	gǎnxiǎng	159
【感兴趣】	gǎn//xìng·qù	163
【感谢】	gǎnxiè	47
【干】	gàn	34
【干部】	gànbù	58
【干活(儿)】	gàn//huó(r)	70
【干吗】	gànmá	178
【干什么】	gàn shénme	178
【刚】	gāng	46
【刚才】	gāngcái	46
【刚刚】	gānggāng	46
钢	gāng	135
钢笔	gāngbǐ	37
【钢琴】	gāngqín	222
【港】	gǎng	207
港币	gǎngbì	100
【港口】	gǎngkǒu	207
【高】	gāo	110
【高大】	gāodà	206
【高度】	gāodù	206
【高级】	gāojí	83
【高僧】	gāosēng	70
【高深】	gāoshēn	218
【高兴】	gāoxìng	26
【高压】	gāoyā	206
【高雅】	gāoyǎ	98
【高原】	gāoyuán	122
高中	gāozhōng	52
【搞】	gǎo	247
【搞鬼】	gǎo//guǐ	247
【稿】	gǎo	54
【稿费】	gǎofèi	54
【稿纸】	gǎozhǐ	171
【稿子】	gǎozi	54
【告】	gào	51
【告别】	gàobié	79
【告发】	gàofā	247
【告诉】	gàosu	78
胳膊	gēbo	96
【搁】	gē	155
哥哥	gēge	33
【歌】	gē	119
【歌唱】	gēchàng	123
【歌剧】	gējù	230
【割】	gē	186
【革命】	gé//mìng	268
【隔】	gé	107
【隔壁】	gébì	107
【个】	gè	26
【个别】	gèbié	142
【个人】	gèrén	202
【个体】	gètǐ	210
【个子】	gèzi	268
【各】	gè	122
【各种】	gèzhǒng	122
【各种各样】	gèzhǒng gèyàng	122
【各自】	gèzì	238
【给】	gěi	26
【根】	gēn	95

【根本】	gēnběn	214	【供奉】	gòngfèng	242	【观众】	guānzhòng	230
【根底(根柢)】	gēndǐ	191	【贡献】	gòngxiàn	195	【官】	guān	167
【根据】	gēnjù	86	【沟通】	gōutōng	231	官僚	guānliáo	103
【根源】	gēnyuán	211	狗	gǒu	28	官员	guānyuán	103
【跟】	gēn	27	【购】	gòu	111	【馆】	guǎn	146
【跟前】	gēnqián	146	【构成】	gòuchéng	246	【管】	guǎn	54
庚	gēng	232	【构造】	gòuzào	235	【管道】	guǎndào	182
【更新】	gēngxīn	174	【够】	gòu	62	【管理】	guǎnlǐ	54
【耕地】	gēng//dì	110	【估计】	gūjì	273	【贯彻】	guànchè	266
【更】	gèng	38	【姑父】	gūfu	119	【冠军】	guànjūn	259
【更加】	gèngjiā	102	【姑姑】	gūgu	58	【罐头】	guàn·tou	142
【工厂】	gōngchǎng	246	【姑娘】	gūniang	54	【光】	guāng	203
【工程】	gōngchéng	246	【孤独】	gūdú	211	光弼	Guāngbì	241
工程师	gōngchéngshī	103	【古】	gǔ	218	【光辉】	guānghuī	266
【工地】	gōngdì	235	古巴	Gǔbā	68	【光明】	guāngmíng	162
【工夫】	gōngfu	246	【古代】	gǔdài	86	【光荣】	guāngróng	119
【工会】	gōnghuì	246	【古话】	gǔhuà	126	【光线】	guāngxiàn	226
【工具】	gōngjù	246	【古迹】	gǔjì	162	【广】	guǎng	199
【工人】	gōng·rén	58	【古老】	gǔlǎo	74	【广播】	guǎngbō	273
【工序】	gōngxù	227	【股】	gǔ	171	【广场】	guǎngchǎng	62
【工业】	gōngyè	110	谷子	gǔzi	29	【广大】	guǎngdà	50
【工艺品】	gōngyìpǐn	246	骨头	gǔtou	96	【广泛】	guǎngfàn	50
【工资】	gōngzī	138	骨折	gǔzhé	40	【广告】	guǎnggào	238
【工作】	gōngzuò	66	【鼓】	gǔ	230	【广阔】	guǎngkuò	50
【功夫】	gōngfu	246	【鼓励】	gǔlì	159	广州	Guǎngzhōu	233
【功课】	gōngkè	170	【鼓舞】	gǔwǔ	82	【逛】	guàng	238
【功能】	gōngnéng	194	【鼓掌】	gǔ//zhǎng	230	【归】	guī	242
【攻破】	gōng//pò	74	【固然～但是…】	gùrán ~ dànshì…	215	【归还】	guīhuán	259
【公安】	gōng'ān	178	【固然～也…】	gùrán ~ yě…	215	【规定】	guīdìng	126
公尺	gōngchǐ	99	【固执】	gùzhi	98	【规律】	guīlǜ	199
【公费】	gōngfèi	138	故宫	Gùgōng	60	【规模】	guīmó	275
公分	gōngfēn	99	【故事】	gùshi	170	癸	guǐ	232
【公共】	gōnggòng	191	【故乡】	gùxiāng	214	【鬼】	guǐ	187
【公共汽车】	gōnggòng qìchē	79	【故意】	gùyì	222	【柜(子)】	guì(zi)	83
公斤	gōngjīn	99	【故障】	gùzhàng	154	【贵】	guì	78
【公开】	gōngkāi	22	【顾】	gù	195	【贵姓】	guìxìng	90
【公款】	gōngkuǎn	247	【顾客】	gùkè	126	贵州	Guìzhōu	240
公里	gōnglǐ	99	【瓜】	guā	190	【跪】	guì	270
【公路】	gōnglù	70	【刮】	guā	202	【滚】	gǔn	251
公亩	gōngmǔ	99	【挂】	guà	260	【棍(儿)】	gùn(ér)	223
【公平】	gōng·píng	194	【挂号】	guà//hào	150	【锅】	guō	142
公顷	gōngqīng	99	【拐】	guǎi	151	【国】	guó	47
【公事】	gōngshì	98	【怪】	guài	82	【国际】	guójì	190
【公司】	gōngsī	54	【怪不得】	guàibude	27	国际公制(公制)	guójì gōngzhì	99
公用电话	gōngyòng diànhuà	32	【怪物】	guàiwù	118	国家	guójiā	68
【公园】	gōngyuán	178	【关】	guān	150	国民党	guómíndǎng	97
【公元】	gōngyuán	86	【关键】	guānjiàn	167	【国内】	guónèi	47
【供】	gōng	211	【关系】	guānxi	190	国庆节	Guóqìng Jié	69
【供给】	gōngjǐ	211	【关心】	guānxīn	38	【国王】	guówáng	74
【宫殿】	gōngdiàn	174	【关于】	guānyú	226	【果】	guǒ	234
【巩固】	gǒnggù	267	【关照】	guānzhào	38	【果然～】	guǒrán	27
【共】	gòng	87	【观察】	guānchá	226	果树	guǒshù	28
共产党	gòngchǎndǎng	97	【观点】	guāndiǎn	226	【果园】	guǒyuán	30
【共同】	gòngtóng	86	【观念】	guānniàn	111	【过】	guò	22

【过程】	guòchéng	67
【过分】	guò//fèn	42
【过来】	guò//·lái	91
过敏症	guòmǐnzhèng	40
【过年】	guò//nián	106
【过去】	guòqù	67
【过去】	guòqu	67
【过于】	guòyú	175
【过】	guo	22

H

哈尔滨	Hā'ěrbīn	233
【哈哈】	hā·hā	162
【咳】	hāi	247
【嗨】	hāi	247
【还】	hái	62
【还是】	hái·shì	55
【孩子】	háizi	38
【海】	hǎi	166
【海岸线】	hǎi'àn xiān	226
【海关】	hǎiguān	150
【海洋】	hǎiyáng	226
亥	hài	228
【害】	hài	122
【害处】	hàichu	178
【害怕】	hài//pà	250
【害臊】	hài//sào	246
【害羞】	hài//xiū	246
【含】	hán	106
【寒假】	hánjià	91
【寒冷】	hánlěng	90
韩国	Hánguó	71
【喊】	hǎn	146
汉	Hàn	72
汉语	Hànyǔ	44
【汉字】	Hànzì	86
【汗】	hàn	187
【翰林】	hànlín	242
【行】	háng	42
【航海】	hánghǎi	102
【航空】	hángkōng	102
【毫不】	háobù	142
毫克	háokè	99
毫米	háomǐ	99
毫升	háoshēng	99
【毫无】	háowú	206
【好】	hǎo	30
【好不容易】	hǎo//bùróngyi	174
【好吃】	hǎochī	30
【好处】	hǎochu	34
【好多】	hǎoduō	226
【好感】	hǎogǎn	126

【好好(儿)】	hǎohǎo(r)	83
【好久】	hǎojiǔ	130
【好看】	hǎokàn	34
【好容易】	hǎo//róngyì	174
【好说】	hǎoshuō	202
【好听】	hǎotīng	54
【好玩儿】	hǎowánr	122
【好像】	hǎoxiàng	115
【好些】	hǎoxiē	250
【好意】	hǎoyì	182
【好转】	hǎozhuǎn	195
【好】	hào	30
【好奇】	hàoqí	162
【号】	hào	114
【号码】	hàomǎ	150
【号召】	hàozhào	210
【喝】	hē	67
【和】	hé	23
【和睦】	hémù	70
【和平】	hépíng	182
【和气】	héqi	126
【和谐】	héxié	126
【合理】	hé//lǐ	146
【合适】	héshì	82
【合算】	hé//suàn	218
【合同】	hétong	274
【合作】	hézuò	275
【盒】	hé	219
【盒子】	hézi	219
【何】	hé	46
【何必】	hébì	167
【何况】	hékuàng	263
【河】	hé	242
荷兰	Hélán	68
【贺年片】	hèniánpiàn	166
【喝彩】	hè//cǎi	230
黑	hēi	48
【黑暗】	hēi'àn	122
【黑板】	hēibǎn	130
黑客	hēikè	36
【嘿】	hei	194
【痕迹】	hénjì	271
【很】	hěn	34
【恨】	hèn	102
【哼】	hēng	273
【横】	héng	146
红	hóng	48
红茶	hóngchá	37
【红光满面】	hóngguāngmǎnmiàn	22
猴	hóu	228
猴子	hóuzi	28
【吼叫】	hǒujiào	250
后	hòu	21
后边	hòu·biān	21

【后悔】	hòuhuǐ	265
【后来】	hòulái	46
【后面】	hòumian	206
后年	hòunián	24
后天	hòutiān	24
【后退】	hòutuì	269
【厚】	hòu	114
【乎】	hū	98
【呼】	hū	186
【呼吸】	hūxī	186
【忽略】	hūlüè	147
【忽然】	hūrán	162
胡椒	hújiāo	61
【胡乱】	húluàn	194
胡萝卜	húluóbo	29
【胡子】	húzi	71
【湖】	hú	63
【糊涂】	hútu	55
【壶】	hú	142
虎	hǔ	228
【互】	hù	167
【互相】	hùxiāng	39
【户】	hù	264
【护】	hù	158
【护短】	hù//duǎn	246
【护理】	hùlǐ	158
护士	hùshi	103
【护照】	hùzhào	246
【花】	huā	58
花茶	huāchá	37
【花花绿绿】	huāhuālǜlǜ	222
花生	huāshēng	29
【花园】	huāyuán	178
华盛顿	Huáshèngdùn	123
【滑】	huá	179
滑冰	huá//bīng	103
滑雪	huá//xuě	103
【化】	huà	239
【化学】	huàxué	35
【划】	huà	273
【话】	huà	50
【画】	huà	79
【画报】	huàbào	66
画家	huàjiā	103
【画儿】	huàr	174
画蛇添足	huà shé tiān zú	73
【怀】	huái	107
【怀疑】	huáiyí	198
【坏】	huài	146
【坏处】	huàichu	34
【欢乐】	huānlè	95
【欢送】	huānsòng	222
【欢迎】	huānyíng	222
【还】	huán	62

【患】	huàn	254
【换】	huàn	58
【荒野】	huāngyě	122
【慌】	huāng	186
【皇帝】	huángdì	74
黄	huáng	48
黄瓜	huánggua	29
【黄河】	Huánghé	242
黄油	huángyóu	61
【晃动】	huàngdòng	250
【谎】	huǎng	134
【谎言】	huǎngyán	134
灰	huī	48
【恢复】	huīfù	155
【挥】	huī	239
【回】	huí	31
【回答】	huídá	67
【回来】	huí//·lái	90
【回去】	huí//·qù	90
【回头】	huí//tóu	115
【回信】	huí//xìn	27
【回忆】	huíyì	163
【毁】	huǐ	166
【会】	huì	26
【会场】	huìchǎng	106
【会话】	huìhuà	250
【会见】	huìjiàn	266
【会客】	huì//kè	186
【会面】	huì//miàn	242
【会议】	huìyì	130
【昏迷】	hūnmí	26
【婚姻】	hūnyīn	114
【混】	hùn	238
【混乱】	hùnluàn	118
【活】	huó	70
【活动】	huódòng	126
【活泼】	huópo	70
【活儿】	huór	70
【活跃】	huóyuè	70
【火】	huǒ	186
【火柴】	huǒchái	271
【火车】	huǒchē	90
【火冒三丈】	huǒmào sānzhàng	186
【伙伴】	huǒbàn	210
【伙食】	huǒshí	214
【或】	huò	31
【或许】	huòxǔ	258
【或者】	huòzhe	31
【或者~或者…】	huòzhě~ huòzhě…	142
【货】	huò	127
货币	huòbì	100
【货物】	huòwù	262
【获得】	huòdé	75
【豁免】	huòmiǎn	243

J

【几乎】	jīhū	
【机】	jī	
【机场】	jīchǎng	206
【机床】	jīchuáng	222
【机关】	jīguān	222
【机会】	jī·huì	130
【机器】	jī·qì	50
【机械】	jīxiè	222
【基本】	jīběn	86
【基础】	jīchǔ	47
基督教	Jīdūjiào	75
鸡	jī	28
鸡蛋	jīdàn	57
【积极】	jījí	82
【积极性】	jījíxìng	82
【积累】	jīlěi	158
【积木】	jīmù	174
【积压】	jīyā	219
【激动】	jīdòng	158
【激烈】	jīliè	158
【及】	jí	78
【及格】	jí//gé	46
【及时】	jíshí	231
【级】	jí	46
【极】	jí	87
【~极了】	jíle	170
【极其】	jíqí	87
【即】	jí	126
【即使】	jíshǐ	87
【即使~也…】	jíshǐ~yě…	87
【急】	jí	150
【急忙】	jímáng	74
【集】	jí	202
【集合】	jíhé	202
【集体】	jítǐ	202
【集中】	jízhōng	202
【几】	jǐ	26
己	jǐ	232
【挤】	jǐ	198
【记得】	jìde	122
【记号】	jìhao	107
【计划】	jìhuà	79
【记录】	jìlù	122
【计算】	jìsuàn	218
计算机	jìsuànjī	36
【记忆】	jìyì	122
记者	jìzhě	103
【纪律】	jìlǜ	275
【纪念】	jìniàn	74
【纪念品】	jìniànpǐn	163
【技术】	jì·shù	199
技术员	jìshùyuán	103

【系】	jì	194
季	jì	92
季节	jìjié	92
【既】	jì	39
【既~也(又)】	jì~yě(yòu)…	39
【既然】	jìrán	39
【既然~就…】	jìrán~jiù…	219
【寄】	jì	26
【寂寞】	jìmò	154
【继续】	jìxù	195
【加】	jiā	86
【加工】	jiā//gōng	246
【加剧】	jiājù	254
加拿大	Jiānádà	68
【加强】	jiāqiáng	138
【加以】	jiāyǐ	266
【夹】	jiā	195
【家】	jiā	26
【家具】	jiājù	227
【家人】	jiārén	51
【家庭】	jiātíng	38
【家乡】	jiāxiāng	214
【家长】	jiāzhǎng	38
甲	jiǎ	232
【假】	jiǎ	219
【假定】	jiǎdìng	219
【假如】	jiǎrú	142
【假如~就(那)…】	jiǎrú~jiù(nà)…	142
【假装】	jiǎzhuāng	114
【价】	jià	78
【价格】	jiàgé	198
【价钱】	jiàqian	78
【价值】	jiàzhí	218
【架】	jià	154
【假】	jià	219
【假条】	jiàtiáo	219
【尖】	jiān	261
【尖锐】	jiānruì	266
【间】	jiān	63
间隔号	jiàngéhào	19
【间接】	jiànjiē	231
【坚持】	jiānchí	42
【坚定】	jiāndìng	178
【坚决】	jiānjué	178
【坚强】	jiānqiáng	138
【艰巨】	jiānjù	266
【艰苦】	jiānkǔ	155
肩	jiān	96
【监督】	jiāndū	238
【监狱】	jiānyù	243
【拣】	jiǎn	30
【捡】	jiǎn	119
【检查】	jiǎnchá	38
【减】	jiǎn	170

【减轻】	jiǎnqīng	146
【减少】	jiǎnshǎo	126
【剪】	jiǎn	215
【简单】	jiǎndān	34
【见】	jiàn	22
【见面】	jiàn//miàn	22
【件】	jiàn	31
【渐渐】	jiànjiàn	46
【建】	jiàn	235
【建立】	jiànlì	275
【建设】	jiànshè	82
【建议】	jiànyì	78
【建筑】	jiànzhù	235
【健】	jiàn	22
【健德门】	Jiàndémén	74
【健康】	jiànkāng	22
【健身】	jiànshēn	111
【贱】	jiàn	78
【鉴定】	jiàndìng	261
键盘	jiànpán	36
【箭】	jiàn	251
【江】	jiāng	242
江南	Jiāngnán	241
江西	Jiāngxī	241
江油	Jiāng yóu	241
【将】	jiāng	166
【将军】	jiāngjūn	74
【将来】	jiānglái	166
【将要】	jiāngyào	166
【讲】	jiǎng	22
【讲话】	jiǎng//huà	247
【讲座】	jiǎngzuò	174
【奖】	jiǎng	218
【奖学金】	jiǎngxuéjīn	247
【降】	jiàng	218
【降低】	jiàngdī	198
酱油	jiàngyóu	61
【交】	jiāo	107
【交代（交待）】	jiāodài	186
【交换】	jiāohuàn	238
【交际】	jiāojì	110
【交流】	jiāoliú	86
【交谈】	jiāotán	146
【交替】	jiāotì	186
【交通】	jiāotōng	150
【交往】	jiāowǎng	126
【郊区】	jiāoqū	214
【浇】	jiāo	94
【娇生惯养】	jiāoshēngguànyǎng	42
【骄傲】	jiāo'ào	182
【焦躁】	jiāozào	255
【角】	jiǎo	118
【角度】	jiǎodù	39
饺子	jiǎozi	64
【脚】	jiǎo	115
【脚步】	jiǎobù	186
【叫】	jiào	74
【叫好】	jiào//hǎo	230
【叫做】	jiàozuò	142
【觉】	jiào	34
【较】	jiào	50
【教】	jiào(jiāo)	206
教材	jiàocái	37
【教室】	jiàoshì	130
【教师】	jiàoshī	206
【教授】	jiàoshòu	206
【教书】	jiāo//shū	214
【教学】	jiàoxué	206
【教训】	jiào·xùn	206
【教育】	jiào·yù	38
【教员】	jiàoyuán	206
【阶段】	jiēduàn	254
【阶级】	jiējí	254
【结】	jiē	242
【结果】	jiē//guǒ	166
【结实】	jiēshi	78
【接】	jiē	42
【接二连三】	jiē èr lián sān	154
【接到】	jiē//dào	58
【接触】	jiēchù	250
【接待】	jiēdài	275
【接见】	jiējiàn	266
【接近】	jiējìn	63
【接受】	jiēshòu	78
【接吻】	jiēwěn	250
【接着】	jiēzhe	154
【街】	jiē	246
【街道】	jiēdào	246
【节】	jié	190
【节目】	jiémù	251
节日	jiérì	69
【节省】	jiéshěng	190
【节约】	jiéyuē	190
【结】	jié	242
【结婚】	jié//hūn	23
【结构】	jiégòu	235
【结果】	jiéguǒ	166
【结合】	jiéhé	260
【结论】	jiélùn	258
【结束】	jiéshù	230
姐姐	jiějie	33
【解】	jiě	70
【解除】	jiě//chú	70
【解答】	jiědá	226
【解放】	jiěfàng	91
【解雇】	jiě//gù	238
【解决】	jiějué	83
【解开】	jiě//kāi	211
【解释】	jiěshì	263
【介绍】	jièshào	78
【届】	jiè	266
【届时】	jièshí	251
【借】	jiè	50
【借款】	jiè//kuǎn	259
【借以】	jièyǐ	260
【借用】	jièyòng	111
【借助】	jièzhù	50
【今】	jīn	218
【今后】	jīnhòu	258
今年	jīnnián	24
斤	jīn	99
金	jīn	135
【金钱】	jīnqián	254
金属	jīnshǔ	135
【禁不住】	jīnbuzhù	174
【禁得住】	jīndezhù	174
【尽】	jǐn	158
【尽管 ~】	jǐnguǎn	182
【尽管~可是	jǐnguǎn ~kěshì…	182
（但是、然而、可、		
还是、仍然、却）】		
【尽量】	jǐnliàng	83
【紧】	jǐn	107
【紧急】	jǐnjí	150
【紧要】	jǐnyào	150
【紧张】	jǐnzhāng	90
【谨慎】	jǐnshèn	175
【仅】	jǐn	110
【仅仅】	jǐnjǐn	110
锦州	Jǐnzhōu	240
【尽】	jìn	158
【劲】	jìn(jìng)	269
【进】	jìn	30
【进步】	jìnbù	46
【进攻】	jìngōng	74
【进化】	jìnhuà	46
【进来】	jìn//·lái	118
【进口】	jìn//kǒu	274
【进去】	jìn//·qù	118
【进入】	jìnrù	30
【进行】	jìnxíng	82
【进修】	jìnxiū	75
【进一步】	jìn yí bù	211
【进展】	jìnzhǎn	175
【近】	jìn	63
【近来】	jìnlái	110
晋	Jìn	72
【禁止】	jìnzhǐ	179
【经】	jīng	134
【经常】	jīngcháng	30
【经过】	jīngguò	94
【经济】	jīngjì	126

【经历】	jīnglì	134
【经理】	jīnglǐ	238
【经验】	jīngyàn	246
【经营】	jīngyíng	238
【京】	jīng	242
【京剧】	jīngjù	230
【京戏】	Jīngxì	230
【惊叫】	jīngjiào	182
【惊奇】	jīngqí	114
【精彩】	jīngcǎi	94
【精力】	jīnglì	174
【精神】	jīngshén	79
【精心】	jīngxīn	94
【精装】	jīngzhuāng	218
【井】	jǐng	267
【景气】	jǐngqì	219
【净化】	jìnghuà	35
【静】	jìng	122
【竟】	jìng	86
【竞赛】	jìngsài	254
【竞争】	jìngzhēng	254
【镜子】	jìngzi	261
【敬爱】	jìng'ài	203
【敬礼】	jìng//lǐ	27
【警察】	jǐngchá	118
【警告】	jǐnggào	210
【警惕】	jǐngtì	250
【究竟】	jiūjìng	55
【纠正】	jiūzhèng	261
九	jiǔ	19
九江	Jiǔjiāng	241
【久】	jiǔ	98
韭菜	jiǔcài	29
酒	jiǔ	37
【旧】	jiù	30
【旧历】	jiùlì	234
【舅舅】	jiùjiu	119
【救】	jiù	270
【就】	jiù	22
【就是】	jiùshì	22
【就是～也…】	jiùshì~yě…	138
【就要】	jiùyào	211
【居然】	jūrán	86
【局长】	júzhǎng	54
橘子（桔子）	júzi	28
【举】	jǔ	182
【举行】	jǔxíng	251
【沮丧】	jǔsàng	254
【咀嚼】	jǔjué	191
【巨】	jù	118
【巨大】	jùdà	118
【巨款】	jùkuǎn	118
【拒绝】	jùjué	54
【距离】	jùlí	226

【句】	jù	46
句号	jùhào	19
句子	jùzi	131
【具备】	jùbèi	239
【具体】	jùtǐ	258
【具有】	jùyǒu	239
【俱乐部】	jùlèbù	154
【剧】	jù	230
【剧场】	jùchǎng	230
【据】	jù	35
【据说】	jù//shuō	127
【锯】	jù	127
聚精会神	jù jīng huì shén	73
【卷】	juǎn	98
【决】	jué	91
【决定】	juédìng	91
【决心】	juéxīn	214
【绝对】	juéduì	210
【觉】	jué	34
【觉得】	juéde	63
【觉悟】	juéwù	34
【君】	jūn	242
【军】	jūn	75
【军队】	jūnduì	74
【军人】	jūnrén	50
【军事】	jūnshì	50

K

咖啡	kāfēi	37
【卡车】	kǎchē	90
【开】	kāi	38
【开发】	kāifā	194
【开放】	kāifàng	91
【开会】	kāi//huì	38
【开课】	kāi//kè	38
【开口】	kāi//kǒu	126
【开阔】	kāikuò	258
【开朗】	kāilǎng	138
【开明】	kāimíng	138
【开辟】	kāipì	194
【开始】	kāishǐ	47
开水	kāishuǐ	37
【开玩笑】	kāi//wánxiào	58
【开心】	kāi//xīn	62
【开学】	kāi//xué	91
【开演】	kāiyǎn	230
【开展】	kāizhǎn	38
【看】	kān	39
【砍】	kǎn	269
【看】	kàn	39
看病	kàn//bìng	40
【看不起】	kànbuqǐ	102

【看待】	kàndài	239
【看法】	kàn·fǎ	254
【看见】	kàn//jiàn	87
【看来】	kànlái	155
【看起来】	kàn qi lai	226
【看样子】	kànyàngzi	155
【看重】	kàn//zhòng	254
【扛】	káng	207
【抗议】	kàngyì	195
【考】	kǎo	111
【考虑】	kǎolǜ	231
【考试】	kǎoshì	46
【考验】	kǎoyàn	134
【烤】	kǎo	95
【靠】	kào	138
【靠岸】	kào'àn	207
【靠近】	kàojìn	207
【科】	kē	227
【科学】	kēxué	227
【科学家】	kēxuéjiā	226
【科学院】	kēxuéyuàn	226
【科研】	kēyán	226
【科长】	kēzhǎng	226
【棵】	kē	166
【颗】	kē	162
【壳】	ké	106
咳嗽	késou	40
【可】	kě	66
【可爱】	kě'ài	223
【可贵】	kěguì	175
【～可见…】	kějiàn	191
【可靠】	kěkào	138
【可怜】	kělián	214
【可能】	kěnéng	35
【可怕】	kěpà	250
【可是～】	kěshì	67
【可惜】	kěxī	174
【可笑】	kěxiào	102
【可行】	kěxíng	158
【可以】	kěyǐ	43
【渴】	kě	70
【渴望】	kěwàng	166
克	kè	99
【克服】	kèfú	270
刻	kè	25
【刻苦】	kèkǔ	155
【客观】	kèguān	230
【客气】	kèqi	146
【客人】	kèren	31
【客套话】	kètàohuà	98
【客厅】	kètīng	186
【课】	kè	222
课本	kèběn	37
【课程】	kèchéng	222

단어	병음	쪽
课文	kèwén	37
【肯】	kěn	142
【肯定】	kěndìng	127
【空】	kōng	111
【空间】	kōngjiān	134
【空气】	kōngqì	146
【空前】	kōngqián	158
空调	kōngtiáo	32
【空中】	kōngzhōng	226
【孔】	kǒng	66
【恐怕】	kǒngpà	142
【空】	kòng	111
【空儿】	kòngr	111
【控制】	kòngzhì	254
【口】	kǒu	54
【口袋】	kǒudài	30
【口号】	kǒuhào	264
【口气】	kǒu·qi	115
口香糖	kǒuxiāngtáng	49
【口语】	kǒuyǔ	54
【扣】	kòu	198
【哭】	kū	107
【苦】	kǔ	155
【苦恼】	kǔnǎo	258
裤子	kùzi	41
【夸奖】	kuājiǎng	218
【夸耀】	kuāyào	250
【跨】	kuà	274
【会计】	kuàijì	238
【快】	kuài	46
【快乐】	kuàilè	123
【块】	kuài	59
【筷子】	kuàizi	142
【宽】	kuān	187
【款】	kuǎn	118
【狂】	kuáng	222
【况且】	kuàngqiě	263
矿	kuàng	135
【捆】	kǔn	262
【困】	kùn	214
【困难】	kùnnan	58
【扩大】	kuòdà	110
括号	kuòhào	19

L

단어	병음	쪽
【拉】	lā	118
拉肚子	lādùzi	40
拉萨	Lāsà	233
【垃圾】	lājī	166
辣椒	làjiāo	29
【啦】	la	114
【来】	lái	23
【来不得】	láibudé	183
【来不及】	lái·bùjí	95
【来到】	lái//dào	62
【来得及】	láidejí	95
【来龙去脉】	láilóngqùmài	74
【来往】	láiwǎng	167
【来信】	lái//xìn	134
【来自】	láizì	66
【拦】	lán	269
蓝	lán	48
篮球	lánqiú	103
【懒】	lǎn	265
【懒得】	lǎnde	265
【烂】	làn	171
狼	láng	28
【狼狈】	lángbèi	265
【朗读】	lǎngdú	170
【浪】	làng	272
【浪费】	làngfèi	102
【捞】	lāo	273
【劳动】	láodòng	114
劳驾	láo//jià	73
【老】	lǎo	22
【老百姓】	lǎobáixìng	198
【老板】	lǎobǎn	218
【老大妈】	lǎodàmā	130
【老大娘】	lǎodàniáng	54
【老大爷】	lǎodà·ye	202
【老汉】	lǎohàn	186
老虎	lǎohǔ	28
【老话】	lǎohuà	74
【姥姥】	lǎolao	130
【老婆】	lǎopo	114
【老人】	lǎorén	70
【老实】	lǎoshi	134
【老师】	lǎoshī	38
【老(是)】	lǎo(shì)	82
【老太太】	lǎotàitai	214
【老头儿】	lǎotóur	70
姥爷	lǎoye	33
老鹰	lǎoyīng	28
【老者】	lǎozhě	70
【乐观】	lèguān	79
【乐趣】	lèqù	223
【乐于】	lèyú	127
【了】	le	23
雷	léi	88
【累】	léi	158
【泪】	lèi	106
【泪痕】	lèihén	178
【类】	lèi	83
【类似】	lèisì	202
【累】	lèi	158
【冷】	lěng	90
【愣】	lèng	186
【哩】	li	265
厘米	límǐ	99
【离】	lí	71
【离婚】	lí//hūn	23
【离开】	lí//kāi	62
【离去】	líqù	71
梨	lí	28
礼拜	lǐbài	56
礼拜二	lǐbài'èr	56
礼拜六	lǐbàiliù	56
礼拜日	lǐbàirì	56
礼拜三	lǐbàisān	56
礼拜四	lǐbàisì	56
礼拜天	lǐbàitiān	56
礼拜五	lǐbàiwǔ	56
礼拜一	lǐbàiyī	56
【礼貌】	lǐmào	102
【礼品】	lǐpǐn	218
【礼堂】	lǐtáng	214
【礼物】	lǐwù	27
李白	Lǐbái	240
【李诗】	LǐShī	42
里	lǐ	21
里边	lǐ·biān	21
【里面】	lǐmiàn	199
【理】	lǐ	146
【理发】	lǐ//fà	51
【理解】	lǐjiě	67
【理论】	lǐlùn	227
【理想】	lǐxiǎng	254
【理由】	lǐyóu	130
【力】	lì	122
【力量】	lìliang	122
【力气】	lìqi	122
【历史】	lìshǐ	86
【厉害(利害)】	lìhai	170
【立】	lì	139
【立场】	lìchǎng	211
【立方】	lìfāng	226
立方米	lìfāngmǐ	99
【立即】	lìjí	63
【立刻】	lìkè	63
立升	lìshēng	99
【利】	lì	122
【利己】	lìjǐ	210
【利润】	lìrùn	127
【利他】	lìtā	210
【利益】	lìyì	167
【利用】	lìyòng	167
【粒】	lì	162
【例】	lì	83
【例如】	lìrú	38
【例子】	lìzi	83

【俩】	liǎ	78
【连】	lián	142
【连～都（也）…别说—】	lián～dōu…biéshuō……	263
【连～都（还，也）】	lián～dōu(hái～yě)	142
【连忙】	liánmáng	74
连接号	liánjiēhào	19
【连续】	liánxù	195
【联合】	liánhé	147
【联欢】	liánhuān	251
【联系】	liánxì	38
脸	liǎn	96
【练】	liàn	47
【练习】	liànxí	47
【恋爱】	liàn'ài	50
【恋人】	liànrén	50
【良好】	liánghǎo	139
粮食	liángshi	29
【凉】	liáng	94
【凉菜】	liángcài	94
【凉快】	liángkuai	95
【凉气】	liángqi	107
【两】	liǎng	39
【亮】	liàng	162
【辆】	liàng	91
【量】	liàng	206
【量力而行】	liàng lì ér xíng	258
【聊】	liáo	150
【聊天儿】	liáo//tiānr	138
【了】	liǎo	23
【了不起】	liǎobuqǐ	170
【了解】	liǎojiě	102
【列】	liè	198
【裂】	liè	154
【邻居】	línjū	268
【临】	lín	210
【临时】	línshí	91
【铃】	líng	206
【铃木】	língmù	90
【零】	líng	118
【零钱】	língqián	118
【零用】	língyòng	58
【零用钱】	língyòngqián	118
【灵活】	línghuó	266
【领】	lǐng	247
领带	lǐngdài	41
【领导】	lǐngdǎo	247
【领袖】	lǐngxiù	247
【领域】	lǐngyù	110
【另】	lìng	63
【另外】	lìngwài	75
【溜】	liū	179
【流放】	liúfàng	243
【流利】	liúlì	54
【流落】	liúluò	243
【流行】	liúxíng	110
【留】	liú	79
【留念】	liú//niàn	75
【留恋】	liúliàn	174
【留学生】	liúxuéshēng	138
六	liù	19
【龙】	lóng	74
【楼】	lóu	63
【楼上】	lóushàng	63
【楼梯】	lóutī	203
【漏】	lòu	262
【露】	lòu	78
庐山	Lúshān	241
【陆地】	lùdì	166
【陆续】	lùxù	195
【录】	lù	150
【录像】	lù//xiàng	150
【录音】	lù//yīn	31
【录音机】	lùyīnjī	150
【路】	lù	78
【路上】	lùshang	58
【路线】	lùxiàn	78
【露】	lù	78
铝	lǚ	135
律师	lǜshī	103
【旅馆】	lǚguǎn	78
【旅客】	lǚkè	207
【旅途】	lǚtú	163
【旅行】	lǚxíng	78
【旅游】	lǚyóu	111
【鲁迅】	LǔXùn	27
绿	lǜ	48
【率】	lǜ	243
【乱】	luàn	194
【略】	lüè	147
伦敦	Lúndūn	123
【轮船】	lúnchuán	207
【轮换】	lúnhuàn	186
【轮流】	lúnliú	186
【论文】	lùnwén	55
萝卜	luóbo	29
洛阳	Luòyáng	240
【落】	luò	98
【落后】	luò//hòu	138
落花生	luòhuāshēng	29

M

妈妈	māma	33
【抹】	mā	187
【麻烦】	máfan	127
马	mǎ	28
【马虎】	mǎhu	267
马来西亚	Mǎláixīyà	71
【马玲】	mǎlíng	178
马铃薯	mǎlíngshǔ	29
【马路】	mǎlù	70
【马上】	mǎshang	63
【码头】	mǎtou	207
【骂】	mà	191
【吗】	ma	59
【嘛】	ma	247
【埋】	mái	127
【买】	mǎi	26
【买卖】	mǎimai	198
【迈】	mài	264
【卖】	mài	26
【埋怨】	mányuàn	127
馒头	mántou	64
【满】	mǎn	63
【满意】	mǎnyì	27
曼谷	Màngǔ	123
【慢】	màn	46
【漫游】	mànyóu	242
【忙】	máng	110
【忙得不可开交】	mángdebùkěkāijiāo	158
芒果	mángguǒ	28
猫	māo	28
【毛】	máo	118
【毛病】	máobing	82
毛巾	máojīn	41
毛衣	máoyī	41
【矛盾】	máodùn	126
茅台酒	máotáijiǔ	37
卯	mǎo	228
【耄耋】	màodié	70
【冒】	mào	186
冒号	màohào	19
帽子	màozi	41
【贸易】	màoyì	274
【没】	méi	42
【没错】	méi cuò	215
【没关系】	méiguānxi	94
【没什么】	méi shénme	94
【没事儿】	méi shìr	94
【没意思】	méiyìsi	47
【没用】	méiyòng	83
【没有】	méiyǒu	34
【眉头】	méitóu	178
【梅】	méi	215
【梅花】	méihuā	215
煤	méi	139
煤气	méiqì	139
【每】	měi	58
【美】	měi	223
【美德】	měidé	139

【美观】 měiguān 218
美国 Měiguó 68
【美好】 měihǎo 139
【美丽】 měilì 139
【美满】 měimǎn 126
【美术】 měishù 174
美元 měiyuán 100
【美中不足】 měi zhōng bù zú 114
美洲 Měizhōu 68
妹妹 mèimei 33
【闷】 mēn 170
【门】 mén 70
【门口】 ménkǒu 198
【闷】 mèn 170
【闷闷不乐】 mèn mèn bú lè 170
们 men 20
蒙古 Měnggǔ 71
【梦】 mèng 163
孟加拉国 Mèngjiālāguó 71
【迷】 mí 26
【谜】 mí 226
米 mǐ 99
米饭 mǐfàn 64
米制 mǐzhì 99
【秘诀】 mìjué 142
【秘密】 mìmì 22
【密】 mì 272
【密切】 mìqiè 262
蜜 mì 61
【蜜蜂】 mìfēng 163
【觅】 mì 210
棉花 miánhua 41
棉衣 miányī 41
【免】 miǎn 258
【免得】 miǎnde 238
【勉强】 miǎnqiǎng 106
缅甸 Miǎndiàn 71
【面】 miàn 87
面包 miànbāo 64
【面包房】 miànbāofán 198
【面积】 miànjī 226
【面临】 miànlín 210
【面貌】 miànmào 264
【面前】 miànqián 115
【面熟】 miànshú 87
【面谈】 miàntán 98
面条(儿) miàntiáo(r) 64
【面子】 miànzi 190
【喵】 miāo 182
【描写】 miáoxiě 171
秒 miǎo 25
【妙】 miào 230
【妙处】 miàochù 230
【庙】 miào 151

【灭】 miè 74
【灭亡】 mièwáng 74
【民间】 mínjiān 234
【民警】 mínjǐng 178
【民主】 mínzhǔ 183
【民族】 mínzú 78
【敏感】 mǐngǎn 114
【名】 míng 46
【名利】 mínglì 254
【名片】 míngpiàn 150
【名声】 míngshēng 199
名胜 míngshèng 60
【名字】 míngzi 55
明 Míng 72
【明】 míng 75
【明白】 míngbai 82
【明代】 Míngdài 234
【明快】 mingkuài 167
【明亮】 míngliàng 162
明年 míngnián 24
【明确】 míngquè 107
明天 mingtiān 24
【明显】 míngxiǎn 66
【酩酊大醉】 mǐng dǐng dà zuì 246
【命令】 mìnglìng 183
【命运】 mìngyùn 239
【摸】 mō 162
【模仿】 mófǎng 254
【模糊(模胡)】 móhu 162
【模式】 móshì 254
【摩擦】 mócā 126
【磨】 mó 261
蘑菇 mógu 29
【魔术】 móshù 251
【抹】 mǒ 187
【末年】 mònián 74
【陌生】 mòshēng 250
【莫名其妙】 mò míng qí miào 238
莫斯科 Mòsīkē 123
【墨水(儿)】 mòshuǐ(r) 218
墨西哥 Mòxīgē 68
【默默】 mòmò 195
【某】 mǒu 54
【某些】 mǒuxiē 250
【模样】 múyàng 215
【母】 mǔ 106
母亲 mǔ·qīn 33
亩 mǔ 99
【木】 mù 174
【木头】 mùtou 174
【目标】 mùbiāo 255
【目的】 mùdì 199
【目光】 mùguāng 114
【目前】 mùqián 38

【幕府】 mùfǔ 243

N

【拿】 ná 63
【拿到】 ná//dào 67
哪(个) nǎ(ge)+něi(ge) 20
哪里 nǎ·lǐ 20
【哪怕～也 nǎpà~yě… 267
(都、还)…】
哪儿 nǎr 20
【哪些】 nǎxiē 50
【哪一些】 nǎyīxiē 50
【那】 nà 46
【那边】 nàbiān 214
那(个) nà(ge)+nèi(ge) 20
那里 nà·lǐ 20
【那么】 nàme 87
那儿 nàr 20
【那时】 nàshí 130
【那些】 nàxiē 218
【那样】 nàyàng 47
【哪】 na 50
奶奶 nǎinai 33
奶油 nǎiyóu 61
【耐烦】 nàifán 186
【耐心】 nàixīn 186
【耐用】 nài//yòng 186
【男】 nán 66
【男人】 nán·rén 235
【男生】 nánshēng 222
南 nán 21
南边 nán·biān 21
南北朝 Nánběicháo 72
南部 nánbù 143
南方 nánfāng 143
南非 Nánfēi 68
南京 Nánjīng 233
南面 nánmiàn 143
【南宋】 Nán sòng 234
南亚 nányà 71
【难】 nán 79
【难道】 nándào 107
【难怪】 nánguài 27
【难过】 nánguò 130
【难看】 nánkàn 34
【难事】 nánshì 142
【难受】 nánshòu 114
【难以】 nányǐ 54
【难】 nàn 79
脑袋 nǎodai 96
脑子 nǎozi 96
【闹】 nào 130

【呐】 ne 50
【呢】 ne 50
内 nèi 21
【内部】 nèibù 118
【内容】 nèiróng 51
【内在】 nèizài 126
【能】 néng 39
【能干】 nénggàn 254
【能够】 nénggòu 87
【能力】 nénglì 170
【能量】 néngliàng 175
【能源】 néngyuán 175
【嗯】 ng 130
【泥】 ní 186
你好 nǐhǎo 73
你(们) nǐ(men) 20
【你争我夺(你争我抢)】 nǐ zhēng wǒ duó (qiǎng) 198
【年】 nián 23
【年代】 niándài 118
【年级】 niánjí 46
【年纪】 niánjì 138
【年龄】 niánlíng 138
【年轻】 niánqīng 158
【年青】 niánqīng 158
【粘】 nián 269
【念】 niàn 75
【念书】 niàn//shū 26
【念头】 niàntou 170
鸟 niǎo 28
【娘】 niáng 58
您 nín 20
柠檬 níngméng 28
【拧】 nǐng 222
【宁可～也不(也要)…】 ningkě - yěbù(yěyào)… 263
牛 niú 28
牛奶 niúnǎi 37
【扭】 niǔ 222
纽约 Niǔyuē 123
【农村】 nóngcūn 130
【农历】 nónglì 234
【农民】 nóngmín 130
【农药】 nóngyào 130
【农业】 nóngyè 110
【浓】 nóng 259
【浓厚】 nónghòu 47
【弄】 nòng 162
【弄错】 nòngcuò 247
【弄坏】 nòng//huài 175
【努力】 nǔlì 138
【怒气】 nùqì 146
【女】 nǚ 66
【女儿】 nǚ'ér 58

【女孩(儿)】 nǚhái(r) 59
【女孩子】 nǚháizi 59
【女(男)朋友】 nǚ(nán)péngyou 50
【女人】 nǚrén 235
【女生】 nǚshēng 222
【女士】 nǚshì 22
【女主人】 nǚzhǔrén 206
【暖】 nuǎn 134
【暖和】 nuǎnhuo 134
【暖气】 nuǎnqì 134
【暖水瓶】 nuǎnshuǐpíng 142

O

【噢】 ō 162
【哦】 ó 238
【哦(喔)】 ò 238
【哦】 o 238
欧元 ōuyuán 100
欧洲 Ōuzhōu 68

P

【爬】 pá 118
【怕】 pà 79
【拍】 pāi 230
【排】 pái 198
排球 páiqiú 103
【牌】 pái 78
【牌子】 páizi 198
【派】 pài 118
【派出所】 pàichūsuǒ 118
【盘】 pán 190
【盘子】 pánzi 190
【判断】 pànduàn 194
【叛乱】 pànluàn 243
【盼望】 pànwàng 47
【旁】 páng 162
【旁边】 pángbiān 174
【胖】 pàng 214
【跑】 pǎo 31
【跑步】 pǎo//bù 273
【炮】 pào 251
【陪】 péi 122
【陪伴】 péibàn 122
【陪同】 péitóng 122
【赔】 péi 247
【配合】 pèihé 262
【喷】 pēn 215
【盆】 pén 190
【朋友】 péngyou 122
【捧】 pěng 269

【碰】 pèng 155
【碰见】 pèng//jiàn 155
【碰面】 pèng//miàn 238
【批】 pī 106
【批判】 pīpàn 246
【批评】 pīpíng 246
【批准】 pīzhǔn 207
【披】 pī 273
皮 pí 96
皮带 pídài 41
皮肤 pífū 96
【疲乏】 pífá 63
【疲劳】 píláo 63
啤酒 píjiǔ 37
【脾气】 píqi 138
【匹】 pǐ 122
【偏】 piān 194
【偏差】 piānchā 261
【偏见】 piānjiàn 195
【偏偏】 piānpiān 194
【篇】 piān 170
【便宜】 piányi 78
【片】 piàn 94
【片面】 piànmiàn 206
【骗】 piàn 107
【漂移】 piāoyí 227
【飘】 piāo 272
【飘荡】 piāodàng 272
【票】 piào 114
【漂亮】 piàoliang 174
【拼命】 pīn//mìng 139
【贫困】 pínkùn 214
【品】 pǐn 111
【品种】 pǐnzhǒng 35
乒乓球 pīngpāngqiú 103
【平】 píng 222
【平安】 píng'ān 207
【平常】 píngcháng 38
【平等】 píngděng 183
【平定】 píngdìng 243
【平方】 píngfāng 226
平方公里 píngfānggōnglǐ 99
平方厘米 píngfānglímǐ 99
平方米 píngfāngmǐ 99
【平衡】 pínghéng 167
【平静】 píngjìng 210
【平均】 píngjūn 222
【平时】 píngshí 91
【平原】 píngyuán 82
【平装】 píngzhuāng 218
【评论】 pínglùn 230
【评判】 píngpàn 255
苹果 píngguǒ 28
【瓶】 píng 70

【瓶子】	píngzi	70
【坡】	pō	262
【迫切】	pòqiè	159
【破】	pò	206
【破坏】	pòhuài	74
破折号	pòzhéhào	19
【扑】	pū	178
【铺】	pū	222
【仆人】	púrén	186
葡萄	pútao	28
葡萄酒	pú·táojiǔ	37
葡萄牙	Pútáoyá	68
【朴素】	pǔsù	187
【普遍】	pǔbiàn	98
【普及】	pǔjí	50
【普通】	pǔtōng	51
【铺】	pù	222

Q

七	qī	19
【妻子】	qīzi	114
【期】	qī	230
【期待】	qīdài	167
【期间】	qījiān	230
【期末考试】	qīmòkǎoshì	46
【期中考试】	qīzhōngkǎoshì	46
【欺骗】	qīpiàn	107
【齐】	qí	222
【奇怪】	qíguài	59
【奇迹】	qíjī	162
【骑】	qí	194
【其】	qí	258
【其次】	qícì	210
【其实~】	qíshí	43
【其他】	qítā	143
【其它】	qítā	143
【其余】	qíyú	210
【其中】	qízhōng	219
【旗子】	qízi	235
【棋】	qí	222
【企图】	qǐtú	126
【企业】	qǐyè	126
【杞人忧天】	qǐ rén yōu tiān	238
【起】	qǐ	42
【起初】	qǐchū	46
【起床】	qǐ//chuáng	90
【起来】	qǐ//lái	55
【启发】	qǐfā	175
【启示】	qǐshì	175
【气】	qì	146
气候	qìhòu	88
【气力】	qìlì	254

【气势】	qìshì	146
【气味】	qìwèi	123
气温	qìwēn	88
气象	qìxiàng	88
【汽车】	qìchē	78
【汽车站】	qìchēzhàn	78
【汽水】	qìshuǐ	154
汽油	qìyóu	139
千	qiān	19
千方百计	qiān fāng bǎi jì	73
千克	qiānkè	99
千米	qiānmǐ	99
【千万】	qiānwàn	119
【签订】	qiāndìng	159
【牵】	qiān	267
铅笔	qiānbǐ	37
【谦让】	qiānràng	191
【谦虚】	qiānxū	182
前	qián	21
前边	qián·biān	21
【前进】	qiánjìn	269
【前面】	qiánmian	206
前天	qiántiān	24
前年	qiánnián	24
【前途】	qiántú	243
【钱】	qián	54
【钱包】	qiánbāo	118
【浅】	qiǎn	55
【欠】	qiàn	259
【枪】	qiāng	31
【强】	qiáng	134
【强大】	qiángdà	138
【强盗】	qiángdào	138
【强调】	qiángdiào	138
【强度】	qiángdù	138
【强烈】	qiángliè	138
【强迫】	qiǎngpò	183
【墙】	qiáng	178
【抢】	qiǎng	198
【抢救】	qiǎngjiù	270
【悄悄】	qiāoqiāo	170
【敲】	qiāo	31
【敲打】	qiāo·da	31
【桥】	qiáo	235
【桥梁】	qiáoliáng	235
【瞧】	qiáo	102
【瞧不起】	qiáobuqǐ	102
【瞧得起】	qiáodeqǐ	102
【巧】	qiǎo	106
巧克力	qiǎokèlì	49
【巧妙】	qiǎomiào	199
茄子	qiézi	29
【且】	qiě	275
【切】	qiè	190

【切合】	qièhé	255
【亲爱】	qīn'ài	179
【亲朋】	qīnpéng	234
【亲戚】	qīnqī	167
【亲切】	qīnqiè	179
【亲身】	qīnshēn	155
【亲吻】	qīnwěn	179
【亲友】	qīnyǒu	51
【亲自】	qīnzì	66
【亲嘴】	qīn//zuǐ	250
【侵略】	qīnlüè	266
【琴】	qín	222
秦	Qín	72
【勤】	qín	265
青	qīng	48
【青草】	qīngcǎo	123
【青年】	qīngnián	62
青莲居士	Qīngliánjūshì	240
清	Qīng	72
【清晨】	qīngchén	66
【清楚】	qīngchu	55
【轻】	qīng	146
【轻轻】	qīngqīng	250
【轻声】	qīngshēng	146
【轻视】	qīngshì	195
【轻松】	qīngsōng	119
【轻易】	qīng·yì	183
【情】	qíng	111
【情不自禁】	qíng bù zì jīn	179
【情夫】	qíngfū	198
【情感】	qínggǎn	55
【情景】	qíngjǐng	46
【情况】	qíngkuàng	51
【情人】	qíngrén	198
情人节	Qíngrén Jié	69
【情形】	qíngxing	210
【情绪】	qíngxù	126
晴	qíng	88
晴天	qíngtiān	88
【请】	qǐng	22
【请假】	qǐng//jià	106
【请客】	qǐng//kè	186
【请求】	qǐngqiú	106
【请问】	qǐngwèn	59
请原谅	qǐngyuánliàng	73
【庆贺】	qìnghè	174
【庆祝】	qìngzhù	174
【穷】	qióng	95
秋	qiū	92
秋天	qiū·tiān	92
【求】	qiú	106
【球】	qiú	98
球场	qiúchǎng	103
【区】	qū	214

词条	拼音	页码
【区别】	qūbié	142
【曲】	qū	146
【渠】	qú	268
【曲】	qǔ	230
【取】	qǔ	54
【取得】	qǔdé	75
【取决】	qǔjué	255
【取消】	qǔ//xiāo	262
【去】	qù	23
去年	qùnián	24
【趣】	qù	163
【圈】	quān	235
【全】	quán	46
【全部】	quánbù	166
【全都】	quándōu	191
【全集】	quánjí	27
【全面】	quánmiàn	206
【全球】	quánqiú	147
【全然】	quánrán	194
【全体】	quántǐ	38
【权利】	quánlì	195
【劝】	quàn	265
【缺】	quē	26
【缺点】	quēdiǎn	154
【缺乏】	quēfá	94
【缺少】	quēshǎo	94
【缺席】	quē//xí	90
【却～】	què	50
【却是】	quèshì	50
【确定】	quèdìng	258
【确实】	quèshí	107
【群】	qún	210
【群居】	qúnjū	210
【群体】	qúntǐ	210
【群众】	qúnzhòng	210
裙子	qúnzi	41

R

词条	拼音	页码
【～儿】	～r	90
【然而～】	ránér	87
【然后～】	ránhòu	90
【燃烧】	ránshāo	271
【染】	rǎn	35
【嚷】	rǎng	186
【让】	ràng	43
【绕】	rào	98
【惹】	rě	273
【热】	rè	95
【热爱】	rè'ài	223
【热烈】	rèliè	62
【热闹】	rènao	198
【热情】	rèqíng	63

词条	拼音	页码
【热水瓶】	rèshuǐpíng	142
【热心】	rèxīn	223
【人】	rén	34
【人才（人材）】	réncái	275
【人工】	réngōng	58
【人家】	rénjiā	167
【人家】	rénjia	167
【人口】	rénkǒu	54
【人类】	rénlèi	126
【人们】	rénmen	22
【人民】	rénmín	86
人民币	rénmínbì	100
【人民警察】	rénmín jǐngchá	178
【人参】	rénshēn	202
【人生】	rénshēng	134
【人士】	rénshì	258
【人物】	rénwù	203
【人员】	rényuán	254
【人造】	rénzào	58
壬	rén	232
【忍】	rěn	195
【忍得住】	rěn de zhù	114
【忍受】	rěnshòu	155
【认】	rèn	42
【认不得】	rènbude	268
【认得】	rèn//de	268
【认识】	rènshi	134
【认为】	rènwéi	98
【认真】	rèn//zhēn	42
【任何】	rènhé	158
【任凭～也(都)…】	rènpíng - yě…	263
【任务】	rènwu	158
【扔】	rēng	166
【扔掉】	rēng//diào	174
【仍】	réng	231
【仍然】	réngrán	114
日	rì	25
【日报】	rìbào	66
日本	Rìběn	71
【日常】	rìcháng	110
【日程】	rìchéng	67
【日期】	rìqī	47
日文	Rìwén	44
【日夜】	rìyè	47
【日益】	rìyì	254
【日用品】	rìyòngpǐn	246
日语	Rìyǔ	44
日元	rìyuán	100
【容忍】	róngrěn	238
【容易】	róngyì	86
【柔和】	róuhe	203
肉	ròu	57
【如】	rú	110
【如此】	rúcǐ	234

词条	拼音	页码
【如果】	rúguǒ	142
【如果～那么(那)则、就、便…】	rúguǒ~nàme…	146
【如何】	rúhé	250
【入】	rù	51
【入学】	rù//xué	51
【软】	ruǎn	106
软件	ruǎnjiàn	36
【忍不住】	rěn·bú zhù	114
【润滑剂】	rùnhuájì	126
【弱】	ruò	134

S

词条	拼音	页码
【撒】	sā	262
【洒】	sǎ	215
【撒】	sǎ	262
【赛】	sài	254
三	sān	19
三国	Sānguó	72
【伞】	sǎn	42
【散】	sǎn	178
【散】	sàn	178
【散步】	sàn//bù	23
【嗓子】	sǎngzi	246
【丧失】	sàngshī	255
【扫】	sǎo	231
【嫂子】	sǎozi	59
色	sè	48
【森林】	sēnlín	159
【杀】	shā	106
【杀敌】	shādí	243
杀毒软件	shādúruǎnjiàn	36
【沙】	shā	159
【沙发】	shāfā	59
【沙漠】	shāmò	159
沙特阿拉伯	Shātè Ālābó	71
【沙子】	shāzi	159
【傻瓜】	shǎguā	246
【晒】	shài	202
【山】	shān	30
【山脉】	shānmài	74
【山区】	shānqū	214
砂糖	shātáng	61
【闪】	shǎn	170
【善意】	shànyì	134
【善于】	shànyú	239
【伤】	shāng	178
【伤害】	shānghài	114
【伤痛】	shāngtòng	195
【伤心】	shāng//xīn	178
【商】	shāng	219
【商场】	shāngchǎng	218

【商店】	shāngdiàn	59
【商量】	shāngliang	206
【商品】	shāngpǐn	218
【商人】	shāngrén	126
【商业】	shāngyè	219
【赏】	shǎng	226
上	shàng	21
【上班】	shàng//bān	54
上边	shàngbiān	21
【上菜】	shàng//cài	190
【上车】	shàngchē	114
上传	shàngchuán	36
【上当】	shàng//dàng	261
【上帝】	shàngdì	219
上海	Shànghǎi	233
【上街】	shàng//jiē	58
【上级】	shàngjí	268
【上进】	shàngjìn	138
【上课】	shàng//kè	62
【上来】	shàng//·lái	178
【上面】	shàng·miàn	55
【上去】	shàng//·qù	178
上上（个）星期	shàngshàng(ge)xīngqī	24
上（个）星期	shàng(ge)xīngqī	24
上上（个）月	shàngshàng(ge)yuè	24
上（个）月	shàng(ge)yuè	24
【上述】	shàngshù	86
【上午】	shàngwǔ	62
【上学】	shàng//xué	43
【上旬】	shàngxún	154
上衣	shàngyī	41
【上游】	shàngyóu	242
上载	shàngzài	36
【尚且】	shàngqiě	275
【～尚且…何况一】	shàngqiě…hékuàng -	227
【尚未】	shàngwèi	230
【烧】	shāo	271
【稍】	shāo	219
【稍微】	shāowēi	78
【勺子】	sháozi	142
【少】	shǎo	62
【少年】	shàonián	170
【少数】	shǎoshù	258
【奢侈】	shēchǐ	166
舌头	shétou	96
蛇	shé	28
【设备】	shèbèi	239
【设法】	shèfǎ	211
【设计】	shèjì	219
【社会】	shèhuì	111
【社交】	shèjiāo	111
【射】	shè	251
【谁知】	shéizhī	219
申	shēn	228
【伸】	shēn	190
【伸手】	shēn//shǒu	190
【身】	shēn	115
【身上】	shēnshang	118
【身体】	shēntǐ	22
【身子】	shēnzi	115
【深】	shēn	55
【深厚】	shēnhòu	158
【深刻】	shēnkè	159
【深切】	shēnqiè	158
【深入】	shēnrù	159
深圳	Shēnzhèn	233
【什么】	shénme	26
【什么的】	shénmede	187
【神】	shén	130
【神气】	shén·qì	218
【神经】	shénjīng	130
【神情】	shénqíng	174
【甚至～】	shènzhì	126
升	shēng	99
【生】	shēng	87
生病	shēng//bìng	40
【生产】	shēngchǎn	110
生词	shēngcí	131
【生存】	shēngcún	147
【生动】	shēngdòng	272
【生活】	shēnghuó	30
【生命】	shēngmìng	210
【生日】	shēngrì	22
【生气】	shēng//qì	146
【生物】	shēngwù	210
【生涯】	shēngyá	211
【生意】	shēngyi	198
【生长】	shēngzhǎng	272
【声】	shēng	31
声调	shēngdiào	131
【声音】	shēngyīn	35
【绳子】	shéngzi	262
【省】	shěng	54
【省得～】	shěngde	238
省略号	shěnglüèhào	19
圣诞节	Shèngdàn Jié	69
【胜】	shèng	74
【胜利】	shènglì	75
【剩】	shèng	155
【盛】	shèng	70
【失】	shī	46
【失败】	shībài	75
【失掉】	shīdiào	58
【失灵】	shī//líng	262
【失落】	shīluò	223
【失去】	shīqù	58
【失望】	shīwàng	43
【失业】	shī//yè	238
【失意】	shī//yì	242
【师傅】	shīfu	199
狮子	shīzi	28
【诗】	shī	42
诗人	shīrén	103
【湿】	shī	34
【施肥】	shī//féi	94
【施工】	shī//gōng	94
十	shí	19
十二支	shí'èrzhī	228
【十分】	shífēn	22
十干	shígān	232
【石膏】	shígāo	194
【石头】	shítou	194
石油	shíyóu	139
【时】	shí	22
【时常】	shícháng	211
【时代】	shídài	111
【时而～时而…】	shí'ér ~ shí'ér …	273
【时候】	shíhou	23
时间	shíjiān	25
时刻	shíkè	25
【时期】	shíqī	22
【实】	shí	127
实事求是	shí shì qiú shì	73
【实话】	shíhuà	170
【实际】	shíjì	191
【实践】	shíjiàn	110
【实现】	shíxiàn	254
【实行】	shíxíng	110
【实验】	shíyàn	246
【实用】	shíyòng	150
【实在】	shízài	150
【拾】	shí	119
【食】	shí	199
【食品】	shípǐn	198
【食堂】	shítáng	214
【食物】	shíwù	198
【食用】	shíyòng	234
【使】	shǐ	46
【使用】	shǐyòng	50
【始】	shǐ	166
【始终】	shǐzhōng	231
【世纪】	shìjì	86
【世界】	shìjiè	158
【市】	shì	155
【市场】	shìchǎng	218
【市里】	shìlǐ	30
市亩	shìmǔ	99
【市区】	shìqū	214
【式】	shì	139
【试】	shì	111
【试卷】	shìjuàn	46
【试验】	shìyàn	183

词条	拼音	页码
【事】	shì	70
【事件】	shìjiàn	162
【事前】	shìqián	264
【事情】	shìqing	122
【事物】	shìwù	162
【事先】	shìxiān	264
【事业】	shìyè	239
【侍从】	shìcóng	242
【视而不见】	shì ér bú jiàn	191
【视线】	shìxiàn	118
【室】	shì	34
【是】	shì	23
【是否】	shìfǒu	74
【适当】	shìdàng	214
【适合】	shìhé	214
【适应】	shìyìng	258
【适用】	shìyòng	261
【势】	shì	255
【逝】	shì	243
【收】	shōu	27
【收藏】	shōucáng	218
【收获】	shōuhuò	238
【收集】	shōují	218
【收入】	shōurù	27
【收拾】	shōushi	27
收音机	shōuyīnjī	32
【手】	shǒu	187
【手表】	shǒubiǎo	223
【手段】	shǒuduàn	198
【手工】	shǒugōng	187
手机	shǒujī	32
手绢	shǒujuàn	41
手术	shǒushù	40
手套	shǒutào	41
【手续】	shǒuxù	207
【手指】	shǒuzhǐ	162
【手纸】	shǒuzhǐ	50
【守卫】	shǒuwèi	150
【首】	shǒu	230
首尔	Shǒu'ěr	123
【首都】	shǒudū	242
【首先】	shǒuxiān	210
【受】	shòu	50
【受到】	shòu//dào	210
【受骗】	shòu//piàn	261
【售】	shòu	114
【售货】	shòuhuò	127
【售票员】	shòupiàoyuán	114
【瘦】	shòu	214
【书】	shū	26
【书包】	shūbāo	90
【书店】	shūdiàn	187
【书房】	shūfáng	187
【书柜】	shūguì	218
书记	shūji	97
【书籍】	shūjí	218
【书架】	shūjià	154
【书面语】	shūmiànyǔ	54
书名号	shūmínghào	19
【书信】	shūxìn	50
【书桌】	shūzhuō	59
【舒畅】	shūchàng	118
【舒服】	shūfu	118
【舒适】	shūshì	118
【叔叔】	shūshu	118
【输】	shū	74
【梳】	shū	178
【疏】	shū	273
蔬菜	shūcài	29
【熟】	shú	87
【熟练】	shúliàn	66
【熟悉】	shúxī	66
【属】	shǔ	242
【属实】	shǔshí	74
【属于】	shǔyú	82
【暑假】	shǔjià	91
【数】	shǔ	162
【数不清】	shǔbùqīng	162
蜀	Shǔ	72
鼠	shǔ	228
鼠标	shǔbiāo	36
【术语】	shùyǔ	110
【树】	shù	166
【树林】	shùlín	166
【数据】	shùjù	226
【数量】	shùliàng	223
【数学】	shùxué	46
【数字】	shùzì	86
【刷】	shuā	194
【刷牙】	shuā//yá	194
【摔】	shuāi	142
【甩】	shuǎi	262
【率】	shuài	243
【率领】	shuàilǐng	74
【双】	shuāng	110
【双方】	shuāngfāng	86
【水】	shuǐ	34
水稻	shuǐdào	229
【水缸】	shuǐgāng	70
【水管】	shuǐguǎn	182
水果	shuǐguǒ	28
水泥	shuǐní	139
【水平】	shuǐpíng	51
【水蒸气】	shuǐzhēngqì	162
谁	shuí+shéi	20
【睡】	shuì	34
【睡觉】	shuì//jiào	34
【顺】	shùn	91
【顺便】	shùnbiàn	91
【顺利】	shùnlì	91
【顺手】	shùnshǒu	95
【顺着】	shùnzhe	162
【说】	shuō	27
【说不定】	shuōbudìng	170
【说到】	shuō//dào	234
【说好】	shuō//hǎo	55
【说话】	shuō//huà	62
【说情】	shuō//qíng	246
【说明】	shuōmíng	218
硕士	shuòshì	52
【私】	sī	210
【私费】	sīfèi	138
【私人】	sīrén	150
【私生活】	sīshēnghuó	150
【私事】	sīshì	98
司机	sījī	103
丝	sī	41
【思考】	sīkǎo	226
【思索】	sīsuǒ	194
【思想】	sīxiǎng	194
【撕】	sī	268
【死】	sǐ	70
【死亡】	sǐwáng	211
巳	sì	228
四	sì	19
四川	Sìchuān	240
【四周】	sìzhōu	118
【似】	sì	162
【似乎】	sìhū	98
【松】	sōng	107
宋	Sòng	72
【送】	sòng	43
【送报】	sòngbào	66
【送行】	sòng//xíng	234
【艘】	sōu	207
【诉说】	sùshuō	178
肃宗	Sùzōng	241
【宿舍】	sùshè	202
【速度】	sùdù	166
【塑料】	sùliào	30
【酸】	suān	146
【算】	suàn	190
【算不了】	suànbuliǎo	190
【算不了什么】	suànbùliǎo shénme	79
【算了】	suànle	190
【虽~】	suī	70
【虽然】	suīrán	70
【虽然(虽说·虽然 说)~但是(可是·不过·还是·可·却)…】	suīrán~dànshì…	70
隋	Suí	72

색 인

【随】	suí	150	唐	Táng	72	天坛	Tiāntán	61
【随便】	suí//biàn	150	【唐代】	Tángdài	234	【天文】	tiānwén	98
【随后】	suíhòu	122	糖	táng	49	【天下】	tiānxià	70
【随身】	suíshēn	150	糖葫芦	tánghúlu	49	【天真】	tiānzhēn	163
【随时】	suíshí	211	【躺】	tǎng	122	天主教	Tiānzhǔjiào	75
【随手】	suíshǒu	95	【烫】	tàng	271	【添】	tiān	167
【随着】	suízhe	155	【趟】	tàng	54	【田】	tián	186
【岁】	suì	22	【掏】	tāo	269	田径	tiánjìng	103
【岁数】	suìshu	138	【逃】	táo	74	【田野】	tiányě	210
【碎】	suì	272	【逃跑】	táopǎo	74	【甜】	tián	155
碎叶	Suìyè	240	【逃走】	táozǒu	74	【甜蜜】	tiánmì	163
【孙】	sūn	154	【讨】	tǎo	139	【填】	tián	264
【孙子】	sūnzi	154	【讨论】	tǎolùn	202	【填写】	tiánxiě	264
【损失】	sǔnshī	199	【讨饶】	tǎo//ráo	246	【舔】	tiǎn	250
【蓑衣】	suōyī	273	【讨厌】	tǎoyàn	139	【挑】	tiāo	186
【缩】	suō	118	【套】	tào	26	【条】	tiáo	122
【锁】	suǒ	83	【特】	tè	51	【条件】	tiáojiàn	50
【所】	suǒ	211	【特别】	tèbié	51	【条约】	tiáoyuē	147
【所谓】	suǒwèi	182	【特此】	tècǐ	74	调料	tiáoliào	61
【所以～】	suǒyǐ	43	【特地】	tèdì	134	【调整】	tiáozhěng	254
【所有】	suǒyǒu	67	【特点】	tèdiǎn	230	【挑】	tiāo	186
【所在】	suǒzài	55	【特色】	tèsè	223	【跳】	tiào	142
			【特殊】	tèshū	51	【跳舞】	tiào//wǔ	142
			【特意】	tèyì	134	【贴】	tiē	171
T			【特征】	tèzhēng	111	铁	tiě	135
			疼	téng	40	【铁路】	tiělù	78
他(们)	tā(men)	20	【踢】	tī	260	【厅】	tīng	63
【他人】	tārén	258	【提】	tí	83	【听】	tīng	54
她(们)	tā(men)	20	【提倡】	tíchàng	214	【听见】	tīng//·jiàn	122
它(们)	tā(men)	20	【提出】	tí//chū	62	【听话】	tīng//huà	250
【塔】	tǎ	251	【提高】	tí//gāo	51	【听讲】	tīng//jiǎng	250
【台】	tái	251	【提供】	tígòng	211	【听力】	tīnglì	273
台机	táijī	36	【提前】	tíqián	66	【听说】	tīng//shuō	138
台式电脑	táishìdiànnǎo	36	【提醒】	tíxǐng	195	听写	tīngxiě	131
台湾	Táiwān	233	【提议】	tí//yì	190	【庭院】	tíngyuàn	202
【抬头】	tái//tóu	90	【题】	tí	47	【停】	tíng	154
【太】	tài	51	【题目】	tímù	47	【停止】	tíngzhǐ	110
【太太】	tàitai	23	【体会】	tǐhuì	182	【挺】	tǐng	214
【太尉】	tàiwèi	243	【体积】	tǐjī	226	【通】	tōng	150
【太阳】	tài·yáng	98	【体系】	tǐxì	194	【通过】	tōngguò	43
【太阳历】	tàiyánglì	234	【体现】	tǐxiàn	231	通货	tōnghuò	100
【太阴历】	tàiyīnlì	234	【体验】	tǐyàn	155	【通信】	tōng//xìn	134
【态度】	tài·du	126	体育	tǐyù	103	【通讯】	tōngxùn	150
泰国	Tàiguó	71	体育场	tǐyùchǎng	103	【通知】	tōngzhī	150
【弹】	tán	251	体育馆	tǐyùguǎn	103	【同】	tóng	86
【谈】	tán	63	【替】	tì	123	【同胞】	tóngbāo	190
【谈话】	tán//huà	78	【替换】	tì·huàn	186	【同伴】	tóngbàn	246
【谈判】	tánpàn	134	【天】	tiān	54	【同情】	tóngqíng	246
【谈心】	tán//xīn	134	天安门广场	Tiān'ānmén Guǎngchǎng	60	【同时】	tóngshí	51
【袒护】	tǎnhù	246	天干	tiāngān	232	【同事】	tóng//shì	190
【毯子】	tǎnzi	122	天津	Tiānjīn	233	【同屋】	tóng//wū	90
【探】	tàn	115	天气	tiānqì	88	【同席】	tóng//xí	190
【探索】	tànsuǒ	211	【天上】	tiānshang	162	【同学】	tóngxué	46
汤	tāng	64	【天生】	tiānshēng	142	【同样】	tóngyàng	98

词条	拼音	页码
【同意】	tóngyì	42
【同一】	tóngyī	142
【同志】	tóngzhì	66
铜	tóng	135
【童年】	tóngnián	163
桐梓	Tóngzǐ	241
【统计】	tǒngjì	86
【统一】	tǒngyī	243
【统治】	tǒngzhì	242
【桶】	tǒng	190
【痛】	tòng	150
【痛苦】	tòngkǔ	155
【痛快】	tòngkuai	150
【偷】	tōu	30
【偷偷】	tōutōu	114
【头】	tóu	42
【头发】	tóufa	50
【头脑】	tóunǎo	118
【投】	tóu	171
【投稿】	tóu//gǎo	170
【投入】	tóurù	170
【透】	tòu	182
【透明】	tòumíng	162
【突出】	tū//chū	146
【突击】	tūjī	146
【突然】	tūrán	115
【图】	tú	78
【图画】	túhuà	174
【图书馆】	túshūguǎn	226
【图像】	túxiàng	154
【涂】	tú	247
【途中】	túzhōng	243
【徒】	tú	70
【土】	tǔ	186
【土地】	tǔdì	186
土豆	tǔdòu	29
【吐】	tǔ	270
兔	tù	228
兔子	tùzi	28
【团】	tuán	234
【团结】	tuánjié	234
【团圆】	tuányuán	234
【推】	tuī	174
【推迟】	tuīchí	106
【推倒】	tuī//dǎo	174
【推动】	tuī//dòng	250
【退回】	tui//huí	155
【推广】	tuīguǎng	275
【腿】	tuǐ	122
【退】	tuì	247
【退化】	tuìhuà	46
【退休】	tuìxiū	167
【托】	tuō	251
【拖】	tuō	259
【拖欠】	tuōqiàn	259
【脱】	tuō	211
【脱离】	tuōlí	211

U

词条	拼音	页码
U盘	U-pán	36

W

词条	拼音	页码
【挖】	wā	269
袜子	wàzi	41
【哇】	wa	226
【歪】	wāi	42
外	wài	21
外边	wài·biān	21
【外出】	wàichū	238
【外地】	wàidì	66
外公	wàigōng	33
【外国】	wàiguó	190
【外交】	wàijiāo	266
【外面】	wàimian	238
外婆	wàipó	33
外文	wàiwén	44
外语	wàiyǔ	44
【外在】	wàizài	126
外祖父	wàizǔfù	33
外祖母	wàizǔmǔ	33
【弯】	wān	186
【玩（儿）】	wán(r)	58
【完】	wán	59
【完成】	wán//chéng	246
【完全】	wánquán	82
【完整】	wánzhěng	222
【碗】	wǎn	142
【晚】	wǎn	67
【晚报】	wǎnbào	66
【晚饭】	wǎnfàn	58
【晚会】	wǎnhuì	59
【晚年】	wǎnnián	243
【晚上】	wǎnshang	59
万	wàn	19
【万能】	wànnéng	194
【万事如意】	wànshìrúyì	47
【万一】	wànyī	202
【万有引力】	wàn yǒu yǐnlì	226
【王】	wáng	22
【网】	wǎng	226
网吧	wǎngba	36
网（络）	wǎng(luò)	36
网络游戏	wǎngluòyóuxì	36
网球	wǎngqiú	103
网页	wǎngyè	36
网站	wǎngzhàn	36
【往】	wǎng(wàng)	42
【往来】	wǎnglái	167
【往往】	wǎngwǎng	158
【望】	wàng	78
【忘】	wàng	55
【忘掉】	wàng//diào	182
【忘记】	wàngjì	55
【危害】	wēihài	114
【危机】	wēijī	266
【危险】	wēixiǎn	210
【威胁】	wēixié	210
微波炉	wēibōlú	32
【微笑】	wēixiào	71
【为】	wéi	79
【为难】	wéinán	78
【为止】	wéizhǐ	222
【违反】	wéifǎn	275
【围】	wéi	170
【围绕】	wéirào	166
【维护】	wéihù	266
【伟大】	wěidà	151
【委员】	wěiyuán	266
【尾巴】	wěiba	250
【卫生】	wèishēng	231
【卫星】	wèixīng	162
【为】	wèi	79
【为此】	wèicǐ	158
【为的（是）】	wèide(shi)	267
【为了】	wèile	34
【为什么】	wèi·shénme	67
【未】	wèi	70
【未必】	wèibì	250
【未来】	wèilái	139
【味】	wèi	123
【味道】	wèidao	123
【位】	wèi	66
【位置】	wèizhi	66
【喂】	wèi	107
胃	wèi	96
魏	Wèi	72
温度	wēndù	88
【温和】	wēnhé	162
【温暖】	wēnnuǎn	134
【温柔】	wēnróu	139
【文化】	wénhuà	51
【文件】	wénjiàn	242
【文明】	wénmíng	98
【文物】	wénwù	151
【文学】	wénxué	242
文学家	wénxuéjiā	103
【文艺】	wényì	251
【文章】	wénzhāng	82

색 인

【文字】	wénzì	195
【闻】	wén	171
【稳】	wěn	142
【稳定】	wěndìng	142
【问】	wèn	59
【问好】	wèn//hǎo	47
问号	wènhào	19
【问候】	wènhòu	206
【问候语】	wènhòuyǔ	98
【问题】	wèntí	38
我(们)	wǒ(men)	20
【卧室】	wòshì	34
【握】	wò	175
【握手】	wò//shǒu	175
乌鲁木齐	Wūlǔmùqí	233
【污染】	wūrǎn	35
【屋角】	wūjiǎo	118
【屋】	wū	118
【屋子】	wūzi	90
【无】	wú	82
【无法】	wúfǎ	211
【无关】	wúguān	38
【无论】	wúlùn	82
【无论如何】	wúlùn rúhé	223
【无能】	wúnéng	254
【无数】	wúshù	163
【无限】	wúxiàn	175
【无恙】	wúyàng	98
吴	Wú	72
【午】	wǔ	62
【午饭】	wǔfàn	58
【五彩】	wǔcǎi	222
五	wǔ	19
五代	Wǔdài	72
(五一)劳动节	(Wǔ-Yī) Láodòng Jié	69
【勿】	wù	82
【物】	wù	51
【物价】	wùjià	218
【物理】	wùlǐ	227
【物品】	wùpǐn	223
【武器】	wǔqì	266
【武术】	wǔshù	199
【物质】	wùzhì	126
雾	wù	88
戊	wù	232
【误】	wù	90
【误会】	wùhuì	115
【误解】	wùjiě	102

X

【吸】	xī	186
吸尘器	xīchénqì	32
【吸收】	xīshōu	86
【吸烟】	xī'yān	271
【吸引】	xīyǐn	118
西	xī	21
西安	Xī'ān	233
西班牙	Xībānyá	68
西北	xīběi	143
西边	xī·biān	21
西部	xībù	143
【西餐】	xīcān	143
西方	xīfāng	143
西瓜	xī·guā	28
西红柿	xīhóngshì	29
西面	xīmiàn	143
西南	xīnán	143
西亚	xīyà	71
【西洋】	Xīyáng	230
【西域】	Xīyù	242
西藏	Xīzàng	233
【牺牲】	xīshēng	210
【希望】	xīwàng	43
【稀】	xī	273
【嬉戏】	xīxì	210
【惜】	xī	150
【习惯】	xíguàn	102
【习俗】	xísú	102
【袭击】	xíjī	270
【洗】	xǐ	102
【洗手间】	xǐshǒujiān	182
洗衣机	xǐyījī	32
【洗澡】	xǐ//zǎo	58
【喜爱】	xǐ'ài	106
【喜欢】	xǐhuan	26
【戏】	xì	210
【戏曲】	xìqǔ	230
【系】	xì	194
系统	xìtǒng	36
【细】	xì	82
细菌	xìjūn	40
【细心】	xìxīn	83
虾	xiā	57
【瞎】	xiā	238
【狭】	xiá	199
下	xià	21
下边	xiàbiān	21
【下车】	xiàchē	114
【下班】	xià//bān	54
【下课】	xià//kè	62
【下面】	xià·miàn	55
【下来】	xià//·lái	34
【下去】	xià//·qù	34
【下流】	xiàliú	162
【下文】	xiàwén	250

【下午】	xiàwǔ	62
下(个)星期	xià(ge)xīngqī	24
下下(个)星期	xiàxià(ge)xīngqī	24
【下旬】	xiàxún	154
【下游】	xiàyóu	162
下(个)月	xià(ge)yuè	24
下下(个)月	xiàxià(ge)yuè	24
下载	xiàzài	36
【吓】	xià	182
夏	xià	92
夏季	xiàjì	92
夏天	xiàtiān	92
先	xiān	21
【先后】	xiānhòu	270
【先进】	xiānjìn	138
【先～然后…】	xiān~ránhòu…	162
【先生】	xiānsheng	22
【先～又…】	xiān~yòu…	265
【先～再…】	xiān~zài…	54
【鲜】	xiān	95
【纤维】	xiānwéi	274
【掀】	xiān	271
【鲜花】	xiānhuā	95
【闲】	xián	110
【闲逛】	xiánguàng	238
【闲聊】	xiánliáo	150
【嫌】	xián	158
【显得】	xiǎnde	270
【显赫】	xiǎnhè	255
【显然】	xiǎnrán	190
【显示】	xiǎnshì	195
【显著】	xiǎnzhù	190
【限度】	xiàndù	175
【限制】	xiànzhì	50
【现场】	xiànchǎng	199
【现代】	xiàndài	166
【现代化】	xiàndàihuà	235
【现实】	xiànshí	254
【现象】	xiànxiàng	83
【现在】	xiànzài	34
【县】	xiàn	66
【线】	xiàn	226
【馅】	xiàn	234
【陷阱】	xiànjǐng	258
【羡慕】	xiànmù	222
【献】	xiàn	195
【乡】	xiāng	66
【乡村】	xiāngcūn	182
【乡下】	xiāngxia	182
【相】	xiāng	62
【相比】	xiāngbǐ	258
【相处】	xiāngchǔ	182
【相传】	xiāngchuán	234
【相当】	xiāngdāng	214

【相对】	xiāngduì	210	【小声】	xiǎoshēng	146	【信任】	xìnrèn	55
【相反】	xiāngfǎn	255	小时	xiǎoshí	25	【信心】	xìnxīn	79
【相逢】	xiāngféng	264	【小说】	xiǎoshuō	187	【兴奋】	xīngfèn	63
【相干】	xiānggān	234	【小心】	xiǎoxīn	250	【星星】	xīngxing	162
【相互】	xiānghù	39	【小心翼翼】	xiǎoxīn yìyì	174	星期	xīngqī	25
【相片】	xiàngpiàn	150	【小型】	xiǎoxíng	274	星期二	xīngqī'èr	56
【相识】	xiāngshí	242	小学	xiǎoxué	52	星期六	xīngqīliù	56
【相似】	xiāngsi	227	【小学生】	xiǎoxuéshēng	118	星期日(天)	xīngqīrì(tiān)	56
【相同】	xiāngtóng	86	【晓得】	xiǎode	263	星期三	xīngqīsān	56
【相信】	xiāngxìn	127	【孝顺】	xiàoshùn	70	星期四	xīngqīsì	56
【相应】	xiāngyìng	250	【校门】	xiàomén	91	星期五	xīngqīwǔ	56
【箱】	xiāng	83	【校长】	xiàozhǎng	38	星期一	xīngqīyī	56
【箱子】	xiāngzi	83	【效果】	xiàoguǒ	234	【形】	xíng	86
【香】	xiāng	254	【效率】	xiàolǜ	66	【形成】	xíngchéng	258
香肠	xiāngcháng	57	【笑】	xiào	22	【形容】	xíngróng	126
香港	Xiānggǎng	233	【笑话】	xiàohua	74	【形式】	xíngshì	51
香蕉	xiāngjiāo	28	【笑容】	xiàoróng	126	【形势】	xíngshì	195
【香味】	xiāngwèi	123	【笑语】	xiàoyǔ	126	【行为】	xíngwéi	183
【香皂】	xiāngzào	58	【些】	xiē	78	【形象】	xíngxiàng	79
【详】	xiáng	147	【歇】	xiē	273	【形状】	xíngzhuàng	226
【详细】	xiángxì	79	【协议】	xiéyì	159	【行】	xíng	42
【享受】	xiǎngshòu	67	【斜】	xié	262	【行动】	xíngdòng	30
【响】	xiǎng	154	【携带】	xiédài	150	【行李】	xíngli	207
【响应】	xiǎngyìng	154	鞋	xié	41	【醒】	xǐng	90
【想】	xiǎng	26	【写】	xiě	50	【兴趣】	xìng·qù	47
【想法】	xiǎng//fǎ	275	血	xiè	96	【性】	xìng	210
【想起】	xiǎng//qǐ	55	【泄气】	xiè//qì	142	【性格】	xìnggé	138
【想念】	xiǎngniàn	47	卸载	xiè//zài	36	【性质】	xìngzhi	138
【想像】	xiǎngxiàng	203	谢谢	xièxie	73	【姓】	xìng	90
【向】	xiàng	47	【心】	xīn	50	【姓名】	xìngmíng	119
【向来】	xiànglái	150	【心安理得】	xīn ān lǐ dé	158	【幸福】	xìngfú	126
【向上】	xiàngshàng	115	【心得】	xīndé	238	胸	xiōng	96
【向着】	xiàngzhe	247	【心理】	xīnlǐ	39	【兄弟】	xiōngdi	190
【项】	xiàng	251	【心情】	xīnqíng	170	【雄】	xióng	267
【项目】	xiàngmù	275	【心态】	xīntài	258	【雄伟】	xióngwěi	151
【相】	xiàng	62	【心胸】	xīnxiōng	258	熊猫	xióngmāo	28
【像】	xiàng	47	【心愿】	xīnyuàn	158	【休】	xiū	247
【像～似的】	xiàng~shìde	118	心脏	xīnzàng	96	【休息】	xiūxi	62
【消除】	xiāo//chú	110	【心中】	xīnzhōng	195	【休闲】	xiūxián	110
【消费】	xiāofè	219	【欣赏】	xīnshǎng	174	【修】	xiū	75
【消化】	xiāohuà	267	辛	xīn	232	【修改】	xiūgǎi	170
【消极】	xiāojí	82	【辛苦】	xīnkǔ	174	【修理】	xiūlǐ	154
【消灭】	xiāomiè	242	【辛苦了】	xīnkǔle	174	戌	xū	228
【消失】	xiāoshī	242	【新】	xīn	30	【须】	xū	71
【消息】	xiāoxi	199	【新婚】	xīnhūn	114	【虚】	xū	127
【小】	xiǎo	42	新教	Xīnjiào	75	【虚荣】	xūróng	119
【小菜】	xiǎocài	67	新加坡	Xīnjiāpō	71	【虚伪】	xūwěi	191
【小孩儿】	xiǎoháir	174	新年	xīnnián	69	【虚心】	xūxīn	119
【小姐】	xiǎo·jiě	146	【新闻】	xīnwén	66	【需要】	xūyào	39
【小伙子】	xiǎohuǒzi	198	新西兰	Xīnxīlán	68	【徐达】	Xúdá	74
小麦	xiǎomài	229	【新鲜】	xīn~xiān	122	【徐扬】	xúyáng	47
小米	xiǎomǐ	29	【信】	xìn	50	【许】	xǔ	230
【小敏】	xiǎomǐn	106	【信封】	xìnfēng	50	【许多】	xǔduō	86
【小朋友】	xiǎopéngyou	42	【信号】	xìnhào	210	【宣布】	xuānbù	238

宣城	Xuānchéng	240
【宣传】	xuānchuán	238
【宣扬】	xuānyáng	259
玄宗	Xuánzōng	240
【选】	xuǎn	62
【选举】	xuǎnjǔ	62
【选择】	xuǎnzé	62
【学】	xué	39
【学分】	xuéfēn	106
【学费】	xuéfèi	138
【学会】	xué//huì	46
【学期】	xuéqī	230
【学生】	xué·shēng	47
【学术】	xuéshù	227
【学问】	xuéwen	218
【学习】	xuéxí	38
【学校】	xuéxiào	38
学院	xuéyuàn	52
【学者】	xuézhě	86
雪	xuě	88
血液	xuèyè	96
【寻找】	xúnzhǎo	226
浔阳	Xúnyáng	241
【询问】	xúnwèn	194
【迅速】	xùnsù	239
【训练】	xùnliàn	47
【逊色】	xùnsè	223

Y

【呀】	ya(yā)	59
【压】	yā	146
【压迫】	yāpò	206
【牙】	yá	194
【牙刷】	yáshuā	194
亚洲	Yàzhōu	71
【咽】	yān	246
【延长】	yáncháng	203
【严格】	yángé	38
【严肃】	yánsù	38
【严重】	yánzhòng	38
【研究】	yánjiū	35
研究生	yánjiūshēng	52
【研究所】	yánjiūsuǒ	35
【言】	yán	82
【沿】	yán	162
盐	yán	61
颜色	yánsè	48
眼	yǎn	96
【眼光】	yǎnguāng	239
【眼睛】	yǎnjing	162
【眼镜】	yǎnjìng	162
【眼前】	yǎnqián	162

【演】	yǎn	230
【演变】	yǎnbiàn	254
【演出】	yǎnchū	230
【演员】	yǎnyuán	230
【宴会】	yànhuì	190
阳	yáng	88
【阳光】	yángguāng	98
【阳历】	yánglì	234
羊	yáng	28
洋葱	yángcōng	29
【仰】	yǎng	90
【养】	yǎng	58
【养老金】	yǎnglǎojīn	247
【样】	yàng	182
【样样】	yàngyàng	194
【样子】	yàngzi	78
【腰】	yāo	186
【邀请】	yāoqǐng	243
【摇】	yáo	42
【摇头】	yáo//tóu	154
【摇晃】	yáohuàng	142
【咬】	yǎo	250
【药】	yào	34
【要】	yào	42
【要～必须…】	yào ~ bìxū…	222
【要不】	yào·bù	122
【要不～要不…】	yàobù~yàobù…	202
【要不然】	yào·bùrán	122
【要不是～】	yào ~ búshì	227
【要好】	yàohǎo	122
【要紧】	yàojǐn	194
【要么～要么…】	yàome~yàome…	202
【要强】	yàoqiáng	139
【要求】	yāoqiú	110
【要是～】	yàoshi	26
【钥匙】	yàoshi	83
爷爷	yéye	33
【也】	yě	26
【～也罢…也罢】	yěbà…yěbà	259
【～也好…也好】	yěhǎo… yěhǎo	259
【也许】	yěxǔ	26
【也许～也许…】	yěxǔ ~ yěxǔ…	26
野菜	yěcài	29
【野外】	yěwài	122
野猪	yězhū	28
【叶子】	yèzi	63
【业绩】	yèjì	239
【业务】	yè·wù	239
【业余】	yèyú	138
【夜】	yè	234
夜郎	Yèláng	241
【夜里】	yèlǐ	234
【夜晚】	yèwǎn	234
【一】	yī	22

【一半】	yíbàn	62
【一般】	yìbān	110
【一辈子】	yíbèizi	142
【一边】	yìbiān	59
【一边～一边…（边～边）】	yìbiān ~ yìbiān…	59
【一～才…】	yī~cái…	206
【一带】	yídài	242
【一旦】	yídàn	175
【一旦～就…】	yídàn~jiù…	175
【一道】	yídào	70
【一点 ～ 也没有】	yìdiǎn ~ yěméiyǒu	34
【一点（儿）】	yìdiǎn(r)	34
【一定】	yídìng	46
【一度】	yídù	242
【一共】	yígòng	86
【一会儿】	yíhuìr	58
【一回事】	yìhuíshì	162
【一～就…】	yī~jiù…	130
【一口】	yìkǒu	54
【一口气】	yì kǒu qì	115
【一块儿】	yíkuàir	59
【一来～二来…】	yìlái~èrlái…	273
一路平安	yí lù píng ān	73
一路顺风	yí lù shùn fēng	73
【一愣】	yílèng	162
【一连】	yìlián	166
【一连串】	yìliánchuàn	166
【一面～一面…】	yímiàn~yímiàn…	268
【一齐】	yìqí	142
【一起】	yìqǐ	62
【一切】	yíqiè	158
【一生】	yìshēng	142
【一时】	yìshí	186
【一事无成】	yíshìwúchéng	70
【一天】	yìtiān	54
【一下（儿）】	yíxià(r)	182
【一向】	yíxiàng	183
【一下子】	yíxiàzi	119
【一些】	yìxiē	83
【一样】	yíyàng	27
【一～也～】	yī~yě ~	122
【一再】	yízài	179
【一阵（子）】	yízhèn(zi)	170
【一致】	yízhì	243
【一直】	yìzhí	231
伊拉克	Yīlākè	71
伊朗	Yīlǎng	71
伊斯兰教	Yīsīlánjiào	75
衣服	yīfu	41
【衣柜】	yīguì	83
【衣架】	yījià	260
【依据】	yījù	261
【依靠】	yīkào	211

医生	yīshēng	103	【因素】	yīnsù	260	【永远】	yǒngyuǎn	158
【医务室】	yīwùshì	194	【因为~】	yīn·wèi	50	【咏叹调】	yǒngtàndiào	230
【医学】	yīxué	227	【音响】	yīnxiǎng	154	【勇敢】	yǒnggǎn	271
【医院】	yīyuàn	194	【音乐】	yīnyuè	154	【勇气】	yǒngqì	271
【仪器】	yíqì	262	殷	Yīn	72	【用】	yòng	51
【姨父】	yífu	119	殷商	Yīn-Shāng	72	【用不着】	yòng·bu zháo	146
【姨母】	yímǔ	178	银	yín	135	【用得着】	yòng·de zháo	146
【移】	yí	75	【银行】	yínháng	42	【用处】	yòngchu	178
【移动】	yídòng	75	寅	yín	228	【用功】	yòng//gōng	139
颐和园	Yíhéyuán	60	【引】	yǐn	210	【用劲】	yòng//jìn	269
【遗憾】	yíhàn	114	引号	yǐnhào	19	【用力】	yòng//lì	31
【疑问】	yíwèn	206	【引力】	yǐnlì	226	【用心】	yòng//xīn	171
乙	yǐ	232	【引起】	yǐnqǐ	198	【用语】	yòngyǔ	102
【以】	yǐ	127	饮料	yǐnliào	37	【优点】	yōudiǎn	154
【以便~】	yǐbiàn ~	195	【饮食】	yǐnshí	234	【优良】	yōuliáng	239
【以后】	yǐhòu	58	【隐藏】	yǐncáng	227	【优美】	yōuměi	139
【以及】	yǐjí	51	【隐居】	yǐnjū	242	【优秀】	yōuxiù	239
【以来】	yǐlái	234	【隐私】	yǐnsī	263	【忧郁】	yōuyù	254
【以免】	yǐmiǎn	238	【印】	yìn	55	【悠久】	yōujiǔ	86
【以内】	yǐnèi	62	印度	Yìndù	71	【悠闲】	yōuxián	273
【以前】	yǐqián	58	印度教	Yìndùjiào	75	【悠悠荡荡】	yōuyōudàngdàng	272
以色列	Yǐsèliè	71	印度尼西亚	Yìndùníxīyà	71	【幽默】	yōumò	127
【以上】	yǐshàng	83	【印刷】	yìnshuā	55	【尤其】	yóuqí	51
【以外】	yǐwài	62	【印象】	yìnxiàng	79	【犹豫】	yóuyù	150
【以为】	yǐwéi	206	【应】	yīng	258	【由】	yóu	58
【以下】	yǐxià	83	【应当】	yīngdāng	67	【由此】	yóucǐ	142
【以致】	yǐzhì	265	【应该】	yīnggāi	83	【由于】	yóuyú	50
【以至】	yǐzhì	265	英镑	yīngbàng	100	【由于~所以	yóuyú~suǒyǐ…	86
【椅子】	yǐzi	59	英国	Yīngguó	68	（因而、因此）…】		
【已】	yǐ	70	英文	Yīngwén	44	【邮局】	yóujú	54
【已经】	yǐjīng	50	【英雄】	yīngxióng	203	【邮票】	yóupiào	171
【义务】	yìwù	195	【英勇】	yīngyǒng	270	油	yóu	61
亿	yì	19	英语	Yīngyǔ	44	【游】	yóu	242
【亿万富翁】	yìwàn fùwēng	259	【婴儿】	yīng'ér	250	【游览】	yóulǎn	242
【议论】	yìlùn	130	樱桃	yīngtáo	28	【游手好闲】	yóu shǒu hào xián	238
【艺术】	yìshù	199	鹰	yīng	28	游泳	yóu//yǒng	103
【亦】	yì	234	【迎接】	yíngjiē	42	【游泳池】	yóuyǒngchí	83
【异常】	yìcháng	198	【营养】	yíngyǎng	214	【游戏】	yóuxì	154
【抑郁】	yìyù	254	【营业】	yíngyè	127	【友好】	yǒuhǎo	182
【易】	yì	142	【赢】	yíng	74	【友情】	yǒuqíng	102
【易于】	yìyú	127	【影响】	yǐngxiǎng	265	【友谊】	yǒuyì	134
【意】	yì	75	【影子】	yǐngzi	130	【有】	yǒu	30
意大利	Yìdàlì	68	【应】	yìng	258	【有的】	yǒude	114
【意见】	yìjian	127	【硬是】	yìngshì	247	【有的是】	yǒudeshi	203
【意思】	yìsi	82	【应邀】	yìng//yāo	243	【有的是	yǒudeshì	203
【意外】	yìwài	106	【应用】	yìngyòng	261	～有的是…】	~yǒudeshì…	
【意味着】	yìwèizhe	254	【硬】	yìng	106	【有点儿】	yǒudiǎnr	34
【意义】	yìyì	75	硬件	yìngjiàn	36	【有关】	yǒuguān	38
【意志】	yìzhì	139	硬盘	yìngpán	36	【有力】	yǒulì	261
阴	yīn	88	【拥抱】	yōngbào	91	【有利（于）】	yǒulì(yú)	86
【阴历】	yīnlì	234	【拥护】	yōnghù	91	【有名】	yǒu//míng	203
【因】	yīn	234	【拥挤】	yōngjǐ	91	【有趣】	yǒu//qù	170
【因此~】	yīncǐ	35	【庸俗】	yōngsú	98	【有时】	yǒushí	50
【因而~】	yīn'ér	258	【永乐】	Yǒnglè	75	【有时候】	yǒushíhòu	50

색 인

【有限】	yǒuxiàn	175
【有效】	yǒuxiào	260
【有些】	yǒuxiē	34
【有意思】	yǒuyìsi	47
【有用】	yǒu//yòng	83
酉	yǒu	228
【又】	yòu	26
【幼儿】	yòu'ér	142
幼儿园	yòu'éryuán	52
右	yòu	21
右边	yòu·biān	21
【幼稚】	yòuzhì	163
【于】	yú	86
【于是】	yúshì	26
【于是乎】	yúshìhū	26
鱼	yú	57
【鱼篓】	yúlǒu	273
【愉快】	yúkuài	167
【愚昧】	yúmèi	191
愚人节	Yúrén Jié	69
【娱乐】	yúlè	111
【与】	yǔ(yú~yù)	126
【与否】	yǔfǒu	255
【与其~不如…】	yǔqí~bùrú	265
【与其说	yǔqíshuō	151
～不如说…】	~bùrúshuō	
羽毛球	yǔmáoqiú	103
【雨】	yǔ	42
雨衣	yǔyī	41
语调	yǔdiào	131
【预定】	yùdìng	258
【语法】	yǔfǎ	82
【语气】	yǔqì	79
【语言】	yǔyán	82
语音	yǔyīn	131
玉米	yùmǐ	29
【浴室】	yùshì	34
【预备】	yùbèi	239
【预习】	yùxí	151
【遇】	yù	162
【遇见】	yù//·jiàn	138
【遇到】	yù//dào	138
鸢	yuān	28
【元】	yuán	58
【元朝】	Yuáncháo	74
元旦	Yuándàn	69
元宵	Yuánxiāo	69
【园地】	yuándì	230
【园子】	yuánzi	94
【员】	yuán	114
【员工】	yuángōng	238
【圆】	yuán	58
圆珠笔	yuánzhūbǐ	37
【原来】	yuánlái	82
【原谅】	yuánliàng	238
【原料】	yuánliào	274
【原因】	yuányīn	166
【原则】	yuánzé	266
【远】	yuǎn	63
【远方】	yuǎnfāng	134
【愿望】	yuànwàng	219
【愿意】	yuànyì	139
【院】	yuàn	202
【院长】	yuànzhǎng	202
【院子】	yuànzi	23
【约】	yuē	23
【约定】	yuēdìng	23
【约会】	yuēhuì	235
月	yuè	25
月饼	yuè·bing	49
【月份】	yuèfen	26
【月宫】	yuègōng	234
【月亮】	yuèliang	226
【月球】	yuèqiú	226
阅读	yuèdú	131
【阅览室】	yuèlǎnshì	226
【越】	yuè	142
【越过】	yuè//guò	155
【越来越】	yuèláiyuè	50
越南	Yuènán	71
【越～越…】	yuè~yuè…	142
【云】	yún	272
【允许】	yǔnxǔ	230
【孕育】	yùnyù	159
【运】	yùn	239
运动	yùndòng	103
运动会	yùndònghuì	103
运动员	yùndòngyuán	103
【运输】	yùnshū	235
【运用】	yùnyòng	239

Z

【杂】	zá	54
【杂感】	zágǎn	166
【杂技】	zájì	251
【杂志】	zázhì	54
【灾】	zāi	130
【灾害】	zāihài	130
【栽】	zāi	94
【再】	zài	39
再见	zàijiàn	73
【再说】	zàishuō	134
【再～也…】	zài~yě…	126
【在】	zài	23
【在职】	zàizhí	167
【在座】	zài//zuò	190
咱	zán	20
咱们	zánmen	20
【暂】	zàn	98
【暂时】	zànshí	110
【赞成】	zànchéng	178
【赞赏】	zànshǎng	174
【脏】	zāng	190
【藏】	zàng	223
【遭到】	zāo//dào	270
【遭受】	zāoshòu	270
【糟糕】	zāogāo	206
【早】	zǎo	54
【早晨】	zǎochén	90
【早点】	zǎodiǎn	90
【早饭】	zǎofàn	90
【早就】	zǎojiù	122
【早期】	zǎoqī	230
【早日】	zǎorì	47
【早上】	zǎoshang	90
【早市】	zǎoshì	155
【早已】	zǎoyǐ	186
【造】	zào	83
句	zào//jù	131
【则】	zé	238
【责任】	zérèn	158
【怎么】	zěnme	59
【怎么样】	zěnmeyàng	118
【怎样】	zěnyàng	118
【增】	zēng	110
【增加】	zēngjiā	126
【增添】	zēngtiān	167
【增长】	zēngzhǎng	166
【赠送】	zèngsòng	234
【扎】	zhā	261
【眨】	zhǎ	162
【摘】	zhāi	95
【窄】	zhǎi	187
【粘】	zhān	269
【占】	zhàn	87
【展出】	zhǎn//chū	203
【展开】	zhǎn//kāi	38
【展览】	zhǎnlǎn	203
【展览会】	zhǎnlǎnhuì	203
【站】	zhàn	78
【战斗】	zhàndòu	82
战国	Zhànguó	72
【战胜】	zhànshèng	75
【战时】	zhànshí	91
【战士】	zhànshì	270
【战争】	zhànzhēng	82
【张】	zhāng	79
【张红梅】	zhānghóngméi	58
【章】	zhāng	82
【长】	zhǎng	94

【涨】	zhǎng	269
【掌握】	zhǎngwò	87
丈	zhàng	99
【丈夫】	zhàngfu	78
【障碍】	zhàngài	191
【招待】	zhāodài	243
【招待会】	zhāodàihuì	275
【招呼】	zhāohu	186
【着】	zháo	22
【着急】	zháo//jí	74
【找】	zhǎo	62
兆	zhào	19
【召】	zhào	242
【召开】	zhàokāi	242
【照】	zhào	62
【照常】	zhàocháng	214
【照顾】	zhàogù	38
【照片】	zhàopiàn	150
【照相（照像）】	zhào//xiàng	62
【折】	zhé	198
【折回】	zhéhuí	243
【哲学】	zhéxué	227
【者】	zhě	39
这（个）	zhè(ge)+zhèi(ge)	20
【这边】	zhè·biān	214
这儿	zhèr	20
这（个）星期	zhè(ge)xīngqī	24
这（个）月	zhè(ge)yuè	24
这里	zhè·lǐ	20
【这么】	zhème	55
【这些】	zhèxiē	30
【这样】	zhèyàng	34
【这样一来】	zhèyàng yìlái	34
【着】	zhe	22
【着呢】	zhene	178
【针】	zhēn	270
【针对】	zhēnduì	275
【珍】	zhēn	223
【珍惜】	zhēnxī	174
【真】	zhēn	62
【真诚】	zhēnchéng	134
【真理】	zhēnlǐ	146
【真情】	zhēnqíng	134
【真实】	zhēnshí	163
【真正】	zhēnzhèng	127
【阵】	zhèn	170
【镇】	zhèn	94
【征求】	zhēngqiú	275
【争】	zhēng	198
【争论】	zhēnglùn	202
【争取】	zhēngqǔ	82
【睁】	zhēng	182
【蒸】	zhēng	234
【整个】	zhěnggè	210
【整理】	zhěnglǐ	146
【整齐】	zhěngqí	222
【整天】	zhěngtiān	182
【正】	zhèng	42
【正常】	zhèngcháng	155
【正当】	zhèngdāng	154
【正好】	zhènghǎo	42
【正面】	zhèngmiàn	115
【正确】	zhèngquè	82
【正式】	zhèngshì	139
【正在】	zhèngzài	50
【证明】	zhèngmíng	23
【政策】	zhèngcè	261
【政府】	zhèngfǔ	159
【政治】	zhèngzhì	242
【症】	zhèng	254
【挣】	zhèng	138
【之】	zhī	75
【之后】	zhīhòu	98
【之间】	zhījiān	126
【之类】	zhīlèi	191
【之内】	zhīnèi	62
【之前】	zhīqián	98
【之上】	zhīshàng	206
【之所以～是因为（是由于）…】	zhīsuǒyǐ～shìyīnwei…	263
【之外】	zhīwài	62
【之下】	zhīxià	206
【之一】	zhīyī	126
【之中】	zhīzhōng	206
【支】	zhī	154
【支持】	zhīchí	154
【支援】	zhīyuán	154
【枝节】	zhījié	214
【只】	zhī	30
【织】	zhī	130
【知】	zhī	74
【知道】	zhīdào	55
【知己】	zhījǐ	134
【知识】	zhīshi	34
【知心】	zhīxīn	134
【执行】	zhíxíng	183
【直】	zhí	146
【值得】	zhí//·de	218
【直到】	zhídào	171
【直接】	zhíjiē	231
【直径】	zhíjìng	226
【植物】	zhíwù	106
【职工】	zhígōng	246
职业	zhíyè	103
【职员】	zhíyuán	106
【止】	zhǐ	222
【只】	zhǐ	30
【只顾】	zhǐgù	211
【只好】	zhǐhǎo	42
【只怕】	zhǐpà	175
【只是】	zhǐshì	78
【只要】	zhǐyào	43
【只要～就…】	zhǐyào·jiù…	230
【只有】	zhǐyǒu	118
【只有～才…】	zhǐyǒu～cái	118
【指】	zhǐ	110
【指出】	zhǐ//chū	38
【指定】	zhǐdìng	190
【指挥】	zhǐhuī	110
【指示】	zhǐshì	110
【指责】	zhǐzé	246
【纸】	zhǐ	222
【至】	zhì	218
【至今】	zhìjīn	163
【至少】	zhìshǎo	195
【至于】	zhì·yú	218
【志愿】	zhìyuàn	243
【制定】	zhìdìng	147
【制度】	zhìdù	110
【制造】	zhìzào	166
【制作】	zhìzuò	234
【秩序】	zhìxù	166
【治】	zhì	242
【质量】	zhìliàng	110
【智慧】	zhìhuì	174
【智力商数】	zhìlì shāngshù	182
【智商】	zhìshāng	182
【中】	zhōng	26
【中餐】	zhōngcān	143
中国	Zhōngguó	71
中国话	Zhōngguóhuà	44
中华民国	Zhōnghuá Mínguó	72
中华人民共和国	Zhōnghuá Rénmín Gònghéguó	72
【中间】	zhōngjiān	26
中秋	Zhōngqiū	69
中文	Zhōngwén	44
【中午】	zhōngwǔ	62
【中心】	zhōngxīn	26
中学	zhōngxué	52
【中旬】	zhōngxún	154
【中央】	zhōngyāng	26
【中药】	zhōngyào	34
【中游】	zhōngyóu	242
【钟】	zhōng	90
钟头	zhōngtóu	25
【终】	zhōng	166
【终了】	zhōngliǎo	230
【终于】	zhōngyú	114
【种】	zhǒng	35
【种子】	zhǒngzǐ	35
【中】	zhòng	26
【重】	zhòng	79

【重大】	zhòngdà	38	【转化】	zhuǎnhuà	239	【总体】	zǒngtǐ	199
【重点】	zhòngdiǎn	151	【转】	zhuàn	98	总统	zǒngtǒng	97
【重量】	zhòngliàng	218	【赚】	zhuàn	218	【纵然~也…】	zòngrán~yě…	259
【重视】	zhòngshì	127	【传】	zhuàn	178	【纵使】	zòngshǐ	259
【重要】	zhòngyào	171	【庄稼】	zhuāngjia	130	【走】	zǒu	31
【种】	zhòng	35	【庄严】	zhuāngyán	38	【走道(儿)】	zǒu//dào(r)	43
周	zhōu	25	【装】	zhuāng	30	【走路】	zǒu//lù	43
【周到】	zhōu·dào	114	【装饰】	zhuāngshì	219	【走廊】	zǒuláng	34
周二	zhōu·èr	56	【状况】	zhuàngkuàng	51	足球	zúqiú	103
周六	zhōuliù	56	【状态】	zhuàngtài	254	【组】	zǔ	130
周日	zhōurì	56	【撞】	zhuàng	194	【组织】	zǔzhī	130
周三	zhōusān	56	【追】	zhuī	206	祖父	zǔfù	33
周四	zhōusì	56	【追求】	zhuīqiú	111	【祖国】	zǔguó	47
【周围】	zhōuwéi	210	【准】	zhǔn	106	祖母	zǔmǔ	33
周五	zhōuwǔ	56	【准备】	zhǔnbèi	106	【钻】	zuān	130
周一	zhōuyī	56	【准确】	zhǔnquè	107	【钻研】	zuānyán	130
【周转】	zhōuzhuǎn	259	【准时】	zhǔnshí	106	【嘴】	zuǐ	34
【皱】	zhòu	178	【拙】	zhuō	106	【醉】	zuì	246
【昼】	zhòu	234	【桌】	zhuō	70	【最】	zuì	35
【珠】	zhū	162	【桌子】	zhuōzi	70	【最初】	zuìchū	23
【株】	zhū	31	【捉】	zhuō	273	【最好】	zuìhǎo	35
猪	zhū	28	【着】	zhuó	22	【最后】	zuìhòu	23
【竹子】	zhúzi	31	着重号	zhuózhònghào	19	【最近】	zuìjin	134
【逐步】	zhúbù	90	【资料】	zīliào	187	【最先】	zuìxiān	210
【逐渐】	zhújiàn	46	资源	zīyuán	139	【最终】	zuìzhōng	259
【主办】	zhǔbàn	203	【滋润】	zīrùn	70	【尊敬】	zūnjìng	266
【主动】	zhǔdòng	58	子	zǐ	228	【遵守】	zūnshǒu	198
【主观】	zhǔguān	230	【仔细】	zǐxì	83	【尊重】	zūnzhòng	102
【主人】	zhǔren	146	紫	zǐ	48	昨天	zuótiān	24
【主任】	zhǔrèn	31	【字】	zì	114	左	zuǒ	21
【主食】	zhǔshí	143	【自】	zì	66	左边	zuǒ·biān	21
【主席】	zhǔxí	246	【自从】	zìcóng	74	【左右】	zuǒyòu	66
【主要】	zhǔyào	126	【自动】	zìdòng	94	【作】	zuò	107
【主意】	zhǔyi	178	【自费】	zìfèi	138	【作法】	zuò//fǎ	246
【主张】	zhǔzhāng	262	【自豪】	zìháo	214	【作家】	zuòjiā	202
【煮】	zhǔ	95	【自己】	zìjǐ	42	【作品】	zuòpǐn	203
【住】	zhù	66	【自觉】	zìjué	66	【作为】	zuòwéi	102
住院	zhù//yuàn	40	【自然】	zìrán	42	【作文】	zuò//wén	171
【注意】	zhù//yì	174	【自私】	zìsī	210	作物	zuòwù	229
【祝】	zhù	47	【自信】	zìxìn	254	【作业】	zuòyè	38
【祝贺】	zhùhè	234	【自行车】	zìxíngchē	194	【作用】	zuòyòng	51
【著名】	zhùmíng	203	【自学】	zìxué	39	【作者】	zuòzhě	202
【著作】	zhùzuò	82	【自言自语】	zì yán zì yǔ	162	【坐】	zuò	54
【抓】	zhuā	222	【自由】	zìyóu	98	【坐班】	zuò//bān	54
【抓紧】	zhuā//jǐn	90	【自责】	zìzé	258	【坐位】	zuò·wèi	190
【专家】	zhuānjiā	38	【宗】	zōng	234	【座】	zuò	174
专科	zhuānkē	52	宗教	zōngjiào	75	【座位】	zuòwèi	190
【专门】	zhuānmén	110	【总】	zǒng	114	【做】	zuò	34
【专心】	zhuānxīn	38	【总共】	zǒnggòng	87	【做法】	zuòfǎ	246
【专业】	zhuānyè	138	【综合】	zōnghé	260	【做工】	zuò//gōng	246
【专制】	zhuānzhì	183	【总结】	zǒngjié	114	【做客】	zuò//kè	246
【转】	zhuǎn	98	总理	zǒnglǐ	97	【做梦】	zuò//mèng	246
【转变】	zhuǎnbiàn	195	【总(是)】	zǒngshì	82			
【转告】	zhuǎngào	98	【总算】	zǒngsuàn	155